广视角 · 全方位 · 多品种

U0832514

权威 · 前沿 · 原创

皮书系列为
“十二五”国家重点图书出版规划项目

传媒蓝皮书

BLUE BOOK OF CHINA'S MEDIA

中国传媒产业发展报告（2014）

REPORT ON DEVELOPMENT OF CHINA'S MEDIA INDUSTRY (2014)

主　编 / 崔保国

社会科学文献出版社
SOCIAL SCIENCES ACADEMIC PRESS (CHINA)

图书在版编目（CIP）数据

中国传媒产业发展报告. 2014/崔保国主编. —北京：社会科学文献出版社，2014.4
（传媒蓝皮书）
ISBN 978-7-5097-5847-2

Ⅰ.①中… Ⅱ.①崔… Ⅲ.①传播媒介-产业发展-研究报告-中国-2014 Ⅳ.①G219.2

中国版本图书馆CIP数据核字（2014）第063263号

传媒蓝皮书
中国传媒产业发展报告（2014）

主　　编/崔保国

出 版 人/谢寿光
出 版 者/社会科学文献出版社
地　　址/北京市西城区北三环中路甲29号院3号楼华龙大厦
邮政编码/100029

责任部门/人文分社（010）59367215　　责任编辑/孙以年　许　力
电子信箱/renwen@ssap.cn　　责任校对/陈桂筠
项目统筹/宋月华　许　力　　责任印制/岳　阳
经　　销/社会科学文献出版社市场营销中心（010）59367081　59367089
读者服务/读者服务中心（010）59367028

印　　装/北京季蜂印刷有限公司
开　　本/787mm×1092mm　1/16　　印　　张/28.75
版　　次/2014年4月第1版　　字　　数/464千字
印　　次/2014年4月第1次印刷
书　　号/ISBN 978-7-5097-5847-2
定　　价/98.00元

本文入选 CSSCI（中文社会科学引文索引）
2013～2014 年来源集刊

2014年中国传媒蓝皮书出品方

清华大学传媒经济与管理研究中心

清华大学文化产业研究中心

清华—日经传媒研究所

艾瑞咨询集团

中国新闻出版研究院《传媒》杂志社

央视市场研究股份有限公司

央视—索福瑞媒介研究有限公司

DCCI互联网数据中心

2014年中国传媒蓝皮书
课　题　组

课题组组长　崔保国

课题组副组长　杭　敏　赵曙光　何丹嵋　陈媛媛

课题组成员　（排名按姓氏拼音为序）

陈国权　陈媛媛　崔保国　丁以绣
冯晓峰　杭　敏　何丹嵋　雷崔捷
林　杨　刘晓霞　马云飞　宋一苇
孙中浩　王　欢　王竟达　王雨琦
徐　佳　张　曼　张　锐　赵曙光
郑维雄　郑　哲

2014年中国传媒蓝皮书
编　委　会

孟　建　复旦大学新闻学院教授、博导，复旦大学国际公共关系研究中心主任

彭　兰　中国人民大学新闻学院教授、博导，新媒体研究所所长

邵培仁　浙江大学人文学部副主任、教授、博导，传播研究所所长，《中国传媒报告》主编

沈　颖　央视市场研究股份有限公司媒介与消费行为研究总经理

孙宝寅　清华大学新闻与传播学院教授

唐绪军　中国社会科学院新闻与传播研究所所长、教授、博导

田　珂　北京世纪华文国际传媒咨询有限公司总经理

田　涛　央视市场研究股份有限公司副总经理

魏玉山　中国新闻出版研究院党委书记、副院长

吴信训　上海大学传媒经济研究中心主任、教授、博导

肖东发　北京大学新闻与传播学院教授、博导

熊澄宇　清华大学新闻与传播学院教授、博导，国家文化产业研究中心主任

姚　林　央视市场研究股份有限公司资深研究顾问

杨驰原　《传媒》杂志社主编

尹　鸿　清华大学新闻与传播学院常务副院长、教授、博导

喻国明　中国人民大学新闻学院副院长、教授、博导

张惠建　南方广播影视传媒集团总裁

赵曙光　清华大学新闻与传播学院党委副书记、副教授，首都网络文明研究基地主任

赵子忠　中国传媒大学新媒体研究院院长、教授、博导

郑保卫　中国人民大学新闻学院教授、博导，新闻与社会发展研究中心主任

郑立波　大众报业集团副总编辑，《半岛都市报》社社长

郑维东　央视—索福瑞媒介研究有限公司副总经理

周鸿铎　中国传媒大学教授、博导，传媒经济研究所所长

主编简介

崔保国　清华大学教授、博导、清华大学新闻与传播学院副院长、清华大学传媒经济与管理研究中心主任，中国传播学会副会长。主要研究方向：传播理论、传媒经济与管理、文化传播研究。

从2004年开始历年担任“传媒蓝皮书”主编；专著有《媒介变革与社会发展》《信息社会的理论与模式》；译著有《信息化城市》《大众传播学研究方法》《麦奎尔的大众传播理论》《报业的活路》等；发表《媒介是条鱼——关于媒介生态学的若干思考》《传媒经济学研究的理论范式》等学术论文80余篇。

摘　要

《中国传媒产业发展报告（2014）》是由清华大学新闻与传播学院传媒经济与管理研究中心牵头，联合国内外学术界众多专家学者共同编撰的，系社会科学文献出版社“蓝皮书”系列中的一册。该书邀请传媒研究与运营管理方面的专家，在对当年中国传媒各领域发展状况进行分析的同时，也对未来中国传媒产业的走势进行科学分析与预测。“传媒蓝皮书”自出版以来，引起了较大的社会反响，国内外各大媒体纷纷引用转载。目前“传媒蓝皮书”已经成为研究中国传媒产业的权威著作，并于2012年起被认证为“中文社会科学引文索引”（CSSCI）来源集刊。

2014年是“传媒蓝皮书”连续观察和研究中国传媒产业的第十个年头，也正好出版了十部。这十年是中国传媒产业快速发展的十年，传媒产业总值年增长率连续十年保持两位数的增长；这十年也是历经巨变的十年，新兴媒体迅速崛起，其强大冲击力已经从纸媒延伸到电视，与传统媒体形成群雄争霸的格局。“转型”“并购”“大数据”这些关键词成为2013年中国传媒业的年度热词，体现着中国传媒业在发展压力下的变革。尽管传统大众媒体的影响力有所下降，但传媒业的外延在扩大。传媒业与传统行业交叉融合，衍生新的商业模式，产业结构在不断调整中升级。未来十年，中国传媒业将迎来新一轮增长，移动互联网、社交媒体、大数据、多屏融合等将成为传媒产业的重要发展方向。

《中国传媒产业发展报告（2014）》在结构上分为：总报告、印刷媒体、广电产业、PC互联网、移动互联网、传媒生态、海外及港台地区传媒产业7个版块，对各版块发展状况与趋势进行了深入而透彻的分析。

本书既具有实证研究价值又具有理论探索意义。传媒产业是一个高速发展的新兴产业，而目前理论界对传媒产业的研究还很薄弱，对传媒产业的新现象、新问题还不能提供有力的理论解释。该书对传媒产业和传媒管理的理论探索，具有一定的理论创新意义。

本书对传媒产业及其各个行业所做的系统分析和梳理，对政府主管部门、传媒管理和运营机构都具有重要的参考价值，将对国家传媒体系的顶层设计，对传媒政策的制定、传媒机构的运营等产生重要影响。另外，本书对于从事新闻传播特别是传媒经济与管理专业的高校师生以及研究人员来说是一本很有意义的基础研究参考书。

Abstract

Report on Development of China's Media Industry (*2014*) is an annual work edited by the Tsinghua University School of Journalism and Communication. The Center of Media Economy and Management Studies and many domestic and foreign media experts contributed the articles. Now in its tenth consecutive year of publication, it is an important part of *The Blue Book Series* published by Social Sciences Academic Press (China). The contributors to the book, i. e. researchers and professionals in the field of China's media and media management, offer extensive observations on all aspects of the development of the media industry, as well as scientific analyses of media trends. Since its first publication, the book has garnered intense public attention and has been quoted by many in the domestic and foreign media. *The Blue Book of China's Media* has now become one of the authoritative works on the study of China's media industry.

The year 2014 has witnessed the tenth consecutive year of publication of *The Blue Book of China's Media* which has been monitoring and researching China's media industry. The past decade marked a period of rapid growth as for China's media industry, with double-digit annual growth for ten years' running. Meanwhile, the whole industry has also undergone tremendous changes during the past decade. The great impact of new media has already extended from paper media to the video land, and formed a new industry landscape in which new media and traditional media are equals. "Transformation", "merger and acquisition" and "big data" became the three hot words in China's media industry in 2013, reflecting changes caused by continuing stress. Traditional mass media became less influential, but the boundary of the industry is extending. Integration of the media industry and traditional industries will inspire new business models. China's media industry is embracing a new round of growth in the next decade with development of mobile internet, social media, big data and multi – screen technology.

Report on Development of China's Media Industry (*2014*) includes seven parts: the

Annual General Report, Report on Print Media, Report on Radio, Television and Film, Report on PC Internet, Report on Mobile Internet, Media Ecology, and Media Industries Development of Overseas, HongKong and Taiwan, with each part providing in-depth and thorough analysis of the current state of each industry and trend in their development.

The book is a valuable guide, compatible with both empirical and theoretical studies. With its scale and structure changing fast, the media industry itself is an emerging industry at a high stage of development. Yet in contrast to this, there is a general lack of theoretical study and reflections on the new problems and phenomena. The book thus offers some creative contributions to the media industry and media management theories.

The book, with its systematic reviews and analyses of the media industry and its sub-sectors, is a useful reference for government designing of the media system, for government policymaking, and for setting operational strategy by media enterprises. It is also valuable to researchers, teachers and university students specializing in journalism and communications, especially in media economy and management studies.

目 录

𝔹 Ⅰ 总报告

𝔹 Ⅱ 中国印刷媒体发展报告

𝔹 Ⅲ 中国广电产业发展报告

BⅣ 中国 PC 互联网发展报告

BⅤ 中国移动互联网发展报告

BⅥ 中国传媒生态研究报告

BⅦ 海外及港台地区传媒产业发展报告

皮书数据库阅读**使用指南**

CONTENTS

B I General Report

B II China's Print Media Development Report

B Ⅲ China's Radio, Television and Film Industry Development Report

B Ⅳ China's PC Internet Development Report

B VI China's Media Ecology Study Report

B VII Media Industries Development Report of Overseas, Hong Kong and Taiwan

总 报 告

General Report

B.1 2013年中国传媒产业发展报告

崔保国 何丹嵋*

摘 要：

2013年，中国传媒产业总产值规模是8902.4亿元，同比增长16.2%，增长率较2012年上涨近4个百分点。电视、互联网及移动媒体成为产业增长的主要支柱。预计2014年传媒产业将继续保持增长态势，产值有望突破万亿元。

关键词：

传媒产业　产业总值　产业结构　发展趋势

在文化消费水平快速提高的今天，人们对信息和文化的需求日益增长，媒体价值的体现趋于多元化，媒体不仅是信息传递和文化传播的平台，亦成为连

---

* 崔保国，清华大学新闻与传播学院副院长、教授、博导；何丹嵋，清华—日经传媒研究所研究员、所长助理。

结社会组织和人际关系的纽带，渗入人们生活的各个方面。技术融合使传媒产业的边界日渐模糊，传媒业的外延在扩大，传媒业与文化产业以及计算机软件业、电子制造、电信、零售、物流、金融等行业的交叉和融合更加深入，不断催生新的商业模式，开辟新的市场。产业结构在不断调整中升级，中国传媒产业呈现稳步增长的态势。

一　2013 年中国传媒发展概况

国家统计局发布的最新数据显示，2013 年我国国内生产总值（GDP）增长率为7.7%，与上年持平。国民经济持续稳定发展，广告市场规模不断扩大，为传媒产业发展奠定了基础。同时，新媒体的崛起成为传媒产业超越GDP 快速增长的重要驱动力——移动互联网使传播渠道碎片化，营销模式不断创新，形成新经济增长点；网络游戏平台逐步体现媒体价值；社交媒体、网络视频、OTT TV、数据库等新的商业模式层出不穷，市场规模逐步扩大。2013 年中国传媒产业总体规模达 8902.4 亿元，同比增长 16.2%，较 2012 年上涨近 4 个百分点（见图 1）。

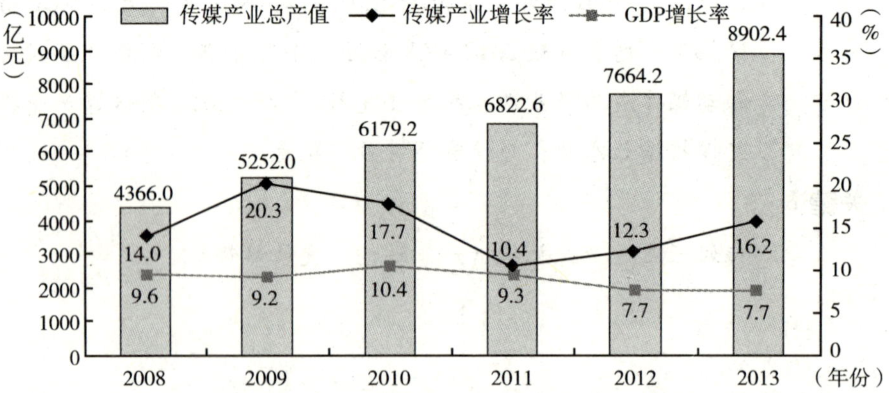

图 1　2008 ~2013 年中国传媒产业总产值及增长率

产业规模的增长伴随产业结构的调整。我们将中国传媒产业分解为电视广告、广播广告、广电有线网络收入、报纸广告与发行、期刊广告与发行、图书销售、音像与电子制品、电影产业总收入、网络广告、网络游戏、广告公司经营额以及互联网与移动内容增值业务等 14 个主要细分市场。从图 2 和表 1 可以看出，2013 年的传媒业可以说是在此消彼长的变化中前进。

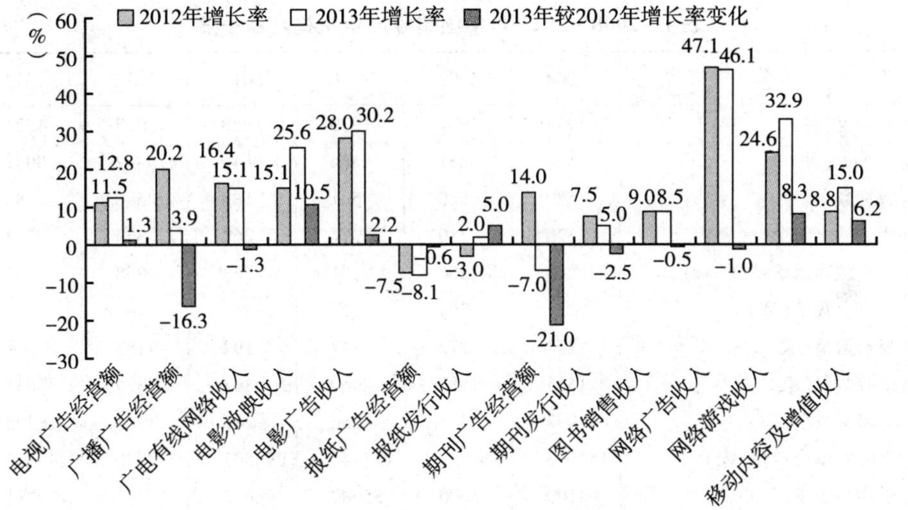

图 2　2013 年中国传媒各行业收入增长率变化

说明：①电影放映收入包括国内总票房、海外销售及票房以及电影频道播映收入；
②网络广告和网络游戏收入均包括移动端。

数据来源：国家新闻出版广电总局、国家工商总局、工信部、CTR、艾瑞。

首先，传统媒体和新媒体的角力更加白热化，互联网及移动媒体行业收入的增长幅度领跑各细分市场，市场份额超越传统媒体，网络广告市场规模也追平电视媒体，新媒体对传统媒体的替代作用愈发明显。其次，PC 互联网的广告、游戏等市场规模仍保持较快增长，但增长速度有所放缓，传统 PC 互联网的贡献率下降 4. 7 个百分点；而移动互联网相关业态发展迅猛，对传媒产业增长的贡献率达到 30. 3%，较 2012 年上升 12 个百分点。随着手机用户和手机上网用户数量的快速增长，未来还有较大成长空间。

传统媒体也呈现两极分化的发展趋势。一方面电视媒体的领先优势继续扩大，电视广告市场基本保持两位数以上的增长；电影票房和植入广告推动电影产业加速前进，全年票房收入较 2012 年增长了 10. 4 个百分点。另一方面，广播和期刊成为 2013 年最大的输家，增长率均有大幅下降。如果广播和期刊广告收入增长幅度的缩小可以解释为一波过快增长后的回调，报业市场虽然抑制住更大规模的衰退，但报纸市场的衰退难以逆转，报业市场还将面临新一轮的整合。

表1　2008～2013年中国传媒产业机构数量一览

项目 \ 年份	2008	2009	2010	2011	2012	2013
报纸种类(种)	1943	1937	1939	1928	1918	1821
期刊种类(种)	9549	9851	9884	9849	9867	9941
出版社数量(家)	579	580	581	580	580	583
音像制品出版单位(家)	378	380	374	369	369	383
电子出版物出版单位(家)	240	250	251	268	268	287
广播电台数量(家)	257	251	227	213	169	—
电视台数量(家)	277	272	247	197	183	—
电影院数量(家)	1545	1687	2000	2803	2895	3831
电影银幕数量(块)	4097	4723	6256	9286	13915	18398
广告经营单位数量(家)	153695	168852	243445	296507	377778	445365
手机用户数量(万户)	64100	75000	85900	98625	111215.5	122911.3
固定电话用户数(万户)	34100	32375	29438	28179	27815.3	26698.5
WWW站点数量(万个)	287.8	323.2	190.8	229.6	268.1	320.2
域名数量(万个)	1682.6	1681.8	865.7	774.8	1341.2	1844.1
网民总人数(万人)	29800	38400	45730	51310	56400	61758
手机上网人数(万人)	11760	23344	30273	35558	41997	50006

说明：①用“—”表示的数据2014年7月公布；

②《2013年中国传媒蓝皮书》中部分数字根据最新发布情况更新。

数据来源：国家新闻出版广电总局、国家工商总局、中国互联网络信息中心（CNNIC）。

二　2013年中国传媒发展特点

2013年中国传媒产业精彩纷呈，传媒业的盘子越摊越大，外延不断被重新界定，传媒越来越深度地改变人们的生活，其中特别值得关注的有以下几点。

1. 传媒业与传统行业交叉融合，衍生巨大的关联产业

2013年，媒体在人们生活的渗入程度加深，传媒业与文化、广告、印刷、ICT、电子制造、传统零售业、物流、金融等行业的交叉融合也更加深入（见

图 3），产业触角不但向其他产业的上下游扩张，并且在新技术的引领下衍生出新的商业模式，进而推动传统行业商业模式的变革。

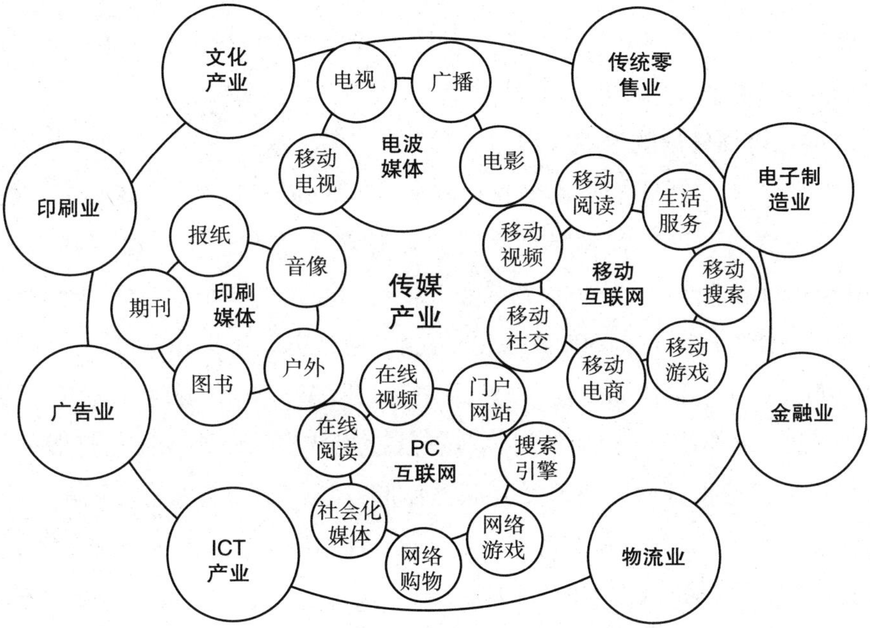

图 3　中国传媒产业结构示意图

传媒融合推动了传媒产业格局的变化，形成了传媒核心产业和传媒关联产业两大范畴；传媒核心产业主要形成了印刷媒体、电波媒体、PC 互联网媒体、移动互联网媒体等四大板块；传媒关联产业则是由传媒的核心产业的各行业与传媒以外行业形成交叉融合的产业。传媒与传统行业融合由来已久。文化和印刷业一直是传统媒体产业链条上的关键环节，印刷甚至已成为很多报业集团主营业务，收入规模与发行业务相当。随着报业和广电企业的发展壮大，媒体开始进入物流及传统零售业，报业集团发行团队组建独立的物流公司，电视台开辟出电视购物的新市场。当媒体进入数字时代，网络成为重要的传播媒介，传媒关联产业的范围日益扩大；电子商务网站从最初的营销服务商转型为商业平台，改变了传统零售业格局；互联网电视使传媒企业涉足生产制造领域；财经媒体和 ICT 的结合开辟了金融信息服务市场；社交媒体与移动互联网的联姻正挑战银行储蓄业务……有消息称，腾讯正酝酿推出“微 POS”产品，打造从用户数据分析到市场推广到消费到支付的完整商业生态圈，这不但挑动银联等第三方支付行业的神经，还将加剧银行多项金融业务的市场竞争。随着互联网的快速发展，传媒企业的主营业务构成逐步调整变化，未来的传媒产业界限将更加模糊，产业边界的扩张不仅在拉动传媒产业的规模化增长，还有可能影响整体经济发展的格局。

2. 网络媒体环境的治理整肃

2013 年 8 月，因发布不实信息牟取利益的职业网络推手“秦火火”被捕；9 月 9 日，最高人民法院和最高人民检察院联合发布最新司法解释，规定：“利用信息网络诽谤他人，同一诽谤信息实际被点击、浏览次数达到 5000 次以上，或者被转发次数达到 500 次以上的可构成诽谤罪。”9 月 30 日，国家互联网信息办公室就“抽屉新热榜”“鲜果联播”“ZAKER 新闻阅读”“3G 门户新闻”“一五一十部落”“蜜蜂新闻”等一批违规从事互联网新闻信息服务的移动客户端进行通报并限令整改，互联网掀起一场打击网络谣言的风暴。但是，在传谣者定性方面的规定还有待进一步细化，网络谣言的监督机制也有待完善。

近年来互联网迅猛发展的同时也暴露出法律法规监管方面的问题，网络谣言、人肉搜索、网络暴力等问题层出不穷。传统媒体在长期发展中已经形成严格管理体系，互联网管理则相对薄弱。在西方国家，针对不同媒体发布的内容有专门的伦理委员会进行监督审查，如在英国就有类似的媒体自律机构。互联网的传播机制与传统报刊和广电媒体大不相同，亟须快速推动互联网管理立法建设，帮助网民厘清网络空间中的社会公共道德底线和行为准则，促进互联网媒体健康发展。

3. 新媒体竞争从纸媒延伸到电视

新媒体的强大冲击力已经从纸媒延伸到电视。艾瑞咨询数据显示，2012 年网络广告收入超越报刊，2013 年网络广告市场规模达到 1100 亿元，几乎追平电视（见图 4）。百度广告收入在 2013 年超越了央视。艾瑞咨询分析称，网络广告市场的增长主要得益于垂直搜索和视频网络广告，技术和媒体成为网络营销的重要驱动力。①

① http：//a. iresearch. cn/others/20140109/224661. shtml.

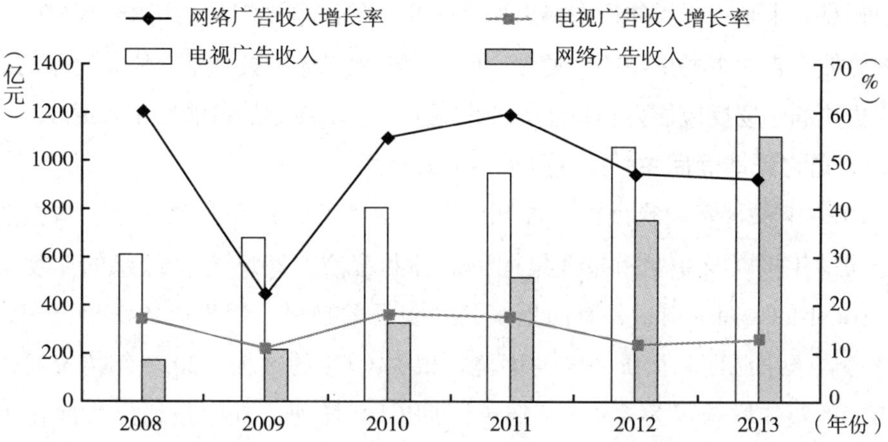

图 4　2013 年中国广播电视行业收入及增长率

数据来源：国家新闻出版广电总局、艾瑞咨询，2014 年 2 月。

2013 年，对于电视媒体而言，OTT 互联网电视（即 OTT TV，指基于开放互联网的视频服务）是另一个触动神经的字眼。根据思科发布的视觉网络指数预测，2016 年全球互联网视频的流量将占互联网总流量的 86%，高清视频点播占视频点播总量的比例将上升到 79%。在移动互联网时代，融合、跨界和多屏联动成为发展的主题，OTT 互联网电视成为传统广电行业、电信运营商、互联网企业和设备制造商多方竞力的重点。欧美国家的 OTT 互联网电视市场大多以牌照商为主导，商业模式较为成熟，监管法律健全，用户付费习惯已形成。我国的互联网电视市场受到监管政策的严格限制，国家新闻出版广电总局目前批准的七家互联网电视集成业务牌照商分别为：央视国际、中国国际广播电台、中央人民广播电台、湖南电视台、南方传媒集团、百视通和华数集团。然而，这七家牌照商与电信运营商、视频网站和终端厂商相比，技术和资本实力不足，机制不够灵活；加上盗版侵权和用户习惯免费收看等问题也一直制约行业发展。因此，在未来较长一段时间内，我国的 OTT 互联网电视产业还将持续“资源互补的合作竞争”的模式。

IPTV 则是原广电系统企业的另一个着力点，并快速发展成为三网融合为数不多的成果。2013 年 5 月 18 日，CNTV（央视国际）与百视通联合投资设立的 IPTV 合资公司“爱上电视”正式成立，运营全国唯一的 IPTV 中央播控总平台。

可以预见，未来视听媒体形态将更加多样化，传统电视媒体的影响力继续下降，电视媒体广告的市场份额还会萎缩，但传统电视媒体的技术基因使其比印刷媒体具有更快的市场反应能力和新业务开拓能力，成功转型的可能性相对更高。

4. 置之死地而后生：报业亟须革命式转型

2013 年末《新闻晚报》的停刊再次引发“纸媒将死”的话题。从报业上市公司的年报以及非上市报业集团的总体状况看，2013 年，纸媒的业绩延续了 2012 年的大幅下滑，并有向更多公司蔓延的趋势，广告业务作为报刊媒体的核心收入来源面临量价齐跌的困境。根据 CTR 的数据，2013 年传统媒体广告市场的整体增长仅为 6.4%，低于同期 GDP 增速，其中报纸广告同比下降 8.1%，6 家报业上市公司中，有 3 家的广告收入降幅超过两位数。

面对报业广告市场的持续衰退，报业集团开始寻求转型革新的模式。浙报集团着力打造游戏产业，完成传统报业集团向新媒体的华丽转身；大众报业集团通过资本运作在全省地市报进行报业整合，在县域市场深耕细作，走出一条规模发展道路；北京青年报社通过社区报深度挖掘媒体价值；中国经营报社取消广告部，转为小团队经营模式的大胆举措受到业界瞩目。但整体上看，报业集团转型正处于探索阶段，尚无成功经验可循，抱团取暖成为安全的选择。2013 年报业市场最瞩目的事件要属上海报业集团的成立。尽管业内对行政推动下两大报业集团的合并能否解救危机中的报业市场仍存争议，而且普遍认为上报模式难以复制，但上海报业集团的建立标志着报业集团正开启新一轮合并重组。

5. 互联网媒体展开移动入口争夺，社交媒体开拓新模式

2013 年，新媒体发展的关键词是“移动”和“应用”。三大互联网企业轮番上演移动媒体入口的争夺战：腾讯先凭借微信赢得进入移动市场的门票，后入股搜狗、嘀嘀打车、金山网络、Snapchat、大众点评；百度收购 91 助手、PPS、纵横中文网；阿里投资新浪微博和高德地图，并高调推出“来往”。网络巨头不约而同地加紧构筑移动版图。移动互联网还处于发展初期，竞争格局仍存在变数，手机厂商、操作系统以及安全软件、即时通信、移动搜索等各种客户端应用都有可能脱颖而出，预计 2014 年移动入口争夺将越发白热化。

然而，移动互联网应用与服务市场也存在内容产业相对弱势、商业模式不清晰等问题。移动游戏、阅读、音乐市场仍未突破用户付费难的瓶颈；移动互联网广告在网络广告市场中的份额还较小，移动广告平台与移动商务、移动支付、移动用户等产业节点还未形成闭环，运作流程也不够通畅，影响了市场增长速度。

移动互联网大热之时，社交媒体正从爆发期转入平稳期，从市场的大肆扩张转向深挖市场，变现获利。越来越多的企业不仅把社交媒体作为营销渠道，而且逐步拓展其在产品开发、人力资源管理、客户服务等多项运营管理方面的应用。同时，社交媒体也面临用户流失的考验。2013 年，Facebook 斥资 30 亿美元收购 Snapchat“阅后即焚”（即内容被接收数秒后自动消失）社交网络，旨在深度挖掘社交媒体用户需求，开拓新的商业模式。

6. 电影产业结构性增长，广告成为新经济增长点

2013 年，电影产业规模继续保持高速增长，全年电影播映收入近 258 亿元，同比增长 28%，其中国产电影票房收入同比增长 54%。互联网对电影产业的影响体现在观影人次上。根据艺恩咨询的统计数字，2013 年全国电影观影 6.1 亿人次，较上年净增 1.5 亿人次，增速连续两年下滑。然而，电影产业投资者的热情依然高涨，2013 年新建影院 903 家，远超 2012 年的 507 家。

电影产业的整体增长伴随着结构的调整。中国电影广告市场的快速崛起创

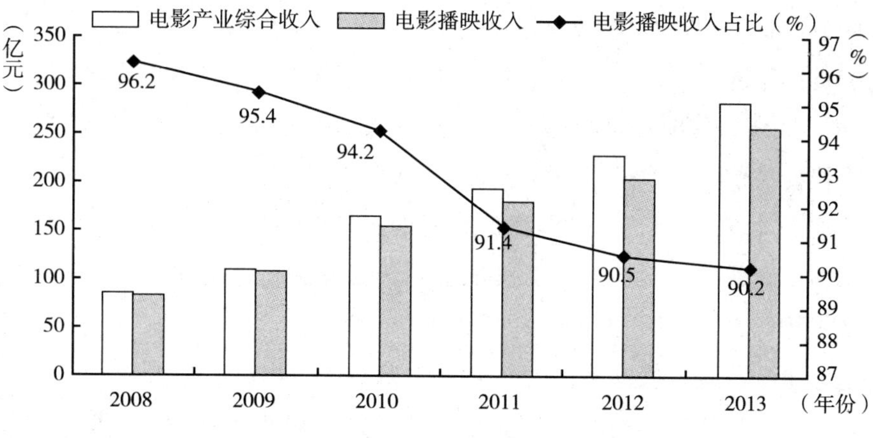

图 5　2013 年中国电影产业综合效益及票房收入

数据来源：国家新闻出版广电总局、艺恩咨询，2014 年 1 月。

造了新的经济增长点，并且缓解了电影票房的压力。据艺恩咨询预测，2013年中国电影广告市场规模达28亿元，同比增长77%，其中植入广告占比从2012年的28%增长到36%，市场份额已超过贴片广告。电影植入广告从后期植入转为全程植入，从生硬的品牌展示发展为不露痕迹的品牌文化传播，部分广告植入语甚至成为2013年的热门话题。广告主不但看好植入广告，还针对电影同步推出活动，大大提高了广告效果。由于植入广告不受电影播映渠道的影响，未来中国电影广告市场发展空间巨大。

三　中国传媒发展趋势与展望

1. 内容类型化和渠道碎片化

互联网正引发一场以技术融合创新为先导，带动市场融合和产业变革，最终引发管理体制的变革。未来的传媒产业内容趋于“类型化”，传播渠道趋于“碎片化”。

“碎片化”主要指互联网时代的受众接触和使用媒体的时间碎片化，用户的媒体使用习惯和共性被打破，媒介形态更加多元化、小众化。新媒体大量分流用户，挤占广告市场份额，传统大众媒体的渠道控制力下降。未来微博、微信等社交媒体将继续削弱传统媒体的主流地位，受众作为传播个体的影响力逐步增强，广告营销市场呈现“碎片化”特征。然而，人们对海量信息的接受能力和选择时间有限，对无关信息的容忍程度降低，新媒体也在经历从“碎化”向“耦合”的演变过程。无论是传统媒体还是新媒体，以用户为中心，提供更快捷的信息获取渠道和更精准的信息才是成功的关键。

然而，“大传媒时代”的媒体形态无论如何改变，人们对内容（信息）的需求不但不会减少，而且还会更加丰富和个性化。仿若电影中的“类型片”，媒体和媒体信息正按照受众特征进行细分，并被打上各种标签。未来内容供应商可能会走集约化发展道路，内容呈现“类型化”趋势。对于传统媒体而言，针对特定受众，将其内容、特点做到极致，是其在网络时代“突围”的关键性武器之一。从几种至今仍非常成功的美国平面媒体来看，这也是美国纸媒在激烈的国际竞争中得以生存的铁律。电视亦是如此，尽管电视的收看方式发生变化，观众仍会期待通过电视获得感兴趣的信息。例如美国的橄榄球比赛直播中，电视台在直播画面外向观众提供与选手相关的各种详细数据。更加全面、类型化、准确的内容和信息都是媒体价值的体现。

2. 移动互联网重构传媒产业结构，媒体未来趋向多屏融合

移动互联网无疑是2013 年最热门的字眼。如果说互联网导致了传统媒体的衰落，移动互联网则有可能成为压垮传统媒体的最后一根稻草。据普华永道研究预测，2014 年全球移动互联网收入预计达到2590 亿美元，2017 年将突破3850 亿美元，占全球互联网收入的58%①，未来全球移动互联网接入服务仍具有较大增长空间。

移动互联网不但与社会化媒体、电子商务结合，开创出新的发展模式，而且与传统媒体的联动也日益频繁，多屏融合成为大传媒产业的重要发展方向。2013 年，中国手机网民规模达到5 亿，手机不再是简单的通信工具，而是被赋予了更多的媒体价值，平板电脑、网络电视也极大扩展了传媒产业的想象空间。

2014 年，移动媒体将进入快速发展期。个人电脑用户向基于移动互联网的智能化平台加速迁移；新闻、阅读、音乐等移动服务和应用与微博、微信、视频等平台互联互通，构成全媒体业务战略，并加速商业化步伐；移动广告形式、广告表现力和合作平台逐渐成熟，广告市场进入快速增长通道；平台国内移动终端操作系统的竞争格局基本稳定，谷歌、苹果、电信服务商等移动媒体巨头的发力点也将转向服务和应用层面，成为一支新的竞争力量，移动互联网有可能成为构建“大传媒产业”新格局的核心。

3. 转型与整合：传统媒体的突围之路

综观全球报业市场，即便是英国和日本这样的报业大国，拥有良好的民众读报基础，报业市场也是难阻衰势，日本报业整体收入已经连续8 年下降。根据目前发展现状预计，中国报业市场未来五年有可能缩减一半；电视媒体虽然仍占据市场领导地位，但互联网快速增长已经和电视并驾齐驱，未来几年网络广告市场规模一定会远超电视。未来两到三年是决定传统媒体生死存亡的关键

---

① http：//www. pwc. com/gx/en/global – entertainment – media – outlook/segment – insights/internet – access. jhtml.

时期，新媒体的强劲发展势头迫使传统媒体加快转型步伐，如果说 2013 年是传统媒体从转型模式研究走向探索实践的一年，2014 年将是传统媒体深刻转型的决战年。

转型之路机遇和挑战并存。手机和平板电脑等智能移动终端的普及缩短了传播的渠道和时间，降低了信息传递的成本，以移动互联网为核心的传媒产业结构已见雏形。相信越来越多的传统媒体将高举数字化和移动化的大旗，调整战略布局，以期在竞争格局尚未明朗的移动媒体领域找到出路。

另外，《新闻晚报》的停刊释放出报业重组走向深入阶段的信号。停刊、减编都是传统媒体避免同质竞争和资源浪费所做出的理性选择，既无须夸大为“报业将死”的标志，也不必纠结于下一个是谁的问题。传媒集团的跨地域、跨媒体、跨行业整合还将加快步伐。传媒企业应把注意力转移到整合后如何进行业务重组、资源配置、人员安置、成本控制等问题上。

4. “移动 + 社交 + 大数据”衍生传媒新模式

不管是传统的印刷媒体、电波媒体、PC 互联网，还是移动互联网，解决的都是人和信息如何互动的问题，只不过信息的载体不同，印刷媒体通过纸张，广播电视通过电波，PC 互联网是基于网站，移动互联网是基于应用，但这些只是数据信息的外在表现形式，数据信息本质上就是一种服务，这与媒体价值核心异曲同工，也因此两者之间已发生化学反应。诸如布隆伯格、路透、日经等企业，就是通过庞大的金融数据库提供财经信息服务，基本等同于综合性的财经媒体。

目前移动端应用相对孤立，还没有真正实现数据共享。如果能够整合移动端的数据，大数据、社交媒体和移动互联网的巨大商业价值将有望得以兑现，三者结合发展的模式或许会成为传媒产业的主流。通过移动终端，企业可以依托搜索、交易、社交等数据勾勒出目标受众的特征，甚至进行定位，并支持商务和金融服务，这样的商业图景离我们并不遥远。

5. 资本驱动传媒产业新增长点

2013 年，网络游戏和网络视频市场增长迅猛，市场规模分别达到 892 亿元和 128 亿元，同比增长 32.9% 和 41.9%，发展速度领跑传媒产业各个行业，其中移动视频和手机游戏成为资本追捧的热点。2014 年将开启 4G 时代，移动视频和手机游戏市场借 4G 的东风或将引来新一轮爆发式增长。

社交媒体的出现创造出“自媒体”这一概念，依托微博、微信等平台的个人、企业和专业自媒体形态大量涌现。2014 年 3 月，微信正式向公众服务号开放支付功能，自媒体商业生态圈逐步成形，大到腾讯、网易、搜狐的聚合型自媒体，小到用户个人生产和销售内容，自媒体有可能再次颠覆传媒产业生态结构，并开创新的商业模式。

6. 传媒产业预测

2013 年是“传媒蓝皮书”连续观察和研究中国传媒产业的第十个年头，这十年是中国传媒产业快速发展的十年，传媒产业总值年增长率连续十年保持两位数的增长；这十年也是历经巨变的十年，新兴媒体迅速崛起，与传统媒体形成群雄争霸的格局。

未来十年，中国传媒业有望迎来新一轮增长。根据普华永道的统计数字，目前全球传媒与娱乐产业年消费额在两万亿美元左右，未来五年的增长率保持在 5% ~6% 。全球传媒产业的整体提升对我国有重要的带动作用。同时，我国宏观经济的平稳发展带动人们消费水平提高，也将推动传媒业的增长。根据世界各国经验，人均 GDP 超过 5000 美元，文化消费高速爆发。2013 年，我国人均 GDP 突破 6700 美元（见图 6），居民文化消费支出在总消费支出的占比逐步提升，作为文化产业的重要组成部分，传媒业仍有较大上升空间。

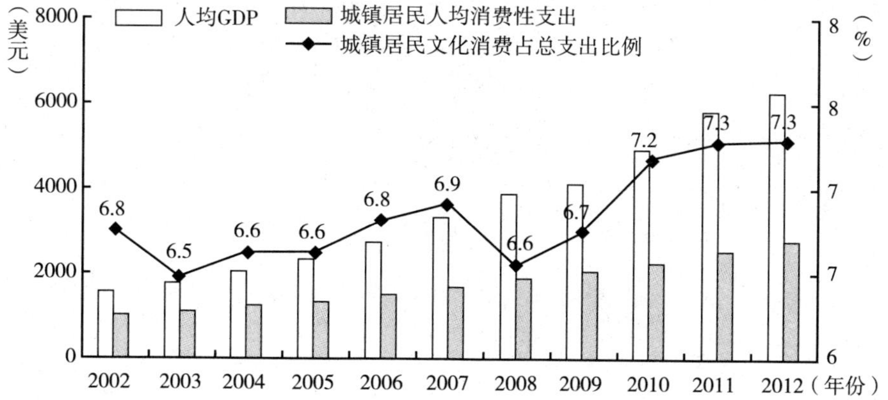

图 6　2002 ~2012 年我国人均 GDP、城镇居民人均消费性支出、城镇居民文化消费支出占比变化

数据来源：国家统计局。

2013 年中国传媒产业总值较五年前翻了一番。根据对传媒业发展现状和趋势的分析，我们相信，传媒产业未来五年还将保持较快速度的增长，产业集中度和行业整体实力进一步提升。初步预计 2014 年中国传媒产业规模将超过 1 万亿元，2017 年达到 1.6 万亿元，文化传媒产业整体规模超过 5 万亿元，GDP 占比达到 5%（见图 7）。

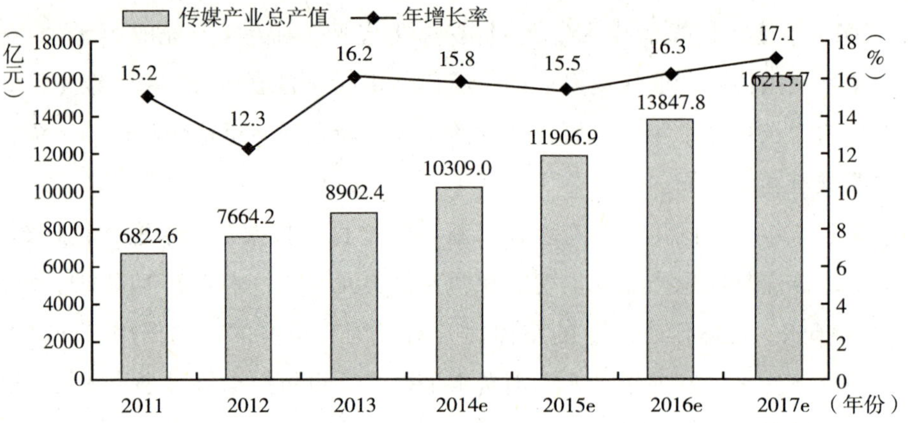

图 7　2011～2017 年我国传媒产业规模及增长率（2014～2017 年数据为预测值）

2013 年中国传媒业关键词分析

喻国明 杨 雅*

摘 要：

本文以2013年与传媒业相关的新闻与微博文本为基础数据，采用词频分析的方法，经过聚类排重与无意义词剔除，提取归纳了传媒业年度热词、传媒业行业关键词、传媒业总体趋势词三个词群，管窥出本年度传媒业的热点，并预测传媒业未来的发展趋势。

关键词：

传媒业 热点 地区发展

在积累了技术与制度红利之后，中国传媒业在2013年走上了加速变革的快车道，这些变革将深刻影响传媒产业的整体发展格局。本文从关键词分析的维度出发，以“传媒业”“传媒产业”“媒介业”“新闻传播业”为主要关键词的科学抽样文本进行词频统计分析，意图微词大义，从中管窥本年度传媒业发展的脉搏与温度，在产业回旋式前进的盘山公路上，测量下一个转弯处正余弦的夹角，展望这个行业会经历如何的开阖起伏。

（一）报业

2013年报业关键词有28797个，包含“报”的关键词为5145个，主要包括报业（词频1485）、报纸（词频1211）、报社（词频245）、报刊（词频

---

* 喻国明，中国人民大学新闻学院副院长、中国传媒经济与管理学会会长、国家二级教授；杨雅，中国人民大学新闻学院2013级博士研究生。

205）、日报（词频643）、晚报（词频207）、党报（词频108）、机关报（词频25）等。与报业相关的地区类词排名前三的是上海（词频142）、北京（词频89）和广州（词频42）。

通过分析报纸行业相关的词频在50以上的部分词，可以管窥2013年报纸行业的重大事件。从行业趋势来看，广告额（词频276）下降依旧是报纸行业无法回避的困境，而报业的改版（词频82）与战略（词频35）、合并（词频31）与调整（词频26）、转型（词频28）与突破（词频22），也成为这一年报业在产业经营方面的关键动词。另外，尽管传统行业面临巨大的竞争与经济效益的压力，对影响力（词频31）、公信力（词频17）、从业者的自律（15）等问题的反思与关注，也依旧体现了新闻人追求社会效益的专业主义理想。

此外，上海报业集团（词频262）也是2013年热度很高的关键词之一。上海报业集团成立伊始，便联合互联网企业整合手机服务，推出数字阅读App《上海观察》，并采用付费墙（词频94）模式，随后又宣布《新闻晚报》停刊。就报业而言，目前的转型模式主要有几种：第一，投资与主行业无关的产业，比如地产业；第二，拓展产业链，比如浙报传媒投资游戏业，粤传媒收购香榭丽（词频53）等；第三，发展数字报业，从根本上转型。就最后一点来讲，目前还未探索到真正适合的赢利模式。两大报业集团合并，既是增量的调整，也会带来存量的盘活。目前上海报业集团能否顺利完成资源整合，完成人财物的重组，接下来能否建立起现代企业制度，创新传统媒体转型模式，而并非只依靠政策意志的捏合，是其在制度之外的层面需要着力探索的。

（二）出版业

2013年出版业的关键词共20414个，排名靠前的主要包括出版（词频1187）、出版社（词频166）、图书（词频507）、书店（词频448）、电子书（词频96）等。与出版产业相关的地域类词排名前三的是北京（词频69）、上海（词频53）和深圳（词频34）。

2013年，全民阅读立法列入国务院立法计划，中国全民阅读媒体联盟通过了《中国全民阅读媒体联盟章程》，全民（词频92）阅读（词频258）运动推进；另外，实体（词频128）书店的式微以及政策的扶持，包括新华书店

（词频 171）的转型，从中可以看到全媒体时代出版业在生产、交换、消费各个环节所作出的转型的努力。

（三）电视业

2013 年电视行业的关键词共 23217 个，主要包括电视（词频 1582）、电视台（词频 365）、节目（词频 1052）、电视剧（词频 366）、频道（词频 357）、央视（词频 355）、卫视（词频 358）、收视率（词频 142）等。与电视业相关的地域类词排名前三的是湖南（词频 31）、北京（词频 29）和深圳（词频 27）。

从产业发展角度来看，制作（词频 160）、播出（词频 150）成为两大热词，电视节目制播分离进一步深化，例如 2013 年央视在“开门办节目”的思路下，与灿星、光线（词频 111）等民营制片公司合作制作了多档综艺节目。同时电视节目制作公司中也出现了并购热潮，如光线参股新丽传媒，乐视收购花儿影视等。2013 年电视行业最受关注的事件是央视（词频 355）的一系列举措，包括《新闻联播》《焦点访谈》的改版、组织成立纪录片（词频 150）制作和播出联盟、春晚邀请冯小刚（词频 42）导演、引进海外（词频 35）节目等。国家级电视台频繁推出的举措，既是政策的推动，也是面对地方卫视的重重包围，特别是 2013 年互联网行业对电视业的整体冲击，所作出的应对和调整。

从节目形态来看，2013 年的关键词中，汉字（词频 112）、听写（词频 48）、爸爸（词频 98）、哪儿（词频 71）、真人（词频 71）、综艺（词频 67）等词的热度反映了 2013 年的两档节目《汉字听写大会》和《爸爸去哪儿》的高收视率。有趣的是，这两档节目都是以孩子（词频 50）为对象。特别是后者，在人口政策变化所引发社会讨论的背景下，这档反应核心家庭父婴关系的节目似乎正逢其时，同时也开启了电视行业的综艺节目具有后现代意味的转向，即由竞争、造梦、明星之类的宏大叙事转向从生活琐碎中发现艺术，也就是费瑟斯通所言的日常生活的审美化。同样在这一事件里体现出的电视节目潜在的主流化效果与共鸣效果也非常明显，也许会成为重新检验涵化理论的经典案例。

（四）电影业

2013 年电影行业的关键词共 10221 个，包含“电影”的有 1712 个，主要有电影（词频 1253）、电影剧本（词频 68）、电影节（词频 45）、电影院（词频 19）、电影业（词频 12）等，以及与电影相关的票房（词频 201）、院线（词频 45）、审查（词频 126）、审批（词频 61）。

从产业发展角度来看，电影一直是资本青睐的领域。2013 年以来资本在文化传媒产业发展中开始新一轮发力，从热点事件来说，万达（词频 180）投资 500 亿元在青岛（词频 73）建全球最大影视产业园高居榜首。此外很多创投成立了影视产业专项基金（词频 49），包括影视企业华谊（词频 89）兄弟、保利博纳（词频 62）、华策（词频 62）影视、华录百纳（词频 17）等均是从引入私募股权基金直至 IPO 的案例。

从电影产品形态来说，青春（词频 97）类电影较受追捧，最热门的几位电影导演如赵薇（词频 23）、郭敬明（词频 40）、薛晓路等都采取了女性视角的叙事手法，其中前两部都是由青春文学作品（词频 39）改编，由于导演的票房号召力也被称为粉丝（词频 14）电影。

（五）互联网

2013 年互联网行业的关键词共 33900 个，包含“网”的有 3680 个，主要有互联网（词频 1997）、网站（词频 920）、网友（词频 187）、网民（词频 130）、网页（词频 48）、网络化（词频 24）等。涉及互联网行业相关的国别地区类词排名前三的是美国（词频 112）、北京（词频 48）和香港（词频 45）。

表 1　中国互联网行业部分高频关键词

关键词	词频	关键词	词频	关键词	词频
百度	564	支付	147	浏览器	84
阿里巴巴	311	平台	141	土豆	80
腾讯	278	投资	122	庭审	80
金融	272	合作	121	版权	78
市场	249	基金	118	直播	69
比特	248	银行	105	牌照	60
搜狗	214	技术	95	搜狐	59
上市	174	数据	95	新浪	47
社交	164	交易	90	苏宁	44
货币	152	余额	89	京东	38

从互联网关键词的词频统计可以看出，互联网行业的三大所谓巨头 BAT（百度、阿里巴巴、腾讯）热度明显，马太效应初显。2013 年，互联网行业开始探索移动互联作为 O2O 线上线下交易的前台，即移动互联的前景化的应用，这将有助于实体经济与虚拟经济的打通。9 月，首个互联网金融基地落户北京石景山区（词频 16）。互联网金融（词频 272），一方面是互联网机构进军互联网金融，例如，6 月，支付宝与天弘基金（词频 118）合作（词频 122）率先推出“余额宝”（词频 89）；7 月，央行发放新一批第三方（词频 31）公司的支付牌照（词频 60），有七家互联网公司上榜，随后新浪（词频 47）发布“微银行”，腾讯（词频 278）微信 5.0 版更新“微信支付”功能，百度（词频 564）理财产品平台上线，京东（词频 38）“京贝宝”融资业务上线，网易（词频 26）理财平台上线。另一方面是传统银行业进军互联网金融，例如，中国农业银行成立“互联网金融技术创新实验室”，民生电商成立，招商银行推出“小企 e 家”，平安银行与南方基金联合推出“平安盈”，中国银行推出“中银投融”网络服务平台等。

（六）移动终端

2013 年移动终端的关键词共 19640 个，主要有移动（词频 579）、手机（词频 397）、App 应用（词频 192）、电信（词频 58）、联通（词频 25）、终端（词频 45）等。

2013 年，移动终端开始加速多元化、智能化（词频 155）推进。电视盒子（词频 96）与智能电视的出现，使得传统意义上被电视占据的客厅霸权也受到了威胁。爱奇艺与 TCL 联合推出电视，小米盒子、乐视盒子低价销售，阿里巴巴与华数推出华数彩虹。这些终端的出现加快了多屏融合时代的来临。

手机地图（词频 217）与二维码都是 O2O 模式的重要进入端口，根据易观国际的预测，到 2015 年手机地图的累计用户数将达 6 亿，渗透率达到 64.6%。就 BAT 的举动来看，百度拆分百度地图成立 LBS 事业部，阿里巴巴成为高德地图第一大股东，腾讯公司发布旗下 SOSO 街景地图。从手机产品来说，2013 年 iPhone 苹果（词频 99）5s/5c 问世，引发了对土豪金（词频 25）

一类词的协商式解读。各大互联网公司也纷纷圈地手机领域，盛大（词频 65）ROM、阿里云手机、新浪微博手机、腾讯 iQQ 等智能手机终端出现。另外，在移动社交（词频 146）方面，微信以外出现了很多挑战者比如来往（词频 25）、易信（词频 25）等。

从提出“感知中国”的概念之后，物联网产业热潮便在全国陆续铺展开来。2013 年，国家政策的出台、智慧（词频 36）城市的推动、4G 的商用以及可穿戴（词频 115）设备的兴起，使我国物联网在政策及具体应用层面都开始推进。

中国印刷媒体发展报告

China's Print Media Development Report

B.3

2013年中国印刷媒体发展概要

蓝皮书课题组

面对PC互联网、移动互联网、电波媒体的强势竞争，作为最基本也是最传统的媒体产业，书、报、刊、户外等纸媒产业近年来可谓是艰难前行。用"守住阵地、争取前进"可形容2013年纸媒产业的发展。2013年，纸媒业绩延续了2012年的大幅下滑，并有向更多公司蔓延的趋势，广告业务作为报刊媒体的核心收入来源面临量价齐跌的困境。根据CTR的数据，2013年传统媒体广告市场的整体增长仅为6.4%，低于同期GDP增速，其中报纸广告同比下降8.1%，6家报业上市公司中，有3家的广告收入降幅超过两位数。

从受众资源来讲，纸媒受众呈现老龄化趋势。从市场资源来讲，依据市场效率优先原则，许多市场资源向新媒体领域投放。从媒体广告资源的变化看，各类媒体的广告资源量继续全面下降，传统媒体广告刊播的时长、面积都在减少。从发行渠道来讲，传统运输流通方式，一定程度上阻碍了纸媒产品的到达。

虽然2013年中国图书出版品种、印数、版权出口金额均较上一年有所增长，但是图书数量有过剩现象，选题重复、题材重复的现象比较严重，同时图书质量也需要更严格的把关、控制。2013 年，我国期刊媒体面对全行业资源结构性过剩和新媒体挑战带来的困扰，在寻求突破与融合中度过，从发行市场表现来看，整体平均销量呈下滑态势，但汽车类、时政类、财经类等类别期刊不降反升；主流媒体期刊表现出较强的竞争态势，市场集中度高；与二、三线城市相比，一线城市竞争更为激烈。

面对这些困境，纸媒通过变革、创新，一直在努力扭转发展颓势。例如，随着图书出版业数字出版基地的建立，以创新模式推进产业发展的成效已初步显现，部分国家数字出版基地总产出已经超过百亿元。随着移动互联网、物联网和云计算的技术发展，移动终端自媒体出版市场空间也在逐渐释放。又如，面对报业广告市场的持续衰退，报业集团开始寻求转型革新的模式，同时探索与周边行业，如印刷业、物流业、传统零售业的融合。未来一段时间，转型将是纸媒发展的重要出路。

“大数据”吹响了中国期刊业创新变革的号角，出版单位退出机制和报刊刊号市场流通等重要的体制改革信号也相继出台。纸媒产业面临的困境与机遇共存。从未来走向上看，2014 年，图书出版单位改革将进一步深化。图书质量将会更加受到重视，网络书店与实体书店的角力持续胶着。此外随着新媒体发展，数字出版与移动阅读将更受关注。期刊市场将呈现出向优势媒体聚合的发展态势。期刊媒体在坚持内容为王、保持品牌核心竞争力的同时，也在加速转型。未来的期刊将形成全媒体矩阵，形成一个移动化、多元化、国际化竞争的期刊市场。未来两到三年是决定传统媒体生死存亡的关键时期，新媒体的强劲发展势头迫使传统媒体加快转型步伐。如果说 2013 年是传统媒体从转型模式研究走向探索实践的一年，2014 年将是传统媒体深刻转型的决战年。

B.4

2013 年中国报业关键词

唐绪军　卓宏勇*

摘　要：

本文以“变局”“停刊”“跌跌不休”“云报纸”等关键词大致勾勒出2013 年中国报业的发展变化。

关键词：

中国报业　2013 年　发展变化

关键词一：变局

2013 年9 月，解放日报和文汇新民两大报业集团宣布合并，组建上海报业集团并于10 月28 日正式挂牌成立。《解放日报》《文汇报》《新民晚报》这三家走过半个世纪、曾在中国报业史上留下浓墨重彩一笔的报纸的合并，不但打造了一家资产总额超过208 亿元的报业集团新航母，也在报业转型创新方面迈出了具有里程碑意义的一步。特别值得注意的是，三家报社成为独立法人机构，大大推动了报社建立现代企业制度的步伐。上海报业集团的成立所代表的报业转型方向和模式，及其达到高度和立足点已超出传统媒体范畴，关乎中国传媒业的全局。

报业变局不止上海报业集团一家，各个报业企业正积极转型、四处突围。2012 年最引人瞩目的事件是浙报传媒通过收购游戏公司转型为全媒体集团；2013 年最热的话题则是《中国经营报》社长李佩钰发表的关于报社机构全面

* 唐绪军，中国社会科学院新闻与传播研究所所长、研究员、博导；卓宏勇，国家新闻出版广电总局新闻报刊司副处长。

调整的一次宣言，这次调整主要包括取消广告部，成立事业部，精简编辑部改为新闻中心等。该宣言被称为传统报业的“革命宣言”，象征着报业大变局已经从酝酿期走向扩大期。

关键词二：停刊

2014 年新年前夕，上海报业集团所属的《新闻晚报》宣布将于 2014 年 1 月 1 日起正式停刊。这是上海报业集团整合后的一次重要决策，同时也宣告了都市报黄金时代的终结。

20 世纪 90 年代中后期，面对都市报的快速崛起，一些报业集团开始以“护卫舰”为目的办第二张都市报，与竞争对手进行竞争，《新闻晚报》就是在这种背景下成立的。但随着新媒体的出现，报业市场整体萎缩，特别是当解放与文汇两大报业集团合并之后，报业集团内部竞争的意义已经不复存在，而相较于《新民晚报》，《新闻晚报》的品牌价值和市场价值都不高，成为第一个牺牲品在所难免。各大媒体在为《新闻晚报》停刊惋惜的同时或许也会隐隐感到一种自身难保的寒意。

关键词三：跌跌不休

近两年来，报业广告市场持续下跌，2013 年降幅达到 8.3%，比上年增加 0.1 个百分点。① 发行市场尽管一直保持较为稳定的发展态势，但 2013 年全国报刊零售额逐月递减，12 月的下降幅度达到历年来的峰值，特别是 IT 和财经类报纸的销量持续走低；都市报作为报业发行市场的领跑者也出现了销量普遍下降的状况；唯有党报和部分时政类报纸的发行量逆势上涨。② 皮之不存，毛将焉附。报业市场报刊广告发行的双跌让“报业灭亡论”再次甚嚣尘上，但无论是支持者还是反对者，业界基本已经对报业市场的整体衰退达成共识。

---

① 中国广告协会报刊分会、央视市场研究（CTR）：《中国报纸广告市场分析报告》，2013 年 7 月。

② 数据来源：世纪华文全国报刊发行监测数据。

关键词四：云报纸

2013 年报业市场的另一件大事是“全国云报纸技术应用平台”的成立。“云报纸”是我国传统媒体进行数字化转型、开拓全媒体业务的一项探索。通过云平台，报社成为内容集成、读者互动、多媒体联动的平台，传统报纸得以突破时间和版面的局限，并带动报纸和广告、电子商务经营流程的创新。5 月 17 日，全国 29 家主流报纸签约加入该平台，标志着我国报业正式步入“云时代”。但我们也必须看到，随着智能手机的普及和移动互联网飞速发展，加上云报纸平台在合作模式方面的不完善，云报纸技术应用平台能否成为拯救报业的救命稻草，仍有待观察。

关键词五：正在消失的报亭

存或不存，这是一个问题。2013 年，报亭成为各界讨论的热点问题。一方面国家新闻出版广电总局号召各地政府建立阅报栏、阅报屏，丰富人们文化生活，媒体也呼吁各地政府把报刊亭当成城市的文化符号；另一方面，南京、郑州、乌鲁木齐等多地却以“影响市容、临时占道、影响交通”为由强制拆除报刊亭。

对于正经受整体衰退煎熬的报业市场来说，拆除报刊亭无疑是雪上加霜，特别是以零售为主的都市报，销量直接受到影响。以郑州为例，报刊销售从报刊亭转到超市或便利店后，报刊月销售额下降了 8 成多。同时，拆除报刊亭也导致大批报刊经营者失业。2013 年，不少城市尝试将报刊亭转型为“服务站”，增加了缴水电费、代订车票门票等多项便民服务。这或许是一个双赢的解决方案。

关键词六：“陈永洲”

《购物导报》记者李德勇、《新快报》记者陈永洲、《中国经济时报》河南记者站副站长郗永丰……2013年接连曝光的新闻敲诈事件，以“深圳最美女孩”为代表的虚假新闻，以及《中华工商时报》关于天然气价格的不实报道等事件，在社会上引发了不良后果，让本已四面楚歌的中国报业雪上加霜，报纸等新闻媒体的公信力不断受到质疑，其中尤以“陈永洲事件”最为曲折，并且影响广泛。

陈永洲因涉嫌损害企业商誉罪被捕，《新快报》头版刊发《请放人》和《再请放人》两篇报道，而后剧情突变，陈永洲认罪，《新快报》致歉和报社全面整顿，“陈永洲”三个字一度成为全国媒体争论的焦点。“陈永洲”不但让记者的职业形象蒙羞，更引起社会各界对新闻伦理与监管等问题的关注和讨论。

关键词七：“张太声明”

2013年8月20日的《南方都市报》刊登整版大字广告，内容疑似署名“张太”的“小三”向丈夫前妻“宣战”，广告一出即引发全国热议。低俗广告与虚假报道一样，也是报业的一大顽疾。据了解，2013年全年报刊管理机构总共通报批评了刊发虚假违法广告的报刊67家，并对21家问题较为严重的报刊实行缓检。尽管事后证明“张太声明”只是化妆品公司的创意广告，且广告很快被停发，报社也受到通报批评，但此事件仍引发人们对报纸广告尺度等问题的广泛讨论。广告同新闻一样涉及传播伦理和社会道德导向，失去底限不仅会给社会造成不良影响，也会损害媒体形象和公信力。

关键词八：记者“国考”

目前我国有新闻采编人员约25万人，记者资格证由新闻出版广电行政部门审核发放和管理，每五年换发一次。从2013年起，国家新闻出版广电总局要求全国开展新闻采编人员岗位培训和考核，考核通过准予申领和换发记者证。据了解，总局组织的培训课程主要包括“中国特色社会主义”“马克思主义新闻观”“新闻伦理”“新闻法规”“新闻采编规范”“防止虚假新闻”等 6 个专题①，该项考试也犹如新闻记者的“国考”，成为考验记者素质和能力的重要关卡。

2013 年，党的十八届三中全会发布的《中共中央关于全面深化改革若干重大问题的决定》明确提出“严格新闻工作者职业资格制度”，预示着未来新闻记者的准入门槛将会进一步提高。

① 《全国新闻采编人员首次“国考” 重在全面提升》，《中国新闻出版报》2013 年 10 月 18 日。

B.5

2013年中国报业广告市场分析报告

姚　林*

摘　要：

2013年中国报业依旧处在衰退状态，广告市场持续下滑。本文通过对报业广告持续下滑的原因进行分析，对报业今后跨界经营、转型发展提出建议。

关键词：

中国报业　广告市场　困境　出路

一　传统媒体全面下行，平面媒体衰退不止

2013年报纸广告刊登额下降了8.1%。综合来看2013年传统媒体广告市场情况，电视、广播分别增长9.6%、3.3%，户外下降了2.0%。平面媒体由于发展动力不足，广告市场继续呈现下滑趋势，其中报纸下降8.1%、杂志下降7.0%。

2013年传统媒体广告市场的分化趋势已经非常明显。电视媒体在2013年成为传统媒体市场整体的稳定剂，是唯一增速高于总体的传统媒体。尽管电视广告受到数字媒体的冲击不甚明显，但是各级电视频道的分化加剧也已成事实。而报纸和杂志的下降趋势已无可挽回，广播从前两年的快速发展期，进入了饱和稳定期。

---

* 姚林，央视市场研究股份有限公司资深研究顾问。

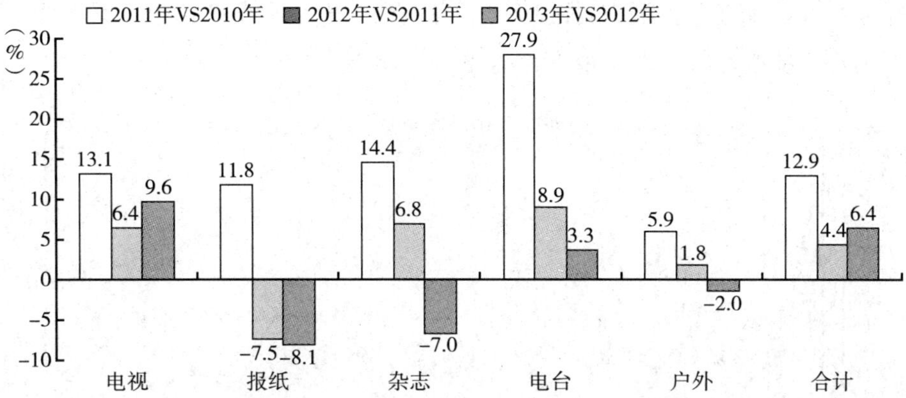

图 1　2011～2013 年传统媒体广告增长趋势

数据来源：CTR 媒介智讯。

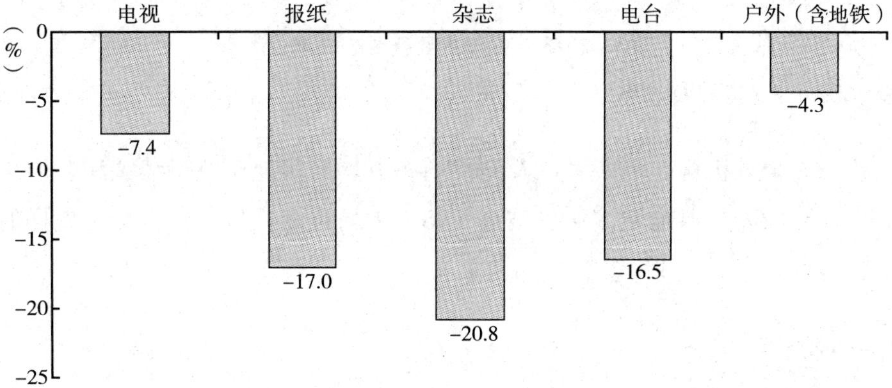

图 2　2013 年传统媒体资源量变化

数据来源：CTR 媒介智讯。

二　报纸广告仅靠房地产独力支撑

综观报纸广告主要涉及的 20 个行业，活动类、电器类、房地产类三个行业保持增长，酒类及饮料类 2013 年上半年也分别有 8.0%、12.3% 的增长，但是该良好趋势并没有得以延续，这两类行业在下半年呈现下降趋势。房地产广告则一直处于支撑报纸广告的地位。房地产广告在报纸广告中占据大比重状态，尤其是都市类报纸对房地产广告十分依赖。

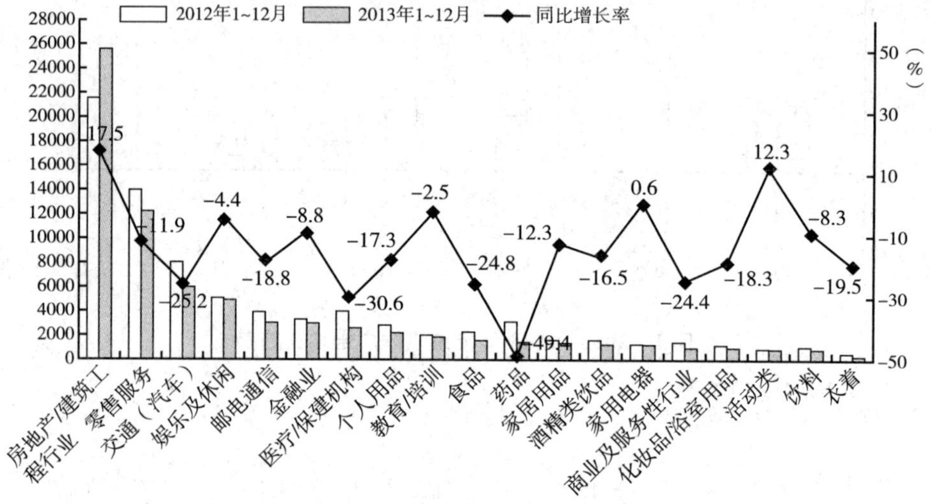

图3　2013年报纸主要行业广告增长率

数据来源：CTR媒介智讯。

政府、金融机构、消费者以及开发商各方均对房地产业持续关注，但房地产业也存在风险，目前泡沫如果破灭，那未来的报纸广告经营将会是怎样的状态不言而喻。

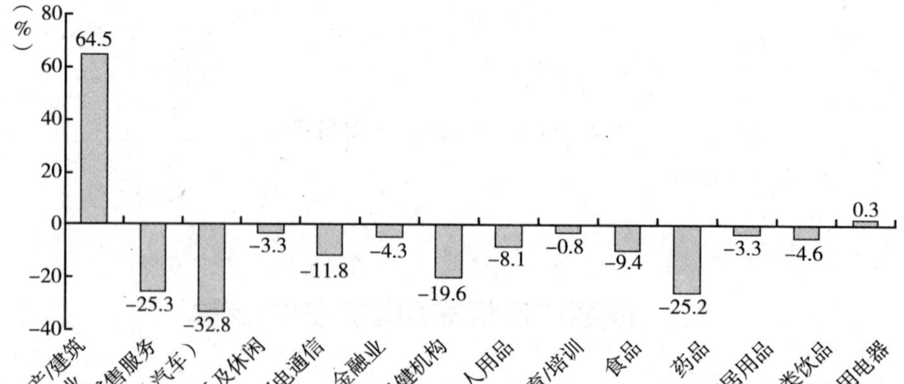

图4　2013年1~11月报纸广告增量中主要行业贡献率

数据来源：CTR媒介智讯。

由于电商的迅猛发展，消费者购物方式较过去发生很大的变化，加之电商的各种促销活动以及相对便宜的价格，实体店销售受到很大的冲击。另外，传统报纸的广告传播方式也逐渐不再适应现在部分商品的需求，例如汽车品牌营销目前对报纸广告的硬性需求就非常低，而展会、电视等可视化的、动态的、彩色的广告形式，更适合展示汽车的品质、特性。

三　报纸广告市场的困境及出路

中国宏观的经济状况下行以及传媒总体环境的变化，一定程度上影响了广告市场。广告主收紧广告预算以应对未来的不确定性。研究显示，广告主对营销预算的增加比例已经降至最低水平，短期内不会增加广告营销经费。

另外，中国互联网及移动互联网迅速发展，手机应用逐渐普及。面对新媒体的发展，传统报业也并非无所应对，诸如手机报、微博、微信等也被应用，虽然一定程度上缓解了报业衰退的速度，但是对于拉动报业整体状态还是“杯水车薪”：第一，传统报纸的生产模式与新时代有脱节现象，对网络传播把握不到位；第二，虽然坚持了“内容为王”，但是缺失网络传播注重时效、受众阅听感受等的优势。

传统报业深度报道分析加大规模传播的思维所确立的传播方式已经显得较为落后。尽管报业都在向媒体融合的方向转变，但成功的案例并不多。如何适应传播环境的变化使报业新生将是报业长期的课题。

四　跨界经营求生存，转型之中求发展

为了摆脱目前的困境，许多报社通过不同的手段进行创收，比如做物流、做网购、做展示、做艺术品等。据了解，这些“第二职业”确实也为报社带来了一定的经济效益，缓解了广告收入逐年下滑的困境。但这种多种经营的状态也因“不务正业”而引发负面的声音。然而跨界不仅仅是为生存所迫，更是新的生存及成长方式的探索。在跨界经营中，报业可以探寻到新的经营模式。在如今媒体繁荣的时候，受众已经不再是简单的报纸阅读者，他们同时也

是用户。而对于用户，就要提供更为完善的服务。如果传统报业树立了受众是用户的理念，就容易理解媒体传播的根本就是服务。

未来的几年将是报业改变目前衰落现状及发展的重要时期，只要紧随互联网以及移动互联网发展大趋势，转变内容生产模式，树立为用户提供服务的理念，寻求新的发展路径，报业一定会在媒介形式创新中迎来新的春天。

B.6

2013年中国图书出版业分析报告

魏玉山*

摘　要：

本文系统地梳理了2013年中国图书出版发展情况，通过图书出版社产值、进出口以及企业出版图书等数据进行分析，对出版业的亮点、重点、新动向进行总结，并分析了政策、科技环境对图书出版的影响，继而对图书发展趋势进行预测。

关键词：

图书出版　出版体制改革　发展预测

2013年，中国的图书出版业总体趋势是稳中有升、总体向好。图书出版品种、图书印数、图书销售及图书出版的经济指标都有所增长。图书出版有重点、有亮点，图书发行有热点，图书管理有创新点。

一　图书出版管理出新政

2013年，对图书出版业来说，是十分重要的一年，一系列与图书出版、发行、管理等密切相关的改革与政策相继出台，给图书出版带来新的生机、新的活力、新的气象。

1. 国家图书出版行政管理机构、职能做出重大改变，图书出版的市场化进程进一步加快

2013年3月，新闻出版总署与国家广播电影电视总局合并，组建国家新

* 魏玉山，中国新闻出版研究院党委书记、副院长。

闻出版广电总局。2013 年 7 月，国务院办公厅发布《国务院办公厅关于印发国家新闻出版广电总局主要职责内设机构和人员编制规定的通知》，取消了多项与图书出版发行相关的审批事项，创新书号管理方式，规范书号使用，遏制违规行为。这些审批事项的取消，旨在进一步推进图书出版发行的市场化程度，必将对图书出版产生深远的影响。

2. 中国共产党十八届三中全会的决议，对深化出版体制机制改革提出了新要求

2013 年 11 月召开的中国共产党十八届三中全会，通过了《中共中央关于全面深化改革若干重大问题的决定》，对推进文化体制机制改革提出新的要求。这个《决定》对出版体制机制改革中已有的做法予以肯定，并提出了许多新的改革思路。例如“按照政企分开、政事分开原则，推动政府部门由办文化向管文化转变，推动党政部门与其所属的文化企事业单位进一步理顺关系”，则涉及中央部委与其所属出版社脱钩问题。国家新闻出版广电行政管理部门根据《决定》的精神，正在研究制定落实的具体措施。可以预见，出版体制机制改革将会更加深入。

3. 图书出版的优惠政策再次延长 5 年，图书发行环节的普惠政策首次出台

2012 年 12 月 25 日，财政部、国家税务总局联合发布了《关于延续宣传文化增值税和营业税优惠政策的通知》，该《通知》在保留执行多年的对图书等出版物在出版环节实行增值税 50% 或 100% 先征后退政策的同时，首次提出“自 2013 年 1 月 1 日起至 2017 年 12 月 31 日，免征图书批发、零售环节增值税”。这是政府为扶持图书发行业应对日益严峻的生存压力而出台的一项强力措施。同月，财政部办公厅和国家新闻出版广电总局办公厅联合下发了《关于开展实体书店扶持试点工作的通知》，对北京、上海、南京、杭州、广州、武汉、长沙、合肥、南昌、成都、西安、昆明等 12 个城市开展实体书店扶持试点工作。中央财政将对试点城市符合条件的优秀实体书店给予奖励，用于帮助其购买软硬件设备、支付房租、弥补流动资金不足等。[1]

---

① 《上海 5 家实体书店获国家专项资金扶持》，http://www.shanghai.gov.cn/shanghai/node2314/node2315/node18454/u21ai817764.html，2013 年 12 月 3 日。

4. 整治儿童图书市场，为儿童提供积极向上、健康纯洁的图书

2013 年 9 月，中宣部、教育部、国家新闻出版广电总局、全国“扫黄打非”工作小组办公室、国家互联网信息办公室联合发出《关于加强少儿出版管理和市场整治的通知》，开始整治少儿读物出版、发行市场。按照《通知》要求，国家新闻出版广电总局出版产品质量监督检测中心对儿童出版图书进行抽检，对于不合格图书，出版社要全部收回。通过集中整治，儿童出版市场正在回归儿童出版的本位。

二　图书出版企业添新军

图书出版企业是图书出版的市场主体。我国对设立图书出版单位实行审批制。2013 年，国家新闻出版行政管理部门新审批设立了两家图书出版单位，批准成立了三家出版集团，使出版单位的数量和出版集团的数量出现微小的变化。

新成立两家图书出版单位。2013 年 4 月 26 日，国家新闻出版广电总局批准生活书店出版社复社。生活书店曾是著名出版家邹韬奋、胡愈之等人 1932 年创办的出版机构，在全国有着广泛的影响，1948 年 10 月与读书出版社、新知书店合并，在香港组建生活·读书·新知三联书店总管理处。此次恢复生活书店的独立品牌，其目的是填补三联书店在文学艺术作品和大众实用类读物出版方面的不足。[①] 5 月底，安徽出版传媒集团所属的全资子公司北京时代华文书局，获得国家新闻出版广电总局批准颁发的图书出版许可证，业务范围为出版哲学与社会科学、经济管理、文化教育、文学和少儿图书。[②] 这是我国首家出版集团的异地子公司获得出版资质，是出版传媒集团在跨地区发展方面迈出的一大步。

新组建三家出版集团。在此之前，全国已经有 33 家出版集团，其中多是

---

① 石剑锋：《生活书店 65 年后重办》，http：//www. dfdaily. com/html/150/2013/6/26/1020668. shtml，2013 年 6 月 26 日。

② 《2013 年十大出版事件》，http：//www. bkpcn. com/Web/ArticleShow. aspx？ artid = 118188&cateid = A21，2014 年 1 月 6 日。

以地方出版社为主组建的地方性集团。2013 年 8 月，财政部以其主管的 17 家出版发行单位为基础，组建了中国财经出版传媒集团。2013 年 12 月，由工信部主管的人民邮电出版社、电子工业出版社及其所属实体组成的中国工信出版传媒集团正式成立。2013 年 12 月，以长江少年儿童出版社有限公司和海豚传媒股份有限公司为核心，联合江尚风炫（上海）动漫有限公司、上海安柏文化传播有限公司、北京智慧树文化传播有限公司、武汉长江学习工场数字科技有限公司和武汉马小跳文化传媒有限责任公司等单位组建的企业法人联合体——长江少年儿童出版集团正式成立。这三个出版集团的成立，标志着中国出版业集团化建设开始步入专业化的时代。

三　图书出版总量规模有新增长①

统计显示，2012 年中国的图书出版仍然稳步增长。其表现在五个方面：

——图书品种较快增长，全国共出版图书 41. 4 万种（其中新版书 24. 2 万种，重版、重印 17. 2 万种），与上年相比，图书品种增长 12. 04%（新版增长 16. 62%，重版、重印增长 6. 17%）。

——图书印数稳步提高，全国图书总印数 79. 25 亿册（张），总印数比上年增长 2. 85%。

——图书的纯销售稳步增长，全国新华书店系统、出版社自办发行单位图书纯销售 68. 32 亿册、712. 58 亿元，与上年相比数量增长 3. 86%、金额增长 9. 03%。

——图书出版的总产出、增加值、利润等经济指标快速增长，全国图书出版实现营业收入 723. 5 亿元，比上年增长 12. 3%；增加值 255. 2 亿元，比上年增长 13. 3%；利润总额 115. 2 亿元，比上年增长 22. 3%。

——图书出口增幅显著，全国共出口图书 1325. 69 万册，与上年相比增长 54. 91%；出口金额 4250. 09 万美元，比上年增长 29. 71%。

---

① 2013 年图书出版的相关数据没有发布，以 2012 年新闻出版统计数据为基础进行分析。主要数据来源于国家新闻出版广电总局《2013 中国新闻出版统计资料汇编》《2012 年新闻出版产业分析报告》。

对于图书出版的整体态势，可以说涨亦喜，涨亦忧。

所喜者，图书的总印数、总销售数、总出口数量都有不同程度的增长，足以说明数字出版对传统图书出版尚未构成直接的、显性的威胁。图书、报纸、期刊三大传统出版物，面对新技术、新媒体、新载体，都受到不同程度的影响。在发达国家，报纸颓势已现多年，期刊（主要是大众期刊）的发展速度也减缓，唯有图书所受影响最小。在我国，报纸所受影响开始放大，期刊所受影响也会随之而至，对图书的影响可能要迟滞数年。

所忧者，图书品种增长过快，已经超出了新闻出版业“十二五”规划确定的约束性目标。按照《新闻出版业“十二五”时期发展规划》，“十二五”期间图书品种年增长5%，到2015 年，图书出版总数将达到41.9 万种。但是，2011、2012 年的图书品种增长均超过10%，2012 年的图书品种已经接近 2015 年的调控目标。图书品种的快速增长，有创作拉动的刚性需求，也有社会价值评判失据的隐性原因。图书品种增长过快对出版业来说，最直接的后果是人均劳动强度增加，单品种收益却下降。一些出版社甚至出现因单品种收益下降，就不断增加品种数量，因品种增加过多，编辑人员工作强度加大。编辑力量投入不足，只能通过粗制滥造、买卖书号来弥补收益下降的怪圈。

四　图书出版展现新亮点

中国梦主题图书出版受到广泛重视。2013 年，许多出版集团、出版社都组织策划、编辑出版了中国梦系列图书，如：中央文献出版社出版的《习近平关于实现中华民族伟大复兴的中国梦论述摘编》（中文版，蒙古、藏、维吾尔、哈萨克、朝鲜等少数民族文字版由民族出版社出版），人民出版社出版的中国梦系列丛书《力量中国》《思想中国》《给力中国》《聚焦中国》，学习出版社出版的《中国梦　我的梦》，中国友谊出版公司出版的《中国梦》等。

卸任党和国家领导人撰写的图书成为热点。2013 年有多位卸任的政治局常委出版了图书，如人民出版社和上海人民出版社联合出版的《朱镕基上海讲话实录》，人民出版社出版的李长春著《文化强国之路——文化体制改革的探索与实践》，吴官正著《闲来笔潭》，人民出版社与人民教育出版社联合出版的《温家宝谈教育》，人民出版社与党建读物出版社联合出版的《贺国强党建工作文集》，中国人民大学出版社出版的李瑞环著《看法与说法》等。许多图书出版后迅速位列畅销书排行榜。

文学畅销图书作者名人多、新人少。综观多个图书排行榜，包括实体书店、网络书店及数据公司的排行，2013 年文学类图书最抢眼的仍是名人与名家的作品，如广西师范大学出版社出版的柴静的《看见》、长江文艺出版社出版的郭敬明的《小时代 3.0　刺金时代》、新星出版社出版的余华的《第七天》、人民文学出版社出版的贾平凹的《带灯》、浙江文艺出版社出版的韩寒的《我所理解的生活》等，都有不俗的表现。

儿童图书引进多原创少。由于儿童读物的市场不断扩大，也就引来众多出版社的参与。但是，由于多方面原因，国内原创儿童图书高质量的较少，因此引进版儿童图书成为市场主角。引进多年的《窗边的小豆豆》《小王子》《格林童话》《安徒生童话》《哈利·波特》等，都是儿童追捧的对象。相比之下，国内原创图书数量不多、分量不够，只有杨红樱的《笑猫日记》，雷欧幻像的《查理九世》系列，高洪波、白冰等的《植物大战僵尸》系列等差强人意。

五　电子书应用程序（APP）大行其道

谈图书出版，不能只谈纸质图书，而对正在登堂入室的电子书视而不见。2013 年 6 月，亚马逊的电子书阅读器——Kindle 正式进入中国市场，原以为会掀起新的电子书阅读器购买、使用高潮，但没有想到市场波澜不惊，反倒是移动互联网的发展推动了电子书的应用与阅读，同时各种电子书应用程序的快速发展，正在消解电商平台、移动平台中电子书下载的作用。几个主要的移动应用商店，如苹果商店、安卓市场等，都有大量的数字出版产品应用程序，比如在安卓市场内，“阅读”类应用程序就有 500 个左右，“教育”类应用程序 300 多个，既有集合了丰富的电子图书的客户端，如多看阅读、书旗小说、91 熊猫看书等，也有《论语》《史记》《唐诗三百首》《新华字典》等单本图书的阅读软件，还有以作者名义出现的阅读软件，如村上春树作品全集、张小娴作品集等，电子书应用程序数量激增，内容更加丰富。书刊 APP 的流行，正在分流电商等数字内容平台电子书的红利。

六 2014 年图书出版业发展预测

2014 年是值得大家期待的一年，十八届三中全会提出的许多改革要求，将在 2014 年成为具体的政策；2013 年年底出台的扶持图书发行的政策，其作用将在 2014 年显现；国家新闻出版广电总局机构改革完成后重点转向职能转变，对图书出版发行的管理也将出现新的思路。据此，2014 年图书出版有三点值得特别关注。

图书出版单位改革进一步深化。中央部委所属出版社组建集团，与所属部委理顺关系，甚至与部委脱钩的试点工作将会开展。经营性出版社的公司制、股份制改革也会选择性地试点。管理层或职工持股的出版单位可能出现，国有资本与非国有资本联姻而成的混合所有制出版单位也可能诞生。

图书品种增长将会受到抑制，图书质量将会更加受到重视。国家新闻出版广电总局提出：出版行业进入新的阶段，管理工作要从以数量增长为主转变到以质量提高为主上来，牢牢抓住质量这个核心，坚持质量优先、质量第一，围绕提高质量形成一套办法和机制，把对质量的要求贯穿到出版物生产的每个环节，落实到每个出版人和每本出版物，大力提高出版物质量。[①] 因此 2014 年图书品种增幅会降低，但图书品种总量仍会缓慢增加。

网络书店与实体书店的角力持续胶着。网络书店的市场份额还将扩大，除教材以外的图书发行，网络书店与实体书店将平分秋色。实体书店的经营状况会有所好转，民营实体书店的数量保持稳定并可能小幅增长。

---

① 蒋建国：《2014 年 1 月 4 日在第三届中国出版政府奖表彰大会上的讲话》，http：//www. bkpcn. com/web/ArticleShow. aspx？ artid = 118411&cateid = A02。

B.7

2013年中国报纸期刊发行市场大盘点

田 珂 蔡正鹏 崔江红*

摘 要：

2013年，报纸期刊发行量继续呈衰减之势，甚至不断传出纸媒裁员乃至停刊的消息。本文从报纸、期刊发行的角度重现当前报业、期刊业的发展状况，盘点各类报纸、期刊的发行态势及市场竞争力，通过数据解读的形式解析传统媒体的生存状况，并对未来发展趋势进行预测。

关键词：

报纸 期刊 发行趋势 市场

一 报纸市场

（一）报业竞争市场综述

随着经济的快速发展和互联网技术的发展，媒介传播方式产生了循序变革，报纸在这种转折中正经历着严峻挑战，在发行、广告方面的增速明显放缓。面对复杂而激烈的媒介竞争，尤其是手机、微博、微信、视频等新媒体快速兴起，不断蚕食着报纸媒体的读者市场，报纸的读者市场发生了颠覆性变化。

1. 报纸总销量持续下滑，各报表现有所差异

根据世纪华文SIS报刊发行监测数据，全国报刊亭的报纸与杂志销量均呈

---

* 田珂、蔡正鹏、崔江红，北京世纪华文国际传媒咨询有限公司。

持续下滑状态，部分报纸（如都市报）的降幅有增大趋势。2013 年上半年，全国报纸总零售量环比下降 8.87%，达到历年下降最高值。下半年报纸零售的表现更令人失望——截至 11 月底，环比下降 2.16%，同比下降 10.56%（见图 1）。

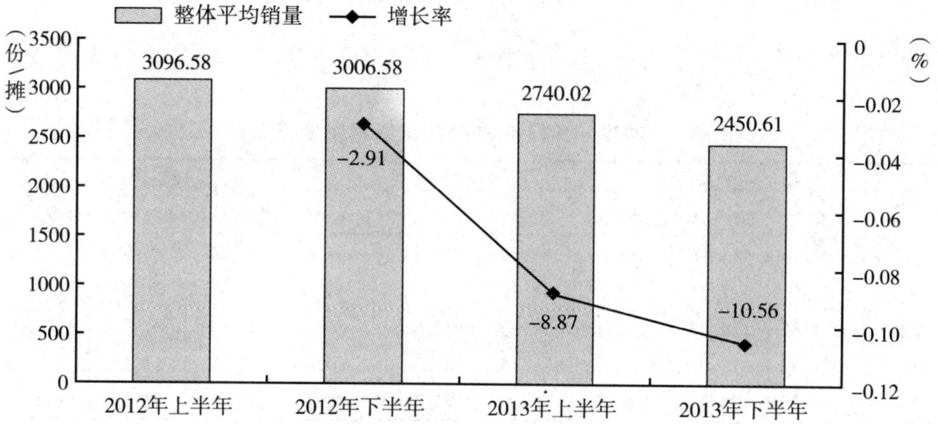

图 1　2012～2013 年全国报纸零售发行走势

导致报纸销量下滑的主要因素是零售市场的变化。虽然报纸推出了手机报、电子报等形式，打造"全媒体"概念，使报纸的发行在空间上得以延伸和补充，但报业根基依然是纸质零售发行市场。零售市场的节节败退是报纸媒体和互联网媒体较量中竞争力丧失的致命点。

在各类报纸中，都市报的发行总量最大，也是受新媒体冲击最大的传统媒体类型。根据世纪华文全国 60 个城市的报纸销量监测数据，2013 年都市报的销量降幅达到 14.8%，在报纸市场中的市场份额下降 6% 以上。

从城市角度来说，一线城市的报纸销量下降依然明显，与 2012 年相比，北京、上海、广州、深圳等一线城市报刊亭数量有减少的趋势，报纸的实销率下降 4% 以上，报纸覆盖率下降 2%，这些城市报纸种类众多，竞争也最激烈，2013 年已有部分报纸开始退出市场。二线城市数量较多，总体也是下滑的，最突出的表现是报纸实销率下滑 7% 以上，报纸滞销现象明显，覆盖率也下降 3% 以上，但是由于各城市地区的表现不同，不排除一些二线城市报纸销量出现上升的状况。在三线城市中，报纸销量跌势整体低于一线、二线城市，是目前报纸销量相对稳定的阵营，三线城市的报纸实销率小降2%左右，覆盖率上升0.8%。总体来说，三线城市的报纸发行稳定性要强于一线、二线城市。

2. 报纸区域化程度较高，发达地区报纸发行下滑明显

除了少量的专业性报纸，全国大部分报纸的发行具备地域性。而由于地域的人口、经济、文化和媒介环境的不同，各地域的报纸发行也呈现出较大差异（见表1）。

表1　2012～2013年各地区报纸零售发行指标

区域	整体平均销量（份/摊）			实销率（%）			覆盖率（%）		
	2012年	2013年	变化（%）	2012年	2013年	变化（%）	2012年	2013年	变化（%）
华北	599.75	513.18	-14.43	83.69	79.68	-4.80	89.24	87.55	-1.89
华南	599.3	547.71	-8.61	88.80	87.78	-1.15	92.80	92.57	-0.25
华西	277.67	284.07	2.30	81.86	77.68	-5.11	82.84	81.52	-1.59
华东	1039.34	711.04	-31.59	84.16	80.32	-4.56	91.22	87.25	-4.35
华中	152.66	106.1	-30.50	85.20	73.31	-13.96	88.76	78.34	-11.74

其一，东西部地区的差异。2013年，华东地区（上海、南京、杭州等）的报纸发行量下滑最大，华西地区（成都、重庆、西安等）的报纸整体发行则呈上升趋势，表现出东西部的强烈反差。

其二，经济发达地区报纸下滑更明显。主要表现为经济比较发达的一、二线城市和沿海城市，这些地区报纸种类集中，市场竞争激烈，读者流失严重。而经济相对欠发达的三线城市，报纸种类少，一城一报垄断发行现象普遍，替代性阅读媒体少，读者忠诚度更高。

3. 都市报仍然占据主导地位，发行格局相对稳定

都市类报纸是市场化程度最高的大众媒体，也是全国各地区发行量最高的报纸。根据世纪华文监测数据，2013年随着都市报的销量下滑，其市场份额也出现了下滑，2012年都市报发行市场份额占据71.9%，而2013年下降到64.9%，下降了7个百分点。但这不影响都市报仍占报纸发行主导者的市场地位。

和都市报相比，生活服务类周报、财经类报纸、IT类报纸以及党政类报纸的市场份额均出现不同程度的上升，这也体现着报纸市场集中化程度降低、多元化的发展趋势。有些报纸的销量虽然下滑，但市场地位却在提升（例如生活服务类周报），因为这些报纸的销量降幅低于都市报。

总的来说，各类报纸中都市报的销量下滑最明显，其他报纸有升有降，但并未改变当前报业发行的整体格局。

（二）2013 年全国各类报纸发行特征及趋势

1. 都市类报纸

分析全国报业发行市场，都市报始终是焦点。因为巨量的发行带来绝对的市场覆盖和品牌影响，使都市报始终成为中国报业中的强势媒体，充当报业的领头羊，都市报发展趋势即是中国报业的前景趋势。从世纪华文监测数据看，都市报销量有逐步下滑的趋势，但是，都市报在零售市场的覆盖率依然保持在 90% 以上，实销率保持在 85% 以上，有着最强的读者覆盖能力和市场影响能力。在新媒体的竞争环境下，都市报处于不利的竞争局面，面对发行减少、读者流失的局面，不少报业集团采取了积极的应对策略，改版重组、资源整合，开辟了报业发展的新局面，也为报业发行方向提供了诸多参考。

2. 时政类报纸

时政类报纸在报业发行市场中相对特殊，既保证全国发行覆盖全国读者，又各自为营、鲜有竞争对手；既有较强的政治性，又是融合城市市民生活的大众媒体。以《环球时报》为代表的时政类报纸，由于迎合读者的爱国情绪以及评论国际大事件的心理，2013 年虽然提高了零售价格，但发行量却逆势上涨。

但是时政类报纸的发行态势也不容乐观，市场覆盖率由 2010 年的 80% 以上下降到 2013 年的 68% 左右。虽然时政类报纸保持着较高销售率，有着积极追捧的读者群体，但近些年全国诸多城市报刊亭数量的变化和改造，将是以全国发行为目标的时政类报纸较大的隐患。

3. 生活服务类周报

和都市报不同，生活服务类报纸以周报为发行形式和以服务为主为办报宗旨。北京、上海、广州、成都、重庆等城市的生活服务类周报的销量可以与当地都市报销量媲美。但在新媒体冲击下，此类报纸与都市报一样，呈现出明显的发行下滑现象。和2012年相比，生活服务类周报的销量下降了18%以上，实销率下降3%，覆盖率下降5%左右。

4. 党政类报纸

近些年，党政类报纸的发行成为人们新的关注点，很多党报尤其是省级党报和地区党报开始摒弃传统观念，积极参与市场竞争，在零售发行市场独当一面，成为报业发行市场上为数不多的亮点。党政类报纸发行连续多年都稳步增长。首先，这是因为党报本身拥有比较稳定的读者群；其次，党报的品牌影响力和可信度越来越高；再次，很多党报不再像过去那样板着生硬的面孔，而是越来越亲民，这也使党报读者在慢慢增加。

5. 财经类报纸

财经类报纸在报纸发行中的份额不大，但所受关注度较大。相对于其他报纸，财经类报纸不仅定位明确，而且定位相对高端，是很多广告主青睐的媒体类型。但近几年财经类报纸的发行态势却不尽如人意，市场覆盖率徘徊在50%左右，销售率也勉强维持在6成左右，发行主要处于亏损状态。

6. IT类报纸

随着互联网技术的快速发展，IT类报纸经历着大起大落的发展过程，曾经在全国各城市销售很火的IT类报纸，如今仅占不到5%的市场份额，实销率维持在65%左右，覆盖率不到50%。近些年，IT类报纸整体上继续呈现下滑趋势，但是从市场监测来看，即便是一些发行量还不错的IT类报纸，基本上也都不再以城市为主，而是选择走另外渠道，比如进入农村市场。2013年，IT类报纸的市场覆盖率呈现上升局面。

（三）2013年全国综合类日报城市盘点

1. 北京

北京拥有超过2000万的城市人口，也是华北地区报业发展最繁荣的城市。北京的报纸种类很多，竞争激烈，受新媒体影响发行量下降明显，但报业竞争格局基本保持不变，即“晚报”与“早报”并存。

2013年下半年北京综合类日报零售总量呈下滑态势，与2012年下半年同比下滑11.3%，与2013年上半年环比下滑8.84%。2013年北京综合类报纸的零售市场排名依次为《北京晚报》《新京报》《京华时报》《法制晚报》《北京晨报》《北京青年报》。从竞争格局来看，《北京晚报》《京华时报》《新京报》三份报纸在北京报业零售市场占据主导地位。在早报市场中，《新京报》优势突出，与《京华时报》形成早报市场主要竞争媒体；在晚报市场中，《北京晚报》依然占据主导位置，大幅度领先《法制晚报》。

2. 上海

2013年上海报业集团的成立，被视作与新媒体融合的前进步伐，《新闻晚报》的停刊，引发各种媒体舆论和对报业发展前景的猜测与担忧。上海报业市场一直是中国报业发展关注的焦点，2012～2013年，上海综合类日报的零售发行量下降幅度达到20%以上，由此引发报业经营的举步维艰，部分报纸退出了竞争市场。即便这样，上海综合类日报依然存在七八份同类日报进行竞争，市场处于饱和状态。

2013年在上海销量前三名的报纸依次为：《新民晚报》《新闻晨报》《扬子晚报》。在这三份较有影响力的报纸中，《扬子晚报》作为外地报纸，在上海报业格局普遍下行的环境下，销量逼近《新民晚报》和《新闻晨报》，促成上海三大报纸形成鼎立之势。

3. 广州

近几年广州综合类日报的零售发行量也呈现一定下滑现象，年降幅在10%左右。

在广州报业发行市场，依然秉承着《广州日报》“一报独大”的市场格局。无论是零售市场、社区订阅市场还是单位订阅市场，《广州日报》的市场份额均远远超过同类竞争媒体。2013年，广州综合类日报零售发行前三名报纸为：《广州日报》《羊城晚报》《南方都市报》。《广州日报》的市场份额达到58%，牢牢把控着广州市场。

从近几年广州综合类日报市场份额走势来看，零售市场竞争格局表现出强者愈强的发展趋势，《广州日报》的领先优势稳固，《羊城晚报》和《南方都市报》的市场竞争仍处于胶着状态。

（四）综合类日报订阅市场发行情况

除了零售发行市场，报纸发行另外一个根基在于订阅发行市场。在新媒体的冲击下，报纸的订阅市场受到的冲击相对较小，表现出相对的稳定性。这归因于订阅读者长期订阅报纸培育出了较高的黏合度和忠诚性。根据世纪华文监测数据，多数城市发行量较大的报纸，其5年以上的订户比例均较大。例如广州的《广州日报》，5年以上的订户比例高达70%以上；北京的《新京报》，5年以上的订户比例达50%以上。面对新媒体的竞争，传统媒体一方面进行资源整合改组，与新媒体进行接触与融合，另一方面，稳住终端，留住现有读者，这才是传统媒体面对新媒体获得生存和发挥竞争力的根本优势。

同时，报纸发行在零售市场的失利，也导致部分报纸开始把发行增长工作由零售领域转移到订阅领域，由此在订阅领域重新燃起了报业竞争的硝烟战火。

无论从哪个角度来看，2013年报纸发行衰减都是不争的事实，发行量的下降，并不简单类同于读者数量的减少，而是预示着传播介质的改变，技术的革新已经对媒体传播产生了最广泛、最深远的影响，传统报纸媒体的创新与转型已迫在眉睫。在新的形势下，报纸媒体有必要积极利用网络优势来改进自身，争取媒体影响力的全面提升。

二　期刊市场

我国期刊媒体面对全行业资源结构性过剩的现状和新媒体挑战所带来的困扰，在寻求突破与融合中度过2013年。从发行市场表现来看，整体平均销量呈下滑态势，汽车类、时政类、财经类等类别期刊不降反升；主流期刊表现出较强的竞争态势，市场集中度高；与二、三线城市相比，一线城市竞争更为激烈。

（一）总述：期刊发行市场整体平均销量下降，市场向优势媒体集中

我国期刊种类繁多，竞争激烈。除学术类、专业类期刊外，世纪华文所监测的期刊涉及35个类别计914种期刊，包括全国各大、中、小城市有售的期刊。从整体期刊发行市场来看，2013年我国期刊发行市场呈现出如下几个特征。

其一，全国30余类期刊整体平均销量呈现下降态势。从全国期刊实际销量走势对比来看，2013年下半年全国期刊单位零售总量环比下降5.66%，但不同类别期刊市场表现不同，有增有减。

其二，期刊零售发行呈现高度集中态势，文摘类、女性类、动漫类、汽车类、女性高定价时尚类在全国50城市销量指数排名前五位；时政类、旅游类、财经类、军事类、育儿类、男性类、娱乐类期刊的销售指数依次排在6~12位。

其三，与多数类别期刊下降不同的是，文摘类、汽车类、动漫类是零售量增长率排名前三的类别，与2013年上半年同比增长率分别为15.02%、10.53%与4.36%；文学类、主妇类、科普类保持平稳；时政类、女性高定价时尚类等类别呈小幅下降态势；育儿类、男性类、财经类、潮流类下降幅度较大。

其四，代销比例再次增加，竞争压力增大。从期刊发行市场来看，为了避免发行量的下滑，部分期刊或渠道商开始加大代销比例，2013年期刊代销比例增加7%，代销比例的增加可以说缓解了部分报刊亭主的压力，但使期刊发行压力增大，部分期刊发行量的增长依赖于覆盖率的增加（见图2）。

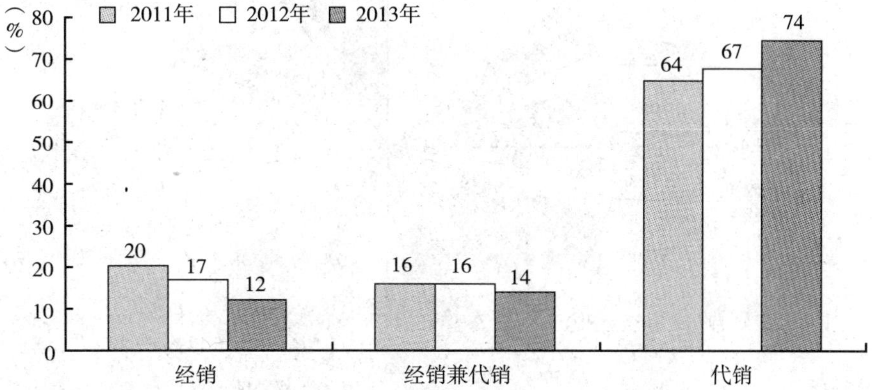

图2　2013年全国期刊经销、经销兼代销、代销比例对比

其五，市场流量向各类期刊排名在前列的优势媒体集中。近年来，期刊零售发行市场新面市的期刊数量极少。发行市场中较为活跃的几个类别的期刊，如女性高定价类、男性高定价类、时政类、财经类等类别呈现出向优势媒体集中的态势，在许多大中城市市场集中度越来越高。

其六，许多大中城市报刊亭拆改建，成为期刊整体发行量下滑的重要原因之一。据统计，2008～2012 年，全国仅邮政报刊亭就被拆除 1 万多个，2013 年报刊亭拆改建数量还在增加。报刊亭被拆的部分原因是买报刊的人减少了，但报刊亭拆了，势必会使阅读人群更为减少，形成恶性循环。

（二）分述：主要类别期刊零售市场走势分析

1. 文摘类期刊：种类繁多，销售指数排在第一

文摘类期刊是市场热销期刊，2013 年下半年文摘类期刊销量上升幅度较大，与 2013 年上半年环比上升 15.02%，销量指数排名排在各类期刊首位。该类期刊种类繁多、开本较小、零售价位不高，在各大、中、小城市零售摊点有售，内容丰富有内涵，具趣味性、故事性，深受大众喜爱，拥有不同年龄段的读者，阅读人群相对稳定（见图 3）。

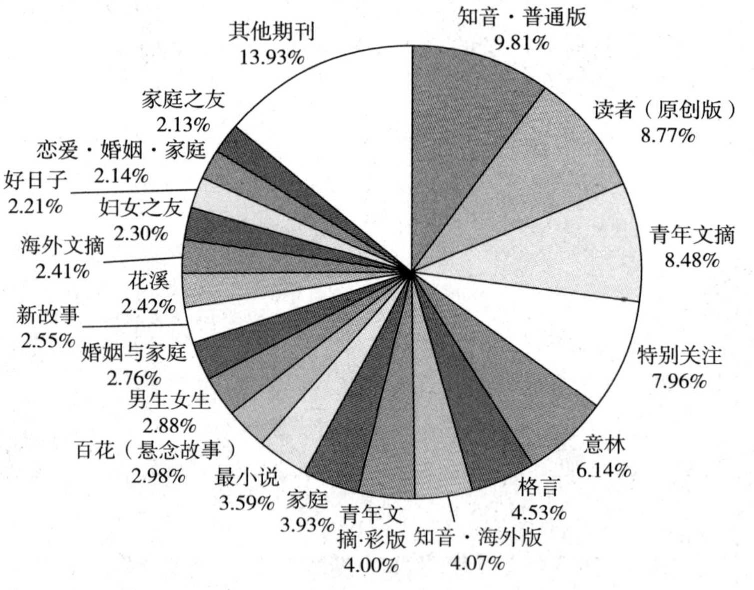

图 3　2013 年下半年文摘类期刊市场份额对比

2. 女性高定价时尚类期刊：一线城市竞争激烈

女性高定价时尚类期刊在零售发行市场一直活跃，2013 年整体平均销量呈现小幅下降趋势，销量排名依次为《瑞丽服饰美容》《昕薇》《瑞丽伊人风尚》《ELLE 世界时装之苑》《时尚伊人》《瑞丽时尚先锋》《VOGUE 服饰与美

容》《时尚芭莎女士版》《嘉人》。其中《瑞丽服饰美容》《昕薇》两刊市场份额都在 17% 以上，优势地位突出，《瑞丽伊人风尚》的市场份额在 13% 左右，其余各刊间差距不大，市场竞争激烈。

各刊拥有不同优势，《瑞丽服饰美容》在华北、华东、华南、华中地区具较大优势，销量第一；《昕薇》在华西地区销量第一；《瑞丽伊人风尚》的市场地位比较稳固，在大多数城市的销量排名在第三、四名位置；《ELLE 世界时装之苑》在华东地区排名第三；《时尚伊人》在华北、华西具一定优势；《瑞丽时尚先锋》在华西、华北地区具优势，沈阳、青岛两城市表现突出。9 份期刊实销率与覆盖率都在 80% 以上，除此之外，女性高定价时尚类期刊在北京、上海、成都、杭州的覆盖率普遍在 90% 以上，一线城市竞争激烈。

3. 男性时尚类期刊：市场集中度较高

2013 年男性时尚类期刊零售发行市场整体平均销量呈下滑态势，2013 年下半年与上半年相比下滑 7 个百分点，下滑区域集中在华东、华中地区，销量排名依次为《男人装》《时尚先生》《男人风尚》《智族 GQ》《时尚芭莎男士版》《时尚健康男士版》《ELLEMEN 睿士》《风度》《新视线》《名牌》。其中《男人装》的市场份额为 20.78%，在零售市场处于领先优势；《时尚先生》《男人风尚》《智族 GQ》的市场份额为 15% ~12%，各期刊之间的差距较小；《时尚芭莎男士版》《时尚健康男士版》《ELLEMEN 睿士》市场份额为 10% ~7%，余下三份期刊的市场份额为 7% ~3%。

男性时尚类期刊在北京、天津、武汉、合肥、青岛、西安、重庆、石家庄、南京、长春、郑州的市场集中度较高，销量前三名期刊《男人装》《时尚先生》《男人风尚》累计市场份额超过 50%。这几份期刊在合肥表现突出，实销率、覆盖率也高于其他几份期刊。

4. 汽车类期刊：种类繁多，市场竞争激烈

汽车类期刊种类较多，竞争也更为激烈。世纪华文对五大区域连续监测数据显示，2013 年汽车类期刊零售发行总量呈现出上半年平稳下半年拉升态势，与 2013 年上半年相比，汽车类期刊总量上升 12.11%。其中华东、华中两地区汽车类期刊的总量上升幅度较大，其次在华西、华北和华南地区上升幅度较小。

汽车类期刊竞争格局相对稳定，2013 年下半年排名前十位期刊依次为

《汽车之友》《车主之友》《汽车导购》《轿车情报》《汽车族》《汽车博览》《越玩越野》《座驾》《中国汽车画报》《汽车杂志》。前八位各刊在多数城市累计市场份额超过60%，二线城市的市场集中度明显高于一线城市，销量排名靠前的一些汽车类期刊实销率和覆盖率普遍较高。

5. 家居类期刊：市场向优势媒体集中

2013年下半年家居类期刊整体平均销量降幅较大，与2013年上半年环比，家居类期刊整体销量下滑9.85%。从竞争格局来看，家居类期刊18城市综合排名依次为：《瑞丽家居》《时尚家居》《家居廊》《安邸AD》《世界家苑（新家）》《美好家园》《家饰》。

从媒体角度来看，《瑞丽家居》《时尚家居》依然在家居类期刊中占据主导地位，市场份额分别是28.42%、22.12%。其中《瑞丽家居》在北京、上海、深圳等17个城市平均销量全面领先；《时尚家居》仅在武汉平均销量领先；《安邸AD》和《家居廊》在多数城市争夺第三的位置。从各城市的实销率来看，家居类期刊在一线城市北京、上海、广州和深圳的实销率较低，都在60%以下，而在长春、大连、沈阳、石家庄和天津等二线城市的实销率相对较高。

6. 育儿期刊：婴幼儿类更受欢迎

世纪华文调查数据显示，近年来育儿类期刊一再细分，市场上0~3岁版颇受市场欢迎。2013年下半年，育儿类期刊的整体平均销量下滑幅度较低，不到5个百分点。从竞争格局来看，5份期刊的销量排名依次为《妈咪宝贝·孕（0~3岁版）》《宝贝世界》《父母必读》《妈妈宝宝》《父母》，与上半年相比，竞争格局没有发生太大变化。其中《妈咪宝贝·孕（0~3岁版）》在零售市场具领先优势，市场份额在30%以上，实销率与覆盖率都在80%以上；《宝贝世界》在大多数城市销量排名第二，市场份额在20%左右，实销率与覆盖率在68%左右。

7. 低定价时尚类期刊：以低价、赠品促销

零售市场中低定价时尚类期刊，以低价、促销等灵活的发行方式在一线城市展开竞争。在北京、上海、广州的5份期刊销量排名依次为《伊周FEMINA》《红秀GRAZIA》《壹号THE ONE》《优家画报MODERN LADY》

《OK！精彩》。其中排名前两位的《伊周 FEMINA》和《红秀 GRAZIA》的市场份额较大，分别为 36.10% 和 28.10%，余下三刊的市场份额为 16% ~6%。《壹号 THE ONE》通过连续大力促销，以较低价格和高附加值的礼品受到读者追捧，市场表现较好。

8. 潮流类期刊：引领潮流、实用

2013 年下半年，潮流类期刊销量排名依次为《嘉人美妆》《昕薇风采美妆》《Ceci 姐妹》《视觉》《健康与美容》。从竞争格局来看，《嘉人美妆》《昕薇风采美妆》的市场份额在 25% 以上，累计市场份额占整个市场的 2/3；《Ceci 姐妹》的市场份额在 15% 左右，《视觉》《健康与美容》的市场份额在 12% 左右。从竞争态势来看，《昕薇风采美妆》的发行态势较好，其实销率与覆盖率都在 80% 以上，处于领先地位，其他期刊的这两项指标为 60% ~80%。

9. 动漫类、时政类、旅游类、财经类、体育类等：各自拥有读者群，内容贴近生活

动漫类期刊近年来受到年轻人追捧，期刊种类也在逐年增多；科普类期刊具有一定的科学普及性，是小众类期刊；文学类期刊在 2013 年因更贴近市场，贴近百姓，而呈现小幅上升态势；主妇类期刊同样是一个细分类别的期刊，内容更加生活化，这几个类别的期刊都拥有各自的读者群。

国际国内受到更多人关注的政治时事热点不断，2013 年时政类期刊零售市场呈现出上半年上涨、下半年平稳发展的态势，在各类期刊销售指数排名中排在第六位，相对靠前，其中《看天下》《三联生活周刊》《人物》《环球》《博客天下》《南方人物周刊》《南风窗》《新周刊》《环球人物周刊》《凤凰周刊》依次排名前十位，《看天下》占 15.57% 的市场份额，排在首位，《三联生活周刊》《人物》《环球》市场份额为 9% ~6%，余下各刊市场份额差距不大。

随着国际国内旅游热不断升温，旅游类期刊种类增多，竞争也较为激烈。世纪华文所监测的此类期刊达 20 种，在各类期刊销售指数排名中排在第七位，其中《中国国家地理》市场份额为 7.64%，排在首位，《华夏地理》《博物》《时尚旅游》《户外》《新发现》《中国国家旅游》《人文地理》《户外探险》《旅行者》的市场份额为 5% ~3%，市场份额较接近，竞争差距未拉开，市场竞争激烈。

财经类期刊2013年呈下滑态势，在各类期刊销售指数排名中排在第八位，其中《第一财经周刊》《财经天下》《商界》《财经》《理财周刊》《销售与市场》《证券市场红周刊》《环球企业家》《商业周刊》《IT经理世界》排在前十位。

体育类期刊，在监测的15种期刊中，排名在前十位的期刊依次是《足球周刊》《扣篮》《当代体育·扣篮》《体育博览》《全运动·尺码》《体育画报》《体育时空》《全运动·时空篮球》《网球》《篮球俱乐部》，其中《足球周刊》市场份额为18.63%，《扣篮》市场份额为10.46%，《当代体育·扣篮》市场份额为8.44%。整体来看篮球类期刊累计市场份额比重较大，可以说全球篮球经济的升温也带动了中国篮球经济的发展。

综上所述，我国期刊零售发行市场依然很活跃，市场竞争激烈，逐年呈现出向优势媒体聚合的发展态势。未来走向趋势，依据市场效率优先原则，许多市场资源向新的媒体领域投放，期刊媒体在坚持内容为王、保持品牌核心竞争力的同时，也在加速转型，拓宽发行渠道、与新媒体融合、向专业细分市场转身，以及建立自身垂直体系等将是期刊媒体未来系列改革措施，加之网络、电子期刊、手机、微博、微信、自媒体、终端、线上线下活动、云端阅读等多种营销方式竞合，形成全媒体矩阵。未来，我国期刊媒体发行市场将是一个移动化、多元化、国际化竞争的市场。

B.8

2013 年中国期刊业发展概述

陶 丹　袁丽娜　邓元宏*

摘　要：

2013 年是中国期刊业不平凡的一年，“大数据”吹响了中国期刊业创新变革的号角。出版单位退出机制和报刊刊号市场流通等重要的体制改革信号也相继出台。本文通过分析中国期刊业发展相关数据，展示了 2013 年期刊业的基本发展样貌，总结中国期刊业在 2013 年的基本情况。

关键词：

期刊　大数据　退出机制　刊号

一　2013 年中国期刊业发展概述

2013 年中国报刊产业结构调整和报刊出版单位体制改革继续深入，期刊业向企业转型跨出了实质性步伐。通过兼并重组等方式，我国出版传媒企业整合自身优势资源打造出版传媒集团取得一定成果，规模化和专业化水平进一步提升，如知音传媒集团从最初的一本《知音》杂志，不断扩展到成为拥有 10 种期刊、2 份周报、7 家子公司、2 个网站和 1 所学院的大型传媒集团，总资产达 12.3 亿元、净资产 10.7 亿元、年经营收入 6.5 亿元、净利润 1 亿元。① 2013 年，《读者》《求是》《半月谈》等期刊保持了较高影响力。科技期刊、学术期刊出版单位的改革有序展开，认定标准进一步明确。

* 陶丹，河北大学新闻传播学院教授、博导；袁丽娜，河北大学新闻传播学院博士研究生；邓元宏，河北大学新闻传播学院讲师。

① 《知音传媒集团打造“双百亿”传媒企业》，《中国新闻出版报》2013 年 9 月 12 日。

2013 年，中国知网收录期刊的数据表明[①]：基础科学类期刊达到了 809 种，工程科技Ⅰ类期刊 1067 种，工程科技Ⅱ类期刊 1227 种，农业科技类期刊 624 种，医药卫生科技类期刊 1223 种，信息科技类期刊 567 种，哲学与人文科学类期刊 1024 种，社会科学Ⅰ类期刊 761 种，社会科学Ⅱ类期刊 2051 种，经济与管理科学类期刊 1242 种。从期刊种类的地域分布状况来看，华北地区占 37%，居第一位；华东地区占 23%，居第二位；华中地区占 11%，居第三位；随后依次是东北地区、西南地区、西北地区和华南地区。从刊物出版周期来看，月刊为 3870 种，居第一位；双月刊为 3394 种，居第二位；季刊 1576 种，居第三位，随后依次的排名为半月刊、年刊、旬刊、半年刊、周刊和周二刊。

从期刊发行渠道来看，邮发仍然是期刊发行的最主要渠道，邮发期刊占总发行量的 45%，非邮发期刊占 34%，国际发行期刊占 21%。

二 2013 年中国期刊业发展分析

1. 期刊阅读率有所回升

据中国新闻出版研究院对我国 18～70 周岁国民期刊阅读率的调查结果，2009 年期刊阅读率为 45.6%，2010 年期刊阅读率为 46.9%，比 2009 年有所上升，2011 年的期刊阅读率比 2010 年大幅下降，仅为 41.3%，2012 年期刊阅读率出现了回升，为 45.2%。

2. 期刊数字化稳步开展

2013 年 4 月，中国新闻出版研究院发布的《第十次全国国民阅读调查》结果指出：2012 年，中国国民数字化阅读方式（网络在线阅读、手机阅读、电子阅读器阅读、光盘阅读、PDA/MP4/MP5 阅读等）的接触率为 40.3%，比 2011 年的 38.6% 上升了 1.7 个百分点。中国众多期刊在实现刊网融合后，积极开发数字化平台。

作为中国历史最悠久的出版机构，商务印书馆在对自身期刊资源数字化的过程中，结合自身的资源优势建立了期刊图像数据库，并在此基础上研发国内

① 数据来源：中国知网，2014 年 1 月 24 日在线收集。

外首个全文检索的民国期刊数据库——《东方杂志》全文检索数据库。[①] 在数字化转型的过程中，很多期刊出版企业选择与数字阅读企业相互协作，像北京北大方正电子有限公司的产品"期刊跨媒体出版解决方案"包含了期刊作业流程中的采编、创作、管理、发布、应用等环节，能够生成基于互联网、手机等多种新媒体的数字内容产品。"方正书畅科技期刊同步出版解决方案"打通了科技期刊稿件的采编与排版环节，实现了科技期刊的编、排、发一体化流程。[②]

3. 期刊企业涉足新媒体业务趋于多元化，产品获利能力增强

近年来，互联网期刊的收入持续增长（见图 1）。在数字技术的推动下，中国期刊企业在新媒体领域的投资进一步加大，在原有数字期刊的基础上，在内容生产、传播、营销推广等方面不断衍生出新的业务，开办了手机报、移动终端应用软件，完成了线上与线下的有效结合。2013 年，中国很多期刊企业将新媒体业务的重点放在了移动互联网，纷纷推出适合移动终端的 APP 应用、微博、微信，以增强用户体验，增加与读者的互动与交流。包括《三联生活周刊》《男人装》《时尚 COSMO》《创业家》等超过 200 家的杂志入驻微信，杂志种类覆盖了文化、时尚、生活、财经、IT 等领域，大多数是专业领域杂志，财经类杂志占到了 60%。[③]

2013 年 12 月，新浪联合人民舆情分析室发布的《2013 新浪媒体微博报告》中，按照影响力排行的前十位杂志微博榜，涉及了新闻杂志、财经杂志、时尚杂志（见表 1），粉丝数均超过百万。

各类新媒体平台不仅使期刊内容呈现更加多样化，而且借助新媒体平台实现了期刊产品销售途径的革新。2013 年下半年，新浪网利用自身优势和新浪微博平台发起了"杂志订阅季"活动，该活动联合了多家国内主流杂志包括《人物》《财经》《新周刊》《南都周刊》等，涵盖了科技、时政、财经娱乐、时尚等杂志。这些杂志在官方微博为粉丝设置了订阅入口，同时为粉丝提供了专属的优惠价格，将庞大的粉丝量转化为杂志订阅的用户量。通过微博的线上宣传，打通期刊营销的新路径，并利用"微博报刊亭"实现提升期刊自身的品

---

① 璩静：《商务印书馆将推出首个全文检索民国期刊数据库》，新华网，2013 年 7 月 1 日。

② 《方正电子亮相首届中国期刊交易博览会》，科印网，2013 年 9 月 23 日。

③ 《期刊也能玩转微信 5.0》，中国新闻出版网，2013 年 9 月 13 日。

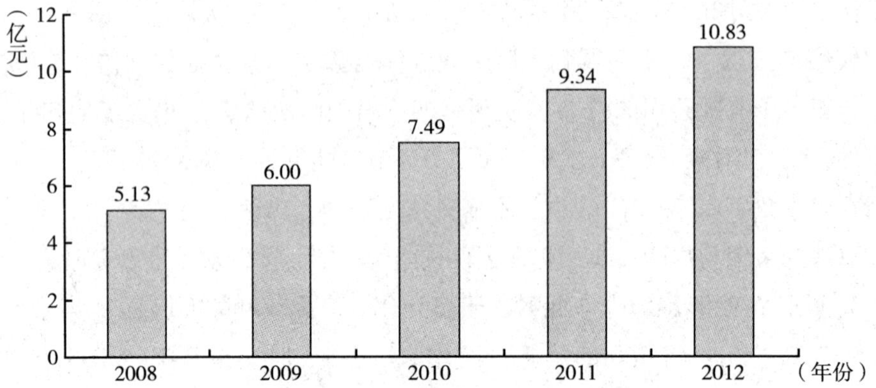

图 1　2008～2012 年我国互联网期刊收入

数据来源：中国新闻出版研究院《2010～2011 中国数字出版年度报告》《2011～2012 中国数字出版年度报告》《2012～2013 中国数字出版年度报告》。

表 1　十大杂志微博排行榜

排名	刊名	地区	粉丝数	发博数	传播度	覆盖度	活跃度	影响力
1	新周刊	广东	7386438	3104	108	565	424	1097
2	中国新闻周刊	北京	6104130	21198	70	542	446	1059
3	创业家	北京	2716619	14828	72	525	435	1032
4	米娜	上海	5014990	15258	72	537	419	1028
5	Vista 看天下	北京	3581708	7996	77	515	409	1001
6	三联生活周刊	北京	8890931	3451	85	543	341	969
7	中国企业家	北京	3290401	12699	65	495	375	935
8	南方人物周刊	广东	2974957	2837	82	486	321	889
9	南都周刊	广东	4205909	4678	70	485	320	875
10	昕薇	北京	2770259	4335	65	471	281	817

数据来源：《2013 新浪媒体微博报告》，http：//wenku. it168. com/d_ 001336657. shtml。

牌影响力和获得线上订单的双重效果。参与活动的第一批 44 家媒体通过新浪微博线上营销通道，三周内成交总额达到百万元。[①]《人物》杂志在该活动中成为销量的榜首，“@人物杂志”上线两周，下单 2300 单，成交 1146 单。[②]其不仅在页面内容设置上采用自制长微博发布、置顶活动信息等方式，而且提

① 资料来源：新浪联合人民舆情分析室发布的《2013 新浪媒体微博报告》。

② 资料来源：新浪联合人民舆情分析室发布的《2013 新浪媒体微博报告》。

供了 99 元订阅全年杂志的优惠价格。

4. 数字出版走向版权集约化运营

近年来，中国版权保护制度日益健全，但在数字网络环境下侵犯著作权人权利的盗版行为仍然存在，关于数字出版的法规尚不完善，原创信息著作权、数字期刊的作品知识产权、数字期刊著作权的保护机制等还有待健全。特别是在新媒体环境下，内容数量日益增加，推行自主经营，利用版权集约化运营平台实现版权保护成为数字出版领域版权管理建设的重要举措。

5. 期刊国际化合作不断扩展，影响力不断增强

2013 年，中国期刊的对外开放朝着全方位、多层次、宽领域的目标展开，增加了产品输出的数量，不断探索新的国际化合作路径。2013 年 6 月，中国化学学会、北京大学、中科院上海有机化学研究所与英国皇家化学学会合作出版两份国际学术期刊《无机化学前沿》和《有机化学前沿》，以合作单位的投入比例共享期刊所有权和期刊收益，采取与国际接轨的期刊运营模式，开创了国内新的办刊模式。① 此外，中国新闻社旗下《中国新闻周刊》联合英国富中传媒共同出版了英文月刊《中国报道》，这是中国新闻类杂志首次进入英国。②

在科幻杂志领域，世界最高科幻理论杂志《科幻研究》在 2013 年春季刊中首次刊发了中国专辑，对中国科幻理论研究国际影响力的建设具有里程碑式的意义，为世界了解中国科幻文学打开了新的途径。③

三 发展趋势预测

1. 期刊业管理机制深层次改革进一步展开

期刊业管理机制的改革将主要从刊号管理和退出机制方面着手。在期刊管理方面，2013 年，国家新闻出版广电总局出台“三定”方案，取消期刊变更登记地审批，取消期刊综合质量评估职责，该工作由中国期刊协会承担。在退出机制方面，我国将会推进兼并重组，建立评估退出机制，通过投资改造实现

---

① 《中英合力　打造国际顶尖化学期刊》，《中国出版传媒商报》2013 年 6 月 14 日。

② 白阳：《中国新闻杂志首次进入英国》，《人民日报》2013 年 6 月 28 日。

③ 《世界顶尖科幻杂志首次刊发中国专辑》，《新京报》2013 年 2 月 19 日。

做优做强。辽宁期刊业已经将退出机制常态化，盘活出版资源，先后评估退出12 种报刊（其中退出期刊 6 种）。退出后的刊号资源均留在省内，用于盘活期刊资源、优化期刊结构，取得了一定成果。

2. 大数据和云计算加速数字期刊平台建设

随着信息技术的快速发展，云计算、物联网、移动通信、大数据使人们对大量的数据生产、传递、消费、处理日益常态化。在期刊领域，当期刊内容逐步实现数字化后，如何将大量内容资源进行整合、加工，构建适应用户需求的传播平台，成为期刊企业思考的又一问题。

“期刊云”由期刊联盟或大型期刊社团等组织机构牵头，租用基础设施提供商和软件服务商构建的云平台，开发专供期刊社使用，实现期刊管理、组稿、审稿、编辑、出版、发行、存储与交流全套流程的一类子云。[①]“期刊云”的建立为期刊提供了拥有海量数据的信息资源库，搭建了不同期刊企业间信息资源的共享平台，提高了信息数据的安全性。

大数据时代的到来，更好地推动和完善了期刊业的“期刊云”建设。具体而言，大数据不仅具有庞大的数据量和完整的数据，而且能在繁杂的数据中发现数据间的内在关联，更快速地满足人们的实时性需求，实现价值提升。这些特征能够进一步促进期刊编辑工作流程的再造，提高整个流程的时间效率。

3. 移动互联网促进期刊营销推广

随着智能手机对人们日常生活的渗透逐步加深，各类应用程序更是增强了网民对智能手机、移动终端设备的黏性。

由于众多商务类应用不断出现，用户支付方式发生转变，线上支付越来越成为用户使用的简便、快捷的支付方式。基于互联网的微营销将会成为期刊营销的重要途径。利用微博、微信等新媒体形态中的“朋友圈”和强大的用户分享功能，可以辐射庞大的用户群，从而借助线上的活动、服务，积累订户，赢得线上的订阅量。

---

① 钟细军、厉亚：《云计算与期刊云——科技期刊未来的新平台》，《出版发行研究》2011 年第 11 期。

B.9 2013 年中国广电产业发展概要

蓝皮书课题组

在以智能移动终端为特征的移动互联时代，广播、电视、电影作为传统媒体顺应移动化、数字化和网络化的大趋势，打造个性化内容，以期转型，并在与新媒体的不断融合和竞争中稳步发展。2013 年，中国广电数字化程度继续提高，国家广播电台也基本实现数字化网络化。同时，有线数字电视行业持续发展，无线和有线的双向交互成为主流趋势。

2013 年，中国电影市场继续保持稳步增长趋势，全年票房达 217. 69 亿元，同比增长 27. 51%；2013 年，全国广播电视行业总收入继续保持增长势头。据初步测算，广播电视总收入达 3628 亿元，比 2012 年增加了 359 亿元，增幅明显下滑，降为 10. 98%，低于 2012 年的 15. 38%。

2013 年，全国广播电视创收收入的增幅为 10. 79%，比 2012 年也有较明显下滑。其中，广告收入预计为 1302 亿元，增幅为 2. 52%，相较于 2012 年 13% 的增幅，降低近 11%，占创收总额的近 41%，与 2012 年持平，仍是广播电视最主要的收入，这意味着广播电视收入结构基本保持原貌。

2013 年中国电影广告市场规模达 28 亿元，同比增长 77%，其中植入广告占比从 2012 年的 28% 增长到 36%，市场份额已超过贴片广告。电影植入广告从后期植入转为全程植入，从生硬的品牌展示发展为不露痕迹的品牌文化传播，部分广告植入语甚至成为 2013 年的热门话题。广告主不但看好植入广告，还针对电影同步推出活动，大大提高了广告效果。由于植入广告不受电影播映渠道的影响，未来中国电影广告市场发展空间巨大。电视媒体在 2013 年成为传统媒体市场整体的稳定剂，是唯一增速高于总体的传统媒体。尽管电视广告受到数字媒体的冲击不甚明显，但是各级电视频道的分化加剧也已成事实。广播从前两年的快速发展期，进入了饱和稳定期，广告资源量大幅下降 16.5%。

电影市场供求关系趋向稳定、资源整合加速、网络视频商机凸显、电影制作新生代上位、电影元素年轻化为本年度电影产业主要发展特点。电视内容生产传播呈现社会化运作，大量引进国际版权节目，语言类和亲子互动类节目走红。广播频率类型更加丰富，重大报道运行愈加成熟丰富，时效性现场感和吸引力增强。

电影观众中青少年观众越来越多，观众趣味有低龄化趋势。电视受众方面，青年观众的收视量呈现逐年下降的趋势，35~64 岁观众人均收看分钟数相比 2012 年也略有下降，电视的忠实观众依然是 65 岁及以上的老年群体。广播听众依然呈现年轻化趋势，近 70% 的广播听众在 45 岁以下。随着智能移动收听终端的广泛使用，年轻广播听众的回流将继续扩大。

2013 年，中国在线视频市场规模已达 128.1 亿元。网络视频作为电影的后院线市场的重要性越来越明显，视频网站对于电影的价值将会得到爆发式提升。PC 网络视频以及移动网络视频将成为电影版权价值实现的重要通道之一。电视行业稳中有变，政策改革推动了良性竞争。各卫视在电视节目上推陈出新，力求在变化中探求突破。但是由于新媒体的冲击，电视受众市场有所萎缩，传统电视无疑正面临新一轮转型。同时，随着观众收视习惯的改变，2014 年的电视市场仍旧会复杂多变，收视行为网络化、移动化和社会化已是大势所趋。广播方面，随着汽车保有量的持续增加，城市交通高峰时段拥堵严重，使汽车广播风光无限，交通广播是最大的得益者。私家车广播因此悄然兴起，有利于更多的频率向私家车广播靠拢。

B.10

巨变、转型与革新

——2013年中国电视产业发展报告*

李继东　胡正荣　黄炜**

摘　要：

2013年，广播电视总收入继续保持上升势头，但增幅出现整体下滑。新闻出版广电总局组建，管理融合步入纵深阶段。内容生产呈现大数据化趋势，内容制作民营化，多家卫视积极引进国际版权节目。移动互联网的发展在改变着人们的收视习惯，也重构着电视市场乃至整个广播影视行业。

关键词：

广播电视　网络播出　国际版权

回首2013年中国广电行业发展历程，我们觉得可以用三个关键词来概括：一是巨变，世界传媒乃至信息传播行业的环境、结构与格局在发生着巨大变化，国内传媒行业政策、市场与布局也在大幅调整，受众（或用户）特别是年青一代的视听行为在转变；二是转型，传统电视等谋求转型，网络视听等新形态也寻求转变；三是革新，视听内容生产、流通和营销流程、模式、机制在变革，传媒机构组织构架在重构，视听从业人员在改变。这些变化总体方向是网络化、数据化、社会化、移动化和多元化。

---

* 说明：本文没有标记出处的数据均来自于国家新闻出版广电总局官方网站、办公厅、规划财务司、传媒司、科技司、电视剧司等的最新统计数据，在此表示感谢。

** 李继东，博士，中国传媒大学广播电视研究中心副教授、硕导；胡正荣，博士，中国传媒大学副校长、教授、博导；黄炜，博士，陕西省文化厅副厅长。

一 2013 年中国广电行业发展总貌

1. 行业收入增幅整体下滑，数字化程度继续提高

2013 年广播影视收入还在增长，但增幅却在下滑，无论是广告增幅还是网络收入增幅均呈现出明显下降趋势，而收入结构却没有多大变化。据估算，2013 年全国广播电视收入的增幅为 10. 79%，比 2012 年有较明显下滑。其中，广告收入预计为 1302 亿元，增幅为 2. 52%，相较于 2012 年 13% 的增幅降低近 11%，占收入总额的近 41%，与 2012 年持平，仍是广播电视最主要的收入，这意味着广播电视收入结构基本保持原貌；网络收入预计 755 亿元，同比增长 14. 22%，与 2012 年的增幅相比也有所下降。各级财政投入的增幅为 12. 37%，也是唯一高于 2012 年的项目。①

2013 年全国广电数字化程度继续提高，影视高清制播能力进一步提高。据统计，中央人民广播电台、中央电视台已全面实现了数字化网络化，国际广播电台也基本实现数字化网络化（只有部分录音室除外）；而全国省级电台、电视台的平均总体数字化率已超过 90%，地市级电台、电视台的平均总体数字化率超过 70%，县级电台、电视台的平均总体数字化率超过 50%。同时，有线数字电视持续增长，双向交互已成趋势。截止到 2013 年 11 月底，全国有线数字电视用户突破 1. 5 亿户，全国有线双向网络覆盖超过 8500 万户，双向用户接近 2500 万户。

2013 年卫视高清同播频道高标清同播率已经达到 100%，全国共已开播了 40 多个高清频道，至此，全国共有 41 个中央、省、市三级广播电视播出机构获准开办高清电视频道，包括 36 个高标清同播频道、2 个高清开路频道、3 个高清付费频道。同时，全国 70% 省级电视台和 20% 地市级电视台具备一个以上高清制作播出能力的频道，全国已有百余个有线网络传输高清电视节目，300 多个大中城市的地面数字电视系统具备播出高清电视节目能力。

---

① 《2013 年全国广播电视行业创收 3183 亿元》，http：//www. sarft. net/a/153445. aspx。

2. 全国广电节目制作机构总资产达1300亿元，民营制作机构已近七分之六

2013年全国广电节目制作机构及其资金、资产总额持续增长，总资产已达1300亿元，7家制作机构中有6家是民营企业，到2013年获准运营的网络广播电视台为26家，其中2013年新增6家。据统计，2013年全国持有《广播电视节目制作经营许可证》的机构共有6175家，比2012年度增长15.1%，计812家；持有《电视剧制作许可证（甲种）》的机构共有137家。就资金、资产而言，2013年全国节目制作机构的注册资金超过600亿元，截止到2013年年底总资产已超过1300亿元。从结构上看，2013年民营广播电视节目制作企业约占总量的84%，计5200家，其余为事业单位、国有企业等。此外，截至2013年11月底，获《广播电视播出机构许可证》的播出机构有2526个，获《广播电视频道许可证》的广播电视节目有2277套。

3. 广电走出去多层次推进，中央级媒体全球覆盖网络正在形成

近年来，提高中国媒体国际传播能力已成为政府和业界高度重视、着力运作的重头戏，无论是中央财政支持的力度，还是中央级媒体在海外拓展的广度，均达到了很高的水准，覆盖全球的网络正成气候。中央电视台、中国国际广播电台、中国网络电视台和长城平台等中央级媒体和平台的全球覆盖网络建设日趋完善。据统计，截止到2013年11月底，中央电视台已建立63个海外记者站、2个分台与5个中心站，覆盖全球的新闻报道网络逐步形成。截止到2013年11月底，中国国际广播电台已建成了8个地区总站（非洲、亚洲、北美、西欧、东欧、拉美、中东、大洋洲）、32个记者站和23个海外节目制作室，遍布70多个国家，已在48个国家开办了94家海外落地分台，播出频率数为134个，播出时数为2140小时，播出语种38个。此外，截止到2013年9月底，长城平台的全球付费用户总数达157339户，IPTV用户数约30万、覆盖用户达300多万户，其中，长城（非洲）平台覆盖了300万个卫星用户、长城（亚洲）平台卫星覆盖用户数达31.7万户。

2013年中国网络电视台新建3个海外本土化网站，推出“熊猫频道”，突出24小时网络直播、实时互动与多终端观看，独立访问用户数（UV）已累计突破340万人次，覆盖五大洲204个国家和地区。网站日均海外独立访问者

（UV）近300万人次，较2012年同期增长84%。

截止到2013年11月底，国家新闻出版广电总局已与南非、尼日利亚、肯尼亚、埃塞俄比亚等30个非洲国家的38个主流媒体签订了47个中国影视节目播出的合作协议。据此，这些非洲国家将在两年内累计播出5000小时以上的中国影视节目，将覆盖约5亿非洲观众。“中非影视合作工程”（1052工程）继续推进，首批对非节目（包括10部电视剧、52部电影、5部动画片、4部纪录片）已经基本完成译制工作，已逐步开始向非洲供片。

4. 国家新闻出版广电总局组建，管理融合步入纵深阶段

2013年伊始，中国传媒管理机构融合有所突破，国发〔2013〕14号文件提出将原国家新闻出版总署和国家广播电影电视总局合并，组建国家新闻出版广电总局。这无疑顺应了媒介融合的大势，在一定程度上跟上了欧美发达国家规制融合的步伐。首先，新组建的国家新闻出版广电总局转变职能，将一些审批权、检查权取消或下放，交与行业协会或省级有关管理部门，主要职能集中在政策、规划的制定和行业监管上。其次，对司局机构进行了整合、调整和增设，主要强化了公共服务、互联网管理和进口管理等职能。最后，在管理理念和方式上强调创新和转变，并提出要“充分发挥市场调节、社会监督和行业自律作用”，这意味着对政府单一规制的格局有所突破，向联合规制、法制等现代规制模式大步迈进。

二　2013年中国电视产业发展分析

1. 内容生产大数据化、社会化，国际版权节目购买蔚为大观

2013年大数据分析、社会化运作开始贯穿于电视内容开发、生产、传播和评估全过程，从一定程度上讲，2013年可谓电视节目，特别是电视剧、综艺节目大数据化、社会化之元年，业界开始认识并尝试通过对观众、网民的阶层、收入和喜好等数据的分析来定位、编排节目，通过微博、微信等社交媒体来传播节目，节目评估也突破收视率唯一的格局，将点击率、关注度等网络、社交媒体指标纳入其中。尽管国内对累计用户数据进行精准分析尚待时日，不过一些电视台视频网站已开始向大数据化、社会化运作转型。新华社新媒体中心联合数托邦创意分析工作室通过抓取新浪微博上提及“爸爸去哪儿”的45.5万条原创微博，并对36.7万独立原发作者用户（去除疑似水军账户）、1300余万条用户微博及近1亿的关联信息来对该节目进行大数据解读。① 同样，微博等社会化媒体有力地提升了2013年大型季播栏目的传播，比如《我是歌手》决赛当晚微博话题数量突破1亿次，《中国梦之声》则一直居于微博热门话题排行榜前五，《中国好声音》开播不久微博话题量已达到236万人次/小时②。

从浙江卫视《中国好声音》（第一季）热播以来，2013年各大卫视纷纷购买海外版权节目，并加以再创造，掀起了一场购买国际版权节目加大制作的风潮，而位居省级卫视收视前茅的无一不是潮中浪。据不完全统计，截止到2013年，10家收视位居前列的卫视购买国际版权节目至少有1档、总数达27档。其中，湖南卫视、浙江卫视多达6档，随后是东方卫视、湖北卫视和安徽卫视。而且制作经费不菲，浙江卫视的《中国好声音》第二季的制作经费高达2亿元，是第一季的2.5倍；湖南卫视的《中国最强音》也超过2亿元，《我是歌手》则达8000万元。

2. 新闻、电视剧、娱乐三驾马车地位稳固，电视收视时长高达3小时以上

2013年新闻、电视剧、娱乐节目仍是各级电视台广告收益的主要来源，电视收视时长整体上保持增长趋势。据统计，2013年这三类节目在所有节目中承载着74%的广告收益，其中电视剧（单元剧和连续剧）居首位，为33%，新闻次之，为28%，娱乐第三，为13%。中央、卫视、省和地市级电视机构对这三类节目广告创收依赖度都超过50%，而省级以下更是近70%，其中卫视最高，达84.8%。

据尼尔森网联对北京、广州、成都和杭州4个主要的代表城市收视率监测数据表明，2013年电视收视时长持续21世纪以来的增长势头，2013年4个城市人均每日数字电视收视时长在3小时以上，杭州的电视人均收视时长则高达

① 《爱在那儿！——〈爸爸去哪儿〉大数据解读》，http://tech.sina.com.cn/zl/post/detail/it/2013-11-12/pid_8436879.htm。

② 沈浩卿：《2013年上半年中国电视媒体市场回顾报告》，http://www.chinamedia360.com/newspage/20130814/2/D8F1741DB63B0A42.htm，2013-08-14。

3.8小时，比2000年高出1.8小时，这与杭州电视高度数字化密切相关。[①]

3. 电视剧收视低迷，网络播出和收视均持续上扬

2013年电视剧市场没有产生像《甄嬛传》那样的“现象级”成功剧作，大制作也未赢得市场青睐，收视整体疲软，而网播、网络议题的传播效应却很火爆，这预示着电视剧播放平台正在向着网络化、移动化和社会化平台转移。据统计，2013年电视剧收视整体表现平平，据有关统计表明，800多部国产剧只有《有你才幸福》《百万新娘之爱无悔》《咱们结婚吧》三部收视率勉强超过2%。一些曾被看好的大制作剧作的收视可谓惨淡，而2013年电视剧网络播放量排名前十的均超过16亿次，其中，《我是特种兵之火凤凰》则高达46.75亿次，《咱们结婚吧》为42.16亿次，《小爸爸》为24.94亿次，《笑傲江湖》（于正版）为21.88亿次[②]（见表1）。

表1　2013年电视剧网络播放量与平均收视率TOP10

排名	剧　名	播放量(亿次)	剧　名	平均收视率(%)
1	我是特种兵之火凤凰	46.75	百万新娘之爱无悔	2.1
2	咱们结婚吧	42.16	咱们结婚吧	2.0
3	小爸爸	24.94	陆贞传奇	1.9
4	笑傲江湖(于正版)	21.88	我是特种兵之火凤凰	1.8
5	天天有喜	21.80	璀璨人生	1.6
6	陆贞传奇	21.65	天天有喜	1.6
7	璀璨人生	21.58	天真遇到现实	1.6
8	最美的时光	19.82	笑傲江湖(于正版)	1.5
9	花非花雾非雾	16.79	因为爱情有多美	1.5
10	盛夏晚晴天	16.27	辣妈正传	1.4

数据来源：TOP10电视播放量来自VLinkage统计优酷等8大视频网站数据（2013.1.1～2013.12.31）、电视剧平均收视率来自中国经济网文化产业频道有关统计数据。

另据艺恩咨询的统计表明，2009～2013年上半年，年度平均传统收视率持续下滑，从2009年的4.2%下滑到2013年的1.51%；而网络收视率则呈现

① 吕海媛：《深度解读2013年电视市场十大发现》，http：//www.cnad.com/html/Article/2014/0224/20140224113326965.shtml。

② 《影视圈 & 数托邦大数据：2013中国影视全v榜》，新华网，http：//news.xinhuanet.com/ent/2014－01/23/c_ 126048475.htm，2014年1月23日。

出稳定上升趋势，从2011年14347万的平均覆盖人数增长到2012年30280万，2013上半年已达19616万，超过了2011年全年数额。[①] 足见，网络已成为电视剧重要的播出和收视平台。

值得一提的是，2013年国家新闻出版广电总局设立了“电视剧剧本扶持引导专项资金”，着重扶持现实题材和公益题材、原创剧本和中青年编剧，并出台了重点资助奖励编剧和兼顾拍摄制作的全过程、全环节扶持引导办法。这不仅是管理手段的一种创新，而且有助于推动国产原创剧本创作的繁荣。同时，总局出台了《卫视综合频道电视剧播出调控管理办法》，要求卫视综合频道黄金时段现实题材电视剧播出比例要达到50%以上，规定卫视综合频道黄金时段每月播出古装剧总集数，不得超过当月黄金时段所播剧目总集数的15%，这无疑有助于现实题材电视剧制作和播出比重的提升。

4. 综艺节目市场火爆，制播趋于多样化

2013年综艺节目市场与电视剧市场的疲软之势恰好相反，呈现出高收视、高收入和高关注度的火热局面，节目类型、播出方式等均向着多样化趋势方面发展，寻求差异化竞争优势，特别是在2013年7月国家新闻出版广电总局关于歌唱类选拔节目调控措施出台以后这一趋势更加明显。据央视CSM48城市网统计数据表明，截至2013年12月，全国电视节目共有8档收视率超过4%，真人秀等综艺节目就占了半壁江山，《爸爸去哪儿》第10期、《中国好声音》第二季第8期、《我是歌手》总决赛、《快乐大本营》“爸爸专场”四档节目均超过4%。[②] 另据29省网、35城市的全年综艺收视数据统计显示，2013年位居前十名的节目中六成的收视率均超过2%，远胜于电视剧。

综观2013年热播的综艺节目，主要集中在真人秀、游戏竞技类节目，从表演主体来看不过明星、平民两大类。从内容上看，上半年集中歌唱类节目，而自总局加强版“限娱令”发布以后，出现了像《汉字英雄》等弘扬中国文化的节目以及《爸爸去哪儿》等生活类节目。而总的看来，节目多样化以谋求差异化竞争优势，是大势所趋。从节目类型上看，不仅有歌唱类、竞技类，

① 艺恩咨询：《2013年中国电视剧市场年中观察》，http：//www.199it.com/archives/146657.html。

② 《2013，中国电视综艺节目的“美丽”与“哀愁”》，http：//news.xinhuanet.com/newmedia/2013－12/22/c_132987127.htm，2013年12月22日。

还有婚恋交友、野外生存等生活类；从内容上看，不仅有引进海外版权的，还有《汉字听写大会》等本土原创节目；从播出方式来看，不仅有常态的周播模式，还有新兴的季播模式，而且季播栏目的收视表现很好，2013 年收视率居于前三甲的均为季播，2013 年上半年同一层次的季播栏目平均收视率均胜于常规周播栏目，以至于业界将 2013 年称为“季播元年”。

5. 省级卫视群市场份额最大，中央级频道份额持续增长

2013 年全国电视市场仍是省级卫视群与央视占据六七成的份额，而且总体上呈上升趋势，特别是央视，而地面电视不仅所占比重小且日趋下滑。据央视 CSM 有关统计表明，2013 年上半年，省级卫视群的市场份额（29 省网为 35.6%、35 城市网为 31.8%）居于全国各级电视之首，中央级频道次之（分别为 31.5%、27.4%），省级非上星频道位居第三（分别为 21.9%、22.8%），这三类电视群基本上瓜分了 90% 左右的市场份额，大抵形成了三分天下的市场格局。

而从增幅来看，中央级频道上升幅度最大，2013 年上半年比 2012 年同期分别增长了 2.7%（29 省网）、1.9%（35 城市网），其中央视的增幅更大（29 省网份额提升 9.4%，35 城市网份额提升 7.9%）。[①]

6. 央视频道收视率仍整体胜出，湖南卫视在黄金时段夺冠

2013 年央视频道整体处于全国电视频道收视优胜地位，央视一套、湖南卫视和央视三套位居前三甲，湖南卫视黄金时段的收视率超过了央视一套，位居全国第一，湖南卫视、江苏卫视、浙江卫视则稳居省级卫视前三强，第四名以下的卫视收视率排行变动较大。据央视 CSM2013 年上半年全国电视频道收视率统计表明，2013 年上半年全国电视频道收视率排名在前十位中有 6～7 个是央视的，其中全天收视率，除了湖南卫视（第二）、江苏卫视（第五）之外，其他均为央视频道；晚间和黄金时段，除了湖南卫视、江苏卫视和浙江卫视、山东卫视之外，其他也都是央视频道。值得关注的是黄金时段湖南卫视超过 2%，超过央视一套 0.15%，位居首位；而且晚间、黄金时段收视前五名中，卫视已占据了两个（湖南卫视、江苏卫视）。就卫视频道收视情况来看，

---

① 沈浩卿：《2013 年上半年中国电视媒体市场回顾报告》，http：//www.chinamedia360.com/newspage/20130814/2/D8F1741DB63B0A42.htm。

2013 年前两个季度，湖南卫视、江苏卫视、浙江卫视稳居前三甲；而第一季度位居第四的东方卫视在第二季度就下滑到第六位；首季度位居第五的山东卫视则在第二季度滑出前十强；而在第一季度位居第六位、第十位的天津卫视、安徽卫视在第二季度分别挺进到第四位、第五位，足见位居前三强之后的第二、三卫视梯队收视率变化频仍。

总的看来，2013 年电视产业乃至广播影视行业的内外部环境处于大变化之中，整个行业处于大转型之中，而内容生产、传播与消费则处于大变革之中，若用一个字来概括的话，那就是“变”，若用一句话来描述电视界的心态、状态的话，那就是“不在变化中革新，便在变化中死亡”。这种激烈的转型变革仍会延续到 2014 年，甚至未来一段时间，可以肯定的是：2014 年电视内容生产、传播和消费将更加大数据化、社会化和网络化，电视市场结构、格局更加复杂多变，特别是互联网视频企业、电信企业进军影视内容市场；收视行为更加网络化、移动化和社会化，尤其是 80 后、90 后等新生代收视行为更加青睐于网络，可穿戴式设备、移动互联网的发展，正在改变人们的收视习惯，重构着电视市场乃至整个广播影视行业，正所谓“山雨欲来风满楼”。

B.11

2013年中国广播行业变化与特征

邓炘炘　殷一丁　王菁*

摘　要：

2013年中国广播行业继续稳步发展。政策向“管控权力向上集中”“行业运行向市场倾斜”的方向推进，国家应急广播体系建设的突破进展，对四川雅安地震等事件进行了全面、及时的跟踪报道。在广告营收下滑以及多媒体夹击的情况下，广播业积极寻找创新途径，对节目进行改进。本文从政策、市场等方向对行业变化和特征一一解析，有助于各广播机构在新时期制订发展策略。

关键词：

广播行业　变化　特征　发展解析

一　政策环境

2013年1月7日，原国家广播电影电视总局召开了全国广播影视工作会议，对全年广播影视工作进行例行部署。会议要求广播发挥“短实新”等特色，敦促加快国家应急广播体系建设步伐，力争实现“十二五规划”目标。从《文化产业振兴规划》（2009年），到《中共中央关于深化文化体制改革若干重大问题的决定》（2011年），中央有关改革政策一步步地向“管控权力向上集中”“行业运行向市场倾斜”的方向推进。

---

* 邓炘炘，中国传媒大学新闻学院传播系系主任、教授、博导；殷一丁，山东曲阜师范大学讲师；王菁，中国传媒大学新闻学院硕士研究生。

2013 年各地方文广新局的合并基本完成。从反馈情况来看，合并的直接显效是行政编制人员减少，开支有望压缩。突出的问题是，合并后的“广播电视总台”的隶属关系不清，实体地位不明。电台在“广播电视总台”机构序列中，通常只保留较少的几个部门，广播发展空间被压缩，广播业务骨干纷纷流向电视。[①] 传统广播电台，除少数之外，在现今省网整合、地方文广新局合并的管理格局中，在广电一台的实体机构内的占比和地位，总体趋于下滑态势，在地市级基层广播电视台内尤为明显。更值得提醒的是，在广电合台情境下，广播大多只是作为大众传播的一种业务样态而存在，其作为行业运行的独立身份和自觉意识正迅速被弱化和销蚀。

二　国家应急广播体系建设

应急广播是 2013 年行业推进的热词之一。除了 2013 年初全国各地广播影视工作会议对此体系建设做了重点布置外，新成立的国家新闻出版广电总局在 10 月起草的《推进国家应急广播体系建设工作方案》进入了内部讨论审评阶段，对进一步应用建设成果，加快工程建设以及各职能部门配合方面做出协调规划。12 月 3 日，中央人民广播电台国家应急广播中心揭牌，国家应急广播社区网（cneb. cnr. cn）同时上线。国家应急广播社区网站计划成为国家应急广播在新媒体时代的重要传播窗口，以丰富应急广播的传播手段和覆盖范围。同时该网站所具有的权威应急信息发布，也可以为个体应急提供咨询、回复等功能，填补了国内无专业应急社区网站的空白。

四川芦山抗震救灾应急电台的成功，受到各方面的一致肯定和好评。此次行动不但显示了无线广播面对自然灾害、突发事件，具有传播迅速、收听便捷且不受断电影响等方面的独特优势，还把应急广播首次从概念转换为实地操作。2013 年 12 月 31 日，由中央人民广播电台国家应急广播中心与中国高速公路交通广播共同策划的《国家应急广播——高速加油站》栏目上线首播。时下，该网上广播还处在试运转阶段，未来运行的内容还将逐渐丰富和

① http：//news. cnr. cn/native/gd/201312/t20131220_ 514453200. shtml，2013 年 12 月 20 日。

扩大。目前，多数省份已把应急广播体系建设交由交通广播（频率）承担和开发。

三　广告营收下行倒逼广播创新

广播广告在2010～2011年持续了两年的高速增长，2012年增长缓慢，2013年电台广告刊例增幅呈现持续放缓乃至下滑态势，广告时长减少，资源量同比缩减17%。据中国广告网新闻中心的分析，电台媒体与2012年前三季度11.2%的增速比较，2013年同期增速明显减缓，仅为2.4%。电台的广告时长调整从2012年年底开始，目前正处于明显的变化期。电台媒体告别快速成长时段，支柱型广告业主的投放热情逐渐消退，金融业、商业及服务性行业的电台广告出现下滑。[①] 北京地区广播广告收入也反映出类似的情况。与2012年相比，2013年整个一年的增幅基本呈现负增长态势，广播在整个广播电视影视行业的收入占比，也基本在4%左右停滞徘徊。

广播电台广告收入减少，首先与2013年的全球经济的不景气和中国经济宏观经济调控有关。在这种经济大背景下，广告主大都收紧预算，谨慎应对市场的不确定性。其次，从外部环境来看，金融行业对广播广告的拉低作用明显。2013年6月，中国银行业经历了一场流动资金匮乏的危机，受此影响的不仅是中国的金融投资领域，还有相关的广告业。据CTR数据，金融业2012年前三季度广播刊例花费同比增长18%，但2013年同期下降11%。再次，2013年内对广播电视医疗医药广告的多次整治，使得原本深度依赖这类广告的广播电台广告市场迅速收窄，广告收入额明显下滑。最后，新兴网络媒体的传播和冲击，也在一定程度上分流了相当部分的广告资源。

国内广播广告营收的增长有两条基本出路：一靠扩大容量，比如新增广告频率，延长播出时间等；二靠提升价格。目前，广播广告刊例价格普遍达到较高价位，广告增收若要有突破，须从扩展渠道和创新内容两方面着手。扩展渠

① 《2013年前三季度传统广告市场呈小幅震荡》，2013年11月15日，http://www.cnad.com/html/Article/2013/1115/20131115143137305.shtml。

道包括进入网络移动终端，尤其是个人移动收听的终端服务。各种终端市场的细分将给广播带来新的行业延伸，这是广播价值增长的重要方面。无论终端如何多样、怎样延伸，用户接近音频广播的核心吸引力终将落在服务内容上。

四　传统节目的改进及特点

2013 年各级广播电台在节目改进方面取得可观的进步，出现众多创新。中央人民广播电台新闻节目中心于 2013 年着力改进“新闻和报纸摘要”节目编排，各档新闻节目中也加大民生报道比重，加强与新媒体的联动；社教节目中心增设“三农中国”栏目，推出大型采访报道活动“中国乡村调查”等。

2013 年广播节目设计的重心普遍向民生和服务方向倾斜，出现一批侧重民生内容的广播节目。如新疆人民广播电台 FM92.4 民生广播于 2013 年 5 月 18 日开播，成为西北边疆地区首个民生广播频率。它包括党建工作、民生服务、音乐综艺等内容板块，开设了“民生第一线”“昆仑之声”“924 在路上”“向幸福出发”等栏目，开播后获得听众积极的反馈和欢迎。

新节目改版还融入了网络传播思维模式。例如，河南人民广播电台新闻广播的专题节目“直播河南”改版，以“碎片化”方式传递新闻、表述观点。为适应社交媒体的社交化与互动性，很多广播节目直接引入微信、微博互动。此外，广东电台珠江网络传媒运用新媒体多声道技术直播了 2013 年 11 月 9 日的亚冠终极之战，推出了广东广播史上最长版的足球特别节目“决战巅峰 210 分钟”。

与社会活动相结合，也是 2013 年广播服务的重要方面之一。1 月，由音乐爱好者们组成的上海音乐广播经典 947 “爱乐者俱乐部”成立，这对密切广播和听友的关系、最大化地使用资源，都有积极意义。5 月，江苏新闻广播以海选的形式选拔新闻评论人员，借此调动听众的收听热情，也增加与听众群体的有效互动。[①] 9 月，江苏广电总台启动了以“倾听与服务”为主题的“2013 年万人大走访”活动。[②]

---

① http：//www.vojs.cn/2012new/2012fc/937jsxwgbhxpldr201305/，2013 年 5 月 31 日。

② http：//www.jsbc.com/dt/201309/t20130911_1820826.shtml，2013 年 9 月 11 日。

重大主题报道也考验着广播的报道竞争力。2013 年内这类报道包括第十二届全运会、“神舟十号”飞天、“嫦娥三号”登月等重大预知事件。此类重大主题报道历来是国内传媒的重头戏，2013 年的广播在这方面的表现毫不逊色。

五 网络广播和新媒体音频传播平缓推进

国内广播电台在以往向网络和新媒体进军的过程中，有两种路径选择：一种是建立网站，一种是建立网络台。网站模式是国内正规电台迄今最常见最常用的样式。2013 年 1 月，原国家广电总局发文强调加快网络广播电视台建设步伐，用意在倡导和鼓励后者。在早年万维网主导的网络环境下，上述两种模式之间的差别似乎不大，但随着平板电脑、手机等多种移动终端的出现和普及，两者之间的应用和特点区别日渐明显。简言之，网站服务趋向某种集合，网络台模式更侧重特性需求。

目前，国内广播电台的网络存在仍以网站形式为基本类型，在数量上也是大多数。就传统电台网上运行的整体状态而言，2013 年没有根本性改变。相比电台网站，网络电台通常指比较专一地提供音频广播服务的网络节点。国内现有的在原有广播传媒机构平台上创建的网络电台，主要有中央人民广播电台与中国广播网共建的“银河台”、北京人民广播电台自建的“菠萝台”、江苏省广播电视总台广播传媒中心（江苏人民广播电台）建立的“长江之声网络电台”等。

2013 年 1 月，辽宁广播电视台的“瓢虫台”上线，成为中国首家故事音频广播聚合平台。“瓢虫台”通过直播、录播、点播、轮播等多种方式，在网络和手机平台实现 24 小时不间断播出。①

2013 年 1 月，上海浦江之声电台手机终端上线运营，苹果和安卓用户都可免费下载使用。其服务的特点是，广播听众不仅可以听广播，还可以看，有了更多“视”的选择。② 浦江之声的音频节目原在上海广电门户网站上线，现

---

① 《网络广播瓢虫台今日上线播出》，http：//www.ln.xinhuanet.com/newscenter/2013－01/01/c_114221324.htm，2013 年 1 月 1 日。

② 《浦江之声手机终端登录 App Store、Android Market》，http：//www.smg.cn/review/201301/0163587.shtml。

今这种 App 做法其实是综合型电台网站服务逐渐单一化和分离化的表现，显示了门户式广播网站业务分解和分散的趋向。

12 月 13 日，上海东方网、河南人民广播电台、郑州晚报社签署三方战略合作协议，联手在河南打造公共服务智能终端项目。该项目旨在提高智慧城市的物理基础，通过专门终端机的显示屏实现公共信息发布，同时争取实现终端机上的服务项目与手机等移动客户端的整合。[①] 这次合作折射出国内媒体机构跨地域跨平台运作的新尝试。其未来的发展前景和可持续性有待继续观察。

六　进军移动多媒体时代需要制度创新

进入移动多媒体时代，迄今广播电台媒体机构所做的，主要是渠道和方式的融合调整。2013 年 12 月 4 日，工信部正式发放 4G 牌照，宣告中国通信行业进入 4G 时代。原本计划中的四张 4G 牌照，除了三大运营商（中国移动、中国电信、中国联通）外，最后一张将给广电旗下的中国广播电视网络公司。但中国广播电视网络公司迟迟未能成立，对处于激烈竞争环境中的广电业的未来发展，可谓变数难测。在此前广播台与电视台的整合中，广播处于弱势；在各自网站统一为网络广播电视台的整合中，音频广播又仅仅是网络广播电视台中的附属，未得到应有的重视。

对于广播业的未来，各家观点纷呈，需要时间和实践来消化与试错。网络传播和新媒体传播的发展由传播格局的边缘向核心和主流地位挺近，是世界范围内传媒和传播发展的大趋势。传统广播业及其向网络新媒体领域的延伸，以应对“主流”和“边缘”地位转化的挑战。问题的核心和要害不在节目层面，也不在广告收入数据的表面起伏上，而是在行业的基本制度和关系机制方面。对 2013 年国内广播的概览回顾，再次提醒人们把分析和透视的目光投向行业架构的深层次。

---

① 闵大洪：《2013 年的中国网络媒体与网络传播》，2014 年 1 月 1 日，http：//www. baom. org. cn/2014 -01/01/content_ 11146. htm。

B.12

2013年中国广播行业发展报告

刘云 曲帅*

摘　要：

2013年中国广播行业在丰富频率类型，参与新媒体平台构建，以及推进国家工程建设方面均取得了不错成绩。与此同时，广告市场萎靡之势不见好转，无论是资源量还是刊例费都有所缩减，广播媒体发展想要突破目前的困局，必须在充分发挥自身优势的基础上进行机制和内容的创新，在寻求新广告增长点时以精准营销的服务方式挖掘单个客户的价值最大化。

关键词：

广播媒体　广告市场　改革创新　转型发展

一　2013年中国广播体系新象

（一）广播队伍扩大，频率类型丰富

2013年3月27日，西安广播电视台正式成立，拥有新闻、交通、咨询、音乐、综艺5个专业广播频率，同时间推出的一系列精彩节目将极大丰富西安人民的精神生活。2013年4月9日，中国首个为南海海域及周边国家和地区服务的多语种广播——“中国国际广播电台南海之声”正式开播，采用汉语、英语等6种语言广播，南海之声是展示中国国家形象、实现与周边国家和平共

* 刘云，浙江大学传媒与国际文化学院广播影视研究所副所长、副教授；曲帅，浙江大学传媒与国际文化学院广播影视研究所硕士研究生。

处的重要沟通平台。8月27日，主打国际资讯的全天候新闻频率，全国首家全天候国际咨询电台——中国国际广播电台环球资讯广播FM105.42正式落户天津。

2013年这些新鲜血液的注入，意味着中国广播频率的类型化和专业化不断走向成熟，同时也证明广播媒体不仅在服务百姓生活、丰富人民精神方面发挥着重要作用，而且作为国家战略和经济发展的组成部分同样具有不可替代的独特优势。

（二）应急广播体系进入全面建设

2013年4月20日四川省雅安市芦山县发生7.0级地震，22日由中央人民广播电台、四川广播电视台、雅安人民广播电台和芦山县广播电视台联合开办了"国家应急广播·芦山抗震救灾应急电台"，全天24小时滚动播出，以政府公告、救援信息和灾害互助热线等形式，提供实用信息实时播发。这是首次以"国家应急广播"为称号的应急频率，也是国家应急广播体系建设过程中一次大胆的尝试。

2013年10月7日受台风"菲特"影响，浙江余姚遭遇新中国成立以来最严重水灾。在交通瘫痪、信息中断的情况下，FM93浙江交通之声首先于10月8日在临时设置的直播台中进行广播，向余姚市民及全国人民发布了真实的水灾状况，并通过交通之声向全省各地求援，对救灾行动的积极展开起到了重要作用，再一次彰显了广播媒体在应急传播中无法比拟的优越性。

为实现2015年年底前我国各类灾害预警将通过国家应急广播体系实时发布的目标，2013年12月4日，中央人民广播电台国家应急广播中心揭牌，国家应急广播社区网站（cneb.cnr.cn）同时上线，这标志着国家应急广播体系进入全面建设阶段。应急广播社区网站与电台优势互补，既丰富了传播手段，又扩大了覆盖范围，而且增强了信息的有效互动。

（三）新媒体传播平台的开发与融合

2013年《合肥晚报》与天冠传媒共同打造的新媒体传播平台——"安徽电梯音频广播网"正式上线。电梯音频广播通过在电梯内安装的语音终端进行语音循环播报，目前已经覆盖合肥市内入驻率不低于70%的高档商务及公寓楼内的800余部电梯，保证了每天20万人次以上的覆盖人群。“安徽电梯广播网”集合了传统媒体的优势，有效利用了新媒体的传播方式，是一次保险而大胆的创新。

2013年，新浪微博携手全国25家主要交通电台发起实时播报路况活动，网友可以通过微博移动客户端发布所在地理位置的路况信息，其所发布的话题既可以出现在新浪微博中，也可以通过电台节目进行播报。同时，这25家交通电台的微电台可以通过PC端、手机客户端、HTML5网页版等多终端实时收听，极大增强了参与互动的便利性。对于电台媒体和新浪微博来说，这一新老媒体的合作活动在品牌传播和加强与听众互动方面实现了双赢。

二 2013年广播广告市场

2013年传统媒体广告市场同比增长9.8%，这一数据明显高于2012年的0.9%。其中电视、报纸、户外广告的贡献功不可没，与之相比电台媒体的表现差强人意，广告客户经营结构的单一性使得电台媒体广告受监管政策、市场波动影响较大，2013年以2.9%的微弱增幅居于传统媒体中的第二位。①

截止到2013年10月底，全国广播电视广告收入1035亿元，预计全年收入将达到1302亿元，同比增长2.52%（见表1）。② 各级广播媒体广告收入分级构成情况较往年没有出现太大变化，依然呈现纺锤形发展态势。

自2007年以来至2013年2月，中央级、省级、地方级广播媒体投放占比逐渐趋于稳定，地方级广播自2010年之后增长速度放缓（见图1），但是随着移动收听人群向二、三线城市转移，地方级广播广告将会出现长足的发展。

---

① 吕海媛：《回首旧岁展望新春——2013年传统媒体广告市场概览》，尼尔森网联媒介数据。

② 《2013年全国广播电视行业创收3183亿元》，中国广告网，http://news.cnad.com/html/Article/2014/0124/20140124085003235.shtml，2014年1月25日。

表1　2013 年 1～10 月全国广播电视广告收入分级构成

	广播电视广告收入（亿元）	所占比例（%）	广播广告收入（亿元）	所占比例（%）	电视广告收入（亿元）	所占比例（%）	其他广告收入（亿元）	所占比例（%）
中央级	280.49	27.08	4.85	4.57	272.55	31.17	3.10	5.58
省　级	542.29	52.35	55.66	52.46	443.84	50.76	42.79	77.06
地市级	172.19	16.62	42.89	40.43	121.60	13.91	7.71	13.88
县　级	41.00	3.96	2.69	2.53	36.38	4.16	1.93	3.48
全国合计	1035.97		106.09		874.37		55.53	

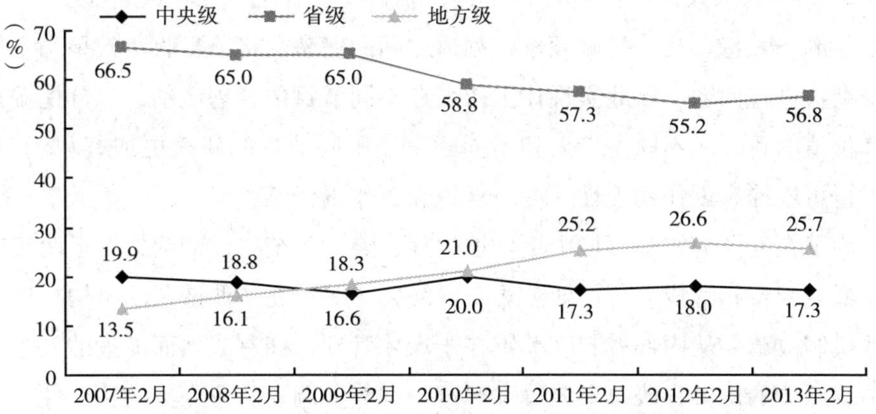

图1　2007 年 2 月至 2013 年 2 月各级广播媒体广告投放占比

资料来源：车语传媒《2013 年广告市场回顾》。

2013 年前三季度，电视、报纸、户外广告收入降速放缓，电台媒体广告刊例收入微涨 2.4%，与电视媒体的 10% 相去甚远，而广告资源量继续减少 17.1%，在传统媒体中仅略好于杂志广告。

受相关政策影响，药品广告在传统媒体的投放日渐萎缩，2013 年前三季度刊例收入同比增幅减少 12.6%，以 –15.3% 的贡献率位列最低五大行业之首。① 药品行业代表性企业哈药集团跌出前十位广告主名单，取而代之的是快

① 数据来源：CTR 媒介智讯《2013 前三季度中国广告市场回顾》。五大行业指的是 2013 年前三季度对传统媒体广告市场贡献率最低的 5 个行业，分别为：药品、商业及服务性行业、邮电通信、电脑及办公自动化产品、衣着。

销行业。宝洁、欧莱雅、联合利华等快销品牌的迅速补位，是2013年电视媒体广告收入取得13.3%同比增长的主要原因之一，继汽车市场受到限购和抑制消费政策调控后，药品行业成为广播媒体广告的又一空缺。

三　广播媒体转型路径

（一）机制改革

2013年南京人民广播电台在全国广播界率先推行节目招标制改革。招标制改革的一大特点在于打破频率、频道之间的壁垒，将节目收听效果和主持人自身利益进行捆绑。以此实现让主持人在不同节目中合理流动，充分挖掘其潜力和价值的目标，不同主持人和不同频率、不同节目的碰撞更加有利于创新，同时也可以提高创作积极性、竞争意识和工作责任感。

为了在复杂的媒介环境中更好地生存，焕发传统媒体的活力，近两年来不少广播电视台相继成立了产业公司、网络公司等扩充产业链条的机构。广播媒体的机制改革要从内部做起，关键在于人才管理，拥有成熟而庞大的人才队伍是传统媒体的优势，改革要充分发挥这一优势，调动从业人员的积极性，科学合理地进行人员调配，建立跨职能团队，实现资源共享，不同平台兼顾统筹，只有这样才能提高改革过程中决策的判断力和执行力，为广播媒体参与更多的外部竞争创造条件。

（二）节目创新

广播市场长期以来同质化现象严重，要想在众多节目中脱颖而出必须不断进行创新，而创新必须立足于广播媒体的自身优势。首先是互动优势，广播媒体是最具参与互动性的传统媒体类型，在用户创造内容的时代，互动依然是广播创新不可缺少的砝码。深圳交通广播的《伴你同行》就是一档以互动为主的节目，除了热线电话和手机短信等传统互动方式外，微博的引入使得节目收听率从20%～30%提高至40%～50%，2013年节目开始采用微信后，这一数据骤增至61%。其次是注重收听体验，音乐节目一直是广播媒体的主要节目类型之一，除了娱乐性元素外，能够带给听众不同于其他媒体的收听体验也是音乐广播受到青睐的主要原因。最后，广播是覆盖范围最广的媒体，所以节目创新要从观众的需求出发。春节期间北京电台推出 6 小时的直播节目，前半部分主要讲述百姓故事、新老年俗对比，下半部分相声与摇滚跨界混搭，两个板块的节目，充分凸显出广播媒体的优势，以听众喜闻乐见的方式收到了很好的反响。

（三）广告蓝海

综观近几年的广告市场，电子商务异军突起，以往由于其对平台和效果的特殊要求，仅限于网络媒体传播，随着网络购物群体范围的扩大，电商越来越注重对大众消费群体的渗透，传统媒体的优越性就凸现出来，而在满足电子商务营销需求方面，广播媒体具有天然的契合度。

中国电子商务市场快速成长，势必会迎来各类媒体对广告投放的争夺。凡客诚品、京东商城、拉手网等已经开始了电视媒体的广告投放。CTR 数据显示，2013 年上半年苏宁易购在户外广告上的花费增长了 123.1%，上半年商务楼宇视频投放的第 2、第 6 位分别是苏宁易购和京东商城。按照这一趋势，在广告资源量不断缩减的情况下，广播媒体加入这场竞争是迟早的事。

（四）广播与电子商务的契合

1. 终端和用户的重合

电子商务是极其重视移动性的广告主，根据 Google 数据显示，76% 的用户每月至少使用移动设备购物一次。而广播是能够最大程度满足其移动需求的媒体。据赛立信调查数据显示，71.4% 的广播听众会使用手机上网，在各种终端中手机的使用率最高。其实早在 2013 年年初，包括中央人民广播电台文艺之声、湖北广播电台楚天音乐在内的 13 家广播电台就与开心人网上药店合作，在电台 APP 中开通开心人网上药店手机购买频道，实现手机端在线购药功能。

2. 多版本植入，低投入，高产出

在传统媒体中，相比较电视而言，广播的制作成本低，投放成本也较低，

为大量中小电商企业的进入降低了门槛。另外广播广告制作周期短，短时间内可以演变出多个版本，不仅可以节省广告预算，而且对于讲究精准营销的电商来说，提高了单一广告的价值最大化。

多版本广告除了能够节省预算，挖掘价值最大化外，另一个优势在于可以牢固锁定目标人群，每一个广告版本针对的投放听众都有所不同，早晚高峰时间段主要是私家车主，夜间主要是大客车、长途司机，如此一来广播媒体覆盖范围广的优势也得到了进一步加强。

3. 快速应变满足数据营销

对于电商来说，收听率、市场份额等标准化概念只是评估选择投放媒体的依据之一，电商用户更加看重用户访问次数、访问频率、访问方式、访问时长以及有效转化率等广告附加数据。对于可感数据的要求再加上本身具有收集数据的能力，使得电商广告主从过去的被动服务角色转换成了主动挑选角色，这也就意味着作为被选择的媒体应具备快速应变的能力，而这一点正是广播媒体的强项，播出后的广告如果没有达到预期效果，可以立即进行有针对性的修改，通过电商广告主自己获取的数据来安排营销模式，既能科学有效地保证客户的利益，同时也可以避免广播媒体自身在广告制作上投入过多精力。

结　语

2013 年苹果公司推出 iTunes 电台，该服务将成为 iOS 7 新系统的一部分，用户可以直接创建属于自己的电台，并且在线收听购买流媒体音乐内容。除此之外车联网呼之欲出，日产宣布成为苹果 iTunes 电台指定供应车企，未来车载收音机将逐步从新型车上消失，这些趋势在 2013 年造成了广播媒体的恐慌。但是另一方面 2013 年我们还是看到了广播媒体旺盛的成长力，与新媒体合作的开放姿态以及广播媒体人的不懈奋斗精神，电子商务等新广告资源的进入给广告市场带来了无限生机，广播媒体要抓住有利机会，结合广告主的切身需求，充分挖掘自身优势，创造多元服务的可能性，为未来可以在全媒体竞争中占有一席之地打好坚实基础。

B.13

2013年中国电影产业备忘

尹鸿 尹一伊*

摘 要：

2013年中国电影产业结构不断优化，保持连续12年上升势头，延续着全球电影市场的奇迹。但前半年的风风火火与后半年的不温不火以及影院经营压力越来越大等现象，预示着中国电影产业高速发展的“红利”可能逐渐稀薄，产业的内涵式发展迫在眉睫。

关键词：

中国电影 电影产业 轻电影 电影市场 电影票房

一 数字解读：延续高速发展整体态势

1. 电影产量：十二年来首次出现调整性负增长

2013年国产故事片产量638部，同比减少影片生产量多达107部。① 年度生产产品中接近50%进入院线发行。生产泡沫有所消退，产量走向供求平衡。

2. 电影票房：全球增幅最大而增幅有所放缓

2013年全国电影票房217.69亿元，同比增长27.51%。中国电影市场化改革用7年时间突破百亿元大关，然后仅用3年时间就突破200亿元的纪录。

---

* 尹鸿，清华大学新闻与传播学院常务副院长、教授、博导，影视传播研究中心主任，中国电影家协会理论评论委员会会长；尹一伊，清华大学信息艺术设计专业、南加州大学电影理论专业硕士研究生。

① 相关数据来自李霆钧《2013年电影局新闻通气会在京举行》，《中国电影报》2013年1月14日。

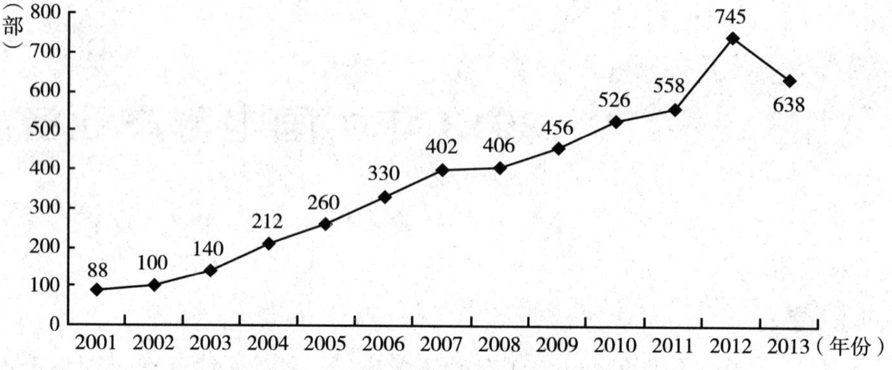

图1 2001～2013年内地故事片产量

票房总收入相当于36亿美元，为全球第一大电影市场——北美地区的1/3，稳稳领先于不到30亿美元总收入的全球第三大市场日本，票房增幅全球最大。① 影院票房增加的同时，国产电影海外收入却仅仅勉强止住下滑，非影院市场对电影业贡献有限。

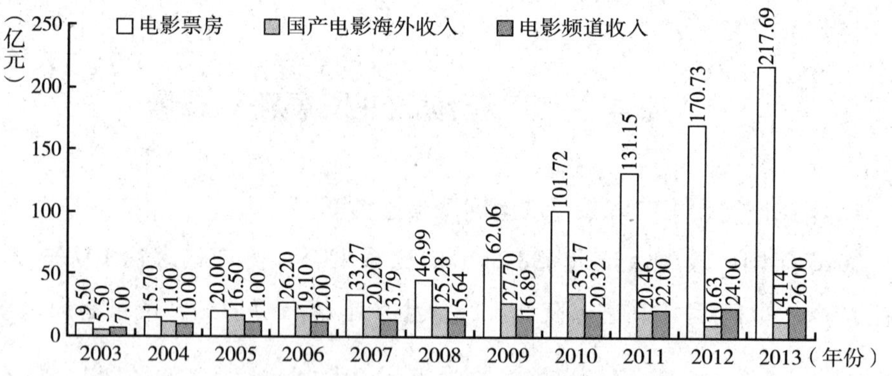

图2 2003～2013年中国电影市场主要收入

3. 电影观众：观影规模继续扩大，观影频次明显提高

2013年全国电影观众6.1亿人次，增幅30%；平均票价37元，略高于前一年36元水平。② 内地观众总人次在印度、北美市场之后，居全球第三；人

① 据《好莱坞报道》的相关数据，北美2013年票房增幅约为1%，全球平均票房增幅估计约为5%。
② 根据艺恩咨询相关数据整理统计。

均年观影人次 0.4；如果限于 7 亿城镇人口，人均年观影人次不到 1，远低于欧美以及印度、日本、韩国等亚洲国家水平，市场潜力有待挖掘。

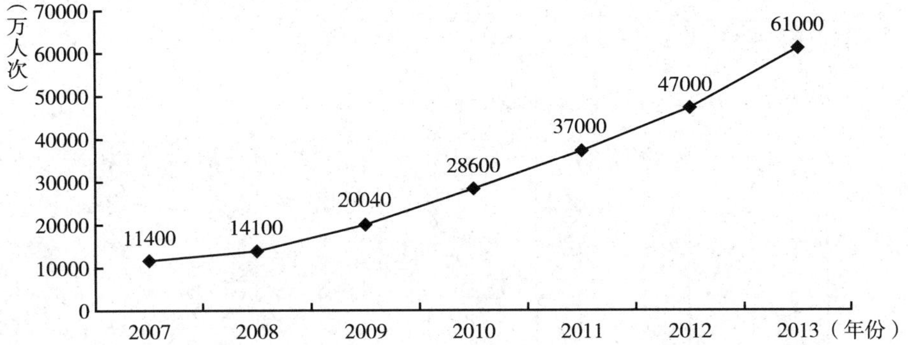

图 3　2007～2013 年内地电影观影人次增长趋势

4. 电影银幕：新增数量创新高，放映实现数字化

2013 年内地新开影院 903 家，新增银幕 5077 块，新增座位 48 万个。日均新增银幕 14 块，银幕总数达到 18195 块。全年共放映电影 2880 万场，同比增加 821 万场。中国已成全球 3D 银幕占比最高的市场。院线影院基本实现数字化放映。

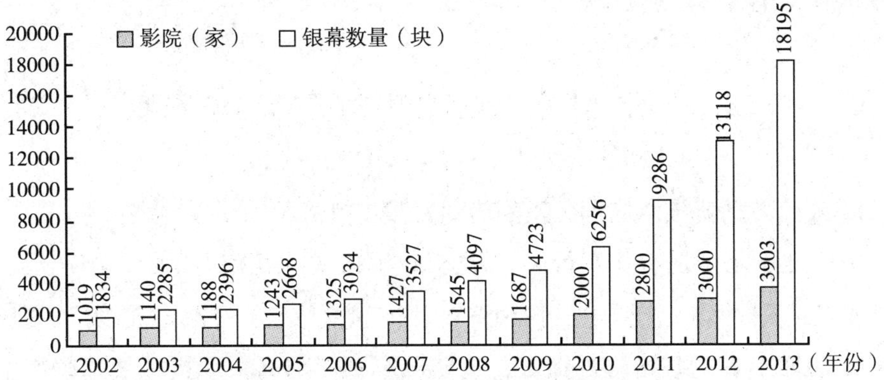

图 4　2002～2013 年内地影院与银幕数量增长趋势

5. 电影产品：33 部国产影片票房过亿元，份额优势失而复得

2013 年院线发行上映电影 305 部。60 部影片票房超亿元，其中，国产片 33 部（含 1 部跨年影片）。在 217.69 亿元的总票房中，国产片收入 127.67 亿元，同比增长 54.32%，占比 58.65%；进口片收入 90.02 亿元，同比增长 2.30%，占比 41.35%。国产片夺回之前失守的份额优势。《西游降魔篇》以累计票房 12.46 亿元的成绩成为全年票房冠军，也成为国产影片历年来总票房第二名[1]，居《泰囧》之后。

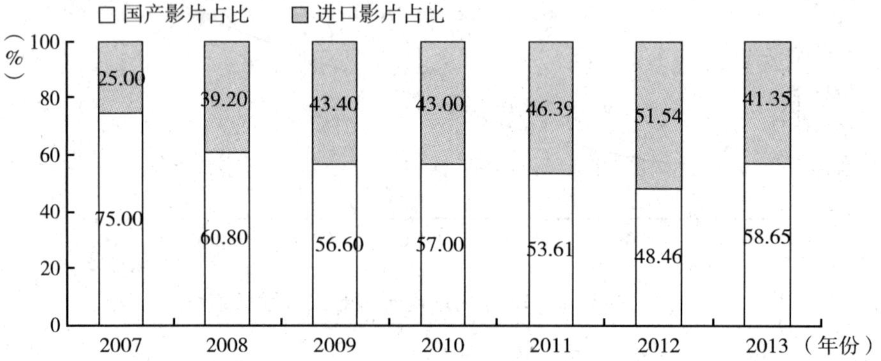

图 5　2007～2013 年国产与进口影片市场份额

2013 年，中国电影产业整体数据连续保持良好。产品数量减少，票房收入提高，终端建设繁荣，观影人次上升，国产影片市场竞争力加强，中国电影产业仍然处在高速发展阶段。

二　产业格局：新媒介环境下的动态调整

1. 政策鼓励新技术应用，正面应对好莱坞挑战

2012 年新增引进分账发行 14 部高新技术格式的好莱坞电影，国产电影受到猝不及防的冲击，当年失守 50% 的国产电影票房份额“底线”。3D 和 IMAX、巨幕电影的技术奇观优势，迫使电影管理部门采取措施鼓励国产电影运用高新技术手段，提升电影技术含量。

2012 年国家电影专项资金办公室发布通知鼓励拍摄高新技术格式影片。

① 相关数据来自国家新闻出版广电总局《2013 年全国电影票房统计》，http：//www.sarft.gov.cn/articles/2014/01/09/20140109170755140831.html。

2013 年 12 月 15 日，专资办出台补贴细则，在原标准不变的情况下，按区间增加补贴金额。影片票房在 5000 万元（含）至 1 亿元、在 1 亿元（含）至 3 亿元、在 3 亿元（含）至 5 亿元这三个区间内的影片将逐级增加奖励金额。这也是官方连续两年加大对电影技术的扶持力度。

本年度电影政策基本稳定。在国务院简政放权要求下，电影的属地审查、梗概备案等都从过去的“试行办法”变为明确规定。而酝酿已久的电影法（电影促进法），呼吁已久的电影分级管理，乱象丛生的电影市场规范，本年度仍然没有解决。中国电影的政策促进空间似乎越来越有限。

2. 资本并购频繁，资源整合加速

从 2009 年华谊兄弟公司创业板上市开始，中国影视企业正式步入资本市场。博纳影业、光线传媒、华录百纳、新文化传媒等相继在境内外上市，早些年上市的中视传媒、湖南广电传媒以及乐视网等也纷纷介入电影业。以影视为主业的上市公司目前已超 10 家。PPTV、新丽传媒、小马奔腾、长城影视、大唐辉煌等也先后递交上市申请；中国电影集团、上海电影集团、万达院线等企业的上市计划也在进程中。

较大规模的影视公司和已上市公司都试图通过资本运作，完善产业链，扩大市场份额，提高竞争门槛，保持优势地位；而一些行业外资本，则被《泰囧》13 亿元的单片票房所鼓舞，纷纷投入影视圈来博名夺利。本年度，据不完全统计，影视界超过亿元的资本运作案超过 10 起。

华谊兄弟 7 月 24 日宣布购买银汉科技 50.88% 的股权，预估值约 6.72 亿元，并被媒体称为“A 股并购手游第一单”。电影与游戏的结合，一方面是产业链的扩展，另一方面也是产品的互动。这是华谊兄弟向新媒体行业布下的棋子。9 月 2 日华谊兄弟公告，其全资子公司浙江华谊以 2.52 亿元收购张国立为法人代表的浙江常升影视制作有限公司 70% 的股权。这是华谊夯实电视剧板块的又一举措，也是面向资本市场的高调曝光。华谊兄弟 12 月 24 日公告，拟以自有资金 3.978 亿元收购浙江永乐影视股份有限公司 51% 的股权，再次表明电视剧内容是华谊兄弟公司“业绩”的可靠保障。

华策影视 7 月 29 日宣布，以现金及发行股份相结合的方式收购上海克顿文化传媒有限公司 100% 的股权，交易金额 16.52 亿元，并进行 5.5 亿元的配套融资。其间因涉嫌内幕交易遭立案，但证监会后来恢复了公司并购重组申请的审核。内容生产企业以巨资并购专业市场咨询调查公司，显示了数据的重要性。华策12月1日召开新闻发布会，以1.8亿元从郭敬明手中受让上海最世文化发展有限公司26%的股权。

奥飞动漫9月16日以6.3亿元收购已经形成影响的“喜羊羊”品牌。动漫从电影内容更全面地走向后市场经营，体现了动漫产品用电影做广告、在影院外挣钱的经营模式。

万达集团9月22日宣布，投资至少300亿元建设青岛东方影都。多位世界著名影人高调到场。万达拉开了全球化全产业链电影产业的大格局。

乐视网9月30日宣布，以现金和发行股份结合的方式，购买东阳市花儿影视文化有限公司100%的股权，以发行股份的方式购买乐视新媒体文化（天津）有限公司99.5%的股权，最终花费15.98亿元。互联网与影视内容供应商更加深入地走向融合。

光线传媒与新丽传媒股份有限公司10月25日签订“股权转让协议”，光线出资8.29亿元购买王子文持有的新丽传媒27.642%的股权。光线传媒意在扩大内容生产企业规模。

宋城股份12月9日公告称，以不超过1.23亿元收购深圳大盛国际传媒有限公司35%的股权。旅游业与影视娱乐业建立了资本联系的纽带。

2013年的重要收购案主体多数为上市公司。涉及的最大金额为26亿美元，最小为1.23亿元人民币，累计超过220亿元人民币，超出了全年国内电影市场总票房。这些收购，动机复杂，效果各异，但资本对电影行业的影响的确越来越明显。中国数千家影视小企业希望获得稳定的资本支持；同时，上市公司也需要稳定的业绩增长和漂亮的财务报表。这些并购体现了行业资源整合、提升竞争台阶的需要。

中国影视业的“领头羊”华谊兄弟，公司市值大约400亿元，远远不能与迪士尼、环球影业这样的“巨无霸”龙头企业千亿美元的市值相比，甚至也不能与国内顶尖互联网企业媲美。正如王长田所想象：“国内会形成一批传媒娱乐的巨型集团，大概会在10家以内。这些公司共同的特点是新媒体和传统媒体结合，内容和渠道结合。”华谊兄弟公司总裁王中磊也认为：“好莱坞的六大公司当初也是从制作开始，最后变成了全球化的公司……未来中国也一样，也会出几大娱乐集团来使这个行业变得越来越规范。”[①] 这种局面，未来几年中会逐渐明朗。

3. 影视企业内容为王，资本市场翻云覆雨

中国影视企业规模小，除万达影视以外多数企业靠影片“吃饭”。影片市场竞争力对企业影响巨大，甚至一损俱损、一荣俱荣。影视企业在资本市场上也因为影片价值难以预测，而有意无意地搅动着资本市场的起伏不定。

《泰囧》上线时，出品方光线传媒股价 21.40 元，票房破 10 亿元之后，光线传媒收盘价 34.99 元，14 个交易日中股价急升 64%。华谊兄弟在资本市场的经历更是跌宕起伏。出品发行古装悬疑电影《狄仁杰之神都龙王》，首日票房 6400 万元，推高股价至 81.80 元，两个月间股价翻倍。随后因上映《西游降魔篇》，华谊兄弟股价 6 个交易日上涨 25%。春节假期过后，大涨逾 8% 后随大市又一路下行。[②]《私人订制》公演前，华谊兄弟股价涨幅逾 30%。但提前看片会后，华谊兄弟应声跌停，市值一日蒸发 40 亿元。[③] 一部影片成败可以撬动几十亿元的股市价值。

随着影视公司在资本市场上下翻腾，影视业企业家终于跻身中国富豪行列。在 10 月公布的 2013 福布斯中国富豪榜上，王长田夫妇以 152.5 亿元排名第 45 位，成为影视业首富。跻身富豪百强的影视业人物还有广东奥飞动漫文化股份有限公司董事长蔡冬青，以 86.6 亿元排第 92 位；乐视影业 CEO 贾跃亭，以 72 亿元排第 122 位；华谊兄弟董事长王中军，以 65.9 亿元排第 142 位。[④] 王长田等电影业领军人物跻身福布斯富豪榜，反映了电影业的突飞猛进以及电影产品对于社会经济的影响。

来自其他行业的上榜富豪也纷纷涉足电影业。富豪榜榜首的大连万达集团

---

① 参见《中国影视进入不差钱 2.0 时代》，腾讯娱乐，http://ent.qq.com/a/20131225/013666.htm。

② 参见《〈私人订制〉：片子好笑　股票能否也赚到笑?》，《广州日报》2013 年 12 月 20 日。

③ 参见《华谊被指炮制〈私人订制〉股市版　高管客串心灵麻醉师》，《重庆晚报》2013 年 12 月 21 日。

④ 参见搜狐财经《2013 福布斯中国 400 富豪榜》，http://business.sohu.com/20131016/n388295059.shtml。

董事长王健林，高调进入国内国际电影业。在福布斯中国富豪榜上排名第八的马云和排名第五的马化腾，也分别是华谊兄弟的第三和第四大股东。[①] 行业外企业和资金的进入，有时会对电影产业的供求关系产生难以预期的影响，导致行业秩序难以形成，但也大大强化了电影业的资金运行能力，提升了电影行业的经济规模。

三　电影制作：产品线布局渐趋完整

本年度电影生产数量呈现负增长，调整了电影市场供求关系，降低了资源竞争和消耗，提高了市场集中度，期待带来电影质量的提升。随着电影制作公司的规模化、专业化，电影制作的门槛也得到了相应提升，大量非专业的电影制片被挡在门槛之外。

1. 制作机构：民营主导，国有分化

据不完全统计，638 部国产影片的生产主体多达四五百家。但真正能提供被影院市场所接受、创造有市场影响力产品的企业，主要还是集中在国有的中国电影集团和民营的华谊兄弟、光线影业、博纳影业、乐视影业等几家，而这几家公司票房份额都接近或超过 10%。

在 2013 年院线发行的影片中，国有集团出品或参与出品的影片共约 70 部，创造 51 亿元以上票房。民营集团参与出品的影片近 240 部，其中以民营集团为第一出品方的影片 207 部，共创造票房超过 102 亿元。民营机构的电影制作依然保持明显的市场优势。而国有电影机构则承担了更多的主旋律任务，推出了《周恩来的四个昼夜》这样的影片。

中影集团（中影股份）作为中国国有电影企业的国家队，参与出品和发行 25 部影片。上影集团，作为产业链相对完整的南方国有影业集团，本年度主导出品发行的影片数量不多，其主导出品或联合出品的影片市场影响也一般。中影、上影两家国有电影企业都在筹备上市。其他国有电影企业本年度都在寻找各自的突破口。

---

① 参见喻若然《电影青春年》，《综艺》2013 年第 24 期。

与此同时，多家民营电影企业则竞争活跃。2013 年，80 部票房过千万元影片中，69 部由民营公司主导；33 部过亿元影片中，29 部由民营公司主导。民营企业已构成中国电影产业的中坚力量。华谊兄弟、光线影业、博纳影业三国鼎立，乐视影业、万达影视、小马奔腾等也迅速成长。

华谊电影近年来一直占有国产电影 1/4 左右的票房份额。2013 年制作及发行 6 部电影，票房累计 30 亿元，较 2012 年的 21 亿元增幅接近 45%，占全年国产影片票房总量的 23%，稳坐国内民营电影公司头把交椅。定位于“年轻态、正青春、新势力”的光线影业，继《泰囧》的奇迹之后，本年度虽然没有贡献太大惊喜，但市值和电影票房份额仅次于华谊兄弟，巩固了“坐二望一”的地位。

博纳影业本年度共发行 11 部电影，其中动作片和喜剧片 6 部。博纳继续依靠香港导演为主的武打和警匪动作片稳住市场地位。动作片以 54% 的份额成为博纳影业年度票房的中坚。博纳影业制作与发行电影累计票房达 12. 4 亿元，较上年增长 72%，占国产片全年总票房的 10%。虽然没有重磅作品，但全年制作发行影片累计票房位列民营企业第三位。

紧随其后的是 2012 年刚刚成立的乐视影业。其表现堪称黑马，成立第一年就有 6. 25 亿元票房进账，排名民营企业第四。本年度，该公司主导出品电影《小时代》（1、2），拿下近 8 亿元票房，全年以 10 亿元票房成绩紧紧咬住排名第三的“老牌”企业博纳影业。乐视强调自己是“互联网电影公司”，善于在策划、推广、渠道等方面利用电影与新媒体开展互动，体现了电影产业正在进入互联网时代。

电影产业的繁荣，吸引了许多行业外的进入者。中国大小电影公司数以千计，但 2013 年参与投资电影且影片票房超过 1 亿元的影视企业不过二十来家，参与投资电影且票房过 5 亿元的公司只有 14 家。10 家左右的“大企业”，很可能将构成未来中国电影制作格局的主体。而若干家有特色的电影制作企业，则会扮演美国独立制片公司的角色。中国电影制片业大格局雏形已露端倪。

2. 制作人才：新生代上位

2013 年，虽然香港资深导演周星驰、徐克、王家卫、陈可辛、杜琪峰等仍然宝刀不老，但内地的资深导演们却在一批青年导演冲击下或者缺席或者失势。同属“第五代”背景的内地三大导演陈凯歌、张艺谋和冯小刚过去十多年一直是电影创作的标杆及电影票房的旗帜。但从 2011 年《失恋 33 天》开始，经过 2012 年《泰囧》的冲击，“大导演”的这种领袖地位逐渐动摇。2013 年更显示了新生代电影人的全面崛起。张艺谋、陈凯歌偃旗息鼓，票房之王冯小刚回到驾轻就熟的喜剧路线，《私人订制》占尽贺岁档期天时地利的优势，但不仅没有超越周星驰的《西游降魔篇》，甚至还被演员转行的赵薇处女作《致我们终将逝去的青春》的票房成绩落下。

从导演到演员，一代新的电影人在迅速成长。《北京遇上西雅图》的导演薛晓路、《小时代》系列的郭敬明、《不二神探》的王子鸣、《全民目击》的非行、《寒战》的陆剑青和梁乐民、《风暴》的袁锦麟等，或者是处女作导演或者是不超过 3 部影片的新导演，但票房成绩都高居前列。据不完全统计，在各类扶持新导演的计划以及支持新导演拍片的影视机构推动之下，2013 年首次拍摄故事片并公映的新人导演应在 50 人以上。虽然这些影片艺术品质参差不齐，但新导演为电影产业注入了清新、时尚的气质。

青年编剧的崛起，也是国产电影大片主导模式发生变化的原因。青年编剧束焕为徐峥完成了《泰囧》的编剧，将好莱坞公路喜剧片类型完整地借用到国产电影创作中；继《失恋 33 天》之后，编剧鲍鲸鲸又带来《等风来》，将网络文学深度融合在电影创作中；薛晓路、非行、宁浩等编导合一，文学性与电影性从策划开始就相互结合。他们大多将好莱坞商业电影的创作经验与中国社会的大众心理结合，既遵守类型片的创作规律又接上了中国现实的“地气”，而且风格变得年轻、机智而俏皮。

与编导年轻化的同时，传统的大牌电影明星这一年度的艺术影响和市场影响明显降低。徐峥、文章、黄渤、白百何、杨幂、汤唯、吴秀波等一批年轻演员成为电影制作的顶梁柱。电影元素的年轻化，正改变着中国电影。

3. 电影类型：“轻电影”化、电视剧化

2002 年以来，一直是电影市场中流砥柱的大场面、大制作、大明星主导的武打动作片，本年度不仅数量继续减少而且市场影响继续下滑。除去徐克、周星驰的两部 3D 影片和王家卫的《一代宗师》，本年度国产电影的亮点来自一些表现青年爱情、友情、理想、追求、青春、创业的所谓“轻电影”。这些影片题材“轻松”，创作者“年轻”，类型也与动作、警匪、黑帮、灾难、科幻等“重类型”不同，通常是“爱情 + 喜剧 + X 元素”的所谓“轻类型”，“小妞电影”“伙伴电影”等本年度都有代表性作品出现。从年初徐峥的《泰囧》开始，《致我们终将逝去的青春》《北京遇上西雅图》《中国合伙人》《小时代》等都是本年度“轻电影”代表之作。

市场化改革以来，以大片为标志，国产电影在题材上更倾向于古装历史片，在导演、明星等商业元素的配置上更强调与电视剧的差异，而在表现风格上更重视场面奇观、空间假定，电影与电视似乎在美学追求上分道扬镳。但随着观众对国产大制作电影的逐渐失望，也随着大量过去没有机会在影院接受好莱坞和国产大片的二、三线城市观众成为观众主体，加上卫视节目年轻化战略带来的影响，最近两年，电影与电视剧的观众开始从分流走向重合。电视选秀、电视剧题材、电视的生活流叙事、电视剧明星等元素和特点回到电影中来。从《失恋 33 天》到《小时代》《致我们终将逝去的青春》等，虽然行业内人士一直诟病这些电影“倒退”回了电视剧，但恰恰是这些“电视剧化”的“轻电影”成为最成功的中小成本电影。由湖南卫视品牌元素构成的《快乐大本营之快乐到家》轻而易举获得 1.5 亿元电影票房，更是体现了影视合流或者部分影视合流的趋势。

电影工业支撑能力薄弱，电影文化传统差异，审查国情的制约，使 2013 年一些重要的电影类型仍然缺席，如科幻片、灾难片、神幻片、黑帮片、政治片、战争片等，宁浩的《无人区》、管虎的《厨子·戏子·痞子》等影片，更充分地体现了电影叙事和修辞的特点，反而限制了部分观众的接受。电影观众向二、三线城市的扩大，在一定程度上改变了市场的接受趣味，对电影创作也会带来某些独特的影响。

4. 电影产品的多样化

2013 年的中国电影，相比过去 10 部左右的中大型影片君临天下，呈现出更丰富的多样性。本年度，票房过亿元的国产影片多达 33 部。虽然似乎被一批“轻电影”领了风骚，但是仍然出现了不少叙事更成熟、视听表达更流畅、类型元素更稳定的大制作商业电影。不仅在类型探索上有新突破，而且在市场上也经受住了好莱坞电影的冲击，全部进入了亿元票房区间。

5. 国产动画：从独立制作走向大公司运营

据不完全统计，2013 年上映国产动画电影 28 部，远超前一年 19 部的上映纪录。全部动画电影的总票房超过 16 亿元，同比增长约 19%，动画电影票房占全年电影票房约 8%。其中国产动画电影总票房 6.4 亿元，较上年有 40% 的增幅，占整个动画电影票房的比重近 40%，8 部进口动画电影票房则占到动画票房总量的 60%。国产动画电影的市场竞争力在不断提高，但与国外优秀动画电影相比还有一定差距。

在国产动画电影市场上，系列品牌仍然是主力。"喜羊羊与灰太狼"系列虽然已经呈现疲态，但仍然是唯一票房过亿元的国产动画电影。"赛尔号"系列、"我爱灰太狼"系列、"洛克王国"系列、"潜艇总动员"系列、"魁拔"系列等，本年度都成为国产动画电影主力。电视形象转向大屏幕，对于中国这样的电视大国来说，仍然是重要的营销战略。《巴啦啦小魔仙》借助电视剧的多年热播和边际产品助推，市场成绩突出。《昆塔：盒子总动员》《我爱灰太狼 2》《赛尔号 3》《洛克王国 2》《魁拔 2》等的动画制作水平，特别是 3D 制作水平也有提升。

国产动画的观众定位多数仍然过于低幼，离好莱坞那种"家庭动画""老少通吃"的标准还有很大差距，也不像日本动画那样观众分层清晰，但是动画电影的确将成为电影产业中最具市场潜力的类型。随着大型专业公司的介入，国产动画将走向专业化、规模化、品牌化。

6. 国产 3D、巨幕电影：高新技术体现生产力

本年度 3D 电影数量和质量都有大幅提升。据统计，全年上映的 3D 格式电影共 49 部，IMAX 格式电影 25 部，3D－IMAX 电影 15 部，其中国产 3D 电影 22 部，总票房近 30 亿元①。

在全年上映的国产 3D 电影中，8 部票房过亿元，两部拥有 3D－IMAX 制式的国产电影排名全年票房最前列。3D 格式在影片票房中的占比逐渐增大。《西游降魔篇》首周票房中 3D 票房占 91.2%。此外，IMAX 和中国巨幕等特

① 参见汪景然《2013 国产 3D 电影观察：3D 电影迎来"小时代"》，《中国电影报》2013 年 12 月 20 日。

种影片也硕果累累。2013年共有31部中外电影以中国巨幕格式登陆全国影院，巨幕影厅已达到50个。新技术升级给市场带来增长动力。

当然，多数3D影片的创作、制作水平都有待提升，特别是3D的创作美学与3D的制作技术之间达成有机融合还任重道远。高科技与电影创作的结合已经不可逆转。3D不是万能的，但没有3D却万万不能。

7. 合拍片：类型电影主力军

2013年合拍公司立项的合拍影片达到55部。内地香港合拍片立项占比62%，大陆台湾合拍约为20%，与其他国家合拍为18%。最终审查通过的41部中，内地香港合拍28部，占68%的份额；大陆台湾合拍8部，占比为20%；与加拿大、美国、英国、韩国四国合拍片共5部，占比12%。

虽然2013年电影的总产量有所下降，但是进入院线发行的影片却更加丰富多彩，大中小制作都出现了有一定影响的作品，电影产品在商业与美学之间也更趋于平衡，好莱坞类型电影经验逐渐本土化，艺术电影也得到了生存空间。这一年虽然没有产生振聋发聩的标杆产品，但电影不仅整体制作水平有所提升，而且电影产品在时尚性、当代性、交互性方面都有了长足进步。

四 电影市场：高潮迭起、后劲不足

1. 院线与影院：继续扩张的终端市场

虽然万达等民营院线强势进入，但全国院线格局依然维持以行政区划为基础。2013年票房突破10亿元的院线共6条，其中万达院线票房总收入为31亿元，超过第二名中影星美13亿元，占全国市场份额约15%。不少以自有资产为主的民营院线如万达院线、大地院线、金逸珠江院线、横店院线、保利万和、深影橙天院线等本年度都成长惊人，大地院线观影人次和票房同比增长超过50%。横店院线和中影数字院线则首次进入院线排名前十。二、三线城市成为今年票房的新增长点，大地、今典等主要布局二、三线城市的院线，票房增幅更为显著。

表 1　2011～2013 年度电影院线排名

院　　线	2011 年度排名	2011 年度累计票房（亿元）	2012 年度排名	2012 年度累计票房（亿元）	2013 年度排名	2013 年度累计票房（亿元）
万达电影院线股份有限公司	1	17.85	1	24.56	1	31.6
中影星美电影院线有限公司	2	13.77	3	16.2	2	18.55
上海联和电影院线有限责任公司	3	13.03	2	16.9	3	17.47
中影南方新干线有限责任公司	4	10.86	4	13.2	6	14.92
广州金逸珠江电影院线有限公司	5	8.51	5	11.6	5	15.4
北京新影联影业有限责任公司	6	7.63	7	8.26	7	8.74
广东大地电影院线有限公司	7	6.77	6	11.1	4	15.81
浙江时代电影大世界有限公司	8	5.57	8	7.16	8	8.7
四川太平洋电影院线有限公司	9	4.68	9	6.03	—	7.05
辽宁北方电影院线有限责任公司	10	3.82	10	4.26	—	4.9
浙江横店	—	—	—	—	9	7.73
中影数字院线	—	—	—	—	10	7.43
合　　计						158.3

民营企业纷纷走上与小院线联营的“曲线救国”之路。橙天娱乐集团收购深影院线 49% 股本权益，成立深影橙天院线后进入院线前 20；保利影院管理公司与重庆万和院线重组保利万和院线；世茂影院投资发展公司入股北京翼达九州院线；百老汇影院套牌北京红鲤鱼院线。中小院线进入资源整合调整期。

中国电影院线的基本格局变化不明显，集中度没有大规模提高。排名前五的院线公司占据 34% 的市场份额，排名前十的院线市场份额达到 47%。相比国际影院市场，集中度仍然相对较低。英国前五的院线能达到 85% 的市场份额，美国能达到 62%；院线前十在英国的市场份额高达 95%，美国也有 70%。欧洲影院投资市场份额最高的是法国的 Gaumont Pathé 公司，其市场份额达到 26.4%，美国影院投资市场份额最高的是 Regal Ent Grp 公司，市场份额为 22.1%。而中国目前最大的影院投资管理公司万达院线，其市场份额仅为 14.6%，与发达国家影院投资管理公司的市场份额相差较大。影院市场集中度的提高，可能更有利于建立有效的市场规则，减少恶性竞争，提升经营效益，合理布局产品，提高企业实力。

中国影院市场两极分化。全年累计票房5000万元以上的影院24家，仅为全国影院数量的0.6%；票房过千万元的影院不到700家，占全国影院总量的17%。不足500万元的影院接近全国影院总量的70%，其中60%以上年票房不足100万元。2013年全国场均观影人次从22.42下降到21.26，影片平均上座率为15%；全国银幕数增幅38%，票房增幅27%。场均人次下降、上座率下降、票房增幅下降，是影院发展必须面对的现实。影院租金居高不下给影院带来的运营压力，使不少影院经营困难。影院建设的发展可能进入瓶颈期，兼并重组将进一步加剧。

2. 观影行为：观众半径扩大、观影频次增加

2013年影院共放映场次2880万场，较2012年多出821万场。全国售出电影票6.1亿张，较2012年净增1.5亿张。在票价没有明显增长的情况下，票房增长主要靠观影人次提升拉动。观影人次在2013年的增幅为32%，低于2012年的34%，更低于2011年的45%。由于观众规模基数扩大，观影人次增长率有所下降应为正常现象。

电影观众半径，在两个维度上有所扩大。一个是年龄维度扩大。电影青少年观众越来越多，观众趣味有低龄化趋势。艺恩咨询调研数据显示，中国电影的主力消费群体为25～35岁，该年龄段观众所占比例达到68%，80后、90后成为影院主体观众。另一个是空间维度的扩大。大量二、三线城市因为新建改建现代影院而发展“新”影院观众，二、三线城市票房增长高于一线城市。全国县级城市已拥有影院1500座，银幕超过5000块。观众半径的扩大，改变了市场的整体选择，电影观影经验更加趋于本土化甚至“电视剧化”。

3. 电影市场：全年票房超千万影片首次超过百部

2013年的电影市场，从年初开始井喷，票房过亿元一度成为家常便饭。本年度票房超过千万元的影片首次超过百部，每周平均出现2部；票房超过5000万元影片全年达到80部以上，每月平均不少于7部；票房过亿元影片60部，平均每月5部。全年发行的305部影片中，1/3能到达千万级别票房规模，单片平均票房上升显示中国电影市场巨大的消费能力。

票房两极分化局面仍然明显。2013年，票房超过5亿元的国产电影7部，票房累计48.6亿元，占全年国产片票房的38%。超过2亿元票房的国产片18

部，票房累计 80 亿元，占国产影片票房份额的 62%。32 部票房过亿元的国产影片总票房达 100 亿元，相当于国产影片票房总和的 78%。其余 200 多部投入发行的国产影片票房总和则相当于国产影片票房份额的 22%。真正能够为国产电影做出市场贡献的国产片大约 30 部，其余影片基本都是影院“一日游”，或者影院“散步游”，票房贡献很小。

本年度，进口片票房份额被国产影片超越，单片票房冠军也由国产影片获得。34 部分账发行进口影片中 2/3 以上进入了亿元区间。票房超过 4 亿元的进口片只有《钢铁侠 3》《环太平洋》《地心引力》《速度与激情 6》。进口片表现不如前一年的因素众多，分账片全年配额 34 部，但同步或准同步发行只有 4 部；有时还会发生同时发行两部以上分账大片同室操戈的情况；进口影片放映档期比较短，票房累计规模受到影响。此外，大量中小城市新进入影院的观众对好莱坞电影信息比较陌生，观影更习惯于国产电影。当然，电影市场也不够规范，买此电影票看彼电影的现象屡见不鲜，票房统计也可能出现较大误差。

4. 消费类型：“爱情 + 喜剧”成为市场新宠

在票房占比上，爱情片在票房份额上占据首位，动作片则位居第二。爱情片票房占比由 2012 年的 28% 上升至 2013 年的 36%，动作片则由 30% 下降到了 23%。[①]《北京遇上西雅图》《致我们终将逝去的青春》《中国合伙人》以及《小时代》等都是“爱情 + 喜剧”的影片，继《泰囧》之后，开辟了爱情轻喜剧、青春校园剧、小妞电影、伙伴电影等新的类型。

本年度两部票房大热的古装动作电影，则体现了两个共同元素：3D 技术奇观和神幻传奇。继“画皮”系列之后，“狄仁杰”系列和《西游降魔篇》都在动作片类型上结合青少年观众的需求做了大胆创新。《钟馗伏魔》《盗墓笔记》《鬼吹灯》等正在运作的神幻类型片未来很可能成为具有市场号召力的新类型产品。

5. 电影营销：从“全覆盖”转向社交化、大数据、精准营销

据统计，2013 年中国电影营销总费用达 28 亿元，约占电影整体投资规

① 参见艺恩咨询《2013 年国产类型电影盘点与趋势分析》，2013 年 12 月 1 日，http://www.entgroup.cn/views/a/18746.shtml。

模的10%，虽然与美国电影营销费用占投资整体规模30%的比例相比还有距离，但相比过去已经凸显了营销环节对于电影行业的重要性。

过去中国电影的大制作模式热衷于“全覆盖”大众营销，盛大的首映式、豪华的明星阵容、铺天盖地的广告和地毯式信息送达，曾创造了许多票房奇迹，一度中国观众也形成“不求影片最好，只看名头最大”的观影习惯。但随着电影观众逐渐成熟，更多观众依赖互联网、社交平台、口碑等综合信息做出观影消费决定，大片营销模式近年来影响力逐渐下降，反而是一些网络口碑良好的影片成为票房黑马。越来越多的电影营销开始放弃全覆盖，社交化、大数据、精准性成为营销新模式。艺恩咨询与优酷土豆集团联合发布的《中国电影网络营销市场白皮书》认为①，互联网已成观众接触电影宣传内容的第一阵地，而预告片则是促成观影决定的首要因素。互联网对观众观影行为的影响越来越大，2013 年电影网络营销费用已经突破 3.5 亿元②，占营销总费用的 12.5%。

数据量大（Volume）、数据产生速度快（Velocity）、数据种类多样（Variety）的所谓“3V”大数据在电影营销中也成为热词。社交网络及智能移动终端上的搜索、观看、消费行为都在记录用户数据，个人爱好、兴趣习惯、生活细节、地理位置、消费能力、消费选择等丰富的私人化信息都能够反映消费者喜欢什么电影、选择什么方式看电影。大数据能够帮助影片精准营销，前期还可以帮助制作方和营销者组合主创阵容、评估潜在受众、选择上映日期、计划宣传方式等。号称互联网电影公司的乐视就充分利用了数据优势，制定《小时代》的营销推广策略，使这部影片在非议声中创造了优异的市场成绩。

微博、微信等社交网络营销在本年度也带来了许多奇迹。《致我们终将逝去的青春》没有“拳头、枕头、噱头”这些传统的娱乐因素，也没有一线大明星。但影片借助社交网络形成了良好口碑，仅仅第一周就有数十位百万粉丝

① 参见 kady《六成观众以预告片决定观影　视频网站成观看预告主流渠道》，艺恩咨询，2013 年 12 月 16 日发布。

② 参见《2013 年电影营销费达 28 亿　网络营销占比超一成》，艺恩咨询，2013 年 12 月 31 日发布。

以上的微博大 V 加入对该片的正面推介，累计粉丝数量接近 4 亿，充分显示了社交网络的传播力量。

整合活动营销本年度也亮点频出。《101 次求婚》在营销策略上设计了“101 求婚事务所”为影迷策划求婚，推出“全民告白”视频和三里屯“快闪求婚”视频，这种量身定做的营销方式为影片带来观影需求。影片品质虽然并不理想，但票房却接近 2 亿元。

粉丝营销这一年更因为《小时代》《快乐大本营之快乐到家》等显示出商业价值。由于粉丝忠诚度不同，营销策略上的差异，韩寒原著改编的《一座城池》、以林志玲为主角并为“光棍节”量身打造的《甜心巧克力》却没有获得票房成功。营销的基础还是需要影片定位的准确和质量的稳定。

6. 票房趋势：先扬后抑，贺岁缩水

随着观众观影习惯逐渐形成，过年吃饺子一样的观影方式被常年吃大餐的习惯慢慢替代。全年档期开发越来越密集，观影高潮也越来越频繁。淡季不淡，旺季不冷，观众减少了对观影时机的选择而更关注对影片内容的选择。

在全年两个最重要的长档期中，贺岁档不再是第一票房档期。本年度贺岁档以 28 亿元的票房总额远远输给了暑期档的 58 亿元。暑期成为全年票房高峰。而在长假档期中，春节、国庆、五一、元旦则依次排列，与放假时间长短基本一致。往年的淡季档期春节，本年度创造了 7 亿元以上票房，充分显示了二、三线城市影院建设的成效，即便观众从大城市回到老家，仍然可以消费电影。

表 2　2013 年各档期票房统计*

档期名称	档期内票房（万元）	同比(%)	上映影片数量(部)	占全国票房比重(%)	档期日期
2013 贺岁档	280593	↓5	117	13.11	11/19 至 12/31
2013 国庆档	61719	↑56	19	3.14	10/01 至 10/07
2013 中秋档	22571	↑283	20	1.15	09/19 至 09/21
2013 七夕档	14159	—	15	0.72	08/13 至 08/13
2013 端午档	24867	↑52	20	1.26	06/10 至 06/12
2013 六一档	15014	—	15	0.76	06/01 至 06/01
2013 暑期档	583268	↑42	90	29.66	06/01 至 08/31
2013 五一档	44637	↑93	14	2.27	04/29 至 05/01

续表

档期名称	档期内票房（万元）	同比（%）	上映影片数量（部）	占全国票房比重（%）	档期日期
2013 清明档	27954	↑92	13	1.42	04/04 至 04/06
2013 妇女节档	6112	—	13	0.31	03/08 至 03/08
2013 情人节档	20521	↑58	17	1.04	02/14 至 02/14
2013 春节档	76468	↑87	20	3.89	02/09 至 02/15
2013 元旦档	30226	↑89	18	1.54	01/01 至 01/03

* 根据艺恩咨询提供的票房数据整理。

与往年不同，贺岁档期中的第四季度票房累计 44 亿元，环比下降 18.5%，同比下降 10.2%；观影人次环比减少 22%，同比下降 7.3%。这是近 5 年来第四季度票房首次出现负增长，也是全年唯一出现负增长的季度。

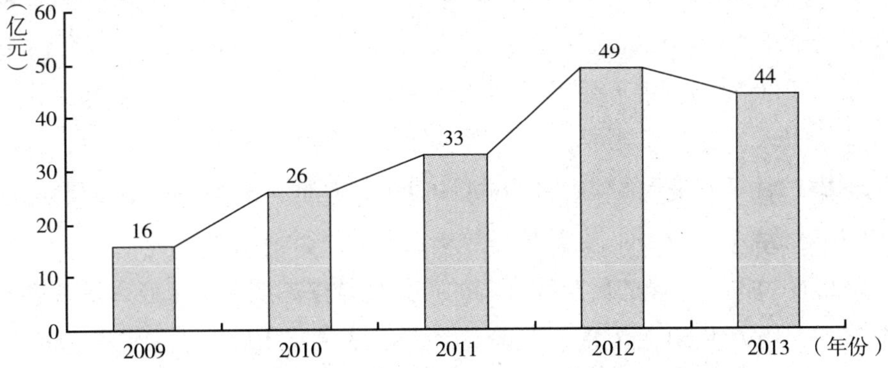

图 6　2009～2013 年第四季度票房对比

特别值得关注的是，中国电影市场后程增长乏力，全年票房前高后低，高票房国产影片也大多集中在上半年，这与往年贺岁档强势的票房规律截然不同。上半年许多影片动辄票房过亿元的成绩并非常态，更像是新观影者的观影冲动和好奇性消费的结果。如果没有足够数量的优质产品进入市场，中国电影的市场形势不容长久乐观。

7. 大电影市场：电影价值期待最大化

国家新闻出版广电总局电影局通报称，2013 年国产电影海外销售 45 部，比前一年的 75 部减少了 30 部，销售 247 部次，比前一年的 199 部次增加了 48

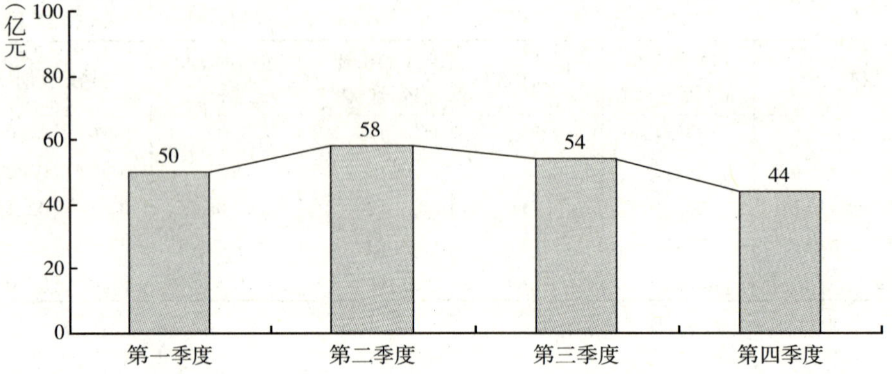

图7　2013年全年票房走势

部次，累计票房和销售收入14.14亿元，较2012年（10.63亿元）增长了33.02%。但即使这样，也比从2005至2011年的任何一年都低。中国电影的海外市场基本没有起色。

据不完全统计，2013年有22部国产影片在北美发行，只有王家卫的《一代宗师》进入了百万美元级别，并闯入了北美华语片票房排行榜前十，与当年《英雄》数千万美元的票房不能同日而语，其他国产影片的北美票房甚至连10万美元都难以达到，主要是海外华人贡献了微薄票房。

网络视频作为电影的后院线市场的重要性越来越明显。电影影院观影人次目前最高大约为4000万人次，一般高票房电影只有1000万人次至2000万人次。但同样的电影，正版的网络点击通常会突破5000万人次，而盗版点击数量则可能翻多番。这个巨大市场是电影版权价值实现的重要通道。随着视频网站逐渐形成垄断竞争格局，正版化已成为行规，加上乐视、爱奇艺、天猫等各种互联网电视机顶盒的推出，电影面临巨大商机，电影版权价值将会得到新的实现渠道。2013年，中国在线视频市场规模已达128.1亿元，2017年预计将达366亿元。[①] 如果说电影收入在当前视频网站约150亿元总收入中占1/3的话，通过电影创造的收入估计至少应该有50亿元。[②] 视频网站对于电影的价值将会

① 参见徐昊《2013中国在线视频市场达128.1亿元》，艾瑞网，2014年1月9日发布。

② 参见胡祥宝《视频网站广告收入节节攀升　收入日渐逼近门户》，2013-1-24。http://a.iresearch.cn/video/20130124/191939.shtml.

得到爆发式提升。

虽然中国电影的影院外市场开掘能力有限，但植入广告却是中国电影用“影响力”换取“商业价值”的重要模式。《私人订制》上映之前便有媒体传出植入广告达 8000 万元，刷新单片植入广告纪录。影片还将片名授权北京卫视打造同名大型季播电视真人秀。制片方号称影片上映之前已经收回电影制作成本。据艺恩估算，2013 年电影植入广告规模可能接近 10 亿元，加上影院的巨额广告收入，广告可以说是中国电影产业最重要的影院外收入渠道之一。

由于受到版权保护不力和视频网站的影响，电影的电视播映权销售总是在低水平上徘徊。2013 年江苏卫视花费近千万元购买周星驰贺岁电影《西游降魔篇》15 年的电视播出权并在晚间黄金时间播出①，但电影的电视播放权销售总额仍然不足 10 亿元。电视渠道的价值还未能充分体现。

8. 农村电影市场：观众规模超过城市影院两倍

2013 年，全国农村已有数字电影院线 295 条（含公益和商业院线），同比新增 8 条；交易服务平台上开通订购权限的院线 288 家，同比新增 8 家；数字电影交易服务平台可供订购影片 3132 部次，同比新增 747 部次；全年有 3027 部次影片被院线订购，累计订购场次达 911. 1465 万场。在全年总订购场次中，政府购买的公益放映版权影片 572. 2383 万场，占比 62. 8%；各版权方和发行公司通过数字中心平台自主发行影片的订购场次 338. 9082 万场，同比增长 137 万场，占比 37. 2%。农村放映观众人次达 15 亿之多，是城市影院观众的 2 倍以上。②

9. 港台地区：内地南下难，港台北上易

香港电影市场近年来处于上升状态。本年度票房总收入为 16. 25 亿港币，与 2012 年同期的 15. 66 亿港币相比，增长 3. 77%。全年首轮上映电影数量 310 部，其中香港影片 42 部，非香港影片 268 部，与上一年的 301 部相比，数量上升 3%。但是，相比上一年的市场数据，本年度的各项指标的增长有所放缓。

---

① 参见张莉《江苏卫视黄金档播电影 性价比探讨》，《综艺》2013 年 9 月 28 日。

② 参见李斌《全国农村电影市场盘点》，电影数字中心，2014 年 1 月 17 日。

在整个香港票房排行前20位中，没有一部内地主导生产的影片。内地电影南下远不如香港电影北上成功。在2013年国产片票房前30名的影片中，港人执导占据14席。港资电影公司如安乐、寰亚、英皇、银都机构等大多在内地市场收益良好，安乐影业累计票房收入达27亿元，高居国内民营公司第二位。

台湾则一直是外国片天下。近年来，台湾本土电影有所复兴，占全岛票房大约10%。2013年票房前10位的华语电影中，台湾本土片占一半以上。台湾影评人焦雄屏认为，“台湾片似乎与大华语圈在趣味品味上截然划分”①。

由于香港对内地电影的隔膜，台湾甚至还对内地电影有严格而苛刻的配额限制，都严重影响到三地电影的市场流通。反而是香港电影和台湾电影北上的通道基本开放。内地、香港、台湾的电影市场远远还没有形成整体性。

结语　发展“红利”还能持续多久？

2013年的中国电影产业数据依然喜人。但上半年的风风火火与下半年的不温不火，全年电影票房增长幅度低于过去几年，影院的高速扩展与上座率、单厅票房收益率的下降，观众人次增加幅度的逐年降低，影院外的电影多窗口市场依然狭小，“黑马”频繁带来的市场偶然性和风险性同步增加，全年电影放映空间越来越拥挤，新扩大的电影观众消费习惯琢磨不透，影院经营压力越来越大，票房“偷漏瞒移”现象越发突出等，都促使我们对中国电影产业发展的未来有所警惕。

中国电影保持增长的态势不会改变。但是，我们也应该意识到，未来几年中，发展的“红利”很可能越来越薄，中国电影发展的步伐有可能会放缓。

中国电影观众和电影市场的培育还在进行中，2013年下半年的市场疲软很可能预示着市场一定程度的消费瓶颈，不少人预言的3~5年“超美”的产业目标未必那么容易、那么乐观。中国电影发展如同中国经济一样，即将走上

① 参见《台湾年度电影票房出炉　本土片逆袭星爷王家卫》，http://yule.sohu.com/20131212/n391681170.shtml。

内涵发展的道路。电影产量还会继续适应供求关系而进行调整，影院建设的速度很可能会降低，电影行业的兼并重组还会加速，中国电影将提高电影工业化、专业化水平，强化国产电影的制作能力；完成新媒体时代电影人的更新换代，保障电影产品与时俱进；扩大电影与互联网、新媒体和其他媒体、行业的融合互动，最大化电影的影响力和版权价值；积极与国外影视机构合作，提升中国电影国际传播能力；加强管理，保障公平、开放、诚信、守法的电影市场；做大做强10家左右的电影龙头企业，垫高行业门槛的同时减少恶性竞争；由负责任的领导型企业主导协商、制定行业标准，扶持和支持更多分工化的中小微企业为大电影产业服务……这一切，应该是中国电影产业未来的方向。只有这样，我们才能像我们的邻国日本、韩国那样，即便开放市场，发行数百部好莱坞和外国电影，也照样能够“站着”保持国产电影的票房份额，不仅在国门内站稳脚跟而且能够走向全球市场，真正成为面向世界的中国电影。

B.14

2013～2014年电视媒体广告市场现状及趋势展望

邵华冬　王向曼*

摘　要：

本文梳理分析了2013～2014年中国电视媒体广告市场的现状和趋势。2013年，电视媒体广告收入增幅领跑传统媒体，强弱分化加剧。其中，央视通过加强社会化、公司化创新实现广告收入稳健增长；卫视凭借内容开发、多屏联动、整合核心资源，保持强劲增长；地面台贴近终端，努力创新经营模式，但依然难以改变弱势地位。

关键词：

电视媒体　广告　市场现状　趋势

一　电视媒体广告收入增幅领跑传统媒体，强弱分化加剧

1. 电视媒体广告收入增幅领跑传统媒体，强弱分化加剧

据CTR数据显示，2013年前三季度，电视媒体广告收入增幅达到10%，高于整体媒体广告市场6.5%的增幅，且是唯一实现两位数增幅的传统媒体。① 但与此同时，电视媒体内部的强弱分化也在加剧。近年来，被访电视媒体中广告收入增长的媒体比例下降较快，而广告收入下降和持平的比例都有了较大提

* 邵华冬，中国传媒大学广告学院副教授，广告主研究所副所长；王向曼，中国传媒大学广告学院广告学硕士研究生。

① 《CTR：全媒体广告2013年1～9月分析》，http：//ad. cnr. cn/index. php？m = content&c = index&a = show&catid = 18&id = 179。

升。2013 年，广告收入实现增长的电视媒体比例从 2012 年的 62.3% 下降到了 45.5%，而广告收入下降的媒体比例则从 15.1% 上升到了 21.2%。电视媒体广告市场不再你好我好大家好，而是出现了较为明显的强弱分化。2013 年，在实现了广告收入增长的电视媒体中，其广告收入增幅也呈现大幅上涨，从近年来比较稳定的 19%～20% 的增幅跃升至 26.2%。电视媒体内部强者愈强趋势更加明显。

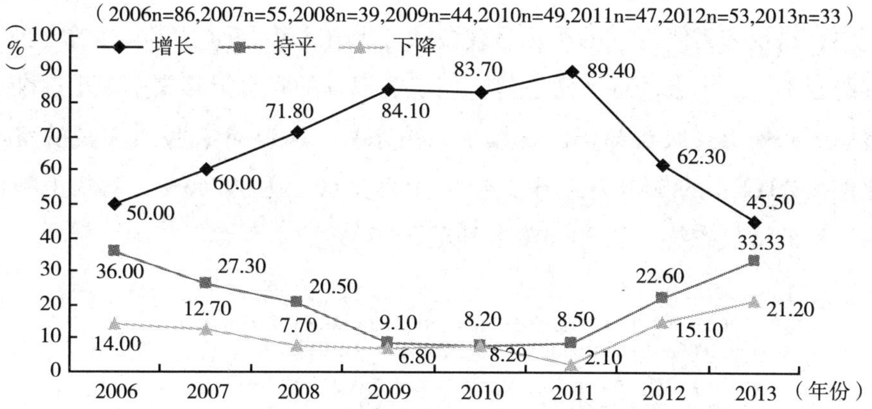

图 1　2006～2013 年被访电视媒体广告收入变化情况

数据来源：中国传媒大学广告学院广告主研究所。

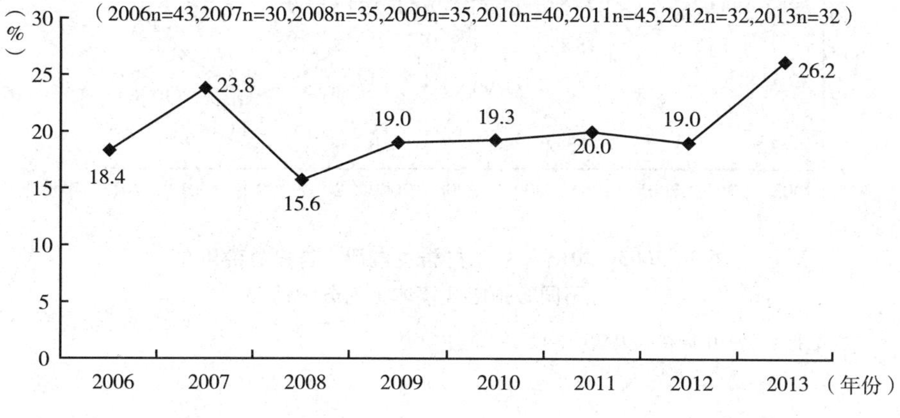

图 2　2006～2013 年被访电视媒体上半年广告收入平均增幅变化情况

数据来源：中国传媒大学广告学院广告主研究所。

2. 电视媒体内部竞争大，强势卫视与地市县级台差距大

电视媒体经营者竞争的压力主要来自于同行业电视媒体。连续十年的中国广告生态调研数据显示，近年来被访电视媒体感到的主要竞争压力来源，同类型电视媒体排在第一位。① 2013 年，选择主要竞争压力来源为同类型电视媒体的被访媒体比例更上升了 0.6 个百分点，从 2012 年的 73.6% 上升至 74.2% 。

而在竞争中，央视及强势省级卫视同卫视以外的省台和地市县级台的差距进一步拉大。从连续 11 年数据来看，广告主投放在不同级别电视媒体的费用分配中，央视和省级卫视的比例呈现波动性上升态势，而卫视以外的省台和地市县级台则呈现出波动性下滑态势。但卫视以外的省台近年来呈现出逐渐小幅回暖态势，地市县级台却仍旧延续了下滑态势。2013 年，投放央视的费用分配比例从 2012 年的 35.1% 上升了 4.36 个百分点，达 39.46% ，省级卫视保持较为平稳的增长态势，从 33.6% 上升至 33.73% 。

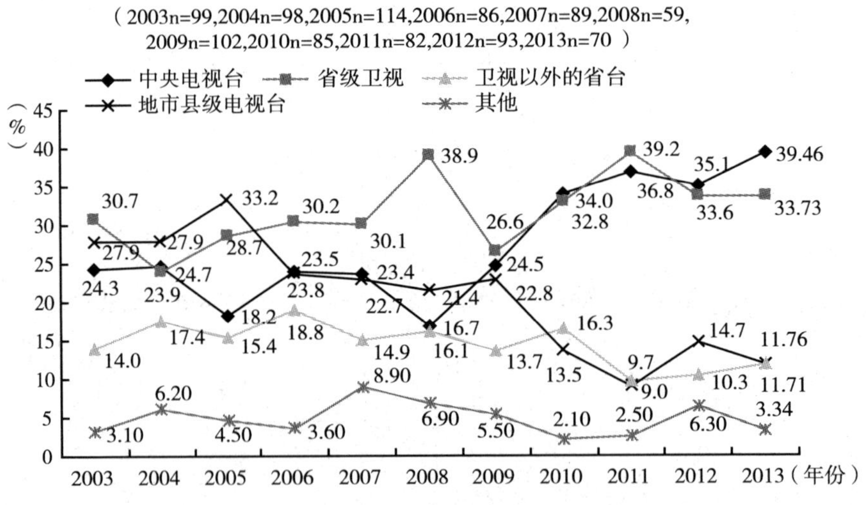

图 3　2003～2013 年被访广告主电视广告投放费用在不同级别电视媒体上的分配情况

数据来源：中国传媒大学广告学院广告主研究所。

① 课题组组长：陈永、丁俊杰、黄升民；执行总负责：杜国清；组长：邵华冬、陈怡等。

二 央视：加强社会化、公司化运作创新，广告经营稳健增长

央视从 2012 年开始进行节目改版，加大创新力度。央视全面加入市场竞争，在经营观念上逐步改进，并在配套制度上大力变革，为其市场化经营创造更大上升空间。2014 年央视招标广告招标产品也多于 2013 年，央视为不同频道设计了不同定位的产品，并新增 67 个新媒体产品。据央视相关负责人介绍，2014 年招标签约总额稳中有升，超过 2013 年的 158. 81 亿元，预计达到 176. 9 亿元。① 其中，“新闻联播后标版 10 秒”等六个单元招标中标总金额 35. 0661 亿元，溢价 91%，同比涨幅 4. 5%。② 2014 年央视广告招标大会现场招标的产品超过 200 个，基本涵盖了央视最精锐的、影响力最大的节目资源。除了现场招标的方式，央视还在 9 月 17 日至 10 月 31 日以“签约认购”的方式，提前与广告客户进行洽谈，将广告资源售卖给广告客户，约完成 70% 的广告销售。开放和创新的经营理念给央视广告经营注入了新的活力③。

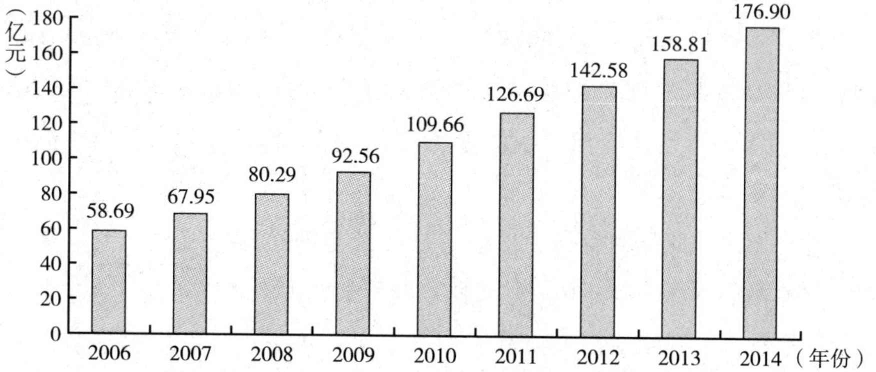

图 4　2006 ~2014 年央视广告招标金额

① 刘洋：《意料之内　想象之外——2014 电视广告招标》，http：//media. sohu. com/20131121/n390557041. shtml，2013 年 11 月 21 日。

② 耿庆源：《央视举行 2014 年广告竞购　中标总金额超 35 亿》，http：//www. chinanews. com/yl/2013/11 -19/5517595. shtml，2013 年 11 月 19 日。

③ 刘洋：《意料之内　想象之外——2014 电视广告招标》，http：//media. sohu. com/20131121/n390557041. shtml，2013 年 11 月 21 日。

三 卫视：内容开发，多屏联动，整合核心资源参与市场竞争

尼尔森监测数据显示，2013 年上半年地方卫视广告刊例收入增幅近 30%，远高于电视媒体总体上半年 16.6% 的平均增幅，增长势头较为强势稳健。① 省级卫视凭借节目以及营销推广方式的创新推动自身发展，浙江卫视、东方卫视、湖南卫视等凭借强势综艺节目获得了丰厚的广告收入回报，反哺了其品牌整体实力，也为其进一步的内容研发推广打下坚实基础，良性循环就此形成。

1. 强势卫视资源依然抢手，娱乐类型节目为创收增长重要支撑点

2013 年，以浙江卫视、湖南卫视等为代表的强势卫视优质广告资源依然抢手。浙江卫视广告招标最终中标额达到 16.7 亿元，平均溢价率达到 89%。其中，“好声音”品牌的贡献超过 60%。据估计，2013 年浙江卫视整体的广告招标额，相对于 2012 年涨幅在 20% 以上。其中，2013 年《中国好声音》第三季独家冠名权由加多宝 2.5 亿元续签，稳步增长了 25%。《中国好声音》特约播出被百雀羚以 1.53 亿元明标竞拍拿下，溢价 155%。聚焦湖南卫视，其第二季《我是歌手》广告招标，最终 2.35 亿元被立白继续夺得，比 2012 年 3600 万元冠名费上涨了 6 倍。招标现场 317 个标的物共计拍得 17.58 亿元，整体溢价率为 48%。

另外，无论是从招商宣传力度还是从实际招商结果上看，主力卫视电视剧的创收贡献率呈下降趋势，从尼尔森网联统计的四大卫视五年内三大类节目广告承载量比重看，电视剧的创收贡献由 61% 下滑到 47%，而娱乐类型节目崛起迅猛，五年内由 14% 跃起至 37%，成为主力卫视创收增长的重要支撑点。以电视剧和娱乐两个节目类型就占据了整体广告刊例收入的 84%。但是，随着 2014 年国家新闻出版广电总局政策的收紧，依赖模式节目或者单纯的综艺节目风险走高②。

---

① 《尼尔森：上半年电视市场盘点》，http：//www.cnad.com/html/Article/2013/0820/20130820150548263.shtml。

② 刘洋：《意料之内　想象之外——2014 电视广告招标》，http：//media.sohu.com/20131121/n390557041.shtml，2013 年 11 月 21 日。

2. 名牌节目元素形成内容产业链，强势卫视产品营销上新阶

打造一个成功的媒体内容产品不容易，优质电视媒体内容无一不是投入不菲。因此，各大卫视在激战优质内容的同时，更努力探索如何让内容影响力保持得更久，尽量延长其良势周期，最大化利用其价值。

湖南卫视对其名牌节目《爸爸去哪儿》产业链的打造，显示出其在内容产品营销意识上的飞跃。《爸爸去哪儿》至少在湖南卫视的 9 个节目中出现，跨年晚会、《百变大咖秀》和《我们都爱笑》等相关互动平台中都出现了“爸爸”元素，延长话题热度，深度挖掘内容价值可见一斑。

无独有偶，江苏卫视同样生产符合多屏传播的内容，进行分众化的信息投放。面向台内新媒体，江苏省广播电视总台旗下的江苏网络电视台对江苏卫视的内容进行集新闻推广、视频直播点播、节目官网和粉丝讨论等功能于一体的开发与支持；与门户网、视频网合作，生产配套及延伸内容。

3. 全媒体发酵影响，挖掘传播价值

在提升投资回报率的考量下，为保证最大程度提升内容关注度，求得最优的广告回报，内容资源的深度营销阵容正在向全媒体覆盖。全媒体平台要求媒体对目标受众所有媒体平台的打通和整合，将生产出的同一主题的内容，针对不同平台作出调整，在各个渠道上进行传播。其实殊途同归，实质上是借助广撒网式的传播把信息铺开，最终把受众的注意力规整到电视播出平台上，最终提升媒体品牌的影响力。

在“N 屏合一”的趋势下，分众化的趋势逐渐明朗，新媒体作为电视内容重要的输出渠道，可以弥补传统平台的不足，最大化人群覆盖，良好的合作与推进可以实现整体大于部分相加之和的效果。电视台越来越意识到与新媒体融合的必要，在节目策划阶段就引入新媒体平台。

微博和微信等社交平台更是电视媒体常用的节目营销推广平台。在移动端，APP 应用也成为节目营销推广的重要途径。湖南卫视有“呼啦”，东方卫视有“哇啦”，江苏卫视有“乐享”，便于增强用户黏性，扩大卫视和节目本身的影响力。

4. 内容竞争升级，二线卫视联合视频网站引入更多社会内容资源

媒体在内容上的竞争不断升级，但并不是所有卫视皆可以如湖南卫视、江苏卫视、浙江卫视等强势卫视媒体投入重金打造强势栏目。因此，2013 年，部分二线省级卫视改变了以往单方面内容输出的合作模式，亦开始谋求同视频网站等社会资源的合作，加强自身内容的价值提升。视频网站的自制内容比较年轻、活泼、个性化，追求互动性，与电视台节目的固有风格具有互补性。电视台与视频网站在内容制作上各有所长，电视台在制作新闻、体育赛事、电视剧、大型综艺节目上具有优势，适合制作专业性强的节目。而互联网视频凭借最初的草根文化，积累了大量 UGC 内容，具有内容灵活、能在短时间内吸引人眼球的基因，因此适合制作灵活性强、娱乐性强的节目。爱奇艺与河南卫视于 2013 年 7 月推出了网台联动大型节目《汉字英雄》，在节目立意、制作以及受众营销等方面均由爱奇艺主导。乐视网亦与湖北卫视达成战略合作，双方将在联合拍剧、节目双向输出、多屏互换宣传等方面展开深入合作。双方就影视剧黄金剧场展开了“策划—投资—制作—播出”生产线的联动合作，成为网台联动新模式的一次探路。

5. 从内容合作到全产业链紧密绑定，台网联动走向深入

大制作与大投入背后是大风险，所以需要在风险背后强强联合。在资本和战略层面，卫视也开始谋求和新媒体从策划、制播到版权、广告的全产业链紧密绑定。2013 年，SMG 旗下百视通新媒体以总计 3.07 亿元的货币资金认购风行网的增资。同时，百视通下属的东方宽频、上海欢腾宽频的 100% 股权将按照流程转让给风行网。双方在市场、资本、技术、内容、团队等方面进行更深层次的融合，将 SMG 电视节目的策划、制播、推广、营销、版权、广告等环节与互联网紧密“绑定”，利用互联网实现二次传播，并将互联网的互动模式“引入”电视屏。

四　展望：电视生猛，强弱虽分化但仍各有机遇空间

无论从 2013 年度数据，还是从中国传媒大学自 2002 年连续 12 年的广告主年度调查数据来看，电视媒体广告经营依旧生猛。2013 中国最大的媒介投资管理机构群邑中国在接受《媒介》杂志访问时表示，虽然电视媒体在发展的过程中确实面临着一些问题，但是其在主流受众中的影响力没有变，在整体

广告市场中的媒体之首地位也没有变，在应对新媒体冲击时的既有优势更没有变，反而拥有了更多元的辅助传播渠道。以强势媒体央视和省级卫视为例，近年来，内容、机制创新不断，以强有力收视号召和品牌优势为广告主所追捧。而地市县级台近年来广告收益虽然有所下降，但未来，伴随城镇化国家战略的逐步实施，广告主向县域市场的不断下沉，地市县级台仍旧具有极大的广告收益提升空间。各电视媒体经营者更多需要思考的是，机遇面前，如何苦练内功，把握市场，赢得先机。

B.15

媒介发展新趋势下的蜕变

——2013年电视收视市场回顾

杜宇宸*

摘　要：

本文基于2013年CSM媒介研究所有城市收视调查数据，对2013年中国电视受众的收视行为进行回顾分析，以期在不断的变化中找寻电视市场的走向，为未来的发展做好准备。

关键词：

2013　电视媒体　收视市场　受众

一　收视总量的变化及特点

2003～2009年，人均收视量一直在175分钟上下浮动。从2010年开始，随着新媒体时代的到来，各式媒介传播平台以及收看设备的普及，人均收看时长逐年下降，在2011年跌落至166分钟，达到了十年来的谷底。2012年由于伦敦奥运会等重大事件的带动，收视时长有所反弹，上升至169分钟。2013年，人均收视时长再次下降，回落至2011年的水平线上（见图1）。

从总体观众的收视量上看，电视观众的流失已成不可扭转的态势。但如果着眼于实际收看电视的观众规模和收看深度，就会很清楚地发现，总体电视市场的收视量减少主要缘于近年来观众规模的逐年下降。2013年观众的平均到达率由2010年的72%下降至66.5%，相反，近4年来每个实际电视观众的收看时长却呈不断增长的趋势（见图2）。由此可见，观众的轻度流失是造成收

* 杜宇宸，CSM媒介研究。

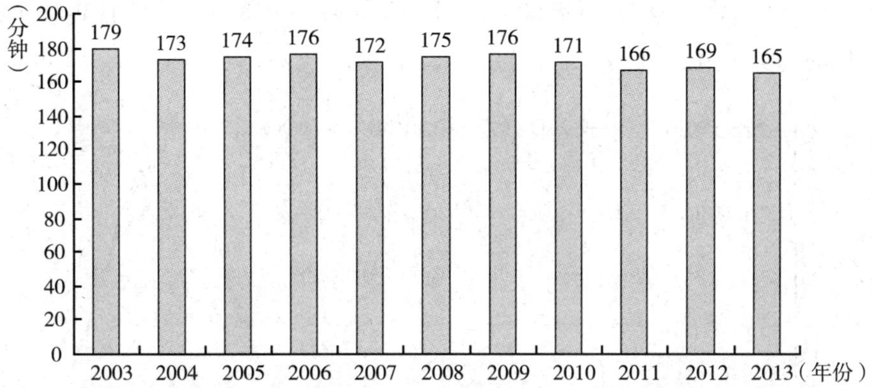

图 1　2003～2013 年观众人均每日收视时长（历年所有调查城市）

数据来源：CSM 媒介研究。

视总量减少的主要原因，留下来的忠实观众并未缩减对于电视传播平台的依赖和关注。收视市场的总量，总是在观众规模和忠诚度间不断权衡。

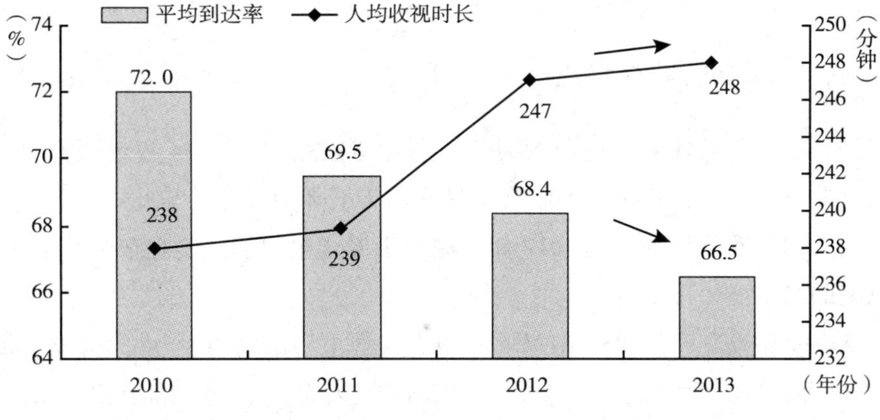

图 2　2010～2013 年观众平均到达率及人均收视时长（历年所有调查城市）

数据来源：CSM 媒介研究。

（一）收视量的时期分布

全天分时段的收视走势，2013 年相比 2012 年没有大幅度的变化。早间 6∶00～8∶00的平均收视略有升高，全天的收视高峰依然在晚间的 19∶00～

22:00，晚间黄金时段的收视峰值对比2012年略有下降，全天收视走势延续着扁平化的趋势（见图3）。

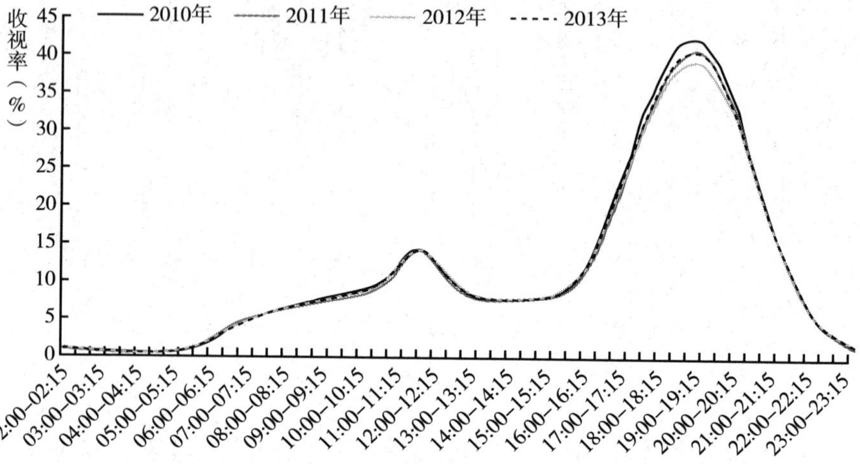

图3　2010～2013年所有频道全天收视率走势（历年所有调查城市）

数据来源：CSM媒介研究。

（二）观众的收视特点

细分不同年龄段观众的收视时长，新媒体依然在15～34岁观众群中渗透着自己的影响力，青年观众的收视量呈现逐年下降的趋势。与此同时，35～64岁观众人均收看分钟数相比2012年也略有下降，电视的忠实观众依然是65岁及以上的老年群体（见图4）。

从收视量构成上看，35～64岁的观众是整体电视市场的主力收视群体，其收视量占到了总量的53.8%；从综合收视时长构成及人均消费时长两部分看，这部分电视观众收看时长的萎缩是造成2013年总体人均收看分钟数降低的主要原因（见图5）。

二　各级频道竞争现状及变化

（一）各级频道整体市场格局

2013年，全国各级频道的市场竞争格局基本延续了上一年的状况。中央

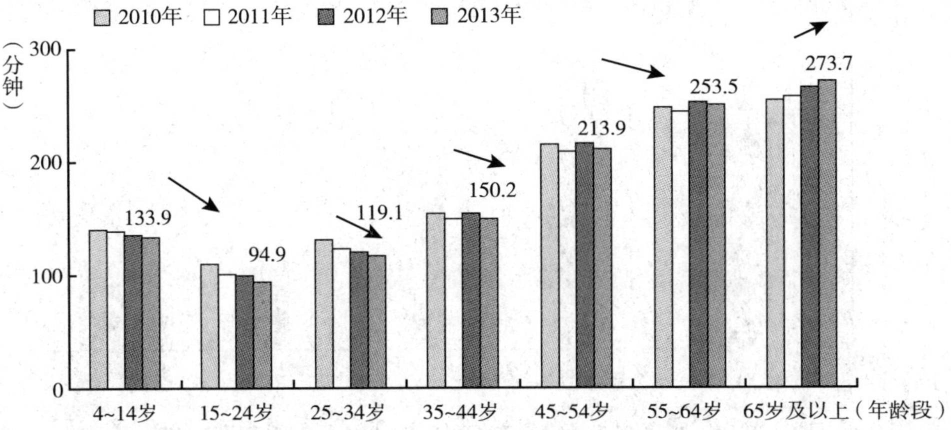

图4 2010~2013年各年龄段观众人均日收视时长(历年所有调查城市)

数据来源：CSM媒介研究。

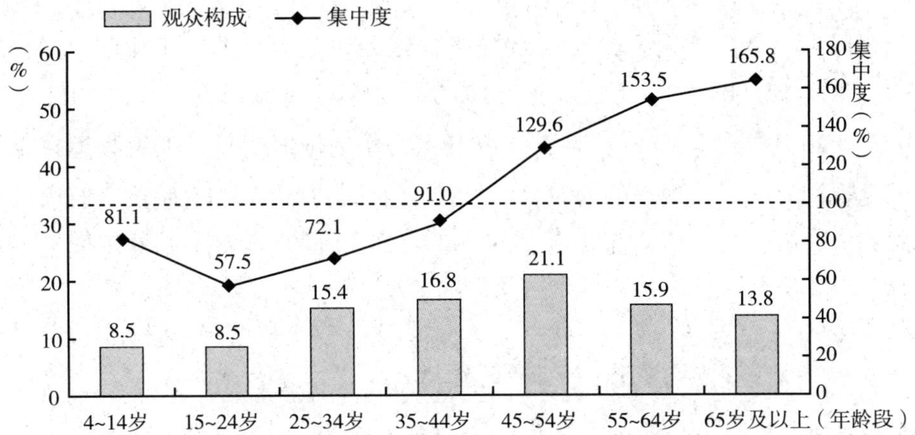

图5 2013年不同年龄段电视观众构成(所有调查城市)

数据来源：CSM媒介研究。

级频道依托强大的资源优势，其市场份额相比2012年有明显提升，抢占了省级非上星频道以及市级频道的部分观众市场。综观整体，省级上星频道以31.9%的份额继续领跑其余频道，占据榜首，紧随其后的中央级频道和省级非上星频道分别占有29.1%和21%的份额（图6）。

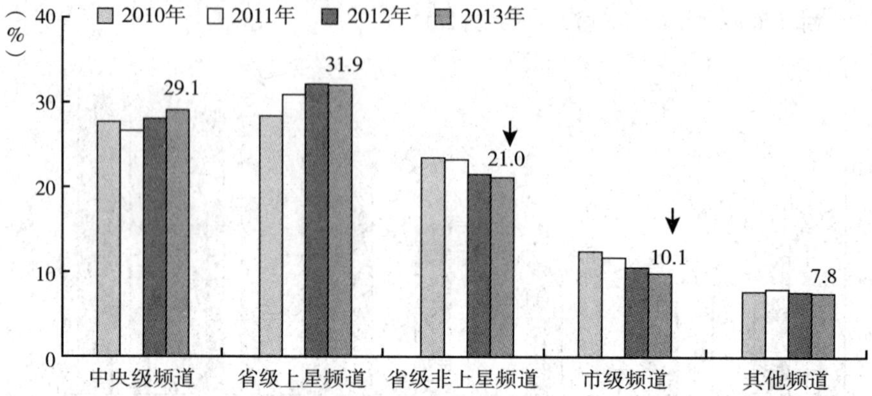

图 6　2010～2013 年各级频道市场份额对比（历年所有调查城市）

数据来源：CSM 媒介研究。

（二）各级频道时段收视分布

2013 年各级频道全天分时段收视率整体分布基本与上一年相同，中央级频道在午间 12:00～13:45 以及晚间 19:00～21:45 时段的收视率较 2012 年略有上升。2013 年“限娱令”对于省级卫视的作用依旧明显，卫视频道在保持晚间电视剧时段高收视率的同时，明显拉动了 21:15～22:15 后黄金时段的收视。相比之下，省、市地面频道在 19:00～22:30 的收视水平则有不同程度的下降。

（三）各级频道受众市场竞争表现

频道竞争力的差别必将影响不同类型观众的收视选择。中老年及教育程度较高的观众更倾向于收看中央级频道，且随着年龄增长以及教育程度的提高，其市场份额不断增高。相较之下，省级上星频道在观众年龄和教育程度的市场份额分布上呈现相反趋势，年龄越小、教育程度较低的观众更愿意收看省级卫视的节目。

（四）各级频道组内部竞争格局

2013 年中央台频道组市场竞争力最强的依然是中央台一套，占到了中央台内部份额的20%，中央台三套以及中央台十三套分别以11%和10%的组内贡献份额位列第二、第三（见图7）。

与上一年相比，中央台频道组的整体市场份额上涨了1.242%。其中，中央台十一套、四套以及十四套等的市场份额相比2012年有一定程度的提升。2013年缺少了重大体育赛事的支撑，使得中央台五套的份额略微下降。

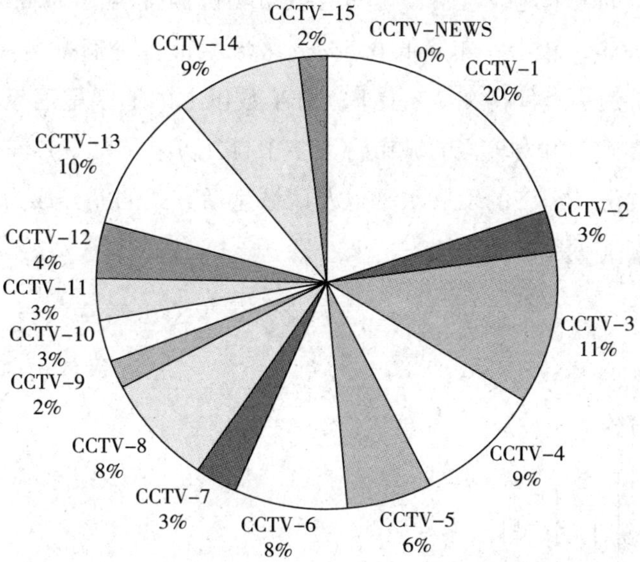

图7　2013年中央台各频道收视份额（所有调查城市）

数据来源：CSM媒介研究。

2013年省级卫视竞争力依然呈现阶梯式分布，随着电视媒体竞争日趋白热化，各大省级卫视间激烈竞争体现的马太效应凸显。在全国71个大中城市组合中，全天份额排名前十位的卫视频道占到了整体累计份额的64%，前五位的频道占据了39%，而排名前三甲的卫视频道更是占据收视总量的28%。优秀的制作团队、强大的节目资源以及资金支持更加向排名前几位的卫视频道汇集，拉开了领先集团与第二梯队间的距离。从分频道数据上看，第一、二名之间的差距相比2012年明显增大，第四到十名的频道间竞争力差距逐渐缩小。

2013年，省级地面频道在全国各大地区的市场占有情况呈现不均匀分布。湖南、山东、黑龙江、江苏等地的省级地面频道，在晚间均占据了30%以上的电视观众群体。其中，上海地区的晚间市场份额更是高达52.6%。而江西、云南、新疆、宁夏等部分地区的电视观众，则对于省级地面频道的依赖性相对较低。纵向对比2012年的情况，大部分省份的地面频道市场萎缩现象突出，尤以海南、辽宁、河南的表现最为明显。

近年来，城市台的市场占有率一直在与其他各级频道组的竞争中不断萎缩。2013年，114个地级市中，晚间时段市场份额排名前30的城市，平均市场份额为30.8%，较上一年降低0.5%。区域城市台份额排名最低的20个城市的城市台份额一直保持在2%上下，且半数以上的地区呈逐年下降趋势。从区域划分上看，竞争力较强的城市台大多来自江苏、浙江、广东、福建等东南沿海一带的省份。经济的发展水平以及区域生活方式的差异成为影响城市台发展的主要因素（见图8）。

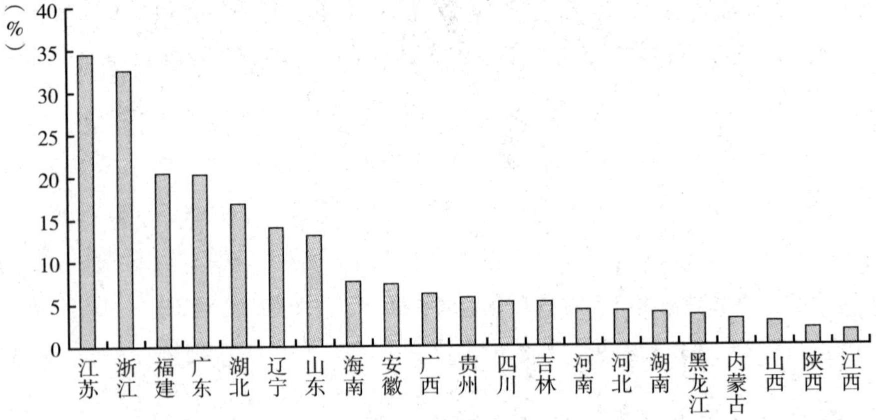

图8　2013年各省（区）城市台晚间收视份额（18:00～24:00）

数据来源：CSM媒介研究。

三　电视内容市场的竞争与博弈

（一）各类节目的资源投入与产出

1. 整体市场各类节目的播出与收视

2013年电视内容市场纷繁依旧，占据荧屏收视重头的依旧是电视剧、新闻以及综艺这三大巨头，其总收视量占了所有节目收视量的57.8%。随着电视行业的宏观调控进一步加强，“限娱令”及其他相关政策延续着对于综艺以及电视剧市场的掌控，其播出比重相对保持平稳。与此同时，政策的刺激促使频道对于强势节目类型进行内容升级，优秀的节目形式不断吸引观众的眼球，除去综艺、新闻、电视剧依旧保持相对较高的资源使用效率外，表现突出的还有青少以及法制类节目（见图9）。

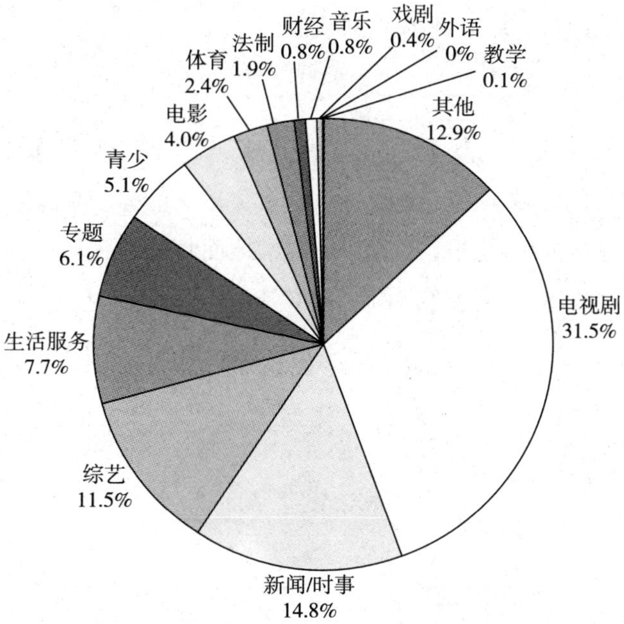

图9　2013年各类节目收视比重（所有调查城市）

数据来源：CSM媒介研究。

2. 各级频道节目类型的收播特征

从各级频道组不同节目类型的收播分布上看，中央级频道各类节目的收视分布相对更加均匀，除去占据了整体收视量57.8%的新闻、电视剧、综艺节目外，专题、青少、电影以及体育类节目也取得了较好的收视效果，频道专业化优势越发明显。青少类节目更是以3.8%的播出时长比重，换取了7.1%的观众收视时长，获得了较高的资源使用率。

相比之下，卫视频道的收视则更加依赖电视剧和综艺节目，二者贡献了近六成的收视总量。收视比重第二位的综艺类节目以 6.6% 的播出比重贡献了 14.6% 的观众收看时长，收视效益相对较高。

对于地面频道，新闻、电视剧以及生活服务类节目是维系收视的三大支柱。特别是新闻类节目，在省级地面频道以及市级频道分别以 9.6% 和 12.3% 的播出比重贡献了 17.2% 和 23.7% 的收视量。面对新闻类节目如此庞大的受众需求，合理地协调节目资源的投入量成为地面频道亟待解决的问题。

（二）主要节目类型的收视表现

1. 电视剧

电视剧作为电视市场观众收视量的龙头，其收视主要集中在卫视频道。2013 年这一部分的整体收视份额为 64%，较上一年有 1% 的份额提升。相比卫视频道电视剧收视份额的逐年上升，省市地面频道电视剧的份额继续呈现逐年下降状态，但整体下降的势头相比 2012 年略有放缓（见图 10）。

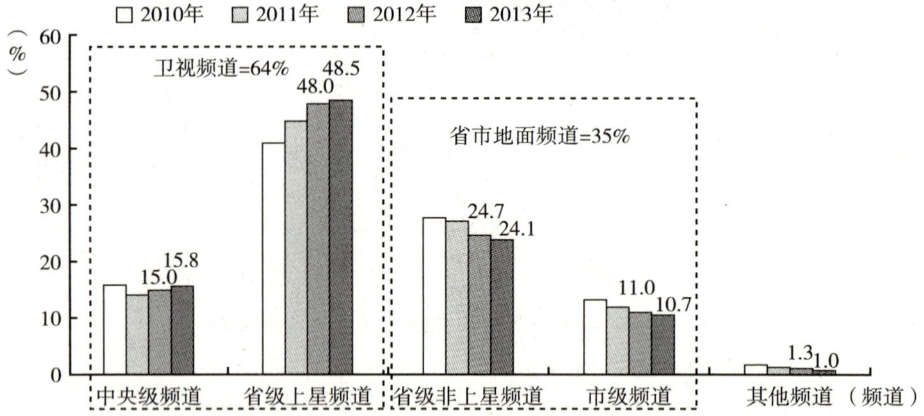

图 10　2010～2013 年各级频道电视剧收视份额（历年所有调查城市）

数据来源：CSM 媒介研究。

中央级频道在 2013 年全天的收视，主要集中在 13:00～16:00 以及晚间黄金时段，晚间 19:00～22:00 的整体收视量相比 2012 年降低了 17%，中央台八套全年黄金档电视剧平均收视略低于上一年同期水平。相较黄金时段的收视缩水，中央级频道在 13:00～16:00 迎来了全天收视量的第二高峰，该时段收视量同比增长了33%。下午时段的突出贡献促使频道组全天收视趋于扁平化。

与中央级频道相比，省级上星频道的电视剧收视量分布与2012年类似，依然集中在晚间19:00~22:00。其中，21:00~22:00的收视量同比上升38%，电视剧的三集连播有效延展了后黄金时段的收视热度。2013年，独播和联播依然是省卫视电视剧编排的两种主要形式，《陆贞传奇》《百万新娘之爱无悔》以及第四季度的央卫视联播剧《咱们结婚吧》，都取得了不错的收视。地面频道全天电视剧收视高峰在晚间19:00~21:00，但相比2012年，该时段的总收视量下降8%。

在电视剧题材方面，都市生活、近代传奇以及反特/谍战是播出量最大的三类电视剧。军事战争以及近代传奇类型电视剧保持了近两年播出量连续增长的趋势，特别是近代传奇题材，播出比重相比上一年增长了3.4%，成为2013年电视剧市场播出量最大、播出比重增长率最高的电视剧类型。放眼其他题材，戏说演绎类电视剧的播出量三年内首现回落，"22条规定"等政策的调控，在一定程度上影响了电视台的购片选剧策略。

2. 新闻/时事

新闻/时事类节目的市场格局基本保持稳定，节目的收视量继续由中央级频道以及省级地面频道主导。卫视频道新闻类节目收视份额占到了全部频道的56%，较2012年有所增加，省级非上星频道及市级频道所占份额则均有不同程度的减少。

3. 综艺节目

2013年的综艺节目依旧是电视内容市场竞争最为激烈的版块，随着"加强版限娱令"以及"限唱令"的相继出台，愈演愈烈的卫视综艺节目竞争格局被进一步规范和控制。从观众收视分布上看，81%的节目收看量为卫视频道消化。强大的频道资源优势以及品牌号召力是实现市场统治的关键。同上一年相比，省级上星频道占据的收视份额继续走低，且下降幅度有所增高。中央级频道的收视量较上一年水平提高了3%，而地面频道综艺节目的收视份额则进一步被压缩。

省级上星频道综艺节目在晚间19:00~22:00的收视量同比下降了3%，收视最高峰依然在21:00~22:00，且后黄金时段的收视热度有所延续，21:00~

23:00 成为综艺节目全天消费量最大的时段。同时，夜间 22:00～00:00 的收视时长，较 2012 年也上升了 7 个百分点。

从各省级卫视频道综艺节目收视分布上看，观众更加集中于个别强势频道。收视量排名前三位的频道，占据了卫视综艺节目 54% 的受众市场，与第二集团的差距逐步拉开（见图 11）。海外优秀节目模式的引进，专业化团队的制作以及创新的节目编排不断调动着观众的欣赏口味和审美需求，也在同时深化着卫视间竞争的激烈程度。

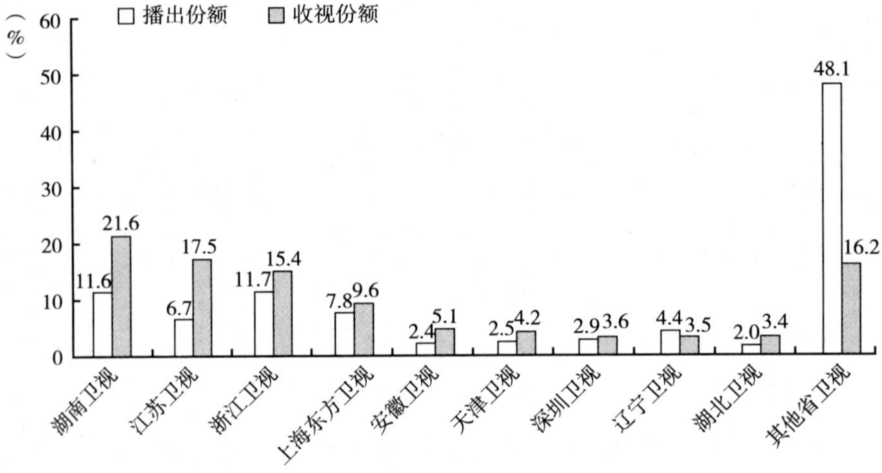

图 11　省级卫视综艺节目播出与收视频道分布（71 城市）

数据来源：CSM 媒介研究。

结　语

统观 2013 年的电视市场，央视、卫视加大了扩张自己竞争力的步伐，地面频道也在与卫视的博弈中力图扭转相对不利的局面。同时，良性竞争的加剧却难掩电视收视份额在全媒体消费市场中的萎缩。面对愈发严峻的局势，电视媒体应更加深刻地探寻变化，谋求发展，在优化自身实力的同时将优势最大化，唯有深谙局势方能在竞争中取得突破。

B.16

承上启下、平淡稳定

——2013 年中国电视剧市场回顾

李红玲*

摘　要：

2013 年的中国电视市场，在激荡的“限娱令”和新媒体冲击之下显得格外平静而安逸。电视剧、新闻时事和综艺节目引领风骚，是有效提升收视率的节目类型。其中，电视剧作为龙头产业，虽然制作总量稳步上升，但制作公司普遍规模较小。本文对 2013 年中国电视剧市场进行了回顾。

关键词：

电视剧　市场回顾

一　电视剧制作总量与制作公司

1. 2013 年全年共审批发行电视剧 441 部、15770 集

中国电视剧市场形成了价值生产、价值输出到价值回馈的完整价值链。随着电视剧成为近两年的投资热门产业，生产环节在价值链中出现“增量”，2009 年起获准发行的电视剧数量逐年递增，并在 2012 年达到一个高峰（见图 1）。但是巨大的产量不能完全被播出市场所消化，反而出现了产能过剩，由“市场的手”进行调节。2013 年全年全国共计生产完成并获得《国产电视剧发行许可证》的剧目共计 441 部、15770 集，其中以现实题材剧目为主，共计 242 部、8143 集（分别占总部、集数的 54.88%、51.63%）；其次是历史题材

---

* 李红玲，CSM 电视研究经理。

剧目，共计192部、7366集（分别占总部、集数的43.53%、46.71%）；重大题材剧目极少，共计7部261集（分别占总部、集数的1.59%、1.66%）。

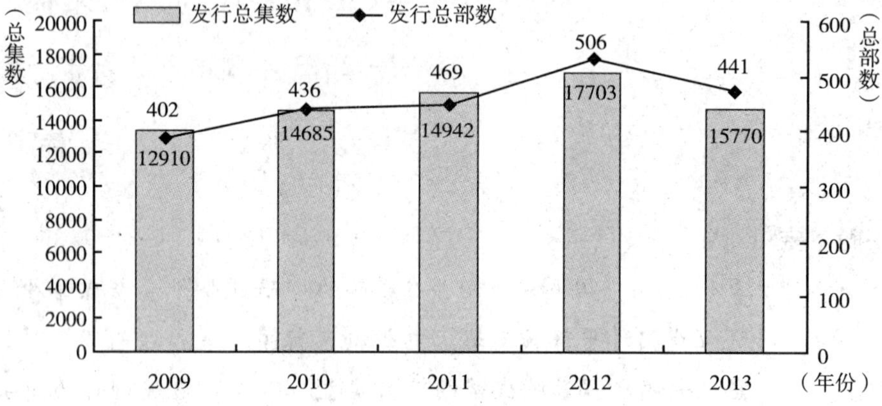

图1　每年通过审批发行的电视剧数量

数据来源：国家新闻出版广电总局。

2. 制作公司普遍规模小，超过七成的机构年仅1部剧获批发行

制作公司是电视剧生产主力。申报电视剧审批发行的机构2011年共计338家，2012年326家，2013年293家。笔者统计发现，电视剧市场的“增量”主要是由“1部剧”的制作公司（每年只有1部剧通过审批发行）所带来的。2013年，“1部剧”制作公司比重已增至75.4%，年产2部剧的公司占13%，年产3部剧的制作公司占5.8%。年产4部剧的制作公司占2.7%，年产5部及5部以上的“高产”制作公司共计仅占3.1%（表1）。

表1　2009年以来每年通过电视剧审批发行的制作机构百分比分布

单位：%

申报机构	2009年	2010年	2011年	2012年	2013年
有1部剧通过审批的申报机构比例	70.5	57.5	75.7	73.7	75.4
有2部剧通过审批的申报机构比例	15.2	24.9	17.1	15.3	13.0
有3部剧通过审批的申报机构比例	5.7	7.3	2.7	4.6	5.8
有4部剧通过审批的申报机构比例	3.7	4.7	2.7	1.5	2.7
有5部剧通过审批的申报机构比例	1.2	2.6	1.2	2.5	1.4

续表

申报机构	2009 年	2010 年	2011 年	2012 年	2013 年
有 6 部剧通过审批的申报机构比例	2.5	1.3	—	1.2	0.7
有 7 部剧通过审批的申报机构比例	0.8	1.3	0.6	0.3	0
有 9 部剧通过审批的申报机构比例	0	0.4	—	0	0.3
10 部及以上剧通过审批的申报机构比例	0.4	0	—	0.9	0.7

数据来源：国家新闻出版广电总局。

单个制作公司每年制作量极不稳定，大部分缺乏良性发展的后劲。有的公司 2012 年年产量能够达到 7 部，2013 年却萎缩到仅有 3 部。2013 年只有 9 家公司的年制作量在 5 部及 5 部以上。从这个角度讲，电视剧市场尽管历经 30 多年的高度发展整体产量上去了，但是制作公司制作能力不足、规模小，“打一枪就跑”的草台班子味道还是很浓。

二　电视剧收播总量与竞争格局

1. 电视剧在电视节目市场依旧维持龙头地位

对于传统电视节目市场而言，电视剧、新闻类、综艺类是能够有效提升收视率的节目类型，也是电视台的主播类型。2011 年起连续三年，这三类节目的收视贡献都超过了 10%。其中，电视剧无论是播出量还是收视量都是最多的，竞争力突出。2013 年，在全国所有调查城市中，电视剧占总播出量的 26.6%，占总收视量的 31.5%，收视比重高于播出比重（见表 2），资源使用效率较高。

表 2　近几年部分大类节目播出与收视比重对比（全天，历年所有调查城市）

单位：%

节目类别	2011 年		2012 年		2013 年	
	播出份额	收视份额	播出份额	收视份额	播出份额	收视份额
电视剧	27.8	31.5	26.4	32.1	26.6	31.5
新闻/时事	10.0	13.1	10.7	14.0	11.3	14.8
综艺	6.5	11.4	6.5	10.8	6.4	11.5

数据来源：CSM 媒介研究。

2. 电视剧竞争格局暂时稳定，湖南、央一领先

进入2013年，重点卫视的首播档剧收视率走势差异化有所显现，湖南卫视、中央台一套始终领先，优势明显，二者联袂播出的《咱们结婚吧》实现双赢，更缔造了中央台一套的年度冠军。其他卫视中，江苏卫视凭借《我是特种兵之火凤凰》也一度异军突起。

三　电视剧首播时的平台选择与“保鲜期”

1. 电视台倾向于播出两年内的新拍电视剧

随着电视剧总产量的提高，首播剧的绝对数量也水涨船高，从2009年的269部增至2012年的391部，2013年虽略有降低，但也达到了368部。然而，尽管新媒体播出渠道暴增，但传统电视频道数量变化不大，对电视剧的总需求相对固定，新剧的年增长率在不断下降，2013年甚至负增长（见图2）。

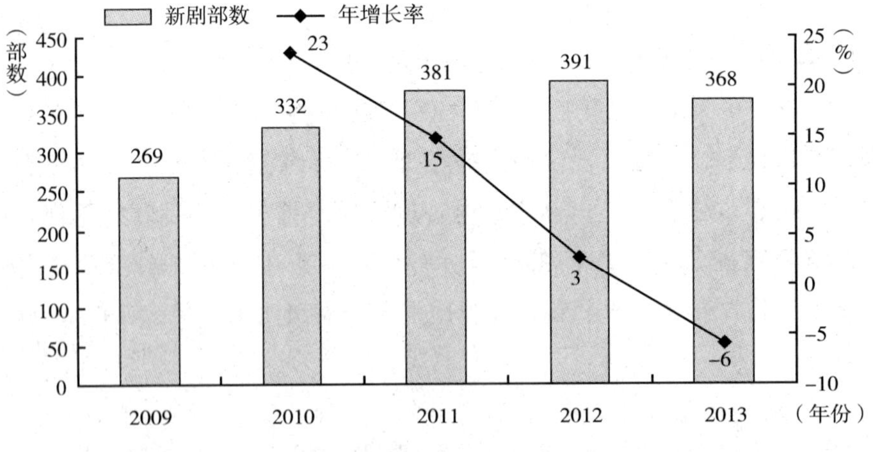

图2　2009年以来每年新播出的（首播）电视剧数量（全天，80城市）

数据来源：CSM媒介研究。

在传统的播出模式下，内容出现增量，但渠道存量有限，市场的接纳容量有一定限度，并非所有内容都有机会进入渠道，于是增量的内容可悲地转为过剩产能，一味盲目扩张并非良途。

电视剧有保鲜期吗？电视剧市场竞争激烈，产品保鲜度异常重要，一旦被延迟就有过气之嫌，难以出头。从数据看，电视台更青睐新拍剧，电视剧被搁置的年头越长，被播出的概率越小，新拍剧的保鲜期通常在获准审批发行后的两年之内。2013 年电视台首播新剧中，有 55% 是当年制作完成的剧，33% 是在 2012 年制作完成的，7% 是在 2011 年制作完成的，在 3 年之前制作完成最终得以在 2013 年播出的剧仅占 5.1%（见图 3）。

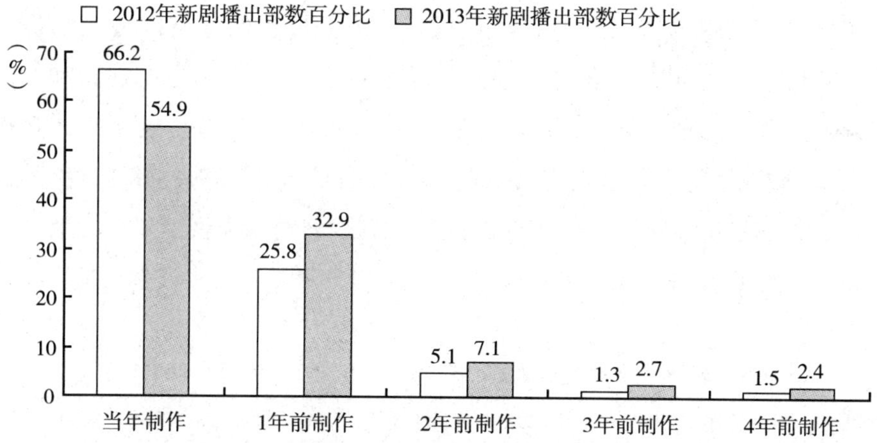

图 3　近两年每年首播电视剧制作年份分布比例（全天，80 城市）

数据来源：CSM 媒介研究。

2. 省级台是新剧首播时的主打平台

进入播出市场的电视剧第一次在哪些平台亮相？省级台是首选对象——50% 的剧“处女秀”选择在省地面、22% 选择在省卫视进行首播。剩余 16% 在地级台、13% 在中央台首播（见表 3）。

表 3　2013 年新播出的（首播）电视剧在不同频道组之间的分布比例（全天，80 城市）

频道组	2013 年全天首播新剧部数	所占百分比
中央台	45	12.5
省卫视台	78	21.7
省地面台	179	49.9

续表

频道组	2013 年全天首播新剧部数	所占百分比%
省会台	25	7.0
地级台	31	8.6
其　他	1	0.3

数据来源：CSM 媒介研究。

3. 海润影视、广东南方台、湖南广电的首播剧较多

2013 年哪家制作公司的剧首播量最多？海润影视制作有限公司拍摄的新剧有 9 部被播出，例如《狼烟》《武工队传奇》等。广东南方电视台和湖南广播电视台各有 8 部剧被播出，前者代表作有《独狼》，后者代表作是《陆贞传奇》。长城影视股份有限公司有《武松》《隋唐英雄 2》等 7 部剧首播，北京华录百纳影视股份有限公司、上海尚世影业有限公司、天视卫星传媒股份有限公司各有 6 部剧被首播（见表 4）。

表 4　2013 年电视剧首播量比较大的制作公司（全天，80 城市）

制作公司	2013 年播出总部数	2013 年代表剧目
海润影视制作有限公司	9	《狼烟》《武工队传奇》
广东南方电视台	8	《神枪之倒刺》《独狼》
湖南广播电视台	8	《陆贞传奇》《因为爱情有晴天》
长城影视股份有限公司	7	《武松》《隋唐英雄 2》
北京华录百纳影视股份有限公司	6	《咱们结婚吧》《战雷》
上海尚世影业有限公司	6	《杜拉拉之似水年华》《小爸爸》
天视卫星传媒股份有限公司	6	《出生入死》《我的父亲母亲》

数据来源：CSM 媒介研究。

四　电视剧时代背景与题材比重

1. 年代剧和现代剧是晚间黄金时段荧屏播出主力

不同时代背景的电视剧由于制作难度、观众熟悉度、政策限制、市场需求等多方面因素的影响，播出量有很大差异。在全国 80 城市晚间 18:00 ~ 24:00 时段，近两年年代剧和现代剧是播出主流。2013 年，年代剧（占 43%）播出

比重超越现代剧（占38%），古装剧播出比重下降到15%，跨越剧也下滑到4%左右（见图4）。

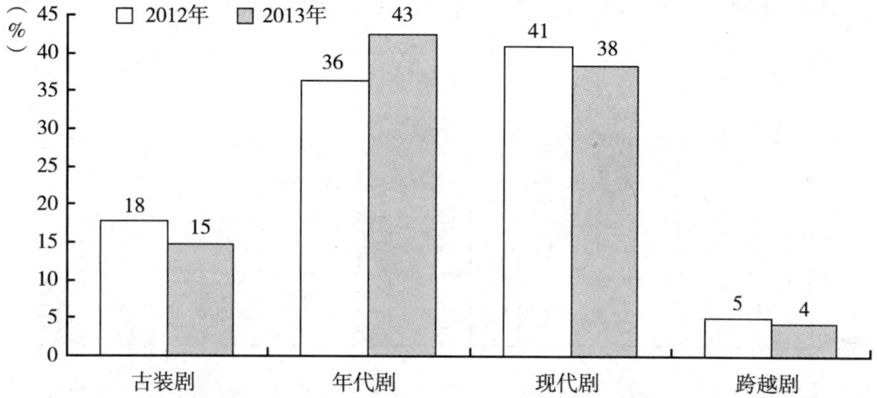

图4　近两年各时代背景的电视剧所占百分比（18:00~24:00时段，80城市组）

数据来源：CSM媒介研究。

大的历史转折期由于容易突出人物跌宕命运、加大戏剧冲突而显得“好看”，更易于被选作创作背景，播出量较大。例如，年代剧中，南昌起义至新中国成立前是最受关注的一段历史，占比高达32%。民间传说和传统小说盛行的朝代也容易被改编成各种电视剧，例如古装剧中，隋唐五代、宋辽金、清朝的播出量较大。

2. 近代传奇题材大放光彩，制播视三方受宠

笔者近几年追踪发现，无论是制作方、播出方还是收视方，选择电视剧时有共同趋向特征，或者是充满现代气息、贴近百姓生活、情感的剧目，体现为都市生活剧、社会伦理剧；或者是解密近代人物的跌宕命运、传奇故事、满足观众猎奇心理的剧目，体现为近代传奇、反特/谍战题材。

近代传奇、军事战争、反特/谍战、都市生活这四类题材构成了近两年的主力题材，笔者分三类比重加以说明（见图5）：一是编剧比重，2013年全天首播新剧中，近代传奇、军事战争、反特/谍战、都市生活四类题材电视剧的编剧（合编剧拆分）人数所占比重均超过了10%，总计占49%；二是播出比重，18:00~24:00时段所有频道播出的题材时长，这四类题材播出比重均超过了10%，总计占54%；三是收视比重，18:00~24:00时段每个城市收视率排入前20名的不重复电视剧部数在各题材中所占比例，这四类题材均超过了10%，共占60%。

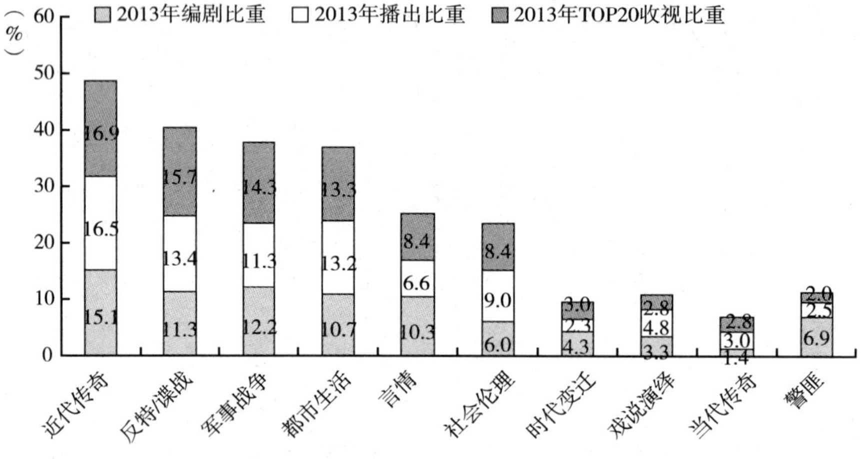

图5　各类题材电视剧的编播及收视比重（编剧比重全天时段，播出与收视比重18:00~24:00时段，80城市）

数据来源：CSM媒介研究。

五　编剧在收视市场的表现

1. 好剧编剧约占总数10%，且集中度非常分散

2007~2013年在80城市有作品播出的中外编剧约5300名。从收视效果来划分，编剧市场形成了不同层次的编剧圈。有作品能够进入80城市当地在18:00~24:00时段收视率前20名的电视剧编剧，笔者称之为“好剧编剧”，2009年人数约460名，2010年475名，2011年464名，2012年为550名，2013年为525名。这部分编剧约占总数的10%，绝对量在逐年增多，说明随着电视剧竞争的加剧，好剧编剧更加分散。

2013年，525名好剧编剧中，78%的编剧只有1部剧进入前20名，17%有2部作品进入前20名，有3~4部好剧编剧占4%，5部及以上好剧编剧比例不足1%。可见，“1部剧”的编剧（约占编剧总数的8%）是当今优秀电视剧阵营的主流。

2. 赵锐勇、东函、张佳、张继、梁志明多部作品收视效果好

2013年进入80城市各地18:00~24:00时段收视率前20名部数最多的电视剧编剧是赵锐勇，他有9部作品入选（《五台山抗日传奇独立连》《隋唐英雄》《隋唐英雄2》《武松》《东北剿匪记》《从将军到士兵》《抗日女侠之血战队》《武则天秘史》），其次是东函，有6部作品入选（代表作《扫帚星之婉茹》《龙游天下》等），张佳（代表作《我家有喜》）、张继（代表作《乡村爱情变奏曲》）、梁志明（代表作《我的抗战》）各有5部电视剧入选各地的前20名。

六 优秀电视剧资源分布特征

1. 优秀剧资源稀缺，2013年仅6.6%的晚间剧平均收视率超过（含）1%

卫视频道的电视剧收视率，呈现“宝塔形”阶梯分布。从2011年起，每年顶尖收视剧目（平均收视率超过2%）约占1%，每年总数量不超过10部；中等收视剧目（平均收视率为1%~0.5%）约占两成；较低收视剧目（平均收视率不足0.5%）约占七成。可见，大量电视剧收视状况不容乐观，想获得高收视率，难度很大。

好剧资源稀缺，2013年这一趋势加剧了。相较于2012年，平均收视率超过（含）2%的高收视剧目依然不足1%，超过（含）1%的剧比重从10%回缩到5.8%，1%~0.5%（含）的比重下滑了3.1个百分点，0.5%以下的低收视剧比重增加了7.2个百分点（见表5）。从这一点看，2013年电视剧可以贴上“质量小年”的标签。

表5 央台一套和八套、省卫视播出的电视剧收视阶梯分布（部次百分比）
（19:30~21:30，80城市组）

单位：%

平均收视率范围	2011年	2012年	2013年
0.5%以下	77.0	68.8	76.0
1%~0.5%(含)	17.0	20.5	17.4
超过(含)1%	5.0	10.0	5.8
超过(含)2%	1.0	0.7	0.8

数据来源：CSM媒介研究。

2. 强势平台，央视一套和八套、湖南和江苏四卫视占优

全国市场少数强势频道控制大部分优秀剧目，呈现出寡头垄断的特点。2013 年，在 80 城市 19:30～21:30 时段卫视频道平均收视率超过（含）1% 的电视剧共 60 部次（不重复的有 52 部），较之 2012 年减少了 34 部次，被 12 个卫视所囊括。其中，江苏卫视和湖南卫视各占 16 部，中央台一套占 13 部，中央台八套和山东卫视各 4 部，浙江卫视 3 部，上海、天津、黑龙江和北京卫视各 1 部（参见表 6）。综合 2011～2013 年的整体比例，中央台一套、江苏卫视、湖南卫视和中央台八套所占好剧数量较多，整体实力较强。

表 6　平均收视率超过（含）1% 电视剧部数在卫视频道的分布
（19:30～21:30 时段，80 城市组）

频　道	2011 年	2012 年	2013 年	各年累计部次	占各年总部次的百分比(%)
江　苏	8	17	16	41	20.0
湖　南	—	15	16	31	15.0
央　一	22	19	13	54	26.0
央　八	9	12	4	25	12.0
山　东	3	11	4	18	9.0
黑龙江	—	1	1	2	1.0
浙　江	4	11	3	18	9.0
安　徽	6	3	—	9	4.0
上　海	—	2	1	3	1.0
天　津	—	2	1	3	1.0
辽　宁	—	1	—	1	0.5
北　京	2	—	1	3	1.0
总　计	54	94	60	208	100.0

数据来源：CSM 媒介研究。

3. 优秀剧多采用独家首播模式

独家首播是省卫视新剧首播的主要模式，2013 年，晚间黄金时段省卫视独家首播剧目约 110 部，遍及一、二、三线卫视。其中，省卫视收视率超过 1% 的剧目也多采用独家首播模式。2013 年 19:30～21:30 时段省卫视频道平均收视率超过（含）1%电视剧共42部，其中，省卫视有26部独家首播、3部两家联合首播、2部三家联合首播、10部四家联合首播（见图6），以及1部二轮剧。

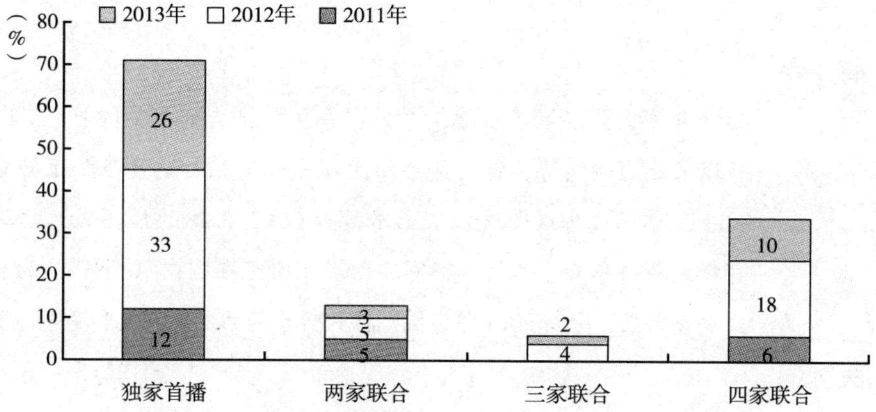

图6　省卫视平均收视率超过1%的首播剧播出模式所占部数
（19:30~21:30时段，80城市组）

数据来源：CSM媒介研究。

B.17

2013年中国广播收听市场分析

黄学平*

摘　要：

2013年中国经济增长放缓，广播广告也在连续十年高增长之后，出现增长乏力的态势，特别是年初国家出台了相关政策限制医疗专题广告，广播广告经营进入“后专题时代”，传统的广播媒体广告经营模式亟待革新。本文根据赛立信媒介研究在国内70个城市的收听率调查结果，分析2013年中国广播收听市场的发展状况和竞争态势。

关键词：

广播收听　市场发展　手机广播　城市广播

新媒体强势倒逼传统媒体变革，以智能移动终端为特征的移动互联时代，为困顿中的传统媒体再次提供一个变革与重生的机会。广播媒体顺应移动化、数字化和网络化的大趋势，紧抓机遇，通过微信、微博、APP等平台，全方位拓宽电台的传播渠道，以受众为中心做足用户体验，打造个性化内容，在移动互联时代期望实现华丽转型。在这样的市场背景下，全国广播收听市场伴随着各广播电台、各类广播频率的实力变化和消长，在与新媒体的不断融合和竞争中稳步发展。

一　广播听众规模趋于稳定，年轻化趋势更加明显

数据显示，2013年广播接触率是59.5%，与前几年相比大致持平。作为传统媒体之一，面临新媒体的竞争，广播也在寻求可持续发展之路，从目前来看，广播并没有像报纸等平面媒体那样受到很大的冲击，而是呈稳步发展之

* 黄学平，赛立信研究集团总裁、赛立信媒介研究有限公司总经理，工商管理博士（DBA），北京师范大学兼职教授，暨南大学市场营销、统计学硕士研究生校外导师，中国市场研究行业协会常务理事，中国广播电视协会广播受众研究委员会理事，中国广播电视协会理论人才库注册的媒介研究专家。

势，只是增长幅度明显放缓。2013 年全国广播听众规模为 6.72 亿人，较 2012 年仅增 1.8%。其中，城市和农村的广播听众分别是 4.47 亿人和 2.25 亿人，城市听众占 66.5%，我国的城镇化趋势令广播听众越来越集中于城市。

调查显示，广播听众依然呈现年轻化趋势，近 70% 的广播听众在 45 岁以下，较 2012 年增加了 2.0 个百分点，说明广播回流的听众中较多是中青年听众，25 岁以下青少年听众的占比也较 2012 年增加了 1.0 个百分点，智能移动收听终端的广泛使用使年轻广播听众的回流继续扩大。

二 车载收音系统、手机成为主要收听终端

汽车的普及、互联网特别是移动互联网的发展令广播的收听终端更加多样化，车载收音系统、手机和电脑网络已经成为人们收听广播的主要工具，而以收音机为代表的传统收听终端则风光不再。调查数据显示，2013 年有 47.8% 的听众主要通过手机收听广播，手机成为目前听众使用最多的收听工具。另外，有 34.2% 的听众主要通过汽车收音系统收听广播，有 16.2% 的听众则常常通过电脑网络收听广播，分别位于主要收听终端的第三、四位。尽管便携式收音机仍然是 38.3% 的听众主要的收听工具，列所有收听终端的第二位，但其比例逐年下降，比 2012 年数据下降了近 3 个百分点，使用台式收音机/音响、MP3/MP4 等传统收听终端的听众越来越少。

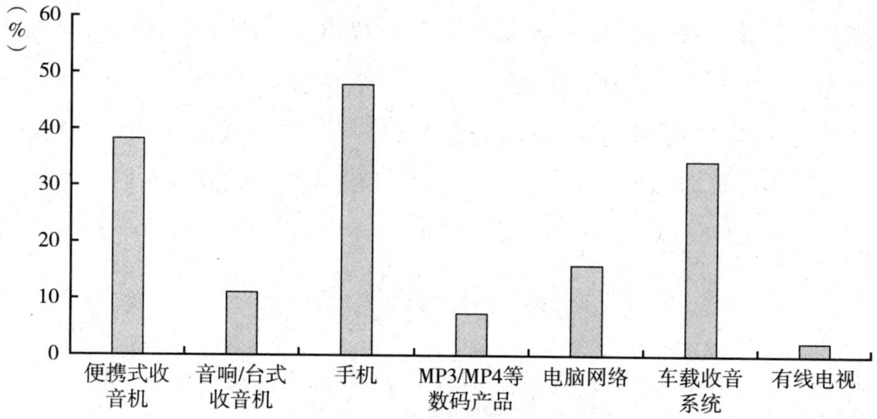

图 1 城市广播听众收听广播的工具

数据来源：赛立信媒介研究，2013 年。

手机之所以能够成为时下广播听众收听广播的主要工具，缘于手机随身携带，收听方便。普通手机一般配有收音功能，智能手机可以下载APP收听全国乃至全球的广播电台，手机比以往任何的收听终端都更加凸显出广播的伴随性和便利性特点。调查显示，对于听众喜欢用手机收听广播的原因，有68.6%的人认为“随时随地可以收听”，20.8%的人表示“网络收听可选择的电台多”，17.4%的人认同“手机的音质不错”。

调查数据显示，近十年来“车上收听”的比例呈不断上升之势，与逐年下降的“居家收听”形成明显的反差。2013年广播听众在“车上”的收听量占总收听量的比重达35.3%，北京、上海、天津、广州等大城市甚至高于40%，而居家收听量的比例则降至30%以下。

三　手机广播APP火爆，越来越受听众追捧

据中国互联网络信息中心（CNNIC）在京发布第33次《中国互联网络发展状况统计报告》的数据，截至2013年12月，中国网民规模达6.18亿人，互联网普及率为45.8%。其中，手机网民规模超过5亿人，继续保持稳定增长。从这组数字来看，网络广播和手机网络广播有很大的潜在市场。近年来，广播界最热门的话题是新媒体融合，而手机广播APP则可谓是动作最大且最具实质性的融合之一。最早的手机APP是湖南电台交通广播，于2011年12月8日推出，次年湖南广播电视总台又分别推出了893汽车音乐电台和金鹰955的APP。江苏电台也在这期间推出了一个集录制、编辑、上传、存储、收听、下载于一体的网络电台APP——“荔枝FM”，北京电台则推出“菠萝台”。2013年，国内很多广播频率也推出自己的APP，如成都交通广播的“听说交通”等。此外，浙江交通广播、广西交通广播等通过微信平台推出微信电台。而在另一端，网络电台APP更大放异彩，如蜻蜓FM、优听、喜马拉雅、考拉FM等。

尽管目前手机广播APP数不胜数，但真正形成影响力的却不多。调查显示，89.6%的听众目前主要通过手机自带FM/AM来收听广播的，而使用宽带网络收听在线广播的只有9.1%，使用移动网络的仅有5.9%，主要是由于目

前 WiFi 覆盖有限，而移动网络收听流量消耗大，费用太高。

有接近 30% 的 APP 听众选择收听各电台自设的 APP，但由于全国各地有众多的电台自设 APP，听众比较分散，真正有影响的电台自设 APP 并不多。在网络电台 APP 中，优听、蜻蜓 FM 的听众最多，分别有 24.5% 和 23.6% 的选择率，以下依次为龙卷风（20.9%）和爱听（13.6%）。

APP、微信电台等让智能终端具备了广播终端的功能，从而有利于广大用户便捷地对数字化、网络化的广播内容进行便捷的接收和消费。可以预料，一旦 WiFi 普及或者移动网络流量费用降低，手机广播 APP 和微信电台将大放异彩。值得注意的是，喜马拉雅、考拉 FM 等网络电台 APP 的个性化节目越来越为听众所认可，虽然目前这些电台知名度不高，但由于内容丰富、节目精致、个性化强，对于年轻听众有较大的吸引力，对传统广播形成较大的冲击。

四　地方电台更接地气，在本地市场更具竞争优势

中国广播市场历来是中央电台、省级电台和城市电台同台竞争，2013 年中国广播收听市场的竞争格局，表现为市县级电台在本地市场竞争优势明显，省级电台大多在省会城市市场领先，而中央电台凭借其全国覆盖的优势，保持 10% 左右的市场份额。

2013 年全国 2000 多个市县级电台的广播频率充分发挥区域化、本地化优势，节目与资讯更接地气，并便于与听众互动，在各自的覆盖范围内占据明显优势，合计在全国广播收听市场中占有 58.4% 的份额，比 2012 年上升了 2.8 个百分点。

省级电台大多将主战场放在省会城市，以其频率资源多、人才实力强且不失本地化的优势，往往在省会城市占据较大的市场份额。

分片区来看，中央级电台在北方的竞争力较强，在东北、华北和西北三个片区的市场份额均在 10% 以上，其中在华北地区的竞争力最强。与 2012 年相比，2013 年中央级电台在华北、华东、华中和华南地区的市场份额有轻微上升，这与中国国际广播电台环球资讯广播落户天津、国际台在郑州电台设立节目制作室、中央国际广播电台南海之声开播等有一定的关系。

在东北、华中、西北和西南地区，省级电台的优势均比较明显，市场份额超过40%。而在华南地区，市县级电台占据的市场份额最大，超过70%（见表1）。

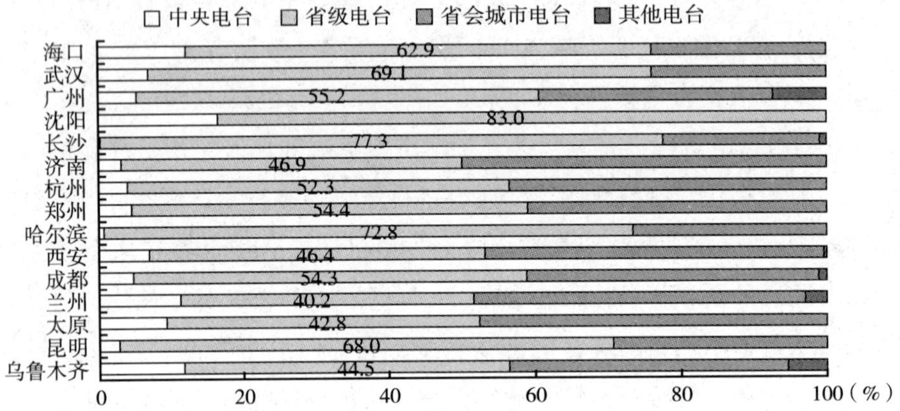

图2　部分省会城市各级电台的市场份额

数据来源：赛立信媒介研究，2013年9～11月。

表1　2013年各地区广播市场格局

单位：%

	东北	华北	华东	华中	西北	华南	西南
中央级电台	13.2	19.5	6.6	6.8	12.5	5.5	7.2
省级电台	45.6	30.1	37.2	41.3	40.2	24.0	42.2
市县级电台	41.2	50.4	56.2	51.9	47.3	70.5	50.6

五　新闻、交通、音乐类频率主导广播收听市场

2013年，依然是交通、新闻、音乐三类频率唱主角，合计占据86.3%的市场份额，较2012年又上升了2.4个百分点。其中，新闻和交通类频率延续了上年的上升势头，比2012年分别上升了1.1、2.0个百分点。

汽车保有量的持续增加，城市交通高峰时段拥堵严重，使汽车广播风光无限，其中交通广播是最大的得益者。在许多城市，交通频率的收听率和市场份额往往位于前列甚至遥遥领先，广告收入则几乎都高居榜首，合计占据全国广播广告创收总额近半壁江山。

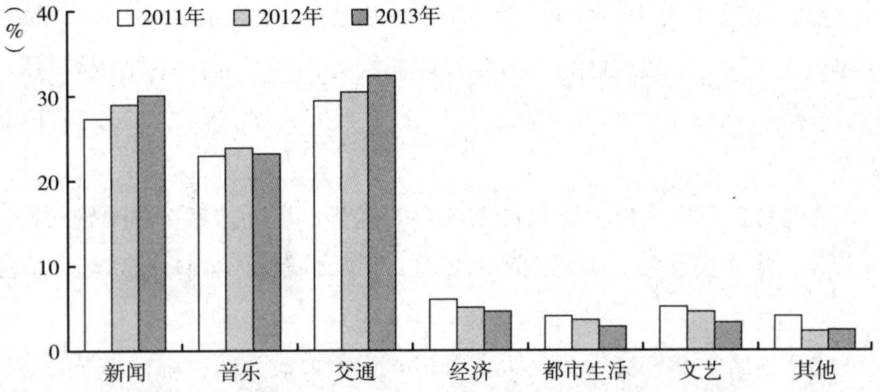

图 3　2011 ~2013 年全国广播收听市场各类频率的市场份额

数据来源：赛立信媒介研究，2011 ~2013 年。

随着移动收听市场不断扩大，越来越多的频率瞄准这一细分市场，私家车广播因此悄然兴起，有利于更多的频率定位向私家车广播靠拢。例如，洛阳文娱广播改为“洛阳私家车广播”，宁波音乐广播改为“宁波电台私家车都市音乐广播”，合肥文艺广播改为“合肥汽车音乐广播”，兰州幸福调频 1008 改版定位为“兰州私家车广播”等。多地私家车广播广受听众喜爱，私家车广播日益壮大为汽车广播增添了不少活力。

在移动收听市场中，交通广播与私家车广播实际上有明显差异。传统交通广播的受众主要是出租车司机和私家车车主，而私家车广播直接锁定“高富帅”的私家车群体；传统交通广播基本都以大量即时路况为主要特色，包括查车速和查违章的提醒，彰显服务性。而汽车音乐广播、私家车广播则通常以“音乐 + 资讯 + 路况信息”搭配，伴随性更强。

值得注意的是，经济、都市生活、文艺类频率的市场份额仍呈下滑之势，并且与前三类频率的差距进一步拉大。

六　主要城市广播收听市场的竞争状况

1. 北京

在北京地区，北京电台的市场占有率超过 65%，是北京地区竞争力最强的频率。北京作为中央电台的大本营，中央电台在北京地区的市场占有率也远高于全国的其他城市，市场占有率接近30%。而中国国际广播电台和北京周边地区的电台频率在北京地区的影响力一般，仅占5%左右的市场份额。

北京电台在全天大部分时段占据绝对的优势，市场占有率在个别时段甚至达到70%。中央电台在7:00以前以及21:00以后表现比较好，市场占有率接近35%，而全天的市场份额均保持在20%以上。

在北京地区，北京交通台是听众最多、竞争力最强的频率，市场占有率接近25%。除此以外，北京音乐广播与北京文艺广播在北京地区的表现也比较好，占有超过10%的市场份额。中央电台在北京地区表现最好的是中国之声，市场占有率超过8%，在北京地区排名第四，比2012年上升了一位（见表2）。

表2　北京地区主要电台频率的平均收听率和市场份额

单位：%

排名	电台名称	平均收听率	市场份额
1	北京交通广播	1.09	24.68
2	北京音乐广播	0.55	12.38
3	北京文艺广播	0.5	11.34
4	中央中国之声	0.38	8.61
5	北京新闻广播	0.36	8.25
6	中央文艺之声	0.3	6.77
7	中央都市之声	0.23	5.14
7	中央音乐之声	0.22	5.05
9	北京城市管理广播	0.19	4.29
10	北京体育广播	0.18	4.12

数据来源：赛立信媒介研究，2013年。

2. 上海

上海东方传媒集团（SMG）在上海地区广播收听市场占主导地位，市场占有率高达91.1%。中央电台在上海地区落地三套频率，合计占据近9%的市场份额。

SMG集团在全天各时段均占有绝对的竞争优势。中央电台在上海地区影响力不强，全天时段表现平平。

收听率排名前十位的频率均是 SMG 旗下频率，比起 2012 年，除了上海流行音乐广播以 0.50% 的平均收听率继续保持第一位以外，其他频率的排名变动较大。上海 990 新闻广播以 12.84% 的市场份额排名第二位，较去年上升了一位，上海交通广播由 2012 年的第六位跃升到前三甲。上海东方新闻资讯广播、上海流行音乐广播 103.7、上海东方都市广播和上海第一财经广播在竞争中处于第二梯队，市场占有率均超过 7%。SMG 旗下频率实力相当，频率之间的收听率比较接近。

3. 沈阳

在沈阳地区，辽宁电台凭借省市两台合并，以明显优势占据市场主导地位，市场份额超过 80%。中央电台占有约 17% 的市场份额，而其他电台在辽宁地区的竞争力相对薄弱。

分时段看，辽宁电台在全天所有的时段均占有绝对优势，时段的市场占有率均维持在 70% 以上。相对而言，中央台在 7:00 以前以及 22:00 以后占有率超过 20%，高于其他时段，收听时段分布与辽宁电台呈现此强彼弱的格局。

就单个频率而言，辽宁都市广播的市场占有率为 22.39%，大幅度领先于沈阳地区其他频率，是沈阳地区竞争力最强、听众最多的频率，在沈阳地区的广播竞争中处于第一集团的位置。此外，辽宁音乐广播和辽宁交通台在沈阳地区也有不错的表现，市场占有率也超过了 10%。竞争电台中，中国之声有 7.27% 的市场份额，在沈阳地区电台频率中排名第六，也有一定的影响力。

4. 武汉

武汉地区的市场竞争主要在湖北广电总台与武汉电台之间展开，其中湖北广电总台占有比较大的优势，市场占有率接近 70%，武汉电台所占市场份额在 23% 左右。中央电台在武汉地区影响力较弱，仅占约 7% 的市场份额。

分时段来看，湖北广电总台在全天所有时段竞争中均占有比较明显的优势，全天市场占有率均在 60% 以上。其中，湖北广电总台在 20:00 以后优势最为明显，市场份额一度超过 70%。相对而言，武汉电台则在 12:00 ~ 13:30 表现比较好，市场占有率一度超过 30%。中央电台则在 7:00 以前竞争力最强，拥有超过20%的市场份额。

武汉地区广播市场频率之间的竞争非常激烈。排名前列的电台之间的差距并不大。其中，湖北楚天交通广播和湖北楚天音乐广播的市场占有率超过10%，是武汉地区听众最多、竞争力最强的频率，在武汉的频率竞争中处于第一集团的位置。湖北之声、武汉经典音乐广播则分列第三、第四位，均拥有8%以上的市场占有率，属于第二集团。

5. 广州

广州有超过30个电台频率落地，是广播竞争最激烈的地区之一。整体而言，广东电台以约55%的市场份额占据主导地位，广州电台市场占有率超过30%，中央电台也占据约6%的市场。除此之外，广州周边电台在广州也有一定的影响力，累计市场份额超过5%。

从时段竞争走势上来看，广东电台与广州电台两个台的时段竞争呈非常明显的此消彼长的趋势。广东电台在全天大部分时段均占据了超过50%的市场份额。其中，11:00～12:30、15:30～16:00、18:00～19:00这三个时段是广东电台优势最明显的时段，占有率几乎都超过60%。广州电台的优势时段主要是在9:00～11:00、17:00～18:00以及23:00以后，市场占有率在40%左右，而其余时间则大都在30%左右。

从平均收听率与市场占有率分析，广州地区频率之间的竞争是相当激烈的。排名前三位的频率分别是广东音乐之声、广州金曲音乐广播以及广东羊城交通台，这三个频率的收听率与市场占有率均非常接近，没有哪一个频率占有绝对优势。除了上述三个频率以外，排名靠前的频率还有广东珠江经济台、广州交通广播以及广东新闻电台等频率。

B.18

2013年中国动漫游戏产业发展回顾与思考

邓林　李盈盈　何佳洁*

摘　要：

2013年，中国动漫游戏产业继续全面发展，其中国产动画电影票房较2012年增长57%、中国国产游戏海外市场销售收入突飞猛进，比2012年增长了219.3%。2013年中国电影票房持续增长，巩固了世界第二大电影市场的地位，而动画电影的表现却不尽如人意，冷热不均，个中原因是本报告关注的焦点。

关键词：

动漫游戏产业　回顾　发展

2013年，中国动漫产业继续稳步发展：影院方面，2013年全国动画电影票房为15亿元，较2012年增长18%，其中23部国产动画以及中外合拍动画电影票房为5亿元，占据动画影片总票房的33%，比2012年增长47%。视频网站的国产动漫与进口动漫的播放记录屡创新高。中国游戏市场继续壮大，实际销售收入达到831.7亿元，比2012增长了38.0%，其中国产游戏海外市场销售达到18.2亿美元，比2012年增长了219.3%，比5年前增长了2500%，增长非常迅猛。中国移动游戏用户数同比上升248.4%。与此同时，国际合作进一步深入，强势合作、双赢局面已成为国内外企业的共识。

---

* 邓林，博士，上海交通大学媒体与设计学院副教授，主要研究方向为文业产业管理与创新；李盈盈、何佳洁，上海交通大学文化产业管理研究生。

一　2013 年中国动漫产业发展概况

（一）电视动画片

2013 年国家新闻出版广电总局全国国产电视动画片累计备案公示剧目数量达到 465 部、327955 分钟，对比 2012 年的 580 部、470721 分钟，总部数减少 19.85%、总时间减少 30.3%。平均每月备案 38.75 部。

2013 年全国动画片创作生产数量排在前五位的省份分别是江苏省、广东省、浙江省、福建省、安徽省。按国产动画片生产数量，我国原创动画片制作生产十大机构分别是：福建神画时代数码动画有限公司、无锡亿唐动画设计有限公司、东莞水木动画衍生品发展有限公司、宁波水木动画设计有限公司、合肥神画时代动漫文化有限公司、杭州时空影视文化传播有限公司、苏州卡酷影视动画科技有限公司、蚌埠水木易卡通文化传播有限公司、江苏如意通动漫产业有限公司、福建育港信息技术有限公司。

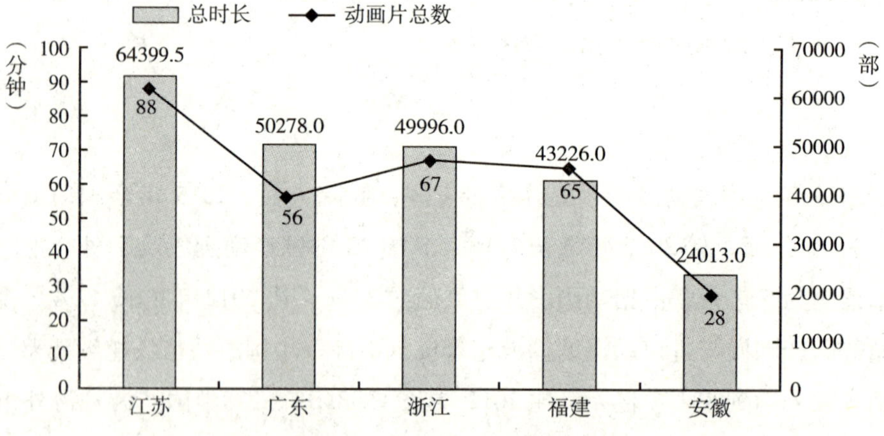

图 1　2013 年全国动画片创作排名前五的省份生产情况

数据来源：国家新闻出版广电总局。

（二）动画电影

2013 年中国电影市场总票房达到 217.69 亿元，其中 31 部动画电影票房收入达到 15.03 亿元，占全年总票房的 6.9%。[①] 2013 年动画电影票房收入较 2012 年增长 18%，其中 23 部国产动画以及中外合拍动画电影票房为 5 亿元，占据动画影片总票房的 33%，比 2012 年增长 47%；8 部进口动画电影票房为 10.03 亿元，占据动画影片总票房的 67%，比 2012 年增长 8%。而进口动画电影占全年进口影片票房的 11.14%（2013 年进口影片票房收入 90.02 亿元）；国产动画电影仅占国产电影总票房的 3.9%（国产影片总票房收入 127.67 亿元）。

表 1　全国电影及动画电影票房收入和比例

项目＼年份	2008	2009	2010	2011	2012	2013
动画电影票房(亿元)	2.98	5.06	4.77	16.33	12.7	15
全国电影总票房(亿元)	43.41	62.06	101.72	131.15	170.73	217.69
动画电影票房占比(%)	6.9	8.2	4.7	12.5	7.4	6.9

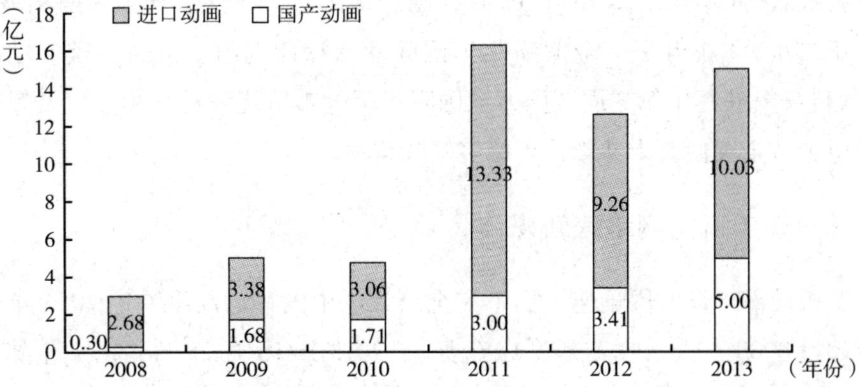

图 2　中国内地动画电影票房

2013 年动画电影票房过亿元并排名前五的分别是：《疯狂原始人》《怪兽大学》《蓝精灵 2》《喜羊羊与灰太狼之喜气洋洋过蛇年》《极速蜗牛》。其中，除《喜羊羊与灰太狼之喜气洋洋过蛇年》为国产片外，其他 4 部均为好莱坞出品。

① 本报告中提及的动画电影为全动画电影。国内票房数据来自国家新闻出版广电总局网站以及《中国电影报》、艺恩咨询网等。

表 2　2012 年中国动画电影票房排行 TOP 10

排名	影片名称	总票房(万元)	国产/进口(国家)
1	疯狂原始人	39488	进口福克斯、梦工厂
2	怪兽大学	20990	进口迪士尼
3	蓝精灵 2	13860	进口索尼
4	喜羊羊与灰太狼之喜气洋洋过蛇年	12397	国产
5	极速蜗牛	11395	福克斯、梦工厂
6	赛尔号大电影之战神联盟	7578	国产
7	精灵旅社	7424	进口索尼
8	洛克王国 2:圣龙的心愿	6810	国产
9	潜艇总动员 3:彩虹宝藏	5652	国产
10	森林战士	4947	福克斯蓝天

数据来源：中国电影报及艺恩咨询网。

在参与国际动画奖项角逐上，《昆塔：盒子总动员》问鼎国际大奖，获得了国际 3D 电影协会“2013 杰出成就奖”。《云奇飞行日记》获得法国戛纳秋季电视节最佳动画片奖，成为国内唯一一部获此殊荣的作品，这也是中国动漫作品首次获得该奖项。2013 年 11 月，国产动画《今天 · 明天》《西柏坡 2 · 英雄王二小》，获得了“金熊猫奖”国际动画片评选组委会特别奖。动画片《兔侠传奇》获得了第 3 届英国万象国际华语电影节优秀动画片奖以及第 7 届中美电影节金天使奖十佳影片等诸多国际奖项。

（三）手机与网络等新媒体

手机动漫市场发展迅速，据不完全统计，中国移动动漫基地 2013 年付费用户超过 8000 万人，收入突破 10 亿元。① 2013 年 10 月 25 日，由文化部文化产业司举办，中国移动手机动漫基地等多家企业、大学等确定了手机（移动终端）动漫的四大标准，即《手机（移动终端）动漫内容要求》《手机（移动终端）动漫运营服务要求》《手机（移动终端）动漫用户服务规范》《手机动漫文件格式》，为我国新媒体动漫的未来发展提供了指南。

土豆、优酷、爱奇艺、腾讯等网络新媒体在动画片播出上的发展势头依然

① 参见《手机动漫进入“标准”时》，中国文化产业网，http：//www.cnci.gov.cn/content/2013115/ news_ 80382.shtml，2013 年 11 月 5 日。

强劲。土豆网于2013 年年初宣布正式独家签约《秦时明月 5》的新媒体版权。2013 年 11 月，土豆网在土豆动漫嘉年华现场宣布与东京电视台续约，这意味着包括《火影》在内的900 集动漫新节目、3000 余集优质片库将在土豆网独家零时差同步播出。除了拥有东京电视台的独家版权，土豆还与美国漫威公司达成战略合作，获得漫威旗下众多欧美动画播放权。同时，土豆网也大力发掘和扶持国产动漫，连续多年举办“土豆映像节”并特设“最佳动画短片奖”，以此扶持中国原创动漫和动画人才。

优酷网主推的《泡芙小姐》已经有 4 季网剧和 1 部微电影，总播放量超过 2 亿次，根据同名原创漫画作品改编创作而成的《馒头日记》动画在优酷播出，仅圣诞节一天的点击率已近 20 万次。同时，优酷成为韩国高人气动画片《加油！咘隆家族》的独家授权方在网络同步提供播放服务，截至 12 月初即已取得 3000 万播放次数。此外，2013 年底东京电视台一改 2012 年态度，将与优酷网合作，从 12 月起进一步扩大面向中国的免费动画网络放送。

爱奇艺于 2013 年 2 月 21 日宣布正式获得“中国动漫第一股”奥飞动漫 2013 年度出品的全部九大动漫作品的独家网络版权。2013 年 10 月，爱奇艺为原创动漫作品设立“金花瓣”奖，继续对国产优质动漫及绿色原创动漫整体发力。日漫方面，爱奇艺独播的《进击的巨人》播放量突破 3 亿次，动漫频道同步播出的《名侦探柯南》以及独家上线的《甜甜私房猫》也表现不俗。国产动漫方面，爱奇艺仍继续独播《喜羊羊与灰太狼》《熊出没》《巴啦啦小魔仙》等百度风云榜最热门动漫剧目。

自腾讯互娱推出其泛娱乐战略的核心业务——腾讯动漫平台一年多以来，腾讯动漫已位居原创类动漫平台首位，拥有版权作品超过 15000 部，日点击量最高超过 5000 万次。腾讯动漫吸引了国内原创作者甚至日本、韩国等知名作者入驻，推出原创作品。除原创以外，腾讯也大量购买国内外优秀动漫版权，腾讯动漫平台与中国动漫集团、迪士尼签署了动漫创意研发合作项目，与日本集英社建立长期战略联盟，引入了《火影忍者》《海贼王》《魔鬼恋人》《银魂》等经典日漫作品。

（四）动漫期刊

2013 年，漫画期刊全媒体布局，并以动漫图书带动期刊发行。在数量方面，与2012年相比没有太大变化，《知音漫客》《漫画世界》等品牌期刊持续处于领先地位。《动感新势力》《动画基地》《漫友》《动漫周刊》《comic新视点》《动漫贩》《动漫前线》《最动漫》《东西动漫社》《尚漫》等动漫期刊和杂志也深受动漫爱好者喜爱。

2013年初，国家新闻出版广电总局开展了“百强报刊”推荐活动。在众多入选社科期刊中，《知音漫客》周刊是唯一入选“全国百强社科期刊”的原创动漫杂志。周刊目前实际周发行量175万册，月发行量700余万册，是全国排名第一、世界排名第三的漫画期刊。此外，知音动漫以《知音漫客》为基础进而开发动画、游戏等项目及其他衍生品，形成了期刊、图书、动画、游戏、网络、电子商城等良性发展产业链，年净利润5000余万元。①

（五）网络游戏

2013年，中国游戏产业继续保持快速增长，无论是游戏用户数量还是市场规模都较2012年有大幅增长，据统计，中国游戏市场用户数达到4.9亿，比上年增长了20.7%，其中客户端网络游戏用户数达到1.5亿人，网页游戏用户数达到3.3亿人，移动游戏用户数达到0.1亿人，比上年增长248.4%；中国游戏市场实际销售收入达到831.7亿元，比上年增长了38.0%，其中中国原创游戏市场实际销售为476.6亿元，比上年增长了29.5%，占总收入的57.3%。

2013年，中国国产游戏海外市场销售收入突飞猛进，达到18.2亿美元，比2012年增长了219.3%，比5年前增长了2500%，增长非常迅猛。

（六）动漫衍生品

2013年，知名动画品牌版权交易活跃，授权领域广，衍生品种类多，获得了较好收益。动漫作品在玩具衍生品、舞台剧、图书、电影领域体现出巨大的商业价值，动漫产业链开始形成。授权衍生品的开发是动漫产业回收成本和

① 《动漫期刊〈知音漫客〉入“全国百强社科期刊”》，http://comic.people.com.cn/n/2013/0618/c130238-21873978.html，2013年6月18日。

获得利润的主要途径，动漫产业衍生品实现的利润占动漫产业总利润的 70%。

2013 年在动漫衍生品方面引人关注的是奥飞动漫和酷漫居，前者于 9 月和 10 月分别收购了《喜羊羊与灰太狼》全部版权与两家手游公司；后者拥有多个迪士尼主题的家具产品，并在淘宝网“双 11”活动中以 2800 万元的总销量获得儿童家具冠军。此外，翔通动漫拥有包括绿豆蛙、酷巴熊、NOMO LOVE、MINI 姐妹、功夫包子等知名品牌在内的超过 320 个原创动漫版权，是中国目前拥有动漫版权形象最多的公司，在 2013 年的动漫衍生品市场引起极大反响。

然而，值得注意的是，我国动漫衍生品市场存在大量的侵权现象。数据显示，到 2013 年年底，全球授权商品的零售额约达到 1890 亿美元，其中 1120 亿美元的销售来自美国，而中国授权商品的零售额约为 52 亿美元，不超过全球零售额的 3%。① 这不得不引起我们对动漫授权短板的重视。

（七）国际合作

在动画电影合作方面，先行者们开创了多种合拍的方式，如外方创意中方制作的模式，中韩合拍《波鲁鲁冰雪大冒险》就是韩国出创意，中方负责主要制作、深度合拍挖掘题材模式，东方梦工厂的合作就是遵循深入挖掘中国的历史文化，再通过好莱坞的包装和技术手段将中国电影推向全世界。2012 年 8 月落户上海徐汇滨江地区的东方梦工厂已于 2013 年年底开工，预计到 2015 年年底，首部原创动画电影《功夫熊猫 3》将由美国梦工厂与东方梦工厂共同完成。河马动画、炫动传播和金鹰卡通三家中国动画企业将与西澳大利亚电影局及两家澳大利亚电影公司合作，共同投资逾 7500 万美元打造包括《马可波罗历险记》《水地球》等在内的 6 部动画大片。

在新媒体游戏与衍生产品上，腾讯与奥飞都有大动作。2013 年 1 月，腾讯游戏签约日本知名出版社集英社、东证所上市公司万代南梦宫游戏，借助日本经典动漫“拥抱”全球网游机遇。2013 年 8 月底，广东奥飞动漫和美国孩

① 《观察：衍生品授权　中国动漫产业的新引擎》，http：//www. ce. cn/culture/gd/201311/28/t20131128_ 1823355. shtml，2013 年 11 月 28 日。

之宝签订合作协议，双方将成立合资公司——“奥飞－孩之宝公司”，该合资企业注册资本为600万美元，双方各持股50%，投资总额拟定1500万美元。此外，2013年5月中旬，天津神界漫画与韩国三大电信运营商中最大的电信商——SKTELECOM达成协议，将共同合作近30部原创手机漫画作品，这是中国原创手机动漫作品首次规模化进军韩国电信市场，也成为我国手机动漫标准化产品适应国际市场的成功案例。

二　中国动漫游戏产业发展分析

（一）全球动画电影市场

1. 全球电影票房持续增长，动画占比近15%

2013年全球电影票房为353亿美元，比2012年增长1.7%。全球票房中北美第一占30.91%，亚洲第二占27.58%，欧洲第三占21.50%，非洲占8.91%居第四，拉丁美洲占7.65%居第五，大洋洲居末位占3.44%。[①] 2013年全球动画电影票房约为51.9亿美元，占全球票房的近15%。

2. 美国动画电影少而精：统治北美市场，海外市场创收更多

2013年20部动画电影的北美总票房为17.4亿美元，占北美109亿美元电影总票房的15.9%；其中6部进口动画的票房仅占北美动画总票房的4.5%，迪士尼、环球影业、福克斯、索尼四家公司的动画电影票房收入共占95.5%。2013年美国动画电影的海外票房为28亿美元。美国国产动画电影的特点是全部采用计算机制作，成本高；故事由原创或小说改编而来；大牌明星配音，主题曲也由大牌歌手献唱。其全年出品的电影数量相对其他类型数量少，但制作精良，全球营销力度大，市场占有率极高。除了基本一统北美动画电影市场外，其海外票房更加可观。美国动画电影2013年的分级大都在PG级，只有一部G级，其观众定位指向非常明确：老少皆宜的家庭电影。

① 各国数据来自于RENTRAKY以及BOXOFFCIEMOJO，本报告一一统计而成。报告内未标明来源的数据都出自两个网站，截至2013年12月31日。

3. 日本国产动画电影占主导

2013 年 167 部日本电影总票房是 16.6 亿美元，其中 34 部动画电影总票房为 6.04 亿美元，占全年总票房的 36.38%。2013 年日本进口动画电影票房为 1.635 亿美元，占据总票房的 27.06%；国产动画电影票房为 4.406 亿美元，占据总票房的 72.94%。

相比美国，日本动画电影在国内市场的占比更大，观众群更广，其选材或为原创，此类以宫崎骏为代表，或从电视发展而为剧场版，比如我国观众熟悉的《名侦探柯南》《哆啦 A 梦》等。日本动画的表现形式多样，有固守传统的以宫崎骏为代表的手绘动画电影，也有全电脑动画。其表现的内容也因众多导演的独立追求而呈现出更多样化的特点。2013 年一举夺冠的宫崎骏的《起风了》一改往年针对儿童观众的习惯，而把视野投向了动荡时期个人命运的探寻。其在日本市场的再次成功证明了品牌强大的号召力，也反映了其本土市场的接纳度。

（二）中国内地动画市场

进口动画电影以及国产动画在内地市场表现不一：投资巨大、制作精良的进口动画在国内市场表现不温不火；而国产动画电影虽大片缺乏，但动画片数量增加以及注重利用社会化媒体进行全方位营销，使其票房持续增长，2013 的增幅达到 57%。

1. 进口动画电影票房虽占优势，但增长缓慢

2013 年共有 8 部进口动画电影在中国内地市场上映，其中 4 部过亿元。6 部进口好莱坞动画电影拿下了 9.28 亿元的票房，占全年动画总票房的近 62%，占全年进口影片票房的 10.3%。福克斯 3 部电影票房为 5.53 亿元，占中国动画电影票房的 37%；索尼两部动画，票房收入共为 3.391 亿元，占比 22.6%。迪士尼 1 部动画，占中国动画电影票房的 13%。

2013 年福克斯发行的梦工厂制作动画《疯狂原始人》在内地市场夺得动画冠军，票房达到 3.95 亿元（6330 万美元），占内地总动画票房的 26%，占该片全球票房的 10.78%，排名第二的是迪士尼的《怪兽大学》，内地票房为 2 亿元（33720 美元），占内地动画总票房的 13.33%，仅占该片全球票房的 4.53%，而该片创下迪士尼皮克斯在内地的票房最佳纪录；排名第三的索尼的

《蓝精灵2》内地票房为1.37亿元（2206万美元），占内地动画票房9.1%，占全球该片的6.35%。

进口动画电影在中国市场的不利因素主要是有配额限制，因此2013年热片《卑鄙的我2》以及《冰雪奇缘》都没能进入中国内地市场，而在播映中遭遇暑期国产保护月等因素，如《怪兽大学》在临近暑期结束前一周才允许上映，以及《疯狂原始人》被紧急叫停，这些对2013年中国进口动画的市场表现都造成影响。截至2013年底从中国电影票房内地历史排名来看，进入以5亿元为界的大片排名的只有1部2011年梦工厂的《功夫熊猫2》，票房6.1亿元，1亿元~5亿元有5部，1亿元~2亿元为4部。

表3 进口动画电影票房超1亿元排名（截至2013年底）

片　名	发行商	制　作	票房(元)	上映日期
功夫熊猫2	华夏	梦工厂	610850000	2011年5月28日
冰河世纪:大陆漂移	中影	福克斯	457800000	2012年7月27日
疯狂原始人	中影	福克斯	391080000	2013年4月20日
蓝精灵	华夏	索　尼	259850000	2011年8月10日
马达加斯加3	中影	梦工厂	214400000	2012年6月8日
怪兽大学	中影	迪士尼	202820000	2013年8月23日
功夫熊猫	中影	梦工厂	170430000	2008年6月21日
冰河世纪3:与恐龙同行	中影	福克斯	152600000	2009年7月8日
蓝精灵2	中影	索　尼	137060000	2013年9月12日
极速蜗牛	中影	福克斯	111750000	2013年9月18日

值得一提的是2013年的票房冠军《疯狂原始人》，片头用了东方梦工厂的标志，而东方梦工厂实际上也参与了影片的发行工作，包括请中国影星梁家辉等来为角色配音，对宣传小样进行中国元素的变动，并且运用自己的传播资源针对不同受众进行，在卡通频道上针对孩子们，在网络上针对青年观众进行推广。这些营销都非常有效地推动了影片票房的提高。

2. 国产动画电影票房增势喜人，期待大片

在与好莱坞动画的较量中，正在发展的国产动画仍需再接再厉。国产动画2013年收获5亿元，票房增长47%，但仅占国产电影总票房的3.9%。从票房排行数据中可以看出，2013年国产动画的单片成绩均有大幅提升，2012年，仅有《喜羊羊与灰太狼之开心闯龙年》1 部影片票房超过 5000 万元，2013 年则达到了 4 部。这 4 部电影的共同特点是主要观众群低幼化，《喜羊羊与灰太狼之喜气洋洋过蛇年》再度成为全年唯一票房过亿元的国产动画电影，但其票房并不乐观，已呈现连年下滑的趋势，《赛尔号大电影之战神联盟》《洛克王国 2：圣龙的心愿》《潜艇总动员 3：彩虹宝藏》近年都连年征战大荧屏，票房在 2013 年都达到新高，而人气颇高的《熊出没》《秦时明月》也将在 2014 年推出大电影。

国产动画的品牌效应正处于摸索形成期，数量多精品少，缺少高质量的大片和巨片已成为共识，但随着中国电影市场的持续高速发展以及动画市场的日渐繁荣也吸引了传统影视公司的注意，2013 年国内各大影视巨头纷纷进入动画领域：华谊公司联手广东原创动力，成为“喜羊羊”系列的舵手；博纳参与发行《魁拔 2》；光线影业负责《赛尔号大电影之战神联盟》的宣发工作。

中国 PC 互联网发展报告

China's PC Internet Development Report

B.19 2013 年中国 PC 互联网发展概要

蓝皮书课题组

根据中国互联网络信息中心（CNNIC）2014 年 1 月发布的第 33 次《中国互联网络发展状况统计报告》，截至 2013 年 12 月，中国网民规模达 6.18 亿人，其中，手机网民规模达 5 亿人。2013 年中国网民的增长率为 9.6%，而手机网民的增长率则达到 19%。

其中，即时通信市场呈现差异化发展，以微信为代表的移动即时通信致力于提高即时沟通服务，整合 VoIP 的网络语音通话功能及视频聊天功能，并向平台化方向发展。中国在线视频行业也发生了巨大变化，在经历了并购、多屏、移动和进军客厅、网络独播战以及反盗版等大战之后，目前跻身第一阵营的仅有优酷土豆、爱奇艺 PPS、搜狐视频、腾讯视频和乐视网 5 家。2013 年中国网络游戏产业无论是游戏用户数量还是市场规模较 2012 年都有大幅增长。产业结构正在发生变化，游戏多终端化发展明显，其中移动网络游戏在网络游戏市场中异军突起，以爆炸式扩张。

在移动互联网元年，PC 互联网的地位被悄然取代。即时通信、社交媒体等应用的主战场已经从 PC 端转移到手机端；网络视频已经逐渐走出书房，进入手机和 PAD 终端；手游业务逐渐取代端游和页游业务，手游公司成为风险资本追逐和并购的对象。

2013 年，我们清楚地看到，移动互联网和 PC 互联网的界限开始模糊。由于智能手机和智能电视的普及，手机屏、PC 屏和电视屏的界限开始打破，跨屏互动成为融合的主要表现形式。手机终端突破了原有运营商营造的封闭花园，进入开放的平台；与此同时，电视终端由于智能化，开始成为视频业务的主战场。

2013 年，国务院提出实施“宽带中国”战略，要大力发展数字出版、互动新媒体、移动多媒体等新兴文化产业，促进数字文化内容消费。这些政策利好将实质性推动三网融合，促进包括 IPTV、手机电视、互联网电视等大视频业务的发展。随着三网融合提速推进，PC 互联网时代的传输渠道将开始重构。电信运营商开始被虚拟运营商管道化，有线网络面临 IPTV 和 OTT TV 等传输渠道的竞争，整个视频传输渠道面临重构。随着广电国网公司即将挂牌，三网融合背景下的资源整合和行业重组也将拉开帷幕。

B.20

从4P's到6I's组合

——社会化媒体营销的发展趋势

姜旭平*

摘　要：

社会化媒体的出现改变了以往人类社会的信息沟通和人际交流方式，同时也成为当今营销理论研究和企业实践关注的焦点。本文系统地分析了社会化媒体的特点以及在社会化媒体环境下人们沟通行为模式和信息传播规律的变化，以及由此导致的企业营销传播模式发展。提出基于6I's组合的社会化媒体营销模式，即：企业要利用群体兴趣点和社会热点（及时性），吸引市场注意；通过参与及互动，展示该产品所能为消费者/客户带来的利益和价值；通过创新和多媒体整合，诱导市场对其产品、品牌或功能关注的规律。

关键词：

社会化媒体　4I's营销组合　6I's营销组合　网络营销

一　当下营销传播的困境

随着中国经济的发展，我国企业的生产力和产品质量水平普遍都有了很大的提高，产品种类齐全、市场繁荣、竞争空前激烈。在这种情况下，企业有了好的产品，用什么工具、方法、媒体和形式去告知市场和目标客户，成为企业营销传播的核心和难点。

---

* 姜旭平，清华大学经济管理学院市场营销系教授。

以往人们常常会用“酒香不怕巷子深”来形容企业有了好的产品就不愁销售的现象，原因是那时市场上好的产品十分少，且营销传播方法单一。但现在企业面临的市场和竞争环境发生了很大的变化，随着生产水平的发展，产品生产周期在缩短，生产加工过程变得越来越容易，产量越来越大，各种品牌的商品名目繁多、各具特点且质量都很好，而市场和需求的规模又是有限的。这种供大于求的现象给企业的生存和发展形成了很大压力，出于竞争需要，企业开始在营销传播上找出路，不惜血本，大做文章，竞争异常激烈。特别是在当今这种商品供大于求、流通高度发展和信息大爆炸的情况下，客户和消费者的地位变得越来越强势，公众对无关信息的容忍度越来越低，企业的营销传播变得更难。

企业有了好的产品，应如何定位其消费者群体（Who are our customers），营销传播应该的目标受众是哪些人（Whom to say），营销传播的内容如何制定（What to say），以及传播的方式方法如何（How to say），以往困扰企业营销传播的“4W”问题，在今天的环境下显得尤为重要。[①]

二　社会化媒体的信息传播机制

近年来，以微博、微信、网络社区、聊天以及观点/视频/照片/新闻的网络分享等为代表的社会化媒体的出现，改变了传统人类社会人际沟通、社群交往和信息传播的模式。赋予每个人以创造、加工、传播和接收信息的权利。在社会化媒体平台上人人都可以随意讲话和选择倾听。它将原来广播或推出式的信息传播模式，即信息被一人（一点）生产然后被多人（多点）接收，发展到被多人生产且被多人接收。将原本由点到面的信息传播过程，发展到从面到面的互动传播过程。

以微博（Micro - Blog）为例，推特（Twitter）首创了一种“另类”的信息沟通方式，在这个平台上，人们可以随意地进出（登录）、发言或倾听。一

① 姜旭平：《W＊CASE：基于人性的营销分析方法》，《清华管理评论》2012 年第 5 期（总第 10 期）。

旦你登录进来，系统就会按时间顺序记录下你所讲过的话和关注过的话题（有人称之为个人微博的“时间轴”①）。人们可据此寻根溯源、搜索信息和任意传播。如果某个话题（或观点）引起了其他人的关注，他们就可以加入话题发布者的微博圈并参与讨论。这是一种从面到面、爆炸式的信息传播模式，不但速度极快，而且信息传播和扩散的过程不受任何地域和空间的限制。

由于这是一种由用户自发生成信息的媒体（或称为自媒体，UGC，user generated content），受众成为信息产生、接受和再传播的主体。受众群体的注意力、参与性和卷入程度将成为影响传播效果的重要因素。

正是社会化媒体的这种草根性，决定了在企业的营销传播过程中，资金、实力和投放规模等传统营销传播要素不再是决定营销效果的唯一基础，而“注意力”将成为企业争抢的重要资源。企业的营销传播必须要顺应这种发展趋势，顺势而为，要根据受众群体的特征和目标客户的兴趣展开营销策划。只有这样才能博取市场的关注，把产品或品牌特点告知消费者。如果不能注意到上述趋势，还是以自我为中心，从自身的产品出发，即使有再大的广告投入，也很难赢得市场的关注，实现营销传播目的。

三 从产品到人：营销策略关注重心的变化

企业营销策略所关注的重心随着市场供求关系和媒体技术的发展而不断转移，其过程经历了自我（以产品），到现在的以人（顾客、消费者）为中心的发展过程，体现出时代发展的趋势。

早在1960年，麦卡锡等人的研究发现：产品、价格、渠道、促销是影响营销效果的重要因素。② 企业良好的营销效果来自于四个因素的组合。由于都是以英文字母“P”开头，所以也称作4P's营销组合。

自20世纪80年代开始，社会生产力、商品经济发展迅速，饱和的产品市

---

① 《解剖麻雀之心：微博的信息呈现格式》，http：//www. hozin. com/Point/201011/The - Heart - Of - Sparrow. html，2010年11月26日。

② McCarthy，E.，Jerome（1960）. Basic Marketing：A Managerial Approach. Homewood，IL：Richard D. Irwin，Inc.

场出现了日趋激烈的竞争，企业营销争夺的核心变成了消费者。人们开始意识到：如果营销只关注商品/产品，从企业的目的出发，很难引起市场的关注。于是，营销策略的关注点发生了变化，渐渐由产品转向了人。

1990年，罗伯特·劳特朋基于当时的市场环境以及消费者地位的转变，提出了以消费者为中心的营销理论，认为以产品为中心的4P's营销组合已经过时，取而代之的应该是以人为中心的4C's营销组合，即客户、成本、方便和沟通。[①] 劳特朋等人认为，新的市场环境下营销所关注的应该是顾客而非传统意义上的产品。企业应更多地关注顾客的需求和愿意付出的成本，并为顾客提供方便的购买和体验环境，并建立良好的信息沟通渠道和交流过程。

4C's营销组合打破了传统的思维定式，提出后立即在学界和业界引起了强烈的反响。

到了90年代后期，互联网改变了沟通和营销的传播模式，随之诞生的是电子商务和网络营销。这时人们又根据网络媒体的特点，提出了所谓“新4C”营销组合理论：连接、沟通、商务和合作。新4C组合强调以网络为枢纽的企业营销，借助电子媒体方便快捷的特性来连接企业和消费者，在满足客户需求和信息交流的同时，有机地整合企业营销诉求和顾客的需求，以顾客需求为前提，实现企业的营销价值。新4C组合的出现大大地促进了在线购物和网络营销的发展。

2000年前后，竞争环境、媒体技术和市场供求关系都发生了很大变化。舒尔茨[②]、艾登伯格[③]等人又从不同角度提出了以关联、反映、关系和回报为基础的新营销要素组合，即4R营销组合理论。4R组合强调企业要对顾客需求及时做出反应，建立长期的合作关系，使顾客成为企业营销活动主动的参与者，建立起企业和顾客之间的共存、共生关系，并对销售过程中出现的问题做正确的处理。

---

① Robert Lauteerborn, New Marketing Litany: 4P's Passe, C – Words Take Over, Advertising Age, 1990, 61 (41): 26.

② Schultz, D. E. Perhaps the 4Ps should be the 4Rs, Marketing News, 1999, 33 (11): 7.

③ Ettenberg, Elliott (2001). The Next Economy: Will You Know Where Your Customers Are? Hightstown, N. J.: McGraw – Hill.（中译本：〔美〕艾略特·艾登伯格著《4R营销——颠覆4P的营销新论》，文武、穆蕊、蒋洁译，企业管理出版社，2006。）

上述理论打破了传统思维及营销组合模式的局限性，使营销关注的重心发生转变，促进了市场的繁荣和发展。

四 6I's 组合：社会化媒体营销的发展趋势

随着竞争环境的变化和社会化媒体的出现，人（消费者或受众群体）在营销传播中的作用变得更为重要。在社会化媒体时代，传统以产品（或品牌）为中心的营销传播方法和传统的广告模式，逐渐地被一些轻松、幽默、公众喜闻乐见的方法所取代，只有趣味性、娱乐性、知识性的话题才能引发公众的关注。企业开始考虑如何吸引顾客的眼球，引发顾客的共鸣并产生拥有该企业产品的渴望。企业不再斥巨资以购买话语权来打广告，而是以娱乐的方式和精神去做营销，"让大家去告诉大家"，"使受众自发地成为企业活动的参与者或信息传播者"，跳上"乐队花车"。

在新的媒体环境下，企业的营销传播方法就必须要创新和发展，要有新的思维、新的方法和新的营销组合模式。企业要了解当代媒体环境和消费者的变化，抓住目标客户群体的特征，顺势而为；利用热点事件和趣味性话题来吸引市场和公众的关注；要在营销传播中展示产品（或品牌）能够为消费者/客户带来的利益和价值；推出的营销传播策划要在思维、方法和形式上创新；鼓励客户的参与、体验和互动，通过互动诱导公众对产品功能或品牌特征的关注；必要时还要以网络为枢纽来整合多种媒体展开营销传播。我们将其归纳为社会化媒体营销环境下的6I's 营销组合模式：趣味性、价值性、创新性、互动性、即时性和整合性①。6I's 组合成为社会化媒体环境下企业营销传播策划的基石。②

其中，趣味性是引发客户关注和获取消费者眼球的前提，一个没有趣味性的话题，即使有再多的投入也很难引起市场和公众的关注；价值性是影响客户选择和购买行为的关键因素，只有通过营销传播让消费者看到（或感受到）

① 姜旭平：《5 亿网民，6I's 组合营销》，《管理学家》2013 年第 1 期。

② 姜旭平：《4I——社会化媒体营销的基石》，《清华管理评论》2011 年第 5 期。

该产品能够为自己带来的利益和价值，人们才会乐意掏钱购买；创新性就是要出新招、出奇招，打破人们的思维定势及现有的市场平衡。只有旧的平衡被打破了，才有营销水平和能力上的跨越式发展，黏住客户的重要手段是客户参与和在线互动，只有黏住了客户（甚至让客户能置身其中），才能传播营销理念、诱导关注、产生商机；即时性就是要借用人们对一些社会热点事件或话题的高度关注来获取眼球，借势发力、展开营销；整合性要求企业不要局限于网络一种媒体，而是要根据实际情况，以网络为枢纽，整合多种媒体展开营销。

只有遵循6I's组合才能提高社会化媒体营销的效率。现阶段，国内外一些优秀的企业的成功实践已经充分证明了这一点。

五　顺势而为：6I's组合营销成功案例

2013年3月一则题为《神秘网络高手击败周睿羊》的消息在网上出现，立刻引发了所有围棋爱好者的关注。周睿羊是国内围棋新锐，且刚获得了百灵杯冠军，风头正盛，此消息很快引起人们兴趣，都想一探究竟。报道说，2013年3月14日晚8点，周睿羊在野狐围棋平台参加指导活动，一局战罢，本打算休息。这时一个名叫“小胖兔子”的神秘人物出现并向周睿羊发出对局邀请。一般职业高手在网络实名制下棋时是不会理会无名小卒的挑战的，也许是正闲着无事，周睿羊随手点开“小胖兔子”的信息一看，此人战绩果然十分了得，在短短时间内竟然以全胜战绩从3D升至9D。[①] 于是，周睿羊给出了“苛刻”的对局条件：10秒一次（相当于直接进入读秒阶段），下一盘超快棋，企图三两下就搞定对手。结果双方大战231个回合，周睿羊才勉强战胜了“小胖兔子”。此役立刻引起了很多棋友驻足观战。次局，“小胖兔子”一改常态，不再试探，竟逼得周睿羊中盘告负。双方战成1比1平局。第三盘，双方都拉开了架势，拼尽全力，展开厮杀，杀得天昏地暗。势均力敌的对决让棋友大呼过瘾，最后周睿羊竟然输了半目。从此，“小胖兔子”名声大噪。

① 网络对弈中的“D”相当于职业围棋中的“段位”。

紧接着老牌世界冠军、世界顶尖高手，同时也是野狐围棋网老板的古力在其个人微博上向“小胖兔子”下战书、发出挑战。一夜之间，舆论哗然，棋迷们的目光纷纷聚焦到野狐围棋网，等待着“小胖兔子”的出现并观看与古力的大战。结果这个神秘的“小胖兔子”从此不再，也没有了踪影。人们只知道这个来无踪去无影的“小胖兔子”的IP地址是来自于北京，其他一切均是个谜。于是，一场大规模的“人肉搜索”开始了，人们也进行了对于其真实身份的猜测。

至于此事是否有人在暗中策划，“小胖兔子”到底是何许人也，以及是否能出现、何时会出现等问题如今已不再重要，重要的是由古力、李昌镐等创办的“野狐网”已经名扬天下。这已是不争的事实。

此案例很好地遵循了6I's营销组合的原则，产生了极好的营销效果。首先是利用人们对新科冠军周睿羊的关注（即时性），并制造了一个极富趣味性的话题“神秘网络高手击败周睿羊”，很快就博得了目标客户群体的关注；然后再利用“民间人士”“武林高手”“来去无踪”等元素营造神秘氛围来调动棋迷的胃口和参与的积极性（价值性、创新性和互动性）；最后是利用世界冠军古力的影响力和微博的传播力量将此事的炒作推向极致（整合性）。整个过程步调连贯、动作协调、一气呵成，取得了极好的营销效果。

野狐围棋网的社会化媒体营销策划就是对6I's营销组合一个极好的诠释。

B.21

2014年中国网络广告发展趋势

曹军波*

摘　要：

本文回顾了2013年中国网络广告市场的发展情况，并对2014年发展趋势进行预测。2013年中国网络广告市场发展基本面良好，同时新的机会不断涌现，在技术革新的推动下，产业链逐步趋于完善，跨屏营销未来将成为重要的趋势。垂直搜索广告份额高于关键词广告及品牌图形广告的市场格局将会成为未来一段时期主要的结构形态。大数据以及实时竞价的普遍应用将对网络广告发展带来巨大的推动作用。

关键词：

网络广告　垂直搜索　大数据　实时竞价（RTB）

一　发展概况

2013年是中国网络广告市场平稳发展的一年，也是突破的一年。

从市场规模看，2013年中国网络广告市场规模达到约1100亿元，同比增长46.8%，维持了与上年基本持平的较高增速，同时实现了千亿元大关的突破。对中国网络广告市场而言，一方面经过多年的发展，市场规模终于达到千亿元级别；另一方面市场逐步进入成熟期，未来几年的增速将会有所放缓。

从产业结构角度看，中国网络广告市场当前正处于转型时期。整体网络

* 曹军波，艾瑞咨询集团副总裁、研究院院长兼首席分析师。

经济形势的快速变化拉动了网络广告市场结构的变化。品牌图形广告近年来受到各种新兴广告形式的冲击，其份额不断收缩，2013年失守第一大网络广告形式的位置，退居第三。受到电商营销需求快速发展的带动，垂直搜索广告则首次超过搜索关键词广告，跃居第一。中国网络广告市场结构在2013年发生了前所未有的变动，而当前的结构形态预计将成为未来一段时间的稳定形态。

从市场主要竞争者角度看，市场集中度得到进一步加强。TOP10媒体的广告营收占到中国网络广告市场整体的79%，较去年有所提升，同时TOP10媒体的排位与上年相比没有剧烈变动。百度与淘宝继续领跑市场，但二者间的差距大幅缩小，淘宝赶超之势明显。

从技术发展角度看，国内的网络广告技术正不断革新，为市场带来新的推动力。大数据的挖掘和利用正受到越来越多的重视，实时竞价技术、精准定位技术等相关技术正逐步从稚嫩走向成熟，网络广告技术的进步将是市场未来持续发展的重要助力。

从产业链演变看，中国网络广告产业链上的角色正不断增多。在广告主、4A广告公司、代理商、广告网络、广告联盟等传统角色之外，随着RTB的兴起，广告交易平台Ad Exchange、需求方平台DSP、供应方平台SSP、数据管理平台DMP、数据交易平台Data Exchange等新的角色不断涌现，使传统的网络广告产业链得到了扩展。但是，当前国内基于RTB的产业链角色仍有所缺失，未来产业链还将得到进一步完善。

从渠道角度看，随着移动互联网的高速发展，移动营销在网络营销中的重要性也不断提升，移动广告市场蕴含巨大的发展潜力。与此同时，互联网电视、可穿戴设备等可联网设备的热潮也开始兴起，带来更多潜在的网络广告商机。未来，跨屏整合营销将成为中国网络广告市场的重要课题。

二　市场规模发展趋势

2013年中国网络广告市场规模达到1100亿元，同比增长46.8%，增速与

2012 年基本相当。预计 2014 年中国网络广告市场规模将接近 1500 亿元，增速略低于 35%。到 2017 年，中国网络广告市场规模预计将会达到 2852 亿元，市场容量接近 3000 亿元。

未来中国网络广告市场将以平缓态势增长。增速逐步放缓的趋势主要是受到以下因素影响：第一，网络广告市场经过十余年发展，已进入较为成熟的阶段，当前市场规模已突破千亿元，未来较难再保持过去盘面较小时的快速增长；第二，随着中国整体经济进入结构性改革阶段，未来经济增长速度预期将会放缓，宏观经济形势会对网络广告市场产生相应影响。但是，网络广告经过多年的发展，已得到广告主的普遍认可，未来仍将是最重要的营销渠道之一，广告主数量以及 ARPU 值都存在上升空间，因此尽管未来市场增速会有所放缓，但总体而言其发展仍将较为稳健。

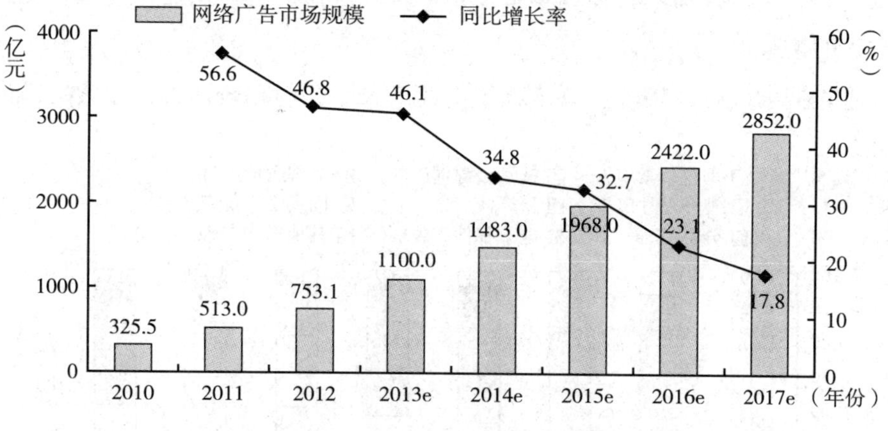

图 1　2010～2017 年中国网络广告市场规模及预测

说明：1. 互联网广告市场规模按照媒体收入作为统计依据，不包括渠道代理商收入；2. 此次统计数据包含搜索联盟的联盟广告收入，也包含搜索联盟向其他媒体网站的广告分成。

资料来源：根据企业公开财报、行业访谈及艾瑞统计预测模型估算。

三　细分结构发展趋势

2013 年中国不同形式网络广告市场份额结构较以往出现了值得注意的重要变化。2013 年，垂直搜索广告收入占比达 27.8%，较 2012 年大幅增长，超越搜索关键词广告成为占比最大的网络广告形式。与此同时，传统的品牌图形广告份额遭到大幅压缩，占比从2012年的30.1%下降到24.0%，不再是最主流的广告形式，其份额甚至已低于搜索关键词广告。

垂直搜索广告份额高于关键词广告、品牌图形广告的市场结构将会成为未来一段时间内稳定的结构形态。2014年垂直搜索广告的份额还将进一步上升，此后，前三大类广告形式的份额均会保持相对稳定。除此之外，视频广告未来份额将会不断提升。预计到2017年，垂直搜索广告的份额将达到34.7%，搜索关键词广告份额将达到25.7%，品牌图形广告的份额将达到20.4%，视频贴片广告份额将达到9.1%。

垂直搜索广告增长的动力主要来自于电子商务行业的高速发展。随着网络购物和在线旅游市场的快速发展，电商类广告主对于网络营销的需求还将不断扩大，其中一部分需求将通过垂直搜索广告来进行消化，从而拉动垂直搜索广告收入的增长。

垂直搜索广告的增长主要依赖于电商广告主，但相较而言，搜索关键词广

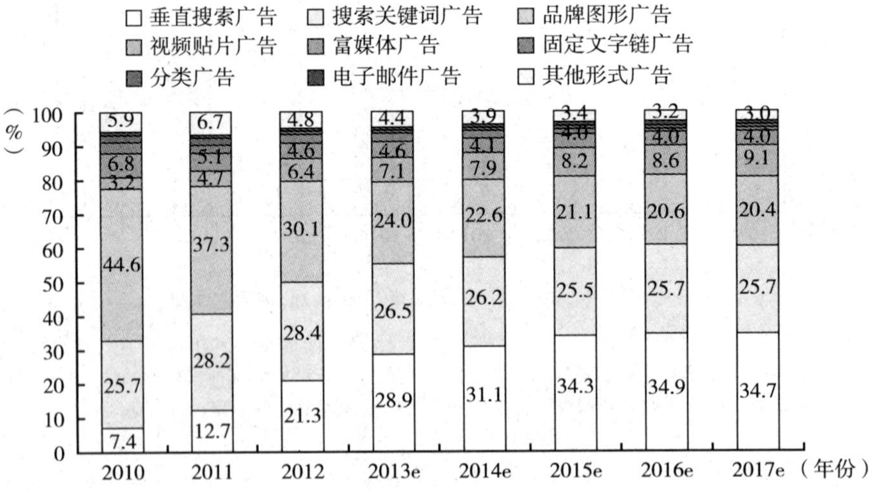

图2　2010～2017年中国不同形式网络广告市场份额及预测

说明：1. 搜索关键词广告指通用搜索引擎基于关键词匹配的广告；2. 垂直搜索广告指垂直搜索网站提供的搜索广告服务，例如淘宝、京东、去哪儿；3. 联盟广告拆分到各品牌图形、富媒体、文字链及其他广告形式当中。

资料来源：根据企业公开财报、行业访谈及艾瑞统计预测模型估算。

告及品牌图形广告被全行业广告主所接受和依赖，是能提供良好曝光率和较高ROI（投资回报率）的成熟网络广告形式，因此未来均仍将具有良好的增长性。此外，受益于移动端、视频内容的增长，即库存的增长、广告数量的增长（广告支数）、广告单价的提升，二、三线城市售卖率的提升等因素的推动，视频贴片广告未来也将会有较高的增长。

四 相关企业发展趋势

网络媒体方面，市场的集中度有所加强，且集中趋势将会持续。2013年，TOP10 媒体的广告营收占到中国网络广告市场整体的 79%，较 2012 年有所提升。预计到 2017 年，这一比例将会达到 84%。2013 年，百度、淘宝与谷歌中国媒体营收规模领衔中国网络广告市场。奇虎 360、淘宝与腾讯三家同比增长分别为 87.6%、65.0% 和 48.1%。奇虎 360 的搜索商业化拉动整体广告增长突出；网络购物行业整体快速增长与淘宝广告营收增长相互促进，共同增长；腾讯在社交与视频方面的网络广告持续发力，预计未来仍将快速增长。

对于百度、淘宝、腾讯、谷歌等互联网媒体巨头而言，除传统的搜索广告、垂直搜索广告以及品牌图形广告之外，他们未来将会致力于挖掘更多新的广告营收增长点，将触手发展到产业链上的各个层面。媒体巨头通过收购或推出自有产品等方式，纷纷布局视频广告、移动广告、广告交易平台等，未来还将在这些领域进一步发力。在这些热点领域，创业公司较难以与巨头进行对抗，但在一些巨头尚未触及的创新领域，创业公司仍然存在机会。

此外，媒体的新动向也会反向带动上游的广告代理商及服务商的发展以及转型。例如媒体巨头纷纷推出广告交易平台，就极大地带动了 DSP 服务商的发展。由于广告交易平台的增多，RTB 市场中媒体资源不断增加，一些广告网络服务商开始转型做 DSP，好耶等代理商也开始涉足 DSP 业务。艾瑞分析认为，未来还会有更多的媒体推出广告交易平台或 SSP，而由于媒体的推动，未来还会有更多代理商和服务商开始涉足 RTB 相关业务。

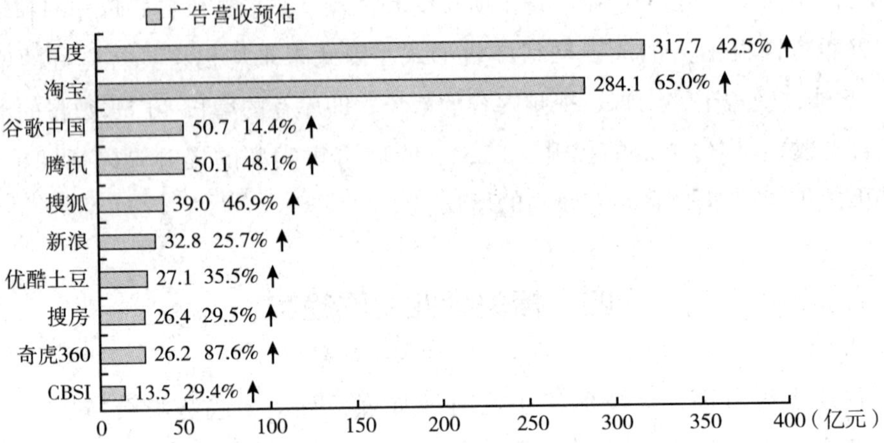

图3　2013年中国网络广告市场媒体营收规模TOP10

注：1. 各上市企业广告营收统计标准以其财务报表中公布的广告营收数字为准，不考虑因税收和返点引起的统计口径差异；2. 搜狐广告营收包括门户和搜狗的广告营收；CBSI广告营收包括中关村在线、网上车市、爱卡汽车、Onlylady等17家网站的广告营收；搜房广告营收包括营销服务收入与分类信息服务收入。

资料来源：根据企业公开财报、行业访谈、iAdTracker监测数据及艾瑞统计预测模型估算，仅供参考。

五　广告技术发展趋势

1. 大数据在网络广告中的应用

近一两年来，大数据的挖掘和利用正受到业界越来越多的重视。大数据的应用为中国网络广告的发展带来了许多新的可能性。其中，网络营销正是大数据应用的重点方向之一。

大数据的挖掘和整合是对大数据进行分析和应用的基础。在网络广告当中涉及大数据的来源主要有三个方面：第一是第一方数据，即广告主内部数据以及通过在官网等网站布码获得的数据；第二是第二方数据，即广告代理商、服务商以及第三方广告平台等通过广告投放所获取的用户和投放数据；第三是第三方数据，即由第三方数据监测公司所监测到的数据，或是媒体获取的监测数据。对于网络广告投放而言，第一方数据具有最高的利用价值，同时第一方数据也是进行重定向广告投放所必须参考的数据。

对于广告平台而言，单一来源的数据可能存在片段化、零散化的结构问题。当数据的来源越丰富、越多元，则数据的整体结构越完整、越全局，越能更好地对数据进行分析。当前中国尚无真正意义上的第三方 DMP，使得国内的广告公司和平台所能获得的第三方数据有限，在这样的情况下，未来会有更多的第三方数据提供商、服务商、DMP 乃至数据交易平台出现。

大数据具有多元化的特点，数据以图片、文字、视频等多种不同的形式出现。大数据是精准定位技术的基础，而不同类型的数据可以为不同的定向方式提供支持。整体而言，网络数据可以依据大的维度划分为属性数据、行为数据、社交数据、即时数据等。从细化的角度来说，包括了人口属性数据、地域数据、搜索关键词数据、行为数据、媒体环境数据等方面。基于这些不同类别的数据，可以在广告推送中实现地域定向、需求定向、偏好定向、关系定向等定向方式，实现精准化、个性化营销，从而提高广告的有效到达率，提升投资回报率。

大数据在网络广告中的应用主要是实现精准营销。利用大数据进行精准营销的例子包括搜索引擎精准营销，RTB 实时竞价广告，重定向精准营销等。搜索引擎精准营销即是搜索引擎运营商整合受众的搜索关键词、访问页面等数据，进而描绘受众的人口属性、长期兴趣爱好与短期特定行为，在其广告联盟网站上针对受众呈现精准广告内容。重定向精准营销关注的是如何产生网站或广告的“回头客”，试图让那些曾经访问过某个网站但没有产生购买或有效行为的网民产生二次访问或实际购买。RTB 精准竞价广告则是利用用户的浏览行为等数据，实现行为定向等定向方式，通过广告交易平台进行针对性投放。

尽管这一两年来大数据的发展和落地非常快，但当前中国大数据的挖掘和应用也还存在一些问题。第一是数据的安全性问题。大数据建立在对互联网、物联网等渠道数据资源收集的基础上，随着大量用户个人属性及行为数据的收集、存储和使用，用户的个人信息存在被泄露的风险。如何合法合规地获取数据、分析数据和应用数据，是大数据价值实现要考虑的问题。第二是数据的互补及流通问题。由于企业定位及业务类型的差异，不同企业掌握不同的数据，如百度掌握搜索数据，阿里掌握交易、信用和社交数据，腾讯掌握用户关系和社交数据。不同的数据仅能体现用户特征的一个方面，只有实现数据的共享互通，才能最大化实现数据价值。因此，数据交易平台的出现将是未来的一个重要发展趋势。

2. 实时竞价（RTB）

实时竞价（RTB）技术的出现，是网络广告投放方式的一种重要变革。由于 RTB 技术的出现，广告主可以通过 DSP，在广告交易平台上实时竞购自己所需的受众。并且这一过程可以完全实现自动化、数字化，而无需经过任何的人工谈判。

过去广告主通过媒体购买的方式，对广告位进行包断，广告曝光的对象是浏览广告位所在页面的网民，但往往并非所有浏览该广告位的网民都是该广告的目标受众。利用 RTB 技术，广告主可以通过 DSP 在广告交易平台上购买不同的广告位，以追踪不同的受众。在 RTB 的环境下，不同的受众群体在浏览同一个广告位时，看到的有可能是不同的广告。

RTB 技术的出现使广告主和媒体能够同时受益。对于广告主而言，RTB 技术使其能够实现从媒体购买到受众购买的转变，能够更精准地针对目标受众进行广告投放，在同样的预算前提下，一方面可以覆盖到更多的广告位，另一方面可以提升广告的转化率。同时，由于通过 RTB 方式可以实时购买广告位，而无需事先与媒体进行框架协议，因此投放形式、投放时间、预算分配均更加灵活，可以提升广告投放效率，减少人力谈判成本。对于媒体而言，由于同一广告位可以被不同的广告主竞买，也能够提升广告位的售卖率和利用效率。

六　产业链发展趋势

传统的广告投放模式中，广告主可以通过以下渠道进行广告投放：

1. 广告主直接购买媒体

广告主直接在媒体上购买广告位。搜索引擎关键词广告或广告联盟展示广告均可进行自助投放。此外，广告主也可通过门户等媒体的直销团队，直接购买其优质广告位。

2. 广告主通过代理商购买媒体

代理商为广告主进行代理投放，并协助其进行预算分配。除可同样进行搜索引擎及广告联盟的广告投放之外，代理商还可以通过广告网络为广告主购买媒体资源。

RTB 技术推动了网络广告投放方式的转变，基于 RTB 的广告投放方式既包含了传统的广告投放方式，又联结了 DSP、SSP、广告交易平台等产业链上新出现的角色，拓展了新的投放方式。除传统的广告投放渠道之外，广告主或代理商还通过 DSP 进行投放，DSP 帮助广告主或代理商通过搜索引擎、广告网络以及广告联盟进行投放，同时 DSP 可以接入多个广告交易平台或可以接入多个 SSP 来获取媒体受众资源，而广告主则通过 DSP 对广告交易平台中的流量进行基于受众的购买。

自 2011 年 RTB 模式进入中国以来，各大互联网巨头纷纷试水，相继推出自有的广告交易平台及配套的 DSP，推动了整个 RTB 市场的发展。谷歌于 2011 年 6 月在中国试运营其广告交易平台 Double Click，并在 2012 年 4 月宣布正式上线。阿里于 2011 年 9 月推出了 TANX。盛大于 2012 年 9 月推出了其私有广告交易平台。2013 年 1 月，腾讯正式对外发布 Tencent Ad Exchange 广告实时交易平台，并后续推出“腾果”DSP。2013 年 3 月，新浪推出私有广告交易平台 SAX（Sina Ad Exchange）。2013 年 5 月，阿里推出了 Tanx SSP 平台。2013 年 8 月，百度正式推出流量交易服务 BES（Baidu Exchange Service）。2013 年 11 月，京东推出专属 DSP 广告平台——JD 商务舱。互联网媒体及电商巨头的不断进入为 RTB 市场提供了资源数量保障，并推动了整个 RTB 市场资源质量的提升以及标准化进程的进展，越来越多的广告主开始接受 DSP 及 RTB 的概念，尝试将更多的预算通过 DSP 及 RTB 进行投放。

百度、谷歌、淘宝、腾讯等互联网媒体巨头在推出广告交易平台的同时，也纷纷推出或筹划推出自有的 DSP 或 SSP，试图在产业链的各个环节上都进行布局。与此同时，一些第三方的代理公司、广告网络公司如好耶、易传媒等也开始纷纷涉足 DSP 及 SSP 业务。更有甚者，如品友等公司抛弃了原有业务，专注于 DSP 服务。而一些新成立的 DSP 公司如晶赞、新数等也纷纷涌现。一时间，RTB 广告产业链热闹非凡。2012 年时，RTB 相关的企业仅寥寥数家，

2013 年则呈现井喷式的爆发。可以预见的是，随着 RTB 技术的不断成熟以及巨头的相继进入，未来产业链上的企业还会不断增多。

尽管中国网络广告产业链近两年来飞速扩张，但相较于成熟度极高的美国市场，当前国内广告产业链中部分角色仍然存在缺失。未来中国网络广告产业链的发展趋势，第一是第三方 DMP 及数据交易平台 Data Exchange 出现。出于用户隐私、数据安全、巨头数据垄断、国内商业环境特殊性等原因，当前国内第三方角色缺失。但随着市场对数据流通的需求日益强烈，以及巨头开放意识的增强，第三方 DMP 及 Data Exchange 的出现将成为必然。第二是 Trading Desk 的正式出现。部分 4A 公司在国外市场已经有较为成熟的 Trading Desk 产品，但由于国内缺乏第三方 DMP 支持等因素的限制，当前仍是分别对各家 DSP 进行投放，而缺乏统一的管理平台。预计随着第三方 DMP 等角色的出现，适用于国内市场的 Trading Desk 也将正式出现。

B.22

大数据时代的新闻

胡 泳*

摘 要：

大数据时代的到来，不但给新闻行业带来了变化，同时公众对新闻的解读热情也被释放，中国新闻呈现出“新闻谈资化”的新气象。新闻同大多数行业一样，无法摆脱时代对它的影响。在大数据时代的背景下，新闻不仅应该注重对数据的整理和解读，更应该懂得数据源于公众，属于公众。

关键词：

大数据 新闻 受众 传播

一 新闻的迁徙

斯坦福大学的多媒体和信息设计专家乔夫·麦吉曾经是《纽约时报》的记者，后来专注于数据新闻领域的研究。在谈到数据新闻业的时候，麦吉认为，数据新闻相对于传统新闻业来说更能让人主动、精确地去还原故事的现场。他说：“现在普通的媒体要找一个故事，就需要派记者出去打听线索。将来很可能有一组很大的数据挖掘，就从这个里面去找故事。《纽约时报》过去就是很善于记录数据的，比如船只到达的时间、货物量等。一百多年以后，在你笔下的故事、角色，很可能就是当初被记录的数据。包括《华尔街日报》，也是把股票数据记下来，通过这些数据就能转化出当时的人物——投资家、总统、州长等。数据新闻要做的事情，就是把数据还原成故事和人物。这个还原

* 胡泳，北京大学新闻与传播学院副教授，博士。

过程，就是数据可视化的过程。”①

在这样的数据可视化过程中，央视就发现了电视新闻的新的方向。马年春运和春节期间，其联合百度推出“据说春运”“据说春节”，调用百度的大数据（包括迁徙数据和搜索数据），将其融入新闻内容的策划与创作过程中。作为中国影响最大、受众最广的媒体，央视迈步探索数据新闻，无疑会给其他媒体带来示范效应。

可以展开合理的想象，来对比传统新闻报道和数据新闻的区别。以2014年2月央视曝光东莞色情业为例，如果央视的记者走传统路数的话，就会是一个出镜女记者站在东莞高速路口做模板式的报道：“我台记者XXX现在做现场报道。昨夜，东莞市政府出动大量警力清查了多处涉黄场所。今天，我们看到在高速路口，出城的车辆明显多于进城的车辆。”然后，女记者举着话筒跑到一个在收费口排队的私家车旁边问：“先生，您什么时候来东莞的，现在要去哪儿?”

但在网络上，当央视的新闻播出后，一部分网民想到通过“百度迁徙”查询东莞当天的人口迁徙状态，结果显示，从东莞去往香港的人占比最多，于是有人将其视为香港人逃离东莞的佐证。虽然事后有媒体质疑这种解读并不完全靠谱，东莞的人口流动与色情业的关联度并没有那么高，但这并不影响网友在微博、微信上转发和评论的积极性。

当数据被解读成一个又一个故事，这个还原过程是非常有趣的。更重要的是，还原的过程本身也构成新闻的一部分。

二　公众解读的激情

“百度迁徙”是基于数亿部智能手机的LBS定位服务数据实现的，根据用户地理位置的变化，判断出用户发生的“迁徙行为”，并最终进行直观、动态的可视化展现。究其本质，这是一种数据流。

麦吉认为，数据新闻就是在放大新闻的信息属性，而这个属性的展现形式

① 对麦吉的采访，2013年11月1日。

是数据流。以往记者使用的摄像机、话筒、笔，都是信息采集的记录工具，但是将这些信息传递出去的过程，是一个封闭的过程。传统新闻制作流程是不允许公众干预或者说参与进来的。也就是说，数据编码和解码的过程，与阅读者无关。

数据新闻的着力点恰恰在此。移动互联终端取代了传统摄像机之类的信息采集终端，每一个人成为数据化单位，个性化的数据记录则由 APP 来完成。个体无意之间变成了新闻的参与者（注意，这里说的是“无意间”。如果是“有意”的，更会对传统新闻业造成天翻地覆的变革）。

当百度用可视化工具将东莞的人口流量呈现出来时，公众获得的第一个权利就是解读的权利。从微博和各种自媒体账号的讨论来看，公众的解读热情显然被一下子释放出来。这种数据新闻对于当下中国来说，也许我们还不能将其上升到颠覆了什么、改变了什么的高度，但可以说带来了一种崭新的气象——“新闻谈资化”。

所谓新闻谈资，就是充分利用了公众的好奇心，捕捉事实之外的留白。比如“大象公会”微信公号做过的为什么“主席头”会流行、为什么朝鲜阅兵礼最震撼等。而数据新闻背后的谈资会更多，比如围绕着为何“逃离”东莞的主路线会是香港，还有哪几条清晰可见的线段，就能衍生出大量相关话题。而话题，无疑就是谈资。

三　数据新闻的灵魂：开放

2013 年，一则人事变动的小小新闻并没有引起互联网界很大的反响，但是对于数据新闻业来说，它关乎这个行业的两个巨头。也许，我们在若干年回过头来看这则新闻的时候，会感觉到有权杖交接味道。

2013 年 4 月 18 日，为《卫报》效力 15 年之久的老牌记者西蒙·罗杰斯（Simon Rogers）在其个人博客上宣布，他将跳槽前往 Twitter 效命。斯人之所以关键，是因为他是《卫报》“Datablog”的发起人，可以说《卫报》在数据新闻领域能在全球走得如此超前，和罗杰斯的努力分不开。

2009 年，罗杰斯在总编阿兰·拉斯布里杰（Alan Rusbridger）的鼓励下开设了 Guardian Datablog。它以博客的形式出现，提供新闻故事背后的完整数据，包括原始数据、统计和可视化数据。现在，Datablog 拥有一个网页 Data Store（guardian. co. uk/data）可搜索世界政府和世界发展数据库；一个包罗万象的由 A 到 Z 的话题数据库；由《卫报》美编制作和从网上搜集来的大量可视化数据；还有有关公共开支数据的调研工具。每天，《卫报》的数据编辑利用 Google spreadsheets 分享报纸工作背后的完整数据，并将这些数据予以详尽分析和加以可视化，最后为报纸的印刷版和电子版提供新闻。

《卫报》在很早就意识到了新闻需要新的形态，也就是"开放新闻"。拉斯布里杰对"开放新闻"的定义是：它是一种完全织入世界上现存的信息网的新闻。它和这个网络相连，从网络中筛选和过滤，与网络紧密合作，利用普通人发表和分享材料的能力更好地讲述世界。[①] 为了让人理解，拉斯布里杰用一连串排比诠释了什么叫做"开放新闻"。"旅游版在寻找对柏林了如指掌的一千人。环境团队试图扩大环境报道的范围、权威性和深度。国际报道组想要收获尽可能多的来自阿拉伯的声音，以帮助报道和解释那场春天的革命。体育编辑在想怎样才能更好地报道竞逐世界杯的 32 个国家球队。评论编辑希望拓宽辩论的光谱，从政治思想家到科学家到神学家到律师。这家报纸正在超越一家报纸的界限。记者发现自己能够呈现更完整的画面。"[②] 新闻应该来源于大众，同样也应该属于大众。拉斯布里杰认为新闻的未来影响取决于它有多开放和多透明。

《卫报》没有像《华尔街日报》和《纽约时报》一样，把自身的内容锁在付费墙之后，而是公开了众多的数据集、文章、视频和图像——包括自 1999 年以来的超过一百万个故事——并邀请世界重新混合。这不仅仅是利他主义。《卫报》认为分享内容能够帮助开启新的服务和收入来源。正如 YouTube 视频已经变成整个网络上各种网站普遍存在的一个特色，拉斯布里杰

① "Q&A with Alan Rusbridger: the future of open journalism", 25 Mar. 2012, http://www.theguardian. com/commentisfree/2012/mar/25/alan - rusbridger - open - journalism.

② Alan Rusbridger, "The Guardian: a world of news at your fingertips", 29 Feb. 2012, http://www.theguardian. com/help/insideguardian/2012/feb/29/open - journalism - at - the - guardian.

想让《卫报》的文章、图像和数据集在博客圈、社交网络和其他一些流行的目的地中也变成一个无所不在的特色。为什么《卫报》要认为只有它的内部团队才能够设想并有利地实施所有潜在的令人信服的办法，在今天和未来把它的内容打包并传递出去？如果几百个甚或几千个合作者有机会也有动力在《卫报》内容的基础上来革新，它成功的机会难道不是更大吗？

在“开放新闻”理念的指导下，《卫报》成为世界上第一家将用户自生产内容和众包集成进其商业模式中的报纸，也是最早把自身转化为数据共享的真正开放性平台的报纸之一。作为《卫报》数据新闻的排头兵，罗杰斯敏锐地认识到，随着网络“泵出”越来越多的数据，读者将会对新闻背后的原始数据产生异乎从前的兴趣。在《卫报》推出 Datablog 之前，创办者以为目标用户会主要是那些围绕数据开放平台建立应用的软件开发者。实际上，普通读者对数据的需求更热烈：从碳排放到东欧的移民数量，从阿富汗死难者的分类到披头士在他们的歌中所唱到的“爱”的次数，读者对各种各样的数据都趋之若鹜。

前文中曾提到“无意”和“有意”的话题。百度迁徙地图让公众无意成为新闻的参与者。而真正的数据新闻，则应该是以开源的理念制作，让公众有意参与。就好像罗杰斯在接受采访时谈到的，众包是他们制作数据新闻的主要手段。比如，《卫报》做的对国会议员开销的调查，就是一个经典案例。①

2009 年，英国爆出政客选举开支丑闻。《卫报》的竞争对手《每日电讯报》每天都在头版上揭露那些骇人听闻的有关选举获胜的官员根本站不住脚的花费。《每日电讯报》有一个专门的记者团队对泄露的文件检查了一个月。作为对公众愤怒的回应，政府宣布将在线公开超过 100 万份扫描的文件和收据，而这是足以淹没任何新闻机构的数据海啸。

《卫报》每天都为仍然落后于《每日电讯报》的抢先报道而懊恼，它开始请求读者帮助筛选这 100 万份文件，并找出至今仍未被披露的渎职行为。报纸的网站上开始运行一个开源软件，允许读者一个个检查记录并把收据用

① Simon Rogers, “Behind the Scenes at the Guardian Datablog”, http://datajournalismhandbook.org/1.0/en/in_the_newsroom_3.html.

四种方式归类："感兴趣的""不感兴趣的""感兴趣但是已经知道的""调查这个"。超过两万名读者作出了贡献。17 万份记录在 80 个小时内就被检查完毕。《卫报》在头版设置了一个进度指示器，让研究者分享一个共同的目标。随后，它又开发出一个业绩最佳志愿者的名录，这进一步为志愿者增添了动力。当《卫报》为每一个收据都配发了一幅下议院议员的照片时，读者的反应骤升。报社甚至从亚马逊公司租赁了便宜的服务器空间来处理最初的雪崩式的关注。报纸最后的现款支付：少于 150 美元。这促成了一种众包式的调查性报道，而关键的是，这种创新帮助报纸与它的读者建立了一种更为融洽的关系。①

四　干预和参与的力量

事实上，寻求开放是大数据时代的根本动力。大数据更像是一场行进很久的运动的高潮。这场运动发轫于 20 世纪 80 年代，以理查德·斯托尔曼（Richard Stallman）、林纳斯·托瓦兹（Linus Torvalds）和埃里克·雷蒙德（Eric Raymond）为代表的开源三杰认为知识应该以共同创造和共同享有的姿态出现，而不是被垄断在寡头手中。随后，在著名出版商、Web2.0 之父蒂姆·奥莱理的倡导下，开源运动进入了第二个阶段，即数据开放。

也许今天，我们认为开源是大势所趋，但在互联网还没有出现，甚至是刚刚步入青春期的时候，封闭与开放两大流派曾进行过长时间的激辩。这甚至影响到了美国政府的信息开放政策。

从布什政府以反恐为名，连续出台了两个争议颇多的法案——《爱国者法案》和《2002 国土安全法》，到奥巴马提出"人民知道得越多，政府官员才可能更加负责任"；从布什政府时代政府和公众的交流受限，到奥巴马签署《透明和开放的政府》备忘录，美国一直在开放的路上走走停停。

① Michael Andersen, "Four crowdsourcing lessons from the Guardian's (spectacular) expenses - scandal experiment", Nieman Journalism Lab, 23 June 2009, http://www.niemanlab.org/2009/06/four-crowdsourcing-lessons-from-the-guardians-spectacular-expenses-scandal-experiment/.

就在奥巴马实践其开放政府理念的同时，一位互联网的传奇人物在英国也实践着他的数据网梦想。他就是万维网的发明者蒂姆·伯纳斯-李（Tim Berners-Lee）。在他的力推之下，英国政府开始了数据开放运动。英国的data. gov. uk上线后，公众可以在该网站上查到3000多项民生数据。保守党领袖卡梅伦担任英国首相之后，更是提出了“数据权”的概念，即获取数据是每一个英国公民的基本权利。

从IT领域的开源到政府的转型，这是一场长达30多年的以“开放”为灵魂的历史运动，而移动互联网的兴起无疑把这场运动推到了前所未有的高峰，这个高峰被命名为“大数据时代”。

新闻同大多数行业一样，无法摆脱时代思潮对它的影响。在大数据时代的背景下，新闻不仅应该注重对数据的整理和解读，更应该懂得数据源于公众，属于公众。

海地的数据地图被公认为是世界上最完美的数据地图。因为在海地地震期间，大量的公众参与了数据地图的建设，一直到现在还有人在继续完善。作为数据新闻从业者的行动指南，《数据新闻手册》① 是用众包的方式完成的。

由于Twitter等新媒体工具的兴起，我们开始变得不再关注新闻本身是什么，而是更加沉浸在作为个体参与其中的乐趣之中。正如罗杰斯所说，“报纸传统的与读者的单向关系正在被人手一部移动设备、随时产生新闻的新形式所取代。只要我们做新闻工作，Twitter便是一个重要的元素。它在每个涉及政治、体育与娱乐的重大事件中都不可忽视，而且越来越重要”。罗杰斯告别《卫报》的博文值得每一位研究新闻业转型的人去拜读。《再见，卫报。你好，Twitter》，简单直白的题目，直接让我们看到了在这位资深编辑眼中，谁才是新闻的未来。②

与Twitter的数据所发挥的新闻效应一样，百度的大数据新闻意味着一种新闻理念的进步，但仅仅是一个开端。除了获取谈资之外，我们需要更多的干预或者参与的力量。在中国，数据新闻目前还只是作为为传统新闻模式服务的新工

① *Data Journalism Handbook*, http://datajournalismhandbook. org/1. 0/en/index. html.

② Simon Rogers, “Farewell, Guardian, hello Twitter”, 18 Apr. 2013, http://simonrogers. net/2013/04/18/farewell-guardian-hello-twitter/.

具，距全新的制作新闻理念仍有很大距离。对照《数据新闻手册》，它将数据新闻的重要意义总结为如下几点：（1）过滤数据流；（2）提供不同的新闻报道路径；（3）类似带有数据的摄影新闻；（4）构成获取信息的新方法；（5）定位异样的东西，识别新兴的趋势；（6）对官方信息作出独立诠释；（7）消除信息不对称；（8）提升新闻从业者的技能；（9）对抗公关数据；（10）节省时间；（11）看到以前看不到的东西；（12）带来新的生产和扩散知识的手段。①

最终，罗杰斯认为，数据新闻的使命在于帮助人们发现和使用数据。数据以往是新闻机构的禁脔，它们普遍将其视为不可外泄的宝藏。现在，是新闻界改变心态的时候了。必须认识到，新闻从业者并不总是专家和内行。在任何一个给定话题上，总有人比记者和编辑更博学，因此可能对该话题作出极大的贡献。“所以，如果你把信息放出去，你会因此获得回报。”② 正是为此，拉斯布里杰有一段解释何为“开放新闻”的视频的题目就叫做“新闻记者并非世界上唯一的专家”③。

① “Why Is Data Journalism Important?”, *Data Journalism Handbook*, http://datajournalismhandbook.org/1.0/en/introduction_2.html.

② Nieman Journalism Lab, “How the Guardian is pioneering data journalism with free tools”, 5 Aug. 2010, http://www.niemanlab.org/2010/08/how-the-guardian-is-pioneering-data-journalism-with-free-tools/.

③ Alan Rusbridger on open journalism at the Guardian: “Journalists are not the only experts in the world”, 29 Feb. 2012, http://www.theguardian.com/media/video/2012/feb/29/alan-rusbridger-open-journalism-guardian-video.

B.23

致命的转化率

——一个理解媒体核心竞争力的关键概念

赵曙光*

摘　要：

转化率的高低决定了媒体的商业价值，成为继注意力之后建构媒体盈利模式的关键概念。互联网公司的盈利模式逐步从早期的点击率和用户数转向建立高转化率的线上线下整合生态系统。与互联网公司相比，传统媒体基于广告的盈利模式转化率较低，逐步失去了市场竞争力。高转化率的商业模式不仅仅需要用户的注意力，更需要在支付、配送、营销、活动、信用、客户服务、产品线等领域进行整合。

关键词：

转化率　媒体　核心竞争力

转化率（conversions rates）指在一个统计周期内，完成目标转化行为的次数占点击量（PV）或用户量（UV）的比率。目标转化行为比较多样，包括媒体希望用户完成的动作，如注册、购买、支付、咨询、投诉、反馈等。本文将转化行为界定为实际购买或付款。按照 AIDA 研究模型，购买行为产生主要经过 4 个环节，Attention（注意）—Interest（兴趣）—Desire（欲望）—Action（行动）。以广告作为主要盈利模式的传统媒体、综合门户网站和新闻门户网站主要影响注意环节，也被称为注意力经济。社交网站以口碑营销为重点主要影响唤起消费者的兴趣。搜索引擎更多是通过信息搜集与对比影响激发消费者

---

* 赵曙光，清华大学新闻与传播学院副教授，首都网络文明研究基地主任。

的购买欲望，并将消费者导向提供产品和服务的电子商务网站，消费者最终通过电子商务网站或超市、商场等其他购买渠道完成购买行动。在触发注意、唤起兴趣、激发欲望和实现交易的链条上，越接近交易环节，转化率相对越高。在用户规模接近的情况下，转化率越高的媒体商业价值也越高，更具有核心竞争力。互联网公司逐步从早期的点击率、用户数的竞争转向提升转化率，构建有利于形成高转化率的生态系统，不仅仅影响用户的注意力，也致力于为用户提供产品线、支付、交易、物流、信用评价、客户服务等完整的链条。部分探索转型的传统媒体也开始借鉴互联网公司的经验，不再简单追求发行量、收视率和广告收入，而通过线下活动、特色超市、展览展会等形成了基于传统媒体平台的高转化率生态系统。转化率已经超越注意力成为理解媒体核心竞争力的关键概念。

转化率与消费者行为、消费者特征、网络口碑营销传播、网络信息搜索都有很大的关系，不少学者进行了深入的研究。但是，对传统媒体的广告收入与转化率之间的关系、转化率与媒体商业价值之间的关系还缺乏深入的研究，对于注意—兴趣—欲望—行动等消费者行为的各个环节与转化率之间还缺乏系统性的研究，同时已有研究成果对转化率与传统媒体和互联网公司盈利模式建构的探索也较为匮乏。

一　互联网公司与传统媒体的盈利模式现状

以大数据、云计算、物联网、移动互联网等为代表的信息技术发展促进了媒体平台向社交化（social）、本地化（local）和移动化（mobile）的发展。著名投资银行摩根士丹利认为目前已经从大型机时代、小型机时代、个人电脑时代、桌面互联网时代发展到移动互联网时代，盈利模式也日益多样化，并对传统媒体产生了深远的影响。深入分析互联网公司与传统媒体的盈利模式，可以发现以下需要深入研究的问题。

（一）传统媒体广告收入比用户规模下滑的更快

央视索福瑞媒介研究 CSM 数据显示，2001～2012 年全国电视市场的平均每分钟户开机率一直保持在20%～25%，其中2011年的开机率最高，达24.64%；从历年变化看，开机率已从2001年的21.17%上升至23.74%。[①] 2008年我国每人每天收看电视平均时长为152分钟，2012年为164分钟。[②] 从开机率和人均收视时间来看，电视的用户规模仍旧保持相对稳定。同时，根据赛立信的监测数据，中国城乡居民的广播接触率也在持续上升，2012年为59.7%，较2001年有所上升，2008年以后，广播的接触率一直保持稳定。[③] 考虑到广播电视当年广告收入很大程度上取决于上一年度的广告招商，而上一年度的广告招商很大程度上取决于当时的广告环境。可以发现，虽然2012年广播电视的观众市场基本保持稳定，但是2013年的广告收入增速并不理想，全国广播电视行业广告收入为1302亿元，比2012年的1270亿元仅仅增加32亿元，增幅为2.52%[④]，同期，全国居民消费价格总水平指数上涨2.6%[⑤]，国内生产总值增长7.7%[⑥]，扣除物价和国内生产总值增长因素，广播电视广告收入增幅为负值。

根据原新闻出版总署中国新闻出版研究院2013年4月18日发布的《第十次全国国民阅读调查》，2012年全国报纸阅读率为58.2%，比2011年下降了4.9个百分点；期刊阅读率为45.2%，比2011年上升了3.9个百分点。[⑦] 同样，考虑到受众市场的变化对广告经营影响的滞后性，我们使用2013年上半年的报纸和期刊广告经营数据进行对比。根据央视市场研究（CTR）发布的《2013年上半年中国广告市场回顾》，2013年上半年报纸广告收入下降了6.1%，期刊广告收入下降了8.2%。在期刊阅读率上涨的情况下，广告收入反而下滑，报纸广告收入下滑的速度也超过了阅读率下降的速度，如果扣除物价和国内生产总值上涨的因素，报纸和期刊的广告收入下滑趋势远远超过了阅读率的下滑。

---

① 郑维东：《电视开机率的真相》，《声屏世界·广告人》2013年第10期。

② 郭羽：《央视黄金档广告招标预售启动》，《上海商报》2013年9月24日。

③ 《2012中国广播广告影响力发展研究报告》，赛立信研究集团总裁黄学平于2013年4月25日在2013（第九届）中国广告论坛暨中国品牌与广告影响力大会上发布。

④ 《全国广播电视广告收入预计1302亿元，同比增2.52%》，《综艺报》2014年1月26日。

⑤ 国家统计局：《2013年全国居民消费价格总水平比上年上涨2.6%》。

⑥ 国家统计局：《2013年中国GDP增长率为7.7%》。

⑦ 《2012年国民阅读报告出炉综合阅读率下降》，中国新闻网。

（二）互联网公司并未获得与用户规模和流量相匹配的商业价值

新浪推出微博服务以后迅速赢得了大量用户，“在经历2009、2010两年的增长后，于2011、2012年达到两个高峰。虽然从2012年下半年开始新浪微博活跃度呈衰减趋势”①。但是，截至2012年12月底，新浪微博注册用户数仍然高达5亿，与2011年相比，同比增长74%。日活跃用户数达到4620万，同比提高了82%。但是，2012年新浪微博总收入仅为6600万美元，其中77%的年度收入来自于广告，数额超过5000万美元。② 与新浪相比，截至2012年底，腾讯即时通信工具月活跃账户为7.98亿，微信与WeChat的注册账户总数超过3亿。③ 同样作为社会化媒体平台，腾讯旗下的即时通信工具、微信在用户规模方面领先新浪微博的幅度并不显著，但是，2012年新浪与腾讯的收入差距非常明显。当年新浪公司全年净营收达到5.293亿美元，广告收入为4.129亿美元，占全部收入的78.01%④，腾讯全年营收69.833亿美元，其中网络广告收入为5.381亿美元，占全部收入的7.71%。⑤ 可以看出，2012年，新浪与腾讯在网络广告收入方面的差距只有1.252亿美元，而在总营收方面差距高达64.54亿美元，远远超出新浪和腾讯在用户规模和流量方面的差距。

不仅是新浪微博未能获得与用户规模和流量相匹配的商业价值，Facebook也陷入了类似的困境。根据Facebook发布的2012年年报，Facebook月活跃用户达10.6亿人，日活跃用户达6.18亿人，其中移动端的日活跃用户首次超过桌面端。无论是月活跃用户，还是日活跃用户，Facebook均超出了腾讯。但是，从营收的角度来看，Facebook的收入和利润远远低于腾讯。2012年，Facebook的总营收为50.89亿美元，广告收入占全部收入的84.1%，净利润为5.38亿美元，同期，腾讯的总营收为69.833亿美元，净利润为20.34亿美元。

---

① 敖祥菲、李璐：《活跃度下滑三成，新浪微博改版阻击微信?》，《重庆商报》2013年7月10日。

② 新浪网，《新浪发布2012年第四季度及全年财报》。

③ 腾讯网，《腾讯公布2012年第四季度及全年业绩》。

④ 新浪网，《新浪发布2012年第四季度及全年财报》。

⑤ 腾讯网，《腾讯公布2012年第四季度及全年业绩》。

（三）互联网公司和少数传统媒体布局线上线下整合的O2O（Online To Offline）生态系统

2013年较2012年整体网民规模增速持续放缓。[①] 面对有限的网民规模增长空间，互联网公司很难分享网民规模增长的红利，开始布局O2O生态系统。与新浪微博、Facebook的广告盈利模式不同，腾讯微信淡化了广告的盈利模式，更加注重通过会员卡、手机支付、商城系统提高用户消费行为的转化率。微信支付不仅能实现微信内的支付，包括购买电影票、彩票、话费充值等虚拟物品消费等，还可以让用户在第三方应用以及在线下实体商铺产生的购买行为完成支付。[②] 一些传统媒体的转型也借鉴互联网的O2O模式，构建传统媒体的线上线下整合平台，放弃了传统的广告盈利模式。《创业家》依托杂志平台，将传统媒体的读者视为提供服务的用户，通过黑马会、黑马俱乐部、黑马营、黑马大赛、创业培训等一系列线下活动获得收入。

本文在借鉴已有研究成果的基础上，进一步探讨传统媒体的转化率与广告收入之间的关系、转化率水平与媒体商业价值之间的关系、用户消费行为整合服务水平与转化率之间的关系，并提出如下假设：

H1：虽然在互联网快速发展的背景之下，传统媒体的用户流失引起了广泛的关注，但是传统媒体的转化率下降对广告收入的影响比用户流失更值得关注，传统媒体的转化率与广告收入之间存在显著的正相关关系。

H2：转化率越高的媒体，商业价值越高，转化率与商业价值之间存在显著的正相关关系。

H3：随着用户从Attention（注意）向Interest（兴趣）、Desire（欲望）、Action（行动）的发展，转化率逐步提高，并且提供用户消费全流程整合服务生态系统的传媒比单一环节服务的传媒转化率更高。

---

① 中国互联网络信息中心：《中国互联网络发展状况统计报告》2014年1月。

② 黄艾明：《微信试水商业化O2O模式先行》，南方网。

二　研究方法

数据采集。本文通过计算机辅助电话调查（CATI）的方法采集关于转化率的第一手数据，并将转化率细分为不同类型的媒体和不同类型的产品和服务，主要通过2013年和2014年哪类媒体引起了消费者购买和使用某类产品/服务的认知、兴趣、欲望和行为等问题测量转化率，并通过对比去年和今年的选择分析转化率的增长趋势。调查以第六次全国人口普查的数据作为样本框（见表2），采用系统随机抽样的方法开展。调查对象为10～74岁的城乡居民，样本量为3680，调查信度和效度达到95%以上。考虑到数据的可获得性及真实性，主要选择上市媒体作为研究对象。数据分析软件采用SPSS22.0。

质量控制。为了获得客观真实的数据，本次调查建立了较为系统的质量控制方法。督导在调查过程中，按照100%的比例检查以下内容：接触表的合理性，问卷及随机表的正确性，不同问卷答案的类似程度，封闭题有无遗漏、多问和错问，问卷前后关联部分的一致性，受访者回答与其个人背景信息的符合性，电话录音时长是否在正常范围之内。

三　数据分析

根据央视市场研究（CTR）发布的广告监测数据，2013年前三季度，传统媒体的广告刊例收入同比增长6.5%，其中，电视广告增长了10.0%，广播增长了2.4%，报纸和杂志分别下降了6.8%和8.3%。每类媒体广告投放排名前五的行业增长率存在显著的差异（见表1）。

对表1的数据进行相关性分析，可以发现传统媒体的广告增长与转化率增长之间的相关系数为0.899（$P<0.01$），传统媒体的转化率与广告收入之间存在显著的正相关关系，从而验证了假设1的陈述。

表 1　各类传统媒体广告投放 TOP5 行业的增长率及转化率变化

单位：%

媒体类型	TOP1 行业广告增长	TOP2 行业广告增长	TOP3 行业广告增长	TOP4 行业广告增长	TOP5 行业广告增长
报纸	房地产 -13.5%	商业及服务性行业 -15.3%	交通 -26.6%	娱乐休闲 -3.5%	邮电通信 -23.1%
电视	化妆品 13.0%	饮料 25.8%	食品 16.2%	商业及服务性行业 -6.1%	药品 -10.6%
广播	商业及服务性行业 -4.4%	交通 -0.8%	金融业 -11.4%	房地产 40.0%	邮电通信 6.6%
期刊	化妆品 -2.0%	个人用品 6.1%	交通 -13.5%	服装 -18.7%	娱乐休闲 -18.3%
媒体类型	TOP1 行业转化率增长	TOP2 行业转化率增长	TOP3 行业转化率增长	TOP4 行业转化率增长	TOP5 行业转化率增长
报纸	房地产 -5.7%	商业及服务性行业 -16.1%	交通 -18.3%	娱乐休闲 -4.1%	邮电通信 -20.9%
电视	化妆品 1.2%	饮料 4.7%	食品 5.3%	商业及服务性行业 -7.9%	药品 -15.8%
广播	商业及服务性行业 -9.2%	交通 -6.3%	金融业 -14.5%	房地产 6.3%	邮电通信 -0.4%
期刊	化妆品 -9.5%	个人用品 -0.2%	交通 -16.7%	服装 -21.9%	娱乐休闲 -25.7%

表 2　传统媒体广告增长与转化率之间的相关系数检验

		广告增长	转化率增长
广告增长	波尔森相关系数	1	.899 **
	显著性（双侧）		.000
	数量	20	20
转化率增长	波尔森相关系数	.899 **	1
	显著性（双侧）	.000	
	数量	20	20

注：**　0.01 水平（双侧）的相关性是显著的。

假设 2 提出转化率越高的媒体，商业价值越高，转化率与商业价值之间存在显著的正相关关系。我们以年营收的指标度量媒体商业价值，考虑到财务数据的可获得性和真实性，选择上市媒体进行分析。根据新浪、腾讯、搜狐、网易等公司发布的 2012 年年报以及问卷调查采集的转化率数据形成了表 3。各媒体的转化率包括了网络游戏、网络购物等触发实际购买和支付行为的数据，也就是只要发生实际的货币行为即视为发生了目标转化行为。

表 3　各媒体 2012 年营收与转化率增长

单位：%

媒　体	2012 年营收增长	转化率增长	媒　体	2012 年营收增长	转化率增长
腾　讯	54.0	23.6	优酷土豆集团	30	12.6
新　浪	10	1.9	易车网	57.8	30.1
百　度	53.8	20.7	人人网	49.3	12.7
搜　狐	25	10.9	汽车之家	69.1	26.3
网　易	12.1	4.3	酷 6 网	-26.5	-18.9
携　程	18.9	11.2	艺　龙	36	10.9
空中网	16.5	6.1	凤凰网	16.9	7.4
人民网	42.3	3.9	世纪佳缘	24.0	13.1

对表 3 的数据进行相关性分析，可以发现媒体的营收增长与转化率增长之间的相关系数为 0.906（$P<0.01$），媒体的营收增长与转化率增长之间存在显著的正相关关系，从而验证了假设 2 的陈述。

表 4　媒体营收与转化率增长的相关系数检验

		N1	M2
N1	波尔森相关系数	1	.906**
	显著性(双侧)		.000
	数量	16	16
M2	波尔森相关系数	.906**	1
	显著性(双侧)	.000	
	数量	16	16

注：** 　0.01 水平（双侧）的相关性是显著的。

为了验证假设 3，我们采用计算机辅助电话调查的方法了解 3680 位用户通过媒体注意到产品和服务（Attention）、对产品和服务感兴趣时（Interest）、产生购买产品和服务的欲望时（Desire）、开始购买产品和服务的行动时

(Action)，实际完成购买行动的可能性，采用五阶量表测量实际完成购买行动可能性的高低（5：非常可能；4：比较可能；3：不好说、看情况确定；2：不太可能；1：非常不可能），并将注意产品/服务时的转化率、对产品/服务感兴趣时的转化率、产生购买某产品服务的欲望时的转化率和开始购买某产品服务的行动时的转化率配对样本的 t 检验（Paired-Sample T Test）。根据表 7 可以发现，注意－完成购买转化率与兴趣－完成购买转化率、兴趣－完成购买转化率与欲望－完成购买转化率、欲望－完成购买转化率与开始购买－完成购买转化率之间存在显著的差异性，并且注意－完成购买转化率低于兴趣－完成购买转化率、兴趣－完成购买转化率低于欲望－完成购买转化率、欲望－完成购买转化率低于开始购买－完成购买转化率（$P<0.05$），从而验证了假设 3 的陈述。

表 5　配对样本 t 检验的样本统计量分析

		平均值	数量	标准差	均值标准误差
Pair 1	注意－完成购买转化率	1.08	3680	0.136	.011
	兴趣－完成购买转化率	1.39	3680	0.245	.014
Pair 2	兴趣－完成购买转化率	1.39	3680	0.245	.011
	欲望－完成购买转化率	2.55	3680	0.352	.021
Pair 3	欲望－完成购买转化率	2.55	3680	0.352	.011
	开始购买－完成购买转化率	4.19	3680	0.427	.012

表 6　配对样本的相关性分析

		数量	相关系数	显著性
Pair 1	注意－完成购买转化率和兴趣－完成购买转化率	3680	.471	.091
Pair 2	兴趣－完成购买转化率和欲望－完成购买转化率	3680	.729	.003
Pair 3	欲望－完成购买转化率和开始购买－完成购买转化率	3680	.915	.001

表 7　配对样本 t 检验的均值差检验表

		配对差异					t 值	偏差	显著性（双侧）
		平均值	标准差	标值标准误差	偏差的 95% 的置信区间				
					下限	上限			
Pair 1	注意－完成购买转化率和兴趣－完成购买转化率	－.310	0.181	.011	－.316	－.3078	－23.058	3679	.000

续表

		配对差异					t 值	偏差	显著性(双侧)
		平均值	标准差	标值标准误差	偏差的 95% 的置信区间				
					下限	上限			
Pair 2	兴趣 - 完成购买转化率和欲望 - 完成购买转化率	-1.160	0.229	.015	-1.172	-1.156	-15.793	3679	.000
Pair 3	欲望 - 完成购买转化率和开始购买 - 完成购买转化率	-1.640	0.231	.025	-1.701	-1.609	-20.257	3679	.000

四　结论

本研究的三个假设得到验证，说明广播电视在开机率保持稳定的情况下，广播电视广告名义收入增幅很低（扣除物价和国内生产总值上涨的因素，实际收入增幅为负数），以及报纸、期刊广告收入比读者规模下滑更快，最重要的原因在于传统媒体的转化率下降，而不是用户流失。新浪微博、网易邮箱等虽然拥有海量用户，但是因为低转化率的问题而没有能够充分发挥出商业价值的潜力。很多互联网公司和少数传统媒体布局线上线下整合的 O2O（Online To Offline）生态系统也主要是为了提高转化率。基于注意力经济的广告盈利模式和基于转化率的 O2O 盈利模式两者的发展战略迥异。前者更注重横向拓展用户规模，后者更注重纵向整合产品线、配送系统、客户服务、支付系统、信用评价。越来越多的互联网公司通过 O2O 盈利模式所取得的进展，将进一步降低传统媒体的转化率，进而使得传统媒体广告经营更加困难。转化率已经超越注意力成为媒体建构盈利模式的关键概念。

B.24

互联网金融：不破不立的改革催化剂

徐 佳*

摘 要：

本文在对互联网发展中重心转移变化过程进行回顾的基础上，介绍了网上支付和网上理财这两种互联网金融产品形式的演进与现状。作者认为互联网金融对银行业改革的影响关键在于倒逼银行调整业务结构，甚至大刀阔斧地进行自身系统改革，中国互联网金融发展的方向是与传统金融业的良好嫁接和优势互补，而并非阻止与取代的对立关系，唯有互联网业与金融业的“跨界融合”才可能实现提升与突破。

关键词：

互联网金融　移动互联网　利率市场化　银行业改革

在主要由网络运营商、设备生产商和软件开发商构成的全球信息传播体系中，正在发生一种变化：首先，数十年来各国网络运营商承担了网络基础设施的建设开发，从固定网络到移动网络，从单一网络到多网融合，运营商在信息传播体系中占据了先导与基础性的地位。随后，设备生产商，尤其是智能手机等个人移动终端生产商凭借其革命性的创新能力迅速占据了全球电子消费者市场。这一现象在过去的5年极为显著，仅2013年全球智能手机的出货量就达9.588亿部①，也就是说全球大约每七个人当中就有一人在当年新购置了智能

* 徐佳，复旦大学新闻学院博士后，浙江理工大学文化传播学院副教授。

① 2013年全球前五大智能手机生产商依次为三星、苹果、华为、LG、联想。参见IDC：*Worldwide Smartphone Shipments Top One Billion Units for the First Time, According to IDC*, http://www.idc.com/getdoc.jsp?containerId=prUS24645514，27 Jan 2014。

手机。中国2013年1~10月智能手机的出货量则高达3.48亿部。[①]

智能手机的开放平台为软件开发商提供了前所未有的创新机会。

事实上，这种从基础设施建设到终端创新再到应用程序开发的重心转移具有充分的合理性，它符合古往今来信息传播发展的内在逻辑，即先创造工具条件，进而转向人的使用。换言之，信息传播进步的目的不会停留在平台工具本身的进步，而是为人的发展服务。2013~2014年中国信息传播领域的发展情况印证了这一点——不可否认“云”“4G”等是非常显著的新词，“土豪金”“东北银”（中国网友为苹果公司于2013年推出的两款iPhone5S所起的昵称）等甚至成为社会热词，但“应用”却因其数量和质量的大幅提升成为毋庸置疑的关键词——依据《中国互联网络发展状况统计报告（2014年1月)》，信息获取、商务交易、交流沟通、网络娱乐等构成中国人互联网应用的四大类主要内容，其中“以社交为基础的综合平台类应用发展迅速”[②]。

“以社交为基础的综合平台类应用”是一个精准的描述。然而，在社交平台基础上形成多种应用则是2013年以来的全新现象，值得信息传播领域的研究者和从业者观察思考。2013年开始一些移动即时通信工具增加了信息分享、社群互动、手机支付、互联网金融等综合性应用。以微信为例，其自我定位从“一款手机通信软件”悄然衍变成了“一种生活方式”。在诸多生活方式类的应用中，互联网金融是标志性的，2013年也因此被称为中国的“互联网金融元年”。

一 互联网金融的两种主要产品形式

目前主要有两种互联网金融产品已成功起步：网上支付和网上理财。历年来

① 中国互联网络信息中心：《中国互联网络发展状况统计报告（2014年1月)》，http://www.cnnic.net.cn/hlwfzyj/hlwxzbg/hlwtjbg/201403/P020140305346585959798.pdf，2014年1月。

② 中国互联网络信息中心：《中国互联网络发展状况统计报告（2014年1月)》，http://www.cnnic.net.cn/hlwfzyj/hlwxzbg/hlwtjbg/201403/P020140305346585959798.pdf，2014年1月。

中国电子商务业的蓬勃发展为网上支付打下了一定的用户市场基础且2013年出现了一些新的现象，而网上理财则是在网上支付的基础上形成的全新产品形式。

（1）网上支付

2013年在网上购物的中国用户规模超过3亿，其中86.2%的用户使用网上支付[①]，这个数字较前一年增长了17.9%，而使用率更大幅增长了42.1%。利用智能手机终端进行网上支付的用户占总比也达到了25.1%（1.25亿），较前一年翻倍增长。

这其中一个有意思的变化是，人们不仅对在线消费行为进行网上支付，还开始支付线下消费活动，例如打车。打车类软件诞生已有一段时间，然而在2013年以前绝大部分乘客仅使用打车软件叫车，然后线下完成车费支付。2013年，电子商务巨头阿里巴巴陆续向“快的打车”注资至少4800万元，2014年1月上旬互联网巨头腾讯支持的“嘀嘀打车”宣布投入2亿元奖励使用微信支付打车费的乘客和出租车司机，阿里巴巴旗下的支付宝紧接着宣布联合“快的打车”拿出5个亿“请全国人民打车”。

阿里巴巴、腾讯两大巨头以几乎“烧钱”的方式支持与其主营领域看似无关的打车软件，事实上醉翁之意不在酒，而在于促使用户绑定手机支付，培养其进行手机支付的习惯并增强使用黏度。腾讯在2014年春节前发起的微信红包活动也是抱有相同目的的一项市场活动，其创意令人称绝——通过简单的全民都能参与的发红包、抢红包游戏促使人们在微信上绑定银行卡。

效果是显著的。根据艾瑞咨询的统计，2013年全年中国第三方互联网支付交易规模高达53729.8亿元，而这个数字在2010年仅是10104.8亿元。不仅在支付金额上增长迅猛，网上交易的结构也日趋复杂——经历了多年市场培育的中国传统零售商业已加快加深了电子商务的步伐，因此网络购物支付依然占据最大份额（35.2%）。尽管如此，2013年开始，航空客票（13.2%）、基金申购（10.5%）、通信缴费（5.2%）等在中国网上支付领域分了一杯羹。[②]

---

① 中国互联网络信息中心：《中国互联网络发展状况统计报告（2014年1月）》，http://www.cnnic.net.cn/hlwfzyj/hlwxzbg/hlwtjbg/201403/P020140305346585959798.pdf，2014年1月。

② 艾瑞咨询：《2013年中国第三方互联网支付市场交易规模达53729.8亿》，艾瑞网，http://ec.iresearch.cn/e-payment/20140121/225451.shtml，2014年1月21日。

同样是来自艾瑞的数据显示，在2013年整个网上支付盘子中移动支付交易金额达12197.4亿元，同比增速高达707%。有趣的是，其核心不再是移动网络购物支付，转账、还款等新的用户行为正在成为中国移动支付的主流场景。①

（2）网上理财

2013年6月，阿里巴巴集团旗下的支付宝与天弘基金联手推出名为“余额宝”的理财产品，吸引个人用户用支付宝账户中闲置的资金购买享有远高于银行活期存款利息的货币基金。鉴于传统上银行通常会对理财产品设置一个购买门槛（例如通常是五万元起售），这款网上产品是“破天荒”的，一经推出即受到用户追捧。有数据显示，截至2014年2月，余额宝产品在发行的8个月以后其规模已突破4000亿元，客户数突破6100万。②

2014年1月中旬，腾讯微信也推出了名为“理财通”的手机金融产品，在开始发行后的首个40天内即突破了500亿元的规模大关且平均每天有12.5亿元资金购买理财通。③

除了和余额宝对接的天弘增利宝以及和微信理财通对接的华夏财富宝，2013~2014年中国市场上还出现了百度百赚、百度百发、网易添金计划等互联网公司与基金公司合作推出的各种名字带“宝”的互联网货币基金。

然而，“各种宝”的发展也并非没有问题，资金收益风险就是最直接的风险，例如余额宝的平均年化收益率在一度超过7%以后又于2014年3月跌破了6%，而资金本身的风险则引发了更多担忧与争论。尽管如此，互联网理财产品的存在意义仍然体现着互联网与金融发展的重要趋势，且这一点已经得到了官方的认可——2014年3月4日，央行周小川行长表示“余额宝等金融产品肯定不会取缔”；银监会原副主席蔡鄂生也评价：“余额宝这类产品确实促进了传统金融体系和模式的改革，推动了存款利率市场化，而存款利率市场化是中国金融改革的方向和趋势。”④

① 艾瑞咨询：《2013年中国第三方移动支付市场交易规模破万亿》，艾瑞网，http://ec.iresearch.cn/e-payment/20140121/225415.shtml，2014年1月21日。

② 王洁：《余额宝规模突破4000亿》，《北京晨报》2014年2月19日B04版。

③ 肖海燕：《微信理财通突破500亿元》，《北京商报》2014年2月25日。

④ 郑景昕：《为什么不能叫停余额宝》，东方早报网，http://www.dfdaily.com/html/63/2014/3/5/1125525.shtml，2014年3月5日。

二　互联网金融对银行业改革的影响

中国在推动利率市场化的道路上已经走过了艰辛漫长的一程。在央行等部门的长期努力下，目前我国贷款利率已基本放开，存款利率却是一块总也啃不下来的硬骨头。这其中牵扯到一些部门利益，例如，即使贷款利率不高，只要存款利率压得低，银行还是能赚到钱，还是最大的受益者。由利率管制造成资金供给者与资金需求者之间长期处于一种不对等关系，利率管制的直接负面结果是：一方面因存款利率低，储户不愿意存款，这是可能导致银行“钱荒”的一个因素；另一方面因贷款利率低、投资成本责任小，可能造成无序投资。这是导致长期以来中国经济结构在很多领域出现不合理的原因之一，且潜在的危机可能很大。

银行系统在通过自身积极改革努力突破这个经年累月形成的瓶颈过程中，也需要借助一股足够强的外力来打破现状，互联网金融产品的出现则正好充当了这把外斧——“各种宝”[①] 运用互联网以用户为核心的思维，借助互联网和移动通信的技术手段，从市场层面发力，发挥市场（而不是政策）的资源配置作用，成功倒逼银行调整业务结构，甚至在不久的未来大刀阔斧地进行自身系统改革。[②] 通俗地说，这好比一场以群众喜闻乐见的形式广泛发动的群众运动，可能比从顶层发出指令的风险更小，效果更快更直接。

正是出于这种考量，尽管来自银行业的反对声不绝于耳，但官方对互联网金融产品的存和发展给予了肯定和支持。在2014年的“两会”上，央行表示不仅不会取缔余额宝等互联网金融产品，反而要鼓励其创新并建设科学的监管体系。李克强总理政府工作报告也表示要“促进互联网金融健康发展，完善金融监管协调机制，密切监测跨境资本流动，守住不发生系统性和区域性金融风险的底线。让金融成为一池活水，更好地浇灌小微企业、‘三农’等实体经

① 需要说明的是，目前市场上的“各种宝”基本上属于基金类产品，是不保本的，和银行的存款产品有区别。

② 郑景昕：《为什么不能叫停余额宝》，东方早报网，http：//www. dfdaily. com/html/63/2014/3/5/1125525. shtml，2014年3月5日。

济之树”。

当然，接下来亟须解决几个问题，其中重点是互联网金融的监管问题，包括监管主体、对象、范围、原则等。在年初召开的“两会”上已能看出“行业自律、分业监管、交叉监管”模式的端倪，即在最近由国务院同意成立的互联网金融协会（一个经国务院同意成立的新的行业组织），在自我监管的基础上按互联网金融产品分类分别由银、证、保各相关部门交叉监管。

2013 年推出的阿里余额宝、微信理财通等互联网金融产品大幅降低了传统的银行金融服务的资金等门槛（互联网理财产品通常是一元起售），为普通中国人，尤其是那些“闲钱不多”的人们获得更加优质的金融服务提供了可能性。不可否认，这种商业模式是具有社会探索意义的——在长期处于倒丁字的中国社会结构中，庞大的平民阶层如何分享各个领域的社会资源与社会福利一直是一个难题。

三　未来：“不破不立”

所谓“不破不立”，互联网金融对中国传统金融业提出的挑战乃至“破”已经被业内外广泛注意到，也因此引起了不少争议乃至反对。然而互联网金融本身在中国刚刚起步，只是出现了一些新的产品模式和功能形式，尚未完全形成架构“立”起来，未来创新的空间颇大、可能性颇多。

例如，目前的产品功能集中在支付、理财（存款）领域，下一步可能很快拓展到贷款、保险等领域。事实上一些思路领先的银行和互联网公司已经在开展相关的合作商讨，如北京银行与小米公司的合作思路包括基于近距离无线通信技术（NFC）功能的移动支付结算业务、理财和保险等标准化产品的销售、货币基金的销售平台以及标准化个贷产品在手机/互联网终端的申请等，同时将针对小米公司客户群设计专属产品流程、通过手机等终端探索移动金融业务发展方向。①

---

① 闫冰竹：《互联网金融对传统银行的冲击主要在观念》，中国网财经中心，http：//finance. china. com. cn/news/special/lianghui2014/20140306/2237669. shtml，2014 年 3 月 6 日。

诚然，互联网金融并非要取代传统的金融行业，而是可能对其加以优化——一种从银行业内部发出的声音认为，事实上互联网金融正在带来至少三股正面激励的力量，一是能让更多的人享受金融服务、提高“普惠性”（发展普惠金融也是2013年11月《中共中央关于全面深化改革若干重大问题的决定》提出的要求），二是通过对客户交易等海量数据的有效分析可提升金融服务的“精准性”，三是能让人们随时随地使用金融服务、提升“便捷性”。

中国互联网金融“立”的方向正是与传统金融业的良好嫁接和优势互补，并非阻止与取代的对立关系，也并非单纯地“自立”，唯有互联网业与金融业的“跨界融合”才可能实现提升与突破。已经可以看出，互联网的未来也终将是深入零售、汽车、银行、证券、保险等多传统领域，为这些领域带去新思路、新改变、新突破，而这也正是互联网本身作为平台的本质。

B.25

2013 年中国网络游戏产业发展评述

陈信凌　李艳艳*

摘　要：

2013 年中国网络游戏产业继续呈现高速发展态势，技术环境、政策环境等都为网络游戏发展提供了良好的平台，已经形成端游、页游、手游三足鼎立的局面。本文对 2013 年中国网络游戏整体进行回顾和分析，同时对产业面临的挑战和未来发展趋势进行解析。

关键词：

中国网络游戏　发展　手机网络游戏

一　2013 年中国网络游戏产业发展概况

1. 端游平缓、页游正热、手游蓬勃

中国版协游戏工委（GPC）发布的《2013 年中国游戏产业报告》的数据显示，2013 年中国游戏市场实际销售收入达到 831.7 亿元人民币，其中网络游戏市场的实际收入达 718.4 亿元，市场占有率为 86.4%（见表 1），与 2012 年相比中国网络游戏的市场占有率略微下降，但网络游戏依然是中国游戏市场的主力军。

---

* 陈信凌，南昌大学新闻与传播学院院长、教授、博导；李艳艳，南昌大学新闻与传播学院硕士研究生。

表 1　中国游戏市场实际销售收入构成

单位：亿元，%

项　目	实际销售收入	市场占有率
网络游戏市场	718.4	86.4
移动游戏市场	112.4	13.5
单机游戏市场	0.9	0.1
总　计	831.7	100

数据来源：GPC，IDC 和 CNG，2013。

2013 年中国网络游戏产业在市场实际销售收入方面仍保持持续上升趋势，相比 2012 年其销售收入增加 26.1%，但增长速度已明显放缓。其实际销售收入由三方面构成（见表 2）：

表 2　中国网络游戏市场实际销售收入构成

单位：亿元，%

项　目	实际销售收入	市场占有率
客户端网络游戏市场	536.6	64.5
网页游戏市场	127.7	15.4
社交游戏市场	54.1	6.5
总　计	718.4	86.4

数据来源：GPC，IDC 和 CNG，2013。

一是客户端网络游戏（端游）：2013 年中国客户端网络游戏市场实际销售收入为 536.6 亿元，比 2012 年增长 18.9%，其市场占有率达到 64.5%，比 2012 年下降 10.4%。2013 年客户端网络游戏市场规模进一步扩大，经历了从起步到高潮再到逐步冷静的阶段，行业增长率开始放缓，呈精品化和细分化趋势。尽管外界有不少“唱衰端游”的声音，其市场份额也正逐步缩减，但是，客户端网络游戏市场实际销售收入绝对值较高，是中国游戏产业长期稳定的主要收入来源。[①] 客户端网络游戏将进入沉淀期

① 中国版协游戏工委：《2013 年中国游戏产业报告》，2014。

和品质提升期。

二是网页游戏（页游）：2013 年中国网页游戏市场实际销售收入为 127.7 亿元，比 2012 年增长 57.5%，其市场占有率达到 15.4%，比 2012 年上升 1.9%。2013 年网页游戏继续保持较高的增长速度，市场规模稳步扩大，正从急速增长阶段进入规范化增长阶段，但其市场份额变化不大，即将步入“成熟期”，行业格局上正逐步向“寡头时代”靠拢。①

三是社交游戏。中国社交游戏市场实际销售收入为 54.1 亿元，市场占有率达到 6.5%，虽然其市场占有率小，但社交游戏在 2013 年出现强势增长。

此外，移动网络游戏在 2013 年呈现高速增长态势，进入爆发“元年”。其实际销售收入达到 76.7 亿元，占移动游戏的 68.2%，其市场份额保持继续上涨趋势。中国互联网络信息中心（CNNIC）《中国互联网络发展状况统计报告（2014 年 1 月）》的数据显示，2013 年手机网络游戏使用率为 43.1%，较 2012 年底提高了 9.9%。由于国内明显的人口红利优势，移动网络游戏收入快速增长，成为游戏厂商争相分割的蛋糕。

值得注意的是移动社交网络游戏在 2013 年兴起并快速发展。CNNIC《2013 年中国手机网民娱乐行为报告》的数据显示，32.2% 手机游戏用户通过微信或 QQ 添加手机网络游戏，26.9% 通过手机浏览器网页应用添加过手机网络游戏。社交游戏平台正由电脑端转向手机端。

此外，随着互联网电视的出现和发展，中国网络游戏开始进入“客厅模式”，游戏用户身处于由手机、平板电脑、电脑和电视组成的“四屏”互动时代。多终端化是 2013 年中国网络游戏产业发展的一个显著特点，这使得互联网企业产品服务纷纷布局客厅娱乐市场。②“电视盒子”之类产品的相继推出，使得游戏成为“盒子”，这也是“客厅娱乐”的一个重要内容。而随着 2013 年 9 月上海自贸区的成立，长达 13 年的游戏机禁令或有解冻，随之带来的契机使得平板电视迅速成为值得关注的游戏终端。

---

① 265G 产业频道：《第七大道孟治昀：页游步入寡头时代》，http：//biz.265g.com/people/186154.html，2013 年 6 月 26 日。

② 庞亿民：《易观盘点 2013 互联网化终端涌进客厅：加速客厅市场深度变革》，http：//news.eguan.cn/yishijiao_183734.html，2014 年 1 月 8 日。

2. 网络游戏用户规模整体扩大，增长速度放缓，手游用户骤增

根据《第 33 次中国互联网络发展状况统计报告》的数据，2013 年中国网络游戏用户增长明显放缓，网民使用率从 2012 年的 59.5% 降至 54.7%。网络游戏用户规模为 3.38 亿，网络游戏用户规模增长仅为 234 万，增长空间有限。与整体网络规模用户趋势不同，手机端网络游戏用户增长迅速。

2013 年中国网络游戏用户主要由网页游戏用户和移动网络游戏用户构成。根据《2013 年中国游戏产业报告》的数据，2013 年中国客户端网络游戏用户数量约达到 1.5 亿，相比 2012 年增长 8.6%。中国网页游戏用户数量约达到 3.3 亿，相比 2012 年增长 21.2%，手机网络游戏用户数出现爆发性增长。①《第 33 次中国互联网络发展状况统计报告》的数据显示，截至 2013 年我国手机网络游戏用户数为 2.15 亿，较 2012 年底增长 7594 万，年增长率达到 54.6%。客户端网络游戏用户数量在今年退居末位，根据 CNNIC《2013 年中国网民游戏行为调查研究报告》相关数据，客户端网络游戏用户游戏年限越长，最近半年玩游戏的时间越来越长的比例则变小，用户黏性下降。但从数量上看，客户端网络游戏、网页游戏和移动网络游戏用户数量都达到历史最高水平。

中国网络游戏产业整体用户增长乏力，同时手机端游戏的高速增长，表明行业内用户从电脑端向手机端转换加快。根据《2013 年中国网民游戏行为调查研究报告》的相关数据，非手机游戏用户未来转化为手机游戏用户的意愿相对较高，为 15.1%。

2013 年中国网络游戏用户年龄范围开始向两边延伸。② 上一代用户由于年龄增长，游戏时间受到工作和生活的挤压，转向较便捷性的网页游戏和移动网络游戏。在新增用户中，轻度用户和拥有手机使用习惯的用户占据较大比例，他们对网页游戏和移动网络游戏的使用率较高。

数据显示，在付费方面，主动付费型用户成为客户端网络游戏稳定核心用户群体，其用户付费意愿和消费能力普遍较强。移动网络游戏用户的付费意识

---

① 中国互联网络信息中心：《中国互联网络发展状况统计报告（2014 年 1 月）》。

② 中国版协游戏工委：《2013 年中国游戏产业报告》，2014。

尚未形成，其付费转化率较传统网游明显偏低。

3. 中国自主研发网络游戏对外出口速增，产品国际竞争力提升

根据《2013 年中国游戏产业报告》的数据，2013 年，中国自主研发网络游戏市场实际销售收入达到 476.6 亿元人民币，比 2012 年增加了 29.5%。中国自主研发网络游戏海外出口保持快速增长，其海外市场销售收入达到 18.2 亿美元，相比 2012 年增加了 219.3%（见图 1）。客户端网络游戏依然是出口“主力军”，但网页游戏和移动游戏在出口方面成为新锐力量。

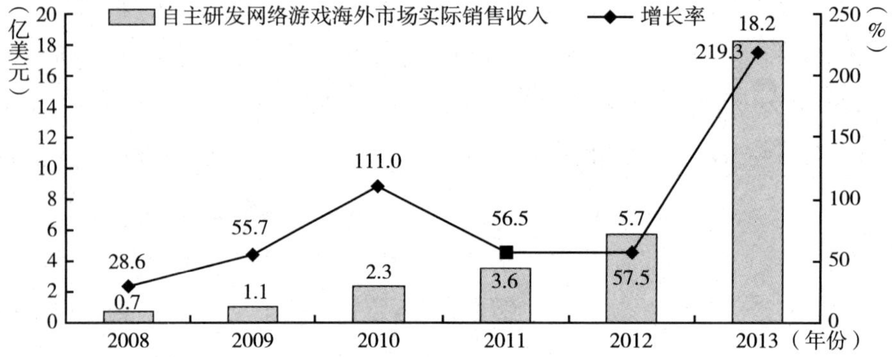

图 1　中国自主研发网络游戏海外实际销售收入

数据来源：GPC，IDC 和 CNG，2013。

2013 年，全球游戏市场高速成长，全球化平台使海外出口门槛降低。中国游戏企业的海外出口模式进入更深阶段，投资与并购成为其海外拓展的重要手段，出口模式开始多样化，如海外联合研发、独立运营等，不再局限于简单的授权出口。大量自主研发游戏产品进入国际市场，民族游戏产品在国际市场上的品牌竞争力日渐提升。

二　中国网络游戏产业面临的挑战和发展趋势

中国网络游戏产业发展到 2013 年，已经形成端游、页游、手游三足鼎立的局面。端游步入成熟期，页游进入深度运营阶段，手游驶入爆发元年。

1. 挑战犹存

端游方面：中国客户端游戏市场已步入成熟阶段，市场主要参与者格局稳定，较高的准入门槛和较长的资金回报周期，使得几乎不再有新厂商进入。传统经典产品依然是各家营收主力。但产品老化现象不可避免，产品创新难度逐年加大，端游市场增长乏力的现实仍未被打破。

页游方面：中国网页游戏行业仍处于粗放型竞争阶段，网页游戏产品过剩且同质化严重，导致用户流失率较高、进出流动率大。且网页游戏在游戏体验上不及客户端游戏，在便携性上不及手机游戏，网页游戏已基本达到发展周期顶峰，未来发展有限。①

手游方面：手机网络游戏用户体验弱于客户端游戏，碎片化的特征使手机网络游戏用户停留在浅度社交。手机网络游戏开发门槛低使手机网络游戏数量越来越多，内容同质化现象严重，并且手机游戏较为耗电，用户对游戏的黏性降低，缩短了手机网络游戏生命周期。

此外，端游、页游和手游还面临着共同的挑战，如过于依赖平台、低俗营销、成本高、侵权现象突出、创新乏力等。还存在部分企业对青少年沉迷网络游戏问题重视不足，存在社会责任意识淡薄、资本运作缺乏规范、人才匮乏、游戏企业内部质量控制体系薄弱等问题。

2. 未来发展趋势

端游方面：端游市场已开始与影视、网络文学等其他文化领域合作，寻求增长点。端游的画面和体验是移动游戏不能媲美的，端游其实成为“灯下黑”，仍拥有巨大发展空间。当前端游企业的发展方向主要是：走“精品策略”“细化产品与受众”路线，深入挖掘现有用户市场，积极开拓细分领域和加强移动游戏布局。端游企业凭借在品牌、用户、资金、技术方面的优势，未来将成为移动游戏市场的主要参与者。

页游方面：页游进入深度运营阶段。面对激烈竞争，页游在强化现有联运模式的同时，需进一步完善用户需求，加强产品线的差异化。网页游戏产品单一化、模式化问题，使得短时间内行业很难形成突破。精细化运营是未来行业

① 中国互联网络信息中心：《第33次中国互联网络发展状况统计报告》，2014。

发展的主要方向。

手游方面：手游将继续蓬勃发展。随着网络资费不断下降和 WiFi 网络覆盖的加大，手机网络游戏用户规模将进一步扩大。在游戏分发渠道上，手机自带的游戏因预装性能更易获取用户，游戏厂商将加大对手机游戏分发平台的预装。口碑销售逐渐成为移动游戏推广的关键，付费移动游戏市场比例将上升。并且，手机网络游戏将进一步与社交游戏紧密结合。此外，过热的手游市场意味着行业整盘期的到来。

B.26

2013 年中国在线视频产业发展报告

周逵 马云*

摘 要：

本文梳理了 2013 年中国在线视频整体行业情况，对并购、多屏、移动和进军客厅、网络独播战以及反盗版等热点事件进行总结与回顾。视频网站将借助无线网和移动端，以具有互联网基因的视频内容为基础，以新型收入模式为突破，打破视听媒体传播的瓶颈，获得跨屏共赢。

关键词：

科技变革 台网融合 跨屏共赢 自制

2013 年堪称中国"互联网视频收购年"。在过去的一年里，中国在线视频行业发生了巨大变化，在经历了并购、多屏、移动和进军客厅、网络独播战以及反盗版等大战之后，目前跻身第一阵营的仅有优酷土豆、爱奇艺 PPS、搜狐视频、腾讯视频和乐视网 5 家。在线视频行业市场规模持续增长，坐镇头把交椅的"大佬"优酷土豆已经开始释放盈利信号。2013 年也是中国网络视频综艺大热年，斥巨资购买热门综艺节目的网络独播权成为视频网站杀手锏和土豪烧钱的专属游戏。视频网站和电视台的网台联动逐步向纵深拓展。

一 产业政策解析

目前中国电视行业正处于反思与展望、承上启下的重要节点，面对日新月异的传播科技变革，中国电视业面临无穷的挑战和机遇。跨屏视角下的内容产

---

* 周逵，博士，中国传媒大学新闻传播学部电视学院讲师；马云，中国传媒大学新闻传播学部电视学院硕士研究生。

业发展、台网融合的突破与节目创新成为业界和学界关心的核心命题。

2013 年 8 月，国务院颁发了《关于促进信息消费扩大内需的若干意见》（简称 32 号文），强调加快基础设施升级，全面推进三网融合，加快电信和广电业务创新经营，在试点基础上，于 2013 年下半年逐步向全国推广，推动中国广电国网公司加快组建，推进电信网和广播电视网基础设施共建、共享，并鼓励发展多种融合型业务。随着落实 32 号文的政策细则不断出台，融合的深入推进历程，未来应该体现出多层次、相互合作融合发展的局面。

二 产业数据解读

1. 市场规模持续增长 广告收入拉动明显

2013 年，受一系列热门综艺节目、电视剧等优质长视频内容的拉动以及移动端商业化深入发展的积极影响，我国在线视频行业市场规模保持快速增长态势。来自艾瑞咨询的数据显示，2013 年全年中国在线视频市场规模达 128. 1 亿元，同比增长 41. 9%。其中，2013 年第一、二季度中国在线视频行业的市场规模分别为 22. 0 亿元和 30. 4 亿元，2013 年第三季度市场规模达到了 32. 5 亿元，同比增长 37. 3%，环比增长 6. 7%。

从收入构成来看，广告收入是视频网站最主要的盈利模式和收入来源，而且广告在 2013 年视频行业的收入份额呈现持续增长的态势。尤其是在第二、三季度视频网站热门综艺节目和电视剧的强势带动下，在线视频行业广告营收规模迅速增长，2013 年第三季度我国在线视频广告市场规模为 26. 5 亿元，同比增长 43. 4%，环比增长了 13. 0%。经历了 2012 年的版权大战，2013 年版权分销收入表现平稳，版权分销收入占在线视频行业市场规模的份额为 9% 左右，较 2012 年明显下降，这也与视频企业加大了对自制内容的投入有关。

但同昂贵的影视版权费用相比，广告收入并不能抵消视频网站的开支。与此同时，国内会员制的付费网络视频市场仍在培养期。

2. 用户规模增加 手机网络视频成增长点

根据中国互联网络信息中心（CNNIC）2013 年 7 月发布的第 32 次《中国互联网络发展状况统计报告》，截至 2013 年 6 月底，我国网民规模达 5. 91 亿人，较

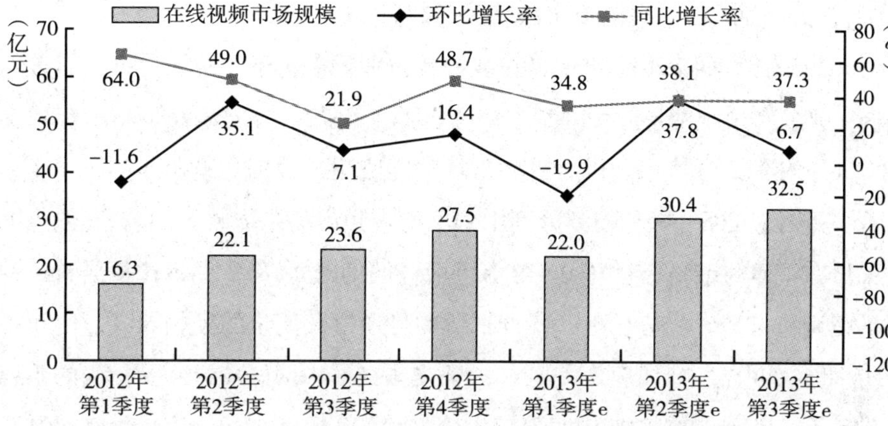

图 1　2012～2013 年前三季度中国在线视频行业季度市场规模

数据来源：艾瑞咨询。

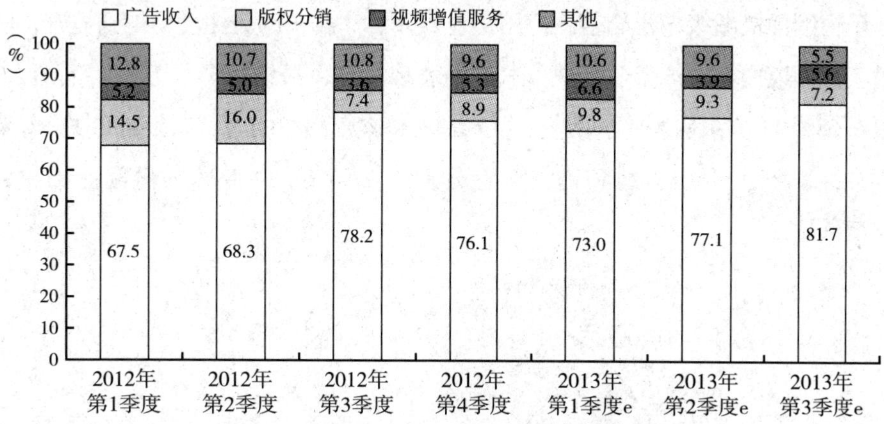

图 2　2012～2013 年前三季度中国在线视频行业收入构成

数据来源：艾瑞咨询。

2012 年底增加 2656 万人。在新增加的网民中，使用手机上网的比例高达 70.0%，高于使用其他设备上网的网民比例。随着 3G 用户规模扩大、WiFi 上网比例增加、智能手机硬件处理器性能提升、手机客户端不断优化升级等因素的助推，手机视频用户出现了明显增长，成为网络视频用户中最大的增长点。截至 2013 年 6 月底，我国通过手机在线收看网络视频的网民数为 1.60 亿人，较 2012 年底增加 2636 万人。手机视频在网民中的使用率为 34.4%，比 2012 年底增长了 2.4 个百分点。

3. 五大网站牢牢占据市场份额第一阵营

在市场份额方面，2013年中国在线视频行业仍是优酷土豆、爱奇艺、搜狐视频、腾讯视频和乐视网是五大网站牢牢占据第一阵营。根据Enfodesk易观智库发布的《2013年第3季度中国网络视频市场季度监测》数据，2013年第3季度，优酷土豆、爱奇艺PPS、搜狐视频分列中国网络视频市场广告收入的前三名。其中，优土虽然在整体的市场份额占比上略有下滑，但仍以27.85%的占比位居首位；合并后的爱奇艺与PPS优势显现，广告平台的打通以及流量的互相导入，使新爱奇艺以16.48%的份额占比位列第二位；搜狐视频在《中国好声音》及衍生的系列节目的带动下，PC端和移动端均实现较为抢眼的广告收入增长，市场份额提升，以10.34%的占比位列排名第三位；腾讯视频持续在独播内容大力布局，流量方面得到提升，3季度以8.55%市场份额位列第四位；乐视网以7.91%的份额稳居第五位，乐视网凭借超级电视的推出，用户、媒体、广告主的关注度均得到提升，同时通过拓宽频道内容，流量及用户覆盖方面表现良好；最终选择与苏宁联姻的PPTV则以6.68%的市场份额排名第六位，在综艺和体育集中的暑期时期，PPTV流量得到提升；3季度，风行在线和迅雷看看分别以4.53%和4.18%的份额占比位列第七、第八位。

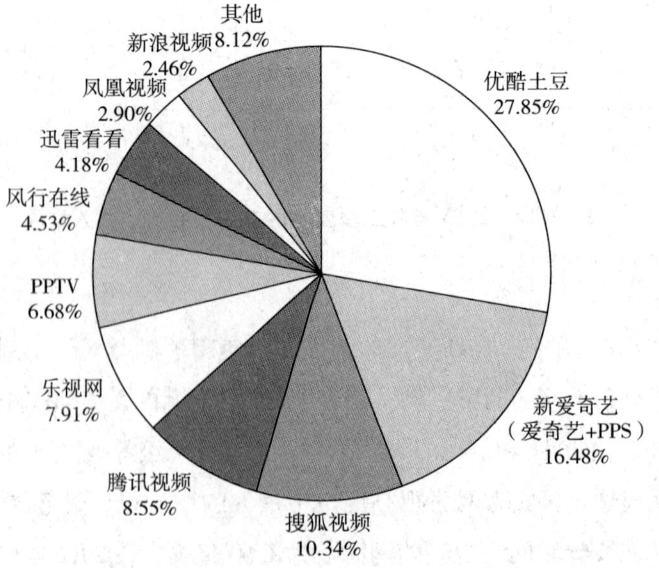

图3 2013年第3季度中国网络视频市场广告收入份额

三　在线视频产业发展综述

1. “五霸”格局显现，第一阵营“拼爹”

2013 年的中国在线视频业整合加速，不断上演资本“大戏”，先是百度以 3.7 亿美元现金收购 PPS 视频业务，将其与旗下视频网站爱奇艺合并，这也使得爱奇艺一跃成为视频圈的行业第二。随后，苏宁联合弘毅投资以 4.2 亿美元联合投资 PPTV 将其收入囊中，国内二、三线视频网站基本被整编收购完毕，行业竞争日趋集中，这也意味着视频网站进入“拼爹”时代。

来自易观智库的最新数据显示，2013 年第三季度，优酷土豆、爱奇艺、搜狐视频、腾讯视频、乐视网分列中国网络视频市场份额前五位，牢牢占据行业第一阵营，堪称网络视频业的“五大霸主”。占据头把交椅的优酷土豆第三季度仅净亏损 1540 万元，较上季度大幅缩减，已经释放出了盈利信号，国内视频网站或将迎来盈利拐点。

2. 综艺独播权成“土豪游戏”

2013 年，中国综艺节目独家网络播放版权被引爆，几乎所有视频网站都开始争夺综艺节目独家网络播放版权。先是第一个“吃螃蟹”的搜狐视频斥资 1 亿元买下《中国好声音》第二季的网络独播权，而这一价格在一年内被迅速刷新，腾讯视频豪掷 2.5 亿元买下第三季《中国好声音》独家网络版权，涨幅高达 150%。在 2013 年中国最火的综艺节目《爸爸去哪儿》开播不到一个月，爱奇艺就以高达 2 亿元的版权费用获得了《爸爸去哪儿》《康熙来了》《快乐大本营》等五档综艺节目 2014 年的独家播放权。

想分得综艺版权一杯羹的不止如此，其他视频网站丝毫不示弱，乐视网以过亿元高价将 2014 年《我是歌手》独家网络版权收入囊中，还在确认无法拿到《爸爸去哪儿》2014 年独家播放权的情况下，以 4500 万元的高价成为《爸爸去哪儿》栏目的第三大合作伙伴。PPTV 则以超过 2 亿元的价格一口气包揽了包括《非诚勿扰》在内的江苏卫视旗下所有综艺节目。各大视频网站力借综艺节目的热度将网络版权的价格再度推高，这背后是品牌大战的白热化升级，也让视频成为高富帅和土豪的华丽烧钱游戏。

3. 网台联动

2013 年“网台联动”在视频网站自制节目能力和质量持续提高的背景下有了新发展，《汉字英雄》成为真正意义上第一档试水网台联动的节目。该节目由爱奇艺与河南卫视共同出资、联合制作并同时播出，无论是内容制作还是营销推广等都由同一个团队执行，从节目策划、节目制作、节目推广到节目招商等核心层面将电视台和视频网站的资源全线打通，播出后覆盖了数亿网民和电视观众。

此后，湖南卫视联合爱奇艺在暑期推出《天天有喜》，2013 年 11 月土豆网和深圳卫视联合主办“青春的选择 2013 年度盛典”，2013 年 12 月北京卫视推出的体验类真人秀栏目《私人订制》首次以互联网与电视渠道相结合的方式，向全国观众征集梦想，北京电视台网站作为梦想文字稿的征集地址，酷 6 网成为梦想视频的唯一征集平台。这些合作都将“网台联动”推向了 3.0 的全面互通阶段，即内容互通、宣传互通、合作伙伴互通的全新合作模式。

4. 走进客厅：抢占“第四屏”

继 PC 端版权大战、移动端抢占入口之后，在线视频网站的竞争蔓延到了手机、平板、PC 之外的“第四屏”——互联网电视。据估计，目前移动端一年半达到的流量相当于 PC 端 5 年左右的流量值。优酷土豆 2013 年 11 月的媒体推介会主题为“多屏影响力”，推出跨屏广告投放模式，引领多屏营销的动作明显。同样，爱奇艺也开始布置移动影响力。2013 年 9 月，爱奇艺移动端流量已超过 PC 端，这也标志着在线视频行业的一个重要拐点。此外，继乐视之后，爱奇艺还和 TCL 合作推出了自己的互联网电视 TV +，两家视频网站推出的智能电视的差异也成为行业关注的焦点。

然而中国智能电视目前还是一种有限的开放模式，内容平台要进入智能电视领域必须获得牌照资质。乐视已经推出超级电视智能大屏的“第四屏”，多数视频网站也以合作方式切入智能电视市场企图分得一杯羹，对客厅大屏入口的抢夺日趋白热化，拥有大量影视剧独播版权的乐视网、百事通更具先发优势。

四　2014 年在线视频产业发展趋势

1. 4G 普及，视频更加移动化

随着智能手机、平板电脑的不断普及，以及数据资费的不断下调，视频已经成为移动设备的主流应用之一，社交、视频等产品正在从 PC 端向移动端迁移。2013 年，4G 牌照终于在千呼万唤中正式发放，4G 网络的普及有望在 2014 年实现。如果速度更快、单位数据资费更低的 4G 网络商用，2014 年，中国移动互联网用户有望达到 7.5 亿，整个市场规模也将接近 2000 亿元。中国移动在全球开发者大会上表示，到 2014 年中，预计全国 100 个城市具备 4G 商用条件，到 2014 年底，超过 340 个城市的消费者可以使用中国移动的 4G 服务，根据中国移动的规划，2014 年底，基站总数超过 50 万个。基础流量服务的变革，对视频播放体验将大大改观。

2. 网络自制爆发

2014 年或是视频网站的自制元年。美国收费视频网站 Netflix 的自制剧《纸牌屋》大获成功，也引发了国内视频网站 2014 年新一轮的自制风潮。搜狐视频公布其 2014 年战略计划时，将自制内容的投入扩大到 2013 年的 2 倍，打造 9 部自制喜剧。乐视网 2014 年将推出 700 集精品自制剧，同时，还邀请黄健翔、杨澜等人制作自制栏目。优酷土豆集团也将在 2014 年投入 3 亿元加强网络自制。爱奇艺 2014 年将打造包括大型综艺节目、自制剧、常态化自制栏目在内的多项内容自制战略。

视频网站正成为越来越重要的内容提供商，各大视频网站持续发力自制内容，差异化竞争是重要的战略砝码，也是其增加用户黏性、塑造自身品牌影响力的必然选择。视频网站开启拍大片、大投入、大制作时代，2014 年中国在线视频行业将呈现自制内容新格局。

3. 体育营销大年

世界杯、NBA、冬奥会等顶级体育赛事扎堆，2014 年是名副其实的体育营销大年，“体育战略”尤为重要。各大网站已经开始围绕“体育频道”为 2014 年体育大年做出布局。“背靠大树好乘凉”的爱奇艺已经获得 2014 年世界杯、冬奥会、NBA、高尔夫 LPGA 赛以及澳网、温网、美网、中网、上海大师赛等一系列优质体育赛事直播转播权。

凭借“超级电视”成功逆袭的乐视网加大投入精心规划出“532”阵形，通过五屏覆盖足、篮球等大众体育，网球、高尔夫等精英体育，美职棒和超级碗等高端体育三个层次的体育赛事，展开“版权赛事 + 巨星自制”的内容组合模式，企图攻占 2014“体育大年”的内容营销制高点。乐视网的重要砝码是已经获得 2014 巴西世界杯视频直播和点播权益，届时将通过乐视网、乐视视频客户端及包括看球 APP 在内的移动端，全平台多渠道为用户带来巴西世界杯全部 64 场比赛视频直播、点播盛宴。此外，一直在篮球和足球转播占据优势的新浪在 2014 年也与 NBA 展开了深度合作。总体来看，视频网站 2014 年在体育赛场上的营销竞争，将比以往来得更为残酷，此中也将酝酿新的行业变局。

4. 多屏收视率引发计量革命

如今以推特、微博为代表的社交网络用户开创了“第二屏幕”的收视体验革命。社交媒体上的信息流已经成为电视节目收视情况的最直接反映和电视节目实时渗透率数据的最重要来源。而基于新媒体生态的节目评价体系还在探索阶段，2012 年底尼尔森调查公司宣布与 Twitter 联合推出“Nielsen-Twitter 收视率”，作为未来衡量电视节目的社交网络影响范围的标准指数，并将在 2013 年秋季实现该指标的商业化。[①] 2014 年初，央视 - 索福瑞媒介研究有限公司（CSM）与新浪微博达成战略合作，将共同推出微博收视指数，为电视媒体从社会化传播的维度开展节目评估、营销传播提供标准化分析工具。

传统媒介的内容在新媒体的传播介质中，同样可以成为消费者进行社交性传播的“流通货币”。如果说传统的收视率考量体系的最大特征是将收视率“货币化”，那么在未来，基于社交媒体内容和分享行为的收视率评估将不仅仅是传统收视率的补充，而将成为社交媒体时代视频节目评价的“新标准”与“新货币”[②]。

---

① 艾瑞网，《社交网络收视率成正规军》，http://web2.iresearch.cn/weibo/20121218/189371.shtml。

② 周逵、孙忆宁：《社交媒体生态下的在线视频节目生产创新》，《新闻与写作》，2013 年 6 月。

B.27

2013年中国即时通信发展概述

刘晓燕*

摘　要：

2013年中国即时通信行业继续保持稳定的增长趋势，变化主要体现在市场格局、用户行为及其影响两方面。即时通信的未来将向综合平台发展，成为移动联网时代内容和服务的重要入口；同时也会促进传统行业和服务转型升级。本文对即时通信发展状况、存在问题以及未来趋势进行详细的解析。

关键词：

即时通信　发展情况　现存问题　发展趋势

一　2013年中国即时通信行业发展概述

（一）2013年中国即时通信行业发展情况

2004~2013年10年间，中国网民规模和互联网普及率均呈现逐年递增趋势。庞大的网民规模，为中国即时通信行业发展奠定了良好的用户基础。随着中国网民规模逐年稳步增加，中国即时通信用户规模也呈现逐年递增趋势。纵观2007~2013年7年的发展，中国即时通信用户数量发展迅速，继续保持高使用率。

即时通信服务一直是网民基础应用之一。截至2013年12月，我国即时通信网民规模达5.32亿人，比2012年底增长了6440万人，年增长率为13.8%。

---

* 刘晓燕，清华大学新闻与传播学院博士研究生。

即时通信使用率为86.2%，较2012年底增长了3.3个百分点，使用率位居第一（如图1）。

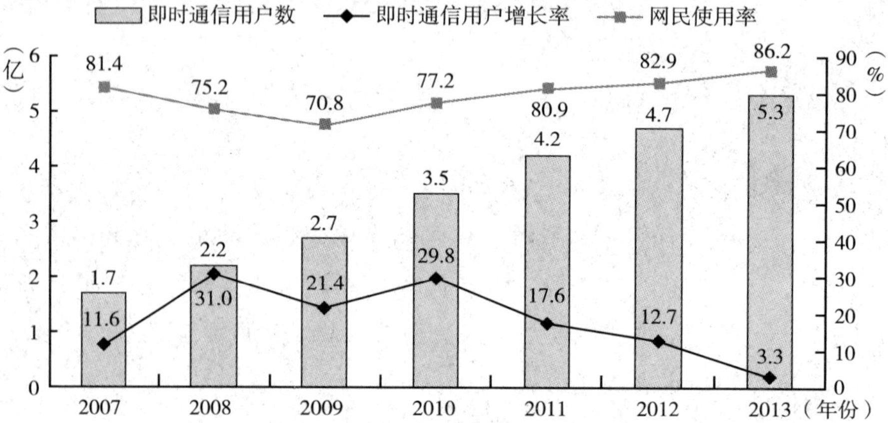

图1　2007～2013年中国即时通信发展

注：图中横轴为年份，主要纵坐标轴为即时通信用户数，次要纵坐标轴为网民使用率。2007年增长率是和2007年6月相比。

资料来源：CNNIC（中国互联网络信息中心）第21、23、25、29、33次《中国互联网络发展状况统计报告》。

（二）2013年手机即时通信用户规模

1. 2013年中国手机网民规模

截至2013年12月，中国手机网民规模达5亿人，继续保持稳定良好的增长趋势，年增长率为19.1%，较2012年底增加8009万人，网民中使用手机上网的人群占比提升至81.0%（如图2）。

手机保持第一大上网终端的地位。新网民中较高的手机上网比例说明手机促进了网民数量的增长。2013年中国新增网民中使用手机上网的比例高达73.3%，远高于其他设备上网的网民比例，手机依然是中国网民增长的主要动力。在新型即时通信工具和生活类应用的推动下，手机上网对日常生活的渗透进一步加深，在满足网民多元化生活需求的同时提升了手机网民的上网黏性。

2. 2013年手机即时通信用户规模及增长情况

随着智能手机的普及和移动互联网的快速发展，即时通信凭借其特性与手

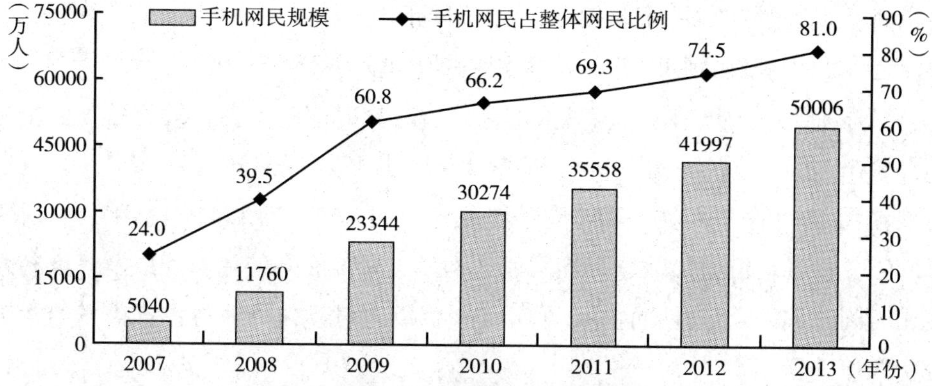

图 2　中国手机网民规模及其占网民比例

注：图中横轴为年份，主要纵坐标轴为手机网民规模，次要纵坐标轴为手机网民占整体网民比例。

资料来源：CNNIC（中国互联网络信息中心）第 21、23、25、27、29、31、33 次《中国互联网络发展状况统计报告》。

机特性高度契合，发展迅速。手机即时通信的使用率超过网络新闻、手机搜索等应用，稳居第一位。截至 2013 年 12 月，我国手机即时通信网民数为 4.31 亿人，较 2012 年底增长了 7864 万人，年增长率达 22.3%。手机即时通信使用率为 86.1%，较 2012 年底提升了 2.2 个百分点。

二　即时通信市场格局

目前，中国即时通信行业公司的市场格局大致分为三个阵营：互联网公司阵营、电信运营商阵营以及联姻阵营。互联网公司阵营主要包括 QQ、微信、米聊、陌陌、微米、阿里旺旺、来往以及 YY 或 YY 语音等；电信运营商阵营包括飞信、飞聊、翼聊以及沃友等；联姻阵营是指互联网和电信运营商合作推出的产品，包括易信等。

（一）PC 端市场格局

2013 年 1 ~ 12 月，在以 PC 端为代表的传统互联网的即时通信市场上，占有较大份额的前四位依次是腾讯 QQ、阿里旺旺、飞信和歪歪。此外，还有很多其他即时通信软件，如 Qtalk、MSN，腾讯通 RTX，腾讯 TM、Skype、微博桌面和人人桌面等。但这些产品在日均覆盖人数、日均网民达到率、月度有效使用时间以及月度有效使用时间比例四个统计指标中所占份额较为微小。

总体来说，腾讯 QQ 一家独大的局面暂时难以撼动。在日均覆盖人数指标中，腾讯 QQ12 个月平均 20823 小时、1～12 月日均网民到达率 70.1%、月度有效使用时间月平均为 320958 万小时、月度有效使用时间比例月平均为 86.2%。在日均覆盖人数、日均网民达到率、月度有效使用时间以及月度有效使用时间比例四个统计指标中，腾讯 QQ 都以绝对领先的地位占据市场绝大部分份额。

（二）手机市场格局

与传统 PC 端腾讯 QQ 一家独大局面不同的是，移动互联网给不同企业提供了生存和发展空间，手机即时通信市场竞争更为活跃，打破了腾讯 QQ 绝对垄断的格局。

2013 年第三季度，移动 IM 市场累计账户数市场份额位居前三甲的分别为手机 QQ（47%）、微信（30.3%）和手机飞信（10.9%）。活跃账户数市场份额前三的也是手机 QQ（45.1%）、微信（35.9%）和手机飞信（7.2%）。

在活跃账户数市场份额方面，微信从 2012 年第 4 季度到 2013 年第 3 季度，一路稳步上升，大有追赶手机 QQ 的势头。腾讯企业内部的手机 QQ 和微信构成了竞争而又互补的关系。这两种服务的结合，能够帮助腾讯提高在整个移动互联网市场的覆盖率。

在对用户体验及功能优化后，用户对 QQ 手机版接受度不断提高。2013 年第三季 QQ 用户基数稳步增长，总月活跃账户同比增加 4.0%，至该季度末为 8.156 亿。2013 年第三季末，微信及 WeChat 的合并月活跃账户为 2.719 亿，比上一季度增长 15.3%，比上年同期增长 124.3%。活跃账户数快速增长受推出全新的服务及功能（如微信的游戏及在线支付服务）和优化的用户体验所推动。此外，WeChat 增长亦得益于加大国际市场推广活动的力度。[①]

2013 年中国手机即时通信市场呈现差异化发展。以手机 QQ 为代表的传统

① 腾讯第三季度财报，http://tech.qq.com/zt2013/txcaibao/。

移动即时通信凭借其即时通信领域积累，依然在移动 IM 市场占有较高市场份额。而以微信为代表的移动即时通信致力于提高即时沟通服务，整合 VoIP 的网络语音通话功能及视频聊天功能，并向平台化方向发展。凭借运营商的资源优势，逐渐打破移动应用与传统通话界限的易信，则通过免费开放策略迅速累积大量用户。易信的累计账户数市场份额在第三季度达到 2.1%，活跃账户数市场份额达到 1.7%。

表 1　中国移动端 APP Top10（2013 年 12 月）

单位：万

排名	APP 名称	分　类	活跃用户数
1	手机 QQ	移动 IM	31923.37
2	微信	移动 IM	29160.81
3	QQ 空间	SNS	21102.61
4	360 手机卫士	手机安全	14355.09
5	淘宝网	移动购物	13977.13
6	新浪微博	SNS	13975.22
7	QQ 音乐	移动音乐	12376.60
8	搜狗手机输入法	输入法	10543.65
9	酷我音乐	移动音乐	9979.41
10	360 手机助手	应用商店	9312.28

注：活跃用户数指在该时间段内访问过该网站的用户数量。

资料来源：易观智库中国移动端应用调查数据。

三　2013 年即时通信主要变化

从格局来看，PC 端腾讯 QQ 独大，市场优势地位将继续保持；而以手机为代表的移动端，则存在多品牌共存，“大一统”局面暂难实现。腾讯 QQ 凭借自身的优势和庞大的用户规模，以绝对领先的地位占据 PC 端绝大部分市场份额。随着智能手机的普及和通信技术的发展，移动互联网给创业者提供了发展空间，即时通信推动了移动互联网的发展。手机即时通信市场竞争激烈，存在一定变数，各大巨头纷纷推出即时通信品牌，抢占移动互联网入口。

2013 年 8 月中国电信与网易公司联合开发推出易信，是中国电信与互联网公司的第一个跨界合作即时通信产品。易信最大的特点在于跨网免费短信、免费电话留言功能，实现 APP 与手机、固定电话的互通，2013 年 11 月易信宣布启动三网免流量计划。

2013 年 9 月阿里巴巴正式发布即时通信软件“来往”，该平台依托于阿里庞大的用户基数，以及过亿的手机淘宝和旺信用户之间的互动。阿里联手联通、移动推出手机上网免费计划。从 11 月起，在手机上使用包括“来往”等阿里旗下相关客户端的用户，可以申领每月 2G 的免费流量包。阿里赠送免费流量，实为对抗微信的有意之举，企图借此争夺用户。

苏宁也不甘寂寞，通过线上线下联合推广自主研发的移动社交应用苏宁“云信”。据悉，苏宁“云信”将支持短信、语音、群组聊天、话题参与、微博分享等功能，可以满足苏宁、商户和用户之间的实时沟通和互动。类似微信的苏宁“云信”目前的服务对象仅为 1 亿多的会员及 18 万的员工，未来将向社会开放，将触手伸向移动 IM 市场。①

盛大也来搅局，推出移动社交应用工具 Youni 正式版，强调隐私与安全；新浪“微米”则主打群组交友功能，“阅后即焚”成了该款软件最大特色。②

2014 年 1 月京东对外发布其针对个人用户的免费 IM 通讯工具——京东咚咚，用户在京东购物时可使用这款软件实现即时沟通。③

2013 年，移动即时通信市场竞争激烈，各大品牌展开了一场对腾讯微信的集体“围攻”之战。厂商要对目标受众进行细分，定位准确，不断提升用户体验；结合自身优势和品牌文化，避免同质化竞争，实现差异化发展，才能在移动即时通信市场上生存。在竞争中，各方展开利益博弈，混战结果终有待市场和用户来检验。

从用户行为及其影响来看，通信消费习惯的变化对电信运营商造成冲击。

---

① 新浪科技，http：//tech. sina. com. cn/i/2012 - 11 - 12/01597788846. shtml。

② 新华网，http：//news. xinhuanet. com/info/2013 - 11/11/c_ 132878455_ 2. htm。

③ Bianews，http：//labs. chinamobile. com/yueke/show/？ url = http：//www. bianews. com/viewnews - 428314. html.

从短信到移动聊天工具，改变了用户的通信消费习惯，其影响是对电信运营商造成冲击。语音和短信目前仍然是运营商主要的收入来源，移动即时通信产品冲击了运营商传统的短信、语音业务收入，造成了运营商基本收入的分流和下降。

一方面，移动话音业务量增速持续下降。受OTT应用的强烈冲击，移动话音通话量增速进一步趋缓。由于移动语音业务量增速大幅低于用户的增长，每用户每月贡献的移动语音业务量同比持续下降。另一方面，在OTT应用和垃圾短信集中治理的双重影响下，短信业务量加速下降。

随着4G时代的到来，信息数据传输以及音视频交互等服务将变得更加流畅。在移动互联网、云计算、物联网等技术的推动下，手机即时通信向生产、生活和服务等领域全方位拓展，促进传统行业和移动互联网的深度融合，手机即时通信的前景将更为广阔。

B.28

2013年中国电子商务发展概述

曹磊　张周平*

摘　要：

2013年，我国电子商务行业继续保持高速发展态势，在交易规模和用户规模等方面都实现了突破。本文主要对电子商务及各细分领域如B2B电商、网络零售、网络团购发展现状进行分析，并对未来趋势进行预测。

关键词：

电子商务　B2B　网络零售　网络团购　趋势

一　发展现状

（一）市场概况

近年来，政府高度重视电子商务工作。商务部于2013年11月21日发布了《促进电子商务应用的实施意见》，推出十大措施促进电商发展，并积极推进制定《电子商务法》，通过规范网络购物行业发展，规范市场秩序，推动电子商务健康有序发展。同时，政府大力支持企业利用电子商务平台开展国际贸易，对行业发展发挥积极作用。

各电商企业瞄准开放平台，一是可以缓解电商企业供应链管理的压力，降低由自营产生的高费用。二是可以扩充品类和单品数，在最大程度上满足消费

* 曹磊，中国电子商务研究中心主任、研究员；张周平，中国电子商务研究中心B2B与综合部主任、高级分析师。

者的需求。B2B 企业方面，主要以促进平台交易为发力重点，同时增加增值服务，在平台大数据等领域继续深化发展。三是提升网络零售渗透率。

2013 年中国电子商务市场交易规模达 10. 2 万亿元，同比增长 20%（见图 1）。B2B 电子商务占比 80. 4%；网络零售交易规模市场份额达到 17. 6%；网络团购占比 0. 6%；其他占 1. 4%。

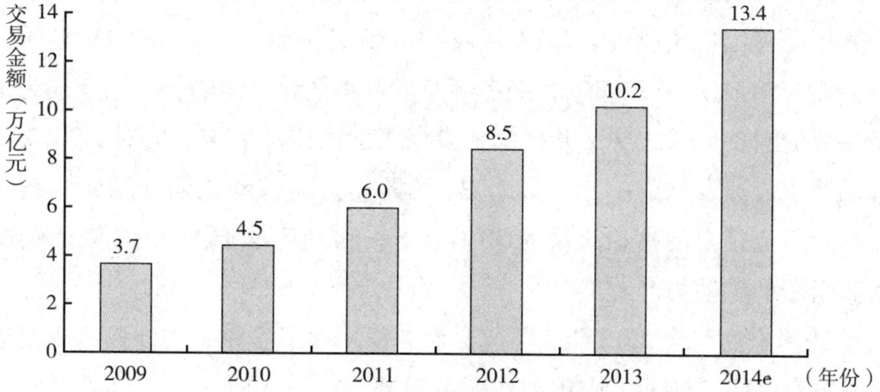

图 1　2009 ~ 2014 年中国电子商务市场交易规模

数据来源：www. 100ec. cn。

1. B2B 电商　2013 年中国 B2B 电子商务市场交易额达 8. 2 万亿元，同比增长 31. 2%。B2B 市场继续保持高增长，主要得益于两方面：一是 B2B 平台运营商进一步向交易平台转型，并针对中小企业需求推出融资服务；二是各地政府加大扶持中小企业扩大电子商务应用，积极引导企业应用第三方电子商务平台。在线融资业务已经成为我国大型电商平台的标配。预计未来将会有更多的电商平台相继进军在线融资市场。2014 年将是中国 B2B 历史上重要的一年。十多年的发展，信息黄页式 B2B 正在逐渐完成它的历史任务，而完全互联网化的 B2B 时代正在来临。

2. 网络零售　2013 年中国网络零售市场交易规模达 18851 亿元，较 2012 年的 13205 亿元同比增长 42. 8%，预计 2014 年有望达到 27861 亿元，网络零售市场交易规模占到社会消费品零售总额的 8. 04%。2013 年的网络零售市场应该说格局越来越明朗，从之前的混乱局面逐渐走向清晰。这一年的网络零售市场围绕着“价格战”“并购”“整合”进行。各电商大佬们都在不断调整中前进。伴随网购市场日益规范，电商企业逐渐向三、四线城市延伸，推动了网购市场的扩大。2013 年移动购物成为一股力量，推动网购的进一步发展。

3. 网络团购　2013 年团购市场延续 2012 年的大好势头，正式进入稳步发展阶段。主要表现为几大一线团购网站实现盈利、团购网站诞生率大幅下降并始终保持低诞生率，以及团购摒弃“赔钱赚吆喝”的模式，提高毛利率，积极完善用户体验等。2013 年团购市场交易额累计达 532.89 亿元，与 2012 年相比环比大涨 52.8%，交易额净增 184 亿元。团购俨然已经成为消费者最主要的消费形式之一，并极大地带动了国内市场经济。同时，2013 年也是移动团购飞速发展的一年，大量 PC 团购用户向移动团购迁移，一线团购网站移动端流量占网站总流量的 50% 以上。移动团购成为 2013 年团购交易额稳步上涨的主动力。

4. 跨境电商　自 2012 年 3 月起，商务部多次下发相关文件提出要促进跨境外贸电商发展，到了下半年动作尤为频繁。在十八届三中全会通过的《中共中央关于全面深化改革若干重大问题的决定》中，明确“将放开商贸物流、电子商务等服务业领域外资准入限制，加快电子商务新议题谈判”。随后不久，商务部发布《关于促进电子商务应用的实施意见》，力推跨境电商创新运用。跨境电商五个试点城市——上海、重庆、杭州、宁波、郑州，除郑州之外，都已开始建设跨境电商平台。

5. 海外代购　2013 年中国海外代购市场交易规模达 767 亿元，较上年同比增长 58.8%。海外代购未来几年仍然会持续增长。海淘同时也向二、三线城市的消费群体延伸。

6. 移动电商　2013 年中国移动电子商务市场交易规模达到 2325 亿元，同比增长 141%，依然保持快速增长的趋势，预计到 2014 年这一数字有望达到 4124 亿元。移动正在改变人们生活的方方面面，各应用场景网上购物成为现实：在超市购物或百货商店购物时，通过应用程序查看最新的优惠；用手机扫描物品的条码，无须排队，直接通过移动支付就可以完成付款。基于移动支付衍生的结合地理位置、社交网络的应用，让移动购物受到欢迎。

（二）企业规模

截至2013年12月，我国B2B电子商务服务企业达12000家，同比增长5.7%；B2C、C2C与其他电商模式企业数已达29303家，较上年24875家增幅达17.8%。B2B平台逐年增长，主要受益于中小企业触网规模不断上升，以及农产品电商平台的规模化发展。但是增长幅度不大，主要因小型B2B平台因缺乏核心竞争力，受经济发展影响较大，行业内裁员、倒闭现象也频出。B2C、C2C与其他电商模式企业数量增长幅度有所下降。随着网络零售市场的不断规范与整合，相当数量的落后B2C企业还会在这个过程中被淘汰。

（三）市场份额

1. B2B电商　2013年B2B电子商务服务商营收（包括线下服务收入）份额中，阿里巴巴继续排名首位，市场份额为44.5%。接下来的排名分别为：我的钢铁网、环球资源、慧聪网、中国制造网、环球市场集团、网盛生意宝分别位列二至七位，分别占比：10.6%、7.1%、3.6%、2.4%、1.7%、1.3%。

2013年，B2B市场的在线交易、互联网金融、大数据等是行业的主要关键词。各B2B运营商纷纷向在线交易转型，并推出互联网金融服务。主要包括：阿里巴巴重新调整CBU（阿里巴巴中国事业部）、慧聪网上线B2B在线交易系统、金泉网上市、生意宝启用SinoPay.com并获“融资性担保”牌照、敦煌网构建全程外贸开放平台等。

2. 网络零售　2013年中国B2C网络零售市场（包括平台式与自主销售式），市场份额排名第一的依旧是天猫商城，占50.1%；京东名列第二，占据22.4%；第三位是苏宁易购，达到4.9%；后续4至10位排名依次为：腾讯电商（3.1%）、亚马逊中国（2.7%）、1号店（2.6%）、唯品会（2.3%）、当当网（1.4%）、国美在线（0.4%）、凡客诚品（0.2%）。

与2012年相比，位居前四名的电商企业没有发生明显变化；凡客诚品从第五位下滑到第十位；当当网从第八位上升到第七位；亚马逊中国从第六位升到了第五位；新蛋中国则首度掉出行业前十。

从C2C市场来看，淘宝集市地位依旧稳固。截至2013年12月，淘宝占全部市场份额的96.5%，拍拍网占3.4%，易趣网占0.1%。

中国C2C网络购物市场格局相对稳定，各网站占比趋于稳定，交易规模平稳增长。

3. 网络团购　目前，团购网站分为三大类：美团、大众点评、窝窝团、拉手网、糯米网、高朋网等前十强团购网站，以聚划算、京东团购、58团购为主的团购平台，以及聚美优品、知我网、团购王等垂直或中小型团购网站。

据中国电子商务研究中心和“领团网”团购数据显示，以美团网为首的前十强团购网站已经牢固占据市场主导地位，在移动团购、O2O等方面也占尽优势。2013年前十强团购网站交易额之和占总市场份额的42%，团购平台占市场份额的37%，其他中小团购网及垂直网站交易额之和占其余市场份额的21%。

（四）用户规模

监测数据显示，截至2013年12月，国内使用第三方电子商务平台的中小企业用户规模（包括同一企业在不同平台上注册但不包括在同一平台上重复注册）已经突破1900万。网购用户方面，2013年中国网购用户规模达3.12亿人，而2012年用户规模为2.47亿人，同比增长26.3%。网购用户规模增长的原因包括：网络购物环境日趋完善与成熟（如支付、物流环境）；快捷方便不受地域限制，选择范围广；电商众多的促销活动吸引消费者的购买。

二　发展趋势

1. 互联网金融将成标配

互联网金融在2013年继续高热，B2B企业尤其积极，2014年互联网金融将成为各B2B平台的标配服务。基于B2B电子商务的供应链融资是B2B贸易的重要组成部分，其市场前景广阔。面对众多中小企业的小额、短期融资需求，能精简审核流程、快速为企业提供融资担保服务将成为平台运营商的重要竞争资源。

2. B2B 按效果付费将成趋势

按效果付费是2013 年 B2B 领域出现频率较高的词，在外贸领域，这一概念已获认可。2013 年各运营商纷纷推出在线交易平台，促进在线交易。目前，国内 B2B 行业收取会员费已经到了瓶颈期，按佣金收费将是未来主要趋势。从 B2B 现状来看，会员费基本上占据绝大部分营收，所以短期内不可能完全取消会员费，改成佣金制。

3. O2O 线上线下融合成趋势

传统零售业如苏宁开始逐渐寻求线上线下资源的整合，进行 O2O 的转型；同时电商企业也开始注重线下，线上线下的融合将会向更多的行业扩散。

4. 跨境电商将迎高速发展

近年来中国跨境电商已逐渐形成一条涵盖营销、支付、物流和金融服务的完整产业链，行业格局日渐稳固。2013 年兰亭集势的上市让跨境电商格外引人注目，未来跨境电商将迎来高速发展时期。

5. 移动电商成争抢蛋糕

移动电子商务为传统企业开辟了新战场，未来传统企业都将通过各种方式进军移动电子商务。移动电商将成为电商的下一个战场。

6. 互联网金融发展将体系化

2013 年，"互联网金融" 成为继物联网、大数据、云计算、移动互联网之后，又一经济社会广泛关注的焦点领域，阿里推出余额宝、微信推出理财通、京东推出"京保贝"、建行善融商务上线等。2014 年年初，苏宁又推出零钱宝。可以看出 2014 年互联网金融将形成对公和对私业务两翼齐飞的局面，银行、基金等金融机构也将主动参与进来，推动整个生态圈的繁荣。

7. "大鱼吃小鱼" 电商拥抱 "并购潮"

继苏宁收购满座网、商圈网入股麦考林之后，我们可以看到 2014 年电商并购潮会持续。电商市场优胜劣汰，很多小平台会跟其他平台进行合并，最终剩下数家大的电商平台。

B. 29

传统媒体的社交化转型与发展

王竟达*

摘　要：

以即时通信、社交网站、微博为代表的社交媒体已经成为互联网中的第一大应用。随着移动互联时代的到来，即时通信类应用用户规模持续扩大，而微博、社交网站进入发展的平台期。传统的三大媒体面对社交媒体的挑战，必须做出更加完善的社会化转型尝试，提升用户体验，为用户提供个性化定制内容，增强互动性。

关键词：

社交媒体　传统媒体　社会化转型

一　社交媒体的发展现状

1. 社交网站

2005 年 12 月，首批用户来自清华大学校内的校内网悄然上线，随后迅速在全国高校在校学生中流行起来。2008 年 3 月，开心网创立，很快在中国白领圈流行。2009 年 8 月，已被千橡集团收购的校内网更名为人人网，意为从“校内”走向“校外”。2010 年，社交网站用户规模达到 2.35 亿，比 2009 年增长 33.7%，普及率达到近年来的高峰 51.4%。2011 年以来，社交网站告别了高速成长期，新的社交媒体出现和其产品功能的丰富不断挤压社交网站的发展空间。根据 CNNIC2012 年的调查，社交网站流失的用户中，主要转向了使用微博，这一比例为 38.3%。2013 年，社交网站用户规模仅比上一年度增加

---

* 王竟达，清华大学新闻与传播学院硕士研究生。

了1%，使用率则降至45%，低于2009年的水平。

2011年5月，人人网在纽交所上市。2012年，人人网营业收入上升了49.3%，但2013年营业收入呈下降趋势。同时，自上市以来，人人网一直没有实现盈利，2013年第三季度，其净亏损达到2460万美元，比2012年同期增加了19.4%。近年来，随着即时通信应用及微博的流行，社交网站的热度明显下降，同时人人网在丰富平台社交元素，增强用户黏性上表现不佳。在其他应用或平台不断增强社交元素的同时，人人网等社交网站为了增加营收而牺牲了社交用户的社交体验。比如，游戏是人人网营业收入的主要来源，人人网为了推广其游戏，导致用户收到大量的游戏邀请信息。同时，人人网个人首页上的动态信息，被大量转帖占据，大多数转帖并非用户原创，同时质量不高。CNNIC调查显示，社交网站用户流失的最主要原因是用户认为其浪费时间，耽误学习或工作，持这一观点用户占到流失用户的45.8%。并且人人网移动端的开发不成功，早期的移动客户端照搬PC端的模式，用户体验较差，错失了移动互联迅速发展的机遇。

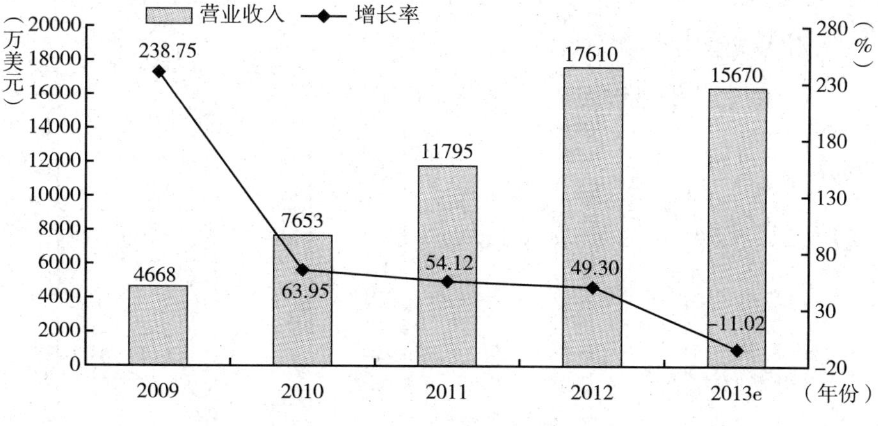

图1 2009～2013年人人网营业收入及增长率

数据来源：人人网招股说明书及财报。

注：2013年因百度收购糯米网，所以没有将糯米网收入计入总营业收入中。若2012年也不计糯米网营收，则人人网2013年营业收入较2012年下降1.8%。

2. 微博

2009年8月，新浪微博内测版的上线，标志着微博在中国的诞生。2010

年被认为是中国的微博元年，腾讯、网易、搜狐等纷纷提供微博服务，微博开始普及。在微博的认证机制下，名人、企业、政府、网站等组织纷纷进驻微博，建立发布信息和与网民交流互动的平台，以微博平台用户迅猛增长，微博成为当时最流行的时尚。2010～2011 年，微博用户人数从 0.63 亿人猛增到 2.50 亿人，增幅高达 296%。到 2012 年，经历过一轮普及后的微博，增幅下降为 23.5%。而 2013 年，随着微信等移动即时通信软件的流行，微博用户数出现下降，据 CNNIC 统计，2013 年，微博用户减少 2783 万人，使用率下降 9.2% 为 45.5%，甚至低于 2011 年的 48.7%。另据 CNNIC 统计，减少使用微博的用户中，37.4% 转向了使用微信。微博的发展进入平台期和调整期。

2013 年 3 月，新浪微博向美国证券交易委员会提交了 IPO（首次公开招股）文件，根据其招股说明书披露的数据，2013 年 12 月，新浪微博月活跃用户（MAU）达到了 1.29 亿。年度增长为 33.5%，略高于 2012 年的 32.6%。说明新浪微博用户仍在增长。新浪微博 2013 年营收达到 1.88 亿美元，比 2012 年增长了 186%。2013 年净亏损为 3812 万美元，比 2012 年减少了 62.8%。新浪微博运营方认为，其用户增长乏力源于在一、二线城市已经普及，未来将着眼于三、四线城市用户的发掘。

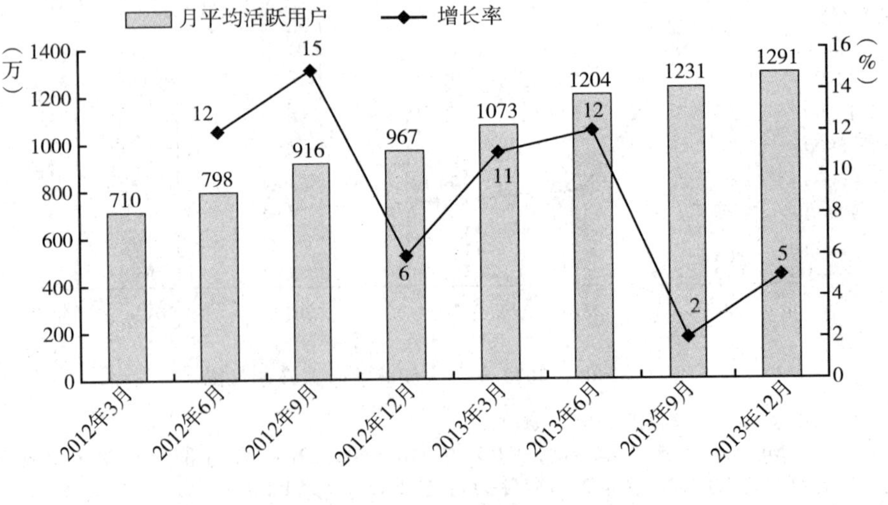

图 2　2012 年 3 月～2013 年 12 月新浪微博月活跃用户及增长率

数据来源：新浪微博招股说明书。

3. 即时通信

即时通信是最基础的社交媒体应用，2011 年随着微信的推出，即时通信开始成为互联网第一大应用，2013 年用户规模达到 5.3 亿，使用率达 86.2%。以微信为代表的即时通信类应用，对用户需求的把握较好，并且通过产品的不断创新不断增强用户的黏性。尤其是其与移动设备的契合，伴随着智能手机的普及，即时通信软件在移动互联时代成为人们日常沟通交流的基础工具，用户规模不断增加。

二　传统媒体的社会化转型

传统媒体最早的社会化当数平面媒体的读者来信，电视媒体的短信互动，以及广播的听众来电。而在互联网背景下的社交媒体时代，传统媒体纷纷搭建网站，进驻微博，开通微信平台，以此建立与用户交流互动的平台。如中央电视台的 CNTV，人民日报的人民网及强国论坛，中央人民广播电台的央广网。在传统媒体的社会化转型实践中，各大卫视自己建立的社交媒体 App 具有一定代表性。根据对研究机构央视 - 索福瑞列出的 2013 年收视率前 20 家省级卫视的调查发现，前 20 强卫视中目前共有 9 家在 Apple Store 上创建了自己的社交媒体应用。

表 1　省级卫视自建社交媒体应用一览

收视率排名	卫视	社交媒体
1	湖南卫视	呼啦
2	江苏卫视	乐享电视
4	安徽卫视	安徽卫视啊哟
5	北京卫视	BTV 大电视
6	天津卫视	天天圈
7	东方卫视	东方卫视 - 哇啦
8	山东卫视	山东卫视
11	湖北卫视	星吧
18	广东卫视	广东卫视看点

以建设得较为成熟的湖南卫视“呼啦”为例，该卫视的社交媒体建立了自己的较为完整的社交生态圈，注册用户可以参与直播聊天，电视节目互动话题讨论，为主持人、嘉宾投票，进入节目主题游戏，交友聊天，完成任务兑换实物和虚拟礼品。“呼啦”还通过与音乐、视频网站合作为用户提供精选的音视频服务，除此以外，还提供与电视节目主题相关的游戏。通过对 9 家卫视社交媒体 App 的实际体验，各 App 的表现泾渭分明，湖南卫视“呼啦”在社交功能实现完善，用户体验友好，其他 App 除天津卫视“天天圈”表现较好外，在社交功能和用户体验上均较差，有的类似于视频网站 App 而不能称之为卫视的社交媒体平台，有的则制作粗糙，有充数之嫌。

在广播领域，手机已经成为最主要的收听终端，互联网广播和手机广播 App 的兴起，使听众能够更加方便地定制自己个性化的收听序列。同时各电台主播通过微信平台与听众实时交流，使栏目的互动性更强。平面媒体面临的情况是，聚合新闻类应用，如网易新闻客户端，通过让读者对新闻内容的实时评论、对评论的二次评论、和“小编”的互动、摘选读者精彩评论、设立积分商城，实现了非常好的社会化。目前的现实情况是，网络媒体基本不会因采用平面媒体内容而向其付费。平面媒体也有做新闻客户端的尝试，但其社交性与灵活性无法与聚合新闻类应用相比。平面媒体社会化转型的有益尝试同样表现在微信平台上与读者的互动。据统计，四家中央级报纸除解放军报外均开通了认证的微信公众号；31 家省级地方报中有 11 家开设了认证的微信公众号。对于社会化转型具有局限性的平面媒体来说，在具有庞大用户基础的微信等即时通信平台搭建自己与读者互动平台具有可行性。以《中国青年报》为例，该报一方面主要通过“中国青年报”账号实现读者阅读内容的订制，另一方面通过“中国青年报读者俱乐部”实现与读者的互动，可以实现读者服务、内容订阅、报纸订阅、社区讨论等功能。现在看来，传统媒体的社会化转型情况并不乐观。未来，不论是电视、平面还是广播，应对新媒体带来的冲击，传统媒体必须紧紧抓住移动互联时代的机遇，打造适合自己的社会化平台，努力提升用户体验，使用户能够灵活地订制个性化内容，建立用户与记者、主播、主持人、嘉宾以及其他用户多媒体互动的机制，以期实现成功的社会化转型。

B.30 2013年中国移动互联网发展概要

蓝皮书课题组

2013年移动互联网正式走入了第一媒体的序列，全面抢夺了传统互联网的风光，更在使用时间上远远超越了广播电视、报刊图书等传统媒体，成为占据人们工作、休息之外闲暇时间的最主要媒介。移动互联网异军突起，用户规模持续攀升，移动互联网用户在全体网民中所占的比例也由2007年的24.0%上升至2013年的81.0%。

2013年是国内移动互联网热点事件不断、市场重大调整的一年：移动虚拟运营业务领域逐步开放，4G商用年底正式启动，移动互联网产业底层结构面临重大调整；BAT等互联网巨头举动频频，行业投资并购活跃，各方高调争夺移动互联网高地。腾讯、百度、阿里等互联网巨头们开始发力移动广告市场，市场格局日趋复杂，进一步加剧了市场两极分化的态势。同时，本年度上演了中国移动互联网的门户之战，传统的浏览器加门户网站的入口方式已经在移动互联网时代有了根本性变化，浏览器与APP之争也已经全面展开。2013年手机浏览器和APP的使用时间均出现了大幅度上涨，但浏览器的使用时间整体还远低于 APP 的综合使用时间。

2013 年，中国移动视频用户规模为 2.47 亿，与 2012 年年底相比增长 83.8%，移动视频用户的增长率远高于网络视频。2012 年移动视频用户规模占全部网络视频用户规模的 36.1%，2013 年这一比例已经增至 57.6%，移动视频正快速缩小与传统网络视频的差距。移动视频流量加速变现，来自移动端的广告收入在整体广告收入中的占比持续上升，2013 年也成为众多网络视频企业的“移动视频商业化元年”。

2013 年手机网络游戏用户数出现爆发性增长，游戏行业内用户从电脑端向手机端转换增加，手机网络游戏对于 PC 端网络游戏的冲击开始显现。中国手机搜索用户数达 3.65 亿，较 2012 年年底增长 7365 万人，增长率为 25.3%，远高于整体搜索用户增长速度。

2013 年，微信的全面普及继续巩固了手机的移动互联网即时通信与社交功能，移动设备的社交新媒体特征越发明显。微信平台用户强势突破 6 亿，至 2013 年年底，其全球月活跃用户达 2.7 亿，已跻身全球超级移动应用之列。年内，微信公众平台迅猛成长，微信公众账号规模已超过 200 万个，信息交互次数高达亿万次，已跃升成为国内移动营销的新阵地，其 5.0 版本推出后其商业化布局初现，公众平台广告模式创新不断。

2013 年，移动商务市场爆发出巨大的市场潜力。手机网络购物在移动端商务市场发展迅速，用户规模达到 1.44 亿。从交易规模来看，移动网购当前已列移动互联网细分行业排名首位，2013 年其交易规模已达 1676.4 亿元，同比增幅高达 165.4%，而同期 PC 端网购同比增速仅为 35.7%。随着网购趋势朝移动端转移，依托电商广告主开展移动营销创新将是未来重要方向之一。

B.31

2013 年中国移动互联网产业发展报告

刘鑫 陈锐*

摘 要：

本文基于中国互联网信息中心发布的 2013 年度各项调查研究报告①，用数字解读 2013 年中国移动互联网产业的发展现状，剖析和梳理 2013 年移动互联网产业的重点、热点和难点问题，以期对中国移动互联网产业的发展提供更加全面和深入的理解。

关键词：

移动互联网 移动视频 手机网游 发展

一 小屏幕大动力——移动互联成为网络发展重点

截至2013 年 12 月，中国网民规模达到 6.18 亿人，全年共计新增网民 5358 万人，增长率为 9.5%，创下 2008 年以来网民增长率持续下滑的新纪录，我国整体网民规模增速进一步放缓，网民总量趋于饱和。然而在网民总体规模增速放缓的进程中，移动互联网却异军突起，其用户规模持续攀升，在全体网民中所占的比例也由 2007 年的 24.0% 上升至 2013 年的 81.0%。

在 2013 年新增的 5358 万网民中，使用手机上网的比例高达 73.3%，远高于其他设备的使用比例，也就是说正是移动互联网用户的增加，继续推动着全国网民规模的缓慢增长。相对于台式电脑（28.7%）和笔记本电脑（16.9%）

---

* 刘鑫，中国互联网络信息中心（CNNIC）互联网发展研究部副主任；陈锐，传播学博士，中国传媒大学新闻学院调查统计研究所。

① 本文所用数据均源于中国互联网络信息中心（CNNIC）的调查研究报告。

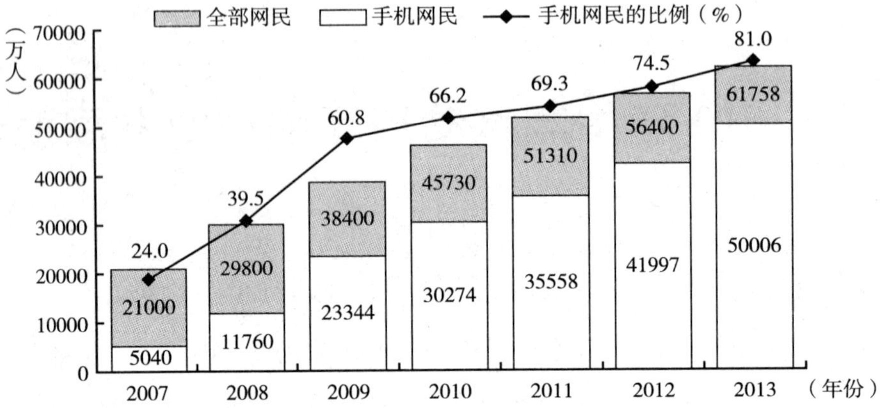

图1　中国全部网民及手机网民规模

等大屏终端设备而言，屏幕最小的手机成为推动互联网发展最强劲的驱动力。

移动互联网的发展很大程度上得益于智能手机的发展，工信部统计数据显示，2013 年 1 ~ 10 月，中国智能手机出货量达到 3. 48 亿台，手机的价格和易操作性使得手机上网相对于电脑来说存在更大的可能性，而且其技术门槛更低，所以移动互联网迅速向农村地区、低收入人群渗透。此外，运营商通过网络套餐和 3G 号码的推广宣传活动，也促使手机用户向手机网民转化，工信部数据显示，截至 2013 年 11 月中国 3G 移动电话用户已经达到3. 86 亿台。

从整体来看，当前中国网民总量趋于稳定，但网民结构正在悄然发生变化，这推动了中国互联网发展由“量变”走向“质变”。以终端、平台和服务为主要构成的移动互联网产业体系改变了中国互联网的整体格局，也极大地改变了网民上网行为和生活方式，并逐渐从碎片化的阅读、通信等应用向各类用户使用时长较长的视频、游戏等应用发展。

从时间上来看，手机娱乐是手机使用的主要功能。据调查，手机娱乐用户平均每天除短信电话外使用手机 179 分钟，其中手机娱乐 109 分钟，占据了手机除电话短信外使用总时间的 60. 8%。从使用场景来看，手机娱乐在“睡觉前”和“看电视、家里休息”等时间使用比例较多，说明手机娱乐不仅仅是一种乘坐交通工具时的消遣方式，还成为一种家庭娱乐方式。根据调查，77.8%的手机娱乐用户在晚上睡觉前使用手机，73.2%的手机娱乐用户在家里/宿舍等休息时间使用。可见，手机娱乐已成为用户一种常态化的生活方式，习惯驱动作用不断凸显。

二 无移动不视频——移动视频改变用户收视模式

截至2013年12月，中国网络视频用户规模达4.28亿，较上年底增加5637万，增长率为15.2%；中国移动视频用户规模为2.47亿，与2012年年底相比增长了1.12亿，增长率为83%，移动视频用户的增长率远高于网络视频。2012年移动视频用户规模占全部网络视频用户规模的36.1%，2013年这一比例已经增至57.6%，移动视频正快速缩小与传统网络视频的差距。

2013年移动视频快速增长主要由三方面原因促成：首先，整体网民互联网使用行为正在向手机端转移，庞大的移动网民规模为移动视频的使用奠定了用户基础；其次，移动视频的使用环境逐步完善，具体包括智能手机的发展（大屏手机密集上市，价格进一步平民化）、WiFi使用率的提升以及未来4G网络的落地（2013年12月4日已经开始发放4G牌照）、上网成本的下降（如视频运营商和网络运营商的包月合作）都成为移动视频增长的促进因素；最后，视频厂商在客户端的大力推广，提升了网民对于移动视频的认知，进而吸引更多网民使用手机观看移动视频。

然而，虽然移动视频用户的增加可能会蚕食传统网络视频的领地，但这两者的关系却远非此消彼长这么简单。我们必须看到，传统网络视频是移动视频发展的基础和前提：战略层面上，视频网站并购和整合力度加大，出现跨行业、线上线下等方面的整合，不断改变着网络视频行业格局；产品层面上，视频企业不但加强了PC端和移动端产品的优化升级，而且加强了与客厅娱乐相关的业务推进，围绕“家庭娱乐”推出了与网络视频相关的机顶盒、路由器、互联网电视等硬件产品，力求打赢“客厅争夺战”；网站内容层面上，不少视频企业一方面加大自制剧的开发，以降低版权购买成本、减少亏损，另一方面加强线下热播剧目的购买力度，以吸引新客户、增加广告收入。

未来移动视频的发展面临的最大问题可能还是内容和版权，在这方面，合作与自立两种不同的策略路径同等重要。一方面，传统影视节目特别是电影、电视剧、综艺节目依然将是移动视频的主要内容，而且网络视频的发展也带动了这些传统节目扩大其收视覆盖，所以移动视频需要与传统影视节目生产商保持密切合作关系，移动视频需要传统影视节目来填补内容，传统影视生产商则需要借用移动互联的渠道来扩大和形成全媒体收视的新格局。另一方面，移动视频也需要学会自己走路，力争在自主内容上有所突破，新技术的发展也为之提供了无限想象空间，除自制剧外，微视频、微电影等网友自创内容在未来也有可能成为支撑移动视频的重要力量。

移动视频的发展对收视模式最大的改变，可能是基于手机屏幕的移动收视行为将会更加个人化、私密化，一家人围绕着电视机共同观看的场景将越来越少，更多的年轻人将会捧着手机独自观看，而这一点也有可能会影响到未来影视作品从主题内容、制作方法到表现形式上的巨大变革。

三　游戏随时随地——手机网游让游戏无处不在

2013 年中国网络游戏用户增长明显放缓。网民使用率从 2012 年的 59.5% 降至 54.7%。网络游戏用户规模为 3.38 亿，网络游戏用户规模增长仅为 234 万，增长空间有限。与整体网络游戏用户规模趋势不同，手机端网络游戏用户增长迅速。截至 2013 年 12 月，我国手机网络游戏用户数为 2.15 亿，较 2012 年年底增长了 7594 万，年增长率达到 54.6%。整体行业用户的增长乏力以及手机端游戏的高速增长意味着游戏行业内用户从电脑端向手机端转换加大，手机网络游戏对于 PC 端网络游戏的冲击开始显现。

2013 年手机网络游戏用户数出现爆发性增长，多方因素促成了手机网络游戏的快速发展。首先，游戏是人们日常生活的基本需求之一，随着智能手机的快速普及和网络环境的加速建设，游戏需求不断从 PC 端向移动端转移。其次，手机网络游戏是变现能力最强的服务，因此类似手机即时通信、社交应用、分发渠道等都展开游戏推广，推动了手机网络游戏用户增长。最后，手机网络游戏使用门槛低、游戏时间碎片化的特性，对 PC 端游戏形成补充，满足了用户需求。

手机游戏用户收费是目前我国手机娱乐的主要盈利点，资本市场看好。手机游戏用户付费比例 27.4%，付费费用以 6 ~ 50 元为主，占比为 55.4%，付费比例和付费费用均高于其他手机娱乐应用。

虽然手机游戏作为新兴起的游戏领域，未来的确存在着很大的增长空间，但是要想让其成为最主流的游戏形式，替代其他游戏还是有难度的。就目前来看，手机游戏缺乏社交性和交互深度，生命周期短，游戏质量、体验均不如客户端游戏。PC 客户端游戏需要的是大块的时间，手机游戏则定位于碎片化时间，尽管两者之间的差距在慢慢缩减，但两者之间不存在完全替代性，截至目前主要还是一种互补的关系。

四　我的手机朋友——移动网络带动多元化社交方式

2013 年，微博、社交网站及论坛等互联网应用使用率均下降，而类似即时通信等以社交为基础的平台应用发展稳定。从具体数字分析，2013 年微博用户规模减少 2783 万人，使用率降低 9.2 个百分点。过去一年内减少使用社交网站（包括明显减少和略微减少）的网民比例达 23.5%，增加使用（包括明显增加和略微增加）的比例仅为 12.7%，活跃度提高的网民比例不及网民活跃度下降的比例；同样，过去一年内使用微博时间减少的网民比例为 22.8%，使用时间增加的比例为 12.7%，减少的比例也大于增加的比例。

整体网络即时通信用户规模在移动端的推动下提升至 5.32 亿，较 2012 年底增长 6440 万，使用率高达 86.2%，继续保持第一的地位。手机即时通信用户规模也达到 4.31 亿，较 2012 年年底增长了 7864 万，年增长率达 22.3%，手机即时通信使用率为 86.1%，直追整体网络即时通信的用户比例。移动即时通信发展迅速的原因一方面由于即时通信与手机通信的契合度较大，另一方面是由于在社交关系的基础之上，增加了信息分享、交流沟通甚至支付、金融等应用，极大地提升了用户黏性。当前微博、微信的载体已经转移到移动设备。

移动社交如何盈利对于产业发展而言依然是个难题，从目前的情况看，游戏和广告收入是社交类应用最主要的收入来源，在付费游戏方面，网民的参与度都在15%以下。在广告参与度方面，23.6%的社交网站用户点击过站内广告，14.6%的微博用户点击过微博推送的广告。其他商业活动方面，网民的参与度都还较低，站内购买商品、付费使用其他相关业务的用户比例都不到两成。中国网民付费意愿低，而且对商业化产品参与度低的现状不可能短期改变，所以移动社交类应用需发掘更细化的盈利方式，针对不同群体用户推出不同的商业产品，才能最大限度地挖掘市场潜力。

五　我要找到你——手机搜索为移动生活导航

2013年，中国网民的PC端搜索增长放缓，移动端搜索蓬勃发展。截至2013年12月，中国PC端搜索引擎用户规模达4.90亿人，较2012年年底增长3856万人，同比增长8.5%，增长放缓；中国手机搜索用户数达3.65亿，较2012年年底增长7365万人，增长率为25.3%，远高于整体搜索用户增长速度。

手机搜索快速增长，使得网民对手机搜索的依赖程度加深，主要体现在以下两方面：一方面，手机搜索使用率提升至73.0%，较上年度增长3.6个百分点。另一方面，网民使用手机搜索的频率增加，2013年平均每天使用手机搜索一次以上的手机网民占了54.5%，比上一年提升了5.1个百分点。

网民手机端搜索行为与PC端有所差异：搜索方式上，手机搜索输入方式更加多样化，语音、二维码扫描成为重要的搜索入口。调查数据显示，相比2012年，2013年搜索时使用过二维码扫描输入进行搜索的手机网民比例从7.9%上升到了25.1%；使用过语音输入进行搜索的手机网民比例从12.7%上升到了22.1%。2013年部分输入法集成了语音以及二维码扫描输入功能，加上很多即时通信、微博等APP也都聚集了这些输入功能，带动了网民使用这些新的输入方式，并在搜索信息时使用。

搜索内容上，除娱乐和阅读等内容外，用户在手机端搜索本地生活服务类信息和应用信息的需求更大，手机搜索似乎已经深深融入一些年轻人的生活方式，在这个过程中，地理位置信息的重要性便突显出来，所以手机地图作为地理位置的搜索工具，其渗透率持续上升。调查数据显示，手机地图用户中，使用路线导航的用户占62.7%，地点查找的用户占45.3%，从目前来看用户使用比例最高的仍是地图的路线导航和地点查找等传统功能。值得注意的是，周边生活信息等热点查询的比例已达29.2%；签到或位置信息分享比例为10.4%。

六　移动商务——小手机潜藏商业大乾坤

2013 年，移动商务市场爆发出巨大的市场潜力。手机网络购物在移动端商务市场发展迅速，用户规模达到1.44 亿。与2012 年相比，用户在手机上查看商品信息的各种方式的使用比例均有所增加，数据显示，81.8%的手机网络购物用户通过手机上百度等通用搜索查看商品信息，78.8%的手机网络购物用户在手机上输入网址打开网站浏览。用手机上一淘网等购物搜索查看和登录购物网站客户端软件浏览的网络购物用户均占54.5%。

用户使用手机网络购物的情景较为多元。有86.7%的用户在家休闲时用手机网络购物，对于部分用户而言，手机已经开始逐步替代家庭电脑在用户网络购物中的地位；有60.0%的用户是在无法使用电脑联网时使用手机网络购物；20%的用户在上班、上学时用手机网络购物；还有40.0%和13.3%的用户是在乘坐公共交通工具和排队等候时用手机网络购物。

作为PC 端网络购物渠道的补充，手机网络购物用户规模增长迅速得益于以下三个因素：第一，手机独有的功能（扫码、扫图片等）和使用便利性提高了用户购物过程的决策效率；第二，电商企业在手机端的大力推广，对手机用户网络购物产生一定的推动作用；第三，手机特有的本地化电子商务拓展了用户手机端购物渠道。

作为网购的特殊方式，团购成为增长最快的网络应用。截至2013 年12

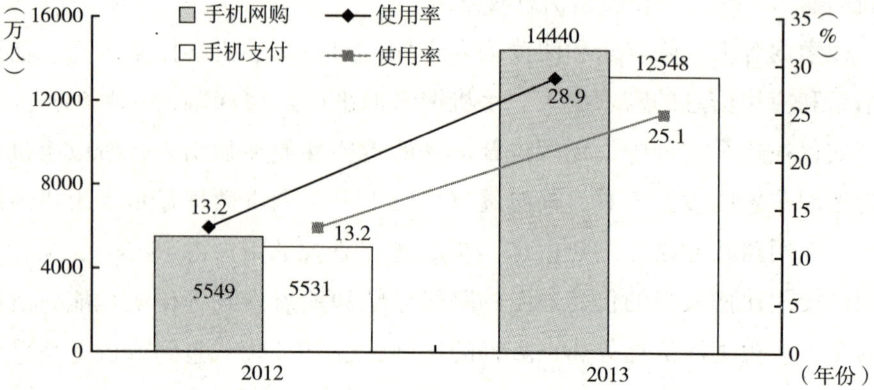

图 2　2012～2013 年手机网购及手机支付用户发展趋势

月，中国团购用户规模 1.41 亿，同比增长 68.9%，使用率提升至 22.8%，同比增长 8 个百分点。手机端的快速发展推动团购的高速增长，手机团购使用率从 2012 年年底的 4.6% 增长至 16.3%。以团购为代表的本地生活服务与手机定位等功能深度契合，2013 年团购服务在手机端与地图、旅行、生活信息服务等领域的进一步融合，推动了团购向网民群体的快速渗透，整个行业也在不断地向线下生活服务领域纵深发展。

随着网络购物的快速增长，手机在线支付在 2013 年也加快了增长步伐，用户规模达到 1.25 亿，使用率为 25.1%，较上年年底提升了 11.9 个百分点。推动手机在线支付快速发展的因素主要来自以下三方面：手机网民的高速增长为手机在线支付建立了用户基础；移动电子商务的发展推动了手机端支付的增长；在移动互联网和移动商务应用快速推动下，移动支付相关产业链各方积极布局而产生联合推动效应。2013 年，线下经济与网上支付的结合更加深入，促使用户付费方式转变，如嘀嘀打车等应用平台用手机支付打车费用等，已经为整个行业的发展带来颠覆性的改变；而移动互联网对金融业的冲击，也贯穿于 2013 年的始终，屡次成为备受关注的新闻话题。

然而，移动商务在未来要有长远的发展，仍有不少需要解决的问题：首先，在价格战日趋白热化的情况下，如何提升移动消费者的消费体验将成为制胜关键因素；其次，整体应用环境的优化，如移动网络安全环境的改善，为移动商务创造更为便利的条件；最后，网络相关法规需要逐步完善，2013 年网络零售市场的立法进程明显加快，新《消费者权益保护法》已经纳入网络购物相关的个人信息保护、追溯责任等内容，保障了消费者网络购物的基本权益，但与移动商务相关的不少领域仍然存在法律真空地带，应该是未来网络立法的重点方向。

B.32

2013年中国移动媒体发展回顾与综评

赵子忠 徐琦*

摘 要:

2013年间，我国开启4G商用时代大幕，移动智能终端赶超PC已成大势，移动媒体增势可观：移动互联网流量、用户规模、营收情况均呈高速增长态势，巨头战略布局与行业资本并购频繁，强势推动移动游戏、移动社交、移动视频、移动音乐、移动阅读等细分市场的创新与成长。未来一年内，国内移动互联网建设将延续深化差异化创新、争夺用户资源、提升与挖掘移动端流量价值这一主体基调。

关键词:

移动互联网 无线互联网 移动媒体 手机媒体

一 中国开启4G时代 智能终端多屏竞争

2013年间，我国通信网络建设取得了令人瞩目的成就与突破：移动电话用户普及率持续增长，2G用户快速向3G迁移，推动3G渗透率强势增长；年末4G牌照与“虚拟运营商”牌照先后颁发，为下一阶段国内移动互联网的创新突破拓展了广阔空间。移动终端方面，2013年同样也是热点不断的一年。在全球智能手机出货量突破十亿部关口的背景之下，国内智能手机与平板电脑市场大幅提升，增势大超桌面电脑，中国智能终端市场移动化、多屏化趋势渐成主流。

---

* 赵子忠，博导，教授，中国传媒大学协同创新中心新媒体研究院院长，从事新媒体产业研究；徐琦，博士，中国传媒大学协同创新中心新媒体研究院讲师，从事新媒体商业运营及政府规制研究。

2013 年末，4G 与“虚拟运营商”牌照的颁发备受关注。2013 年 12 月 4 日，工信部正式向中国移动、中国联通、中国电信颁发了三张 TD－LTE 制式[①]的 4G 牌照。4G 牌照发放，将中国第四代移动通信技术与标准正式推向商用阶段。放眼全球，当下各国移动通信产业正在整体从第三代向第四代迈进，所有的终端、应用和技术都在围绕 4G 展开，而 4G 无疑将对国内移动互联网业中长期发展产生深远的影响。截至 2014 年 1 月底，国内获“虚拟运营商牌照”企业已增至 19 家。[②] 此举标志着民营资本进入电信业已迈出关键一步，也为未来移动互联网的底层创新增添了更多想象空间。

对于移动终端市场而言，2013 年同样也是爆发式成长的一年。2013 年全球智能手机出货量已经突破 10 亿部关口，同比增长约 38.4%，其中智能手机所占比例已超半数，达 55.1%。IDC《2013 年第三季度中国智能终端市场季度跟踪报告》数据显示，2013 年全年中国智能终端市场整体增长预计为 45%，其中智能手机增长为 64%，平板增长为 77%，而 PC 市场则下降 12%，移动智能终端对 PC 终端市场的侵蚀已既成事实。截至 2013 年年末，国内消费类智能终端保有量已达 7.8 亿台，这一规模比两年前已增长了 3 倍。目前中国已成为全球智能终端生产与消费大国，未来随着智能终端消费市场的逐渐下沉与 4G 网络建设对终端创新的拉动，国内智能移动终端的创新与产量将更好地支撑移动互联网的发展。

二　移动流量强势增长　移动创新多点爆发

整体而观，2013 年是移动流量加速爆发、市场体量大幅提升、巨头战略

① 国际电信联盟无线通信部门已将 LTE－Advanced（FDD）、TD－LTE－Advanced（TDD）、Wireless MAN－Advanced 三种标准定为下一代无线通信标准，即 4G 标准。目前国内颁发的是 TD－LTE 制式的 4G 牌照。

② 2014 年 1 月 29 日，工信部向 8 家民营企业发放第二批移动通信转售业务企业试点批文。获得第二批移动通信转售业务批文的企业共有 8 家，分别是深圳市爱施德股份有限公司、厦门三五互联科技股份有限公司、苏州蜗牛数字科技股份有限公司、北京国美电器有限公司、苏宁云商集团股份有限公司、中期集团有限公司、长江时代通信股份有限公司、远特（北京）通信技术有限公司。

部署与资本并购频繁、细分市场创新令人瞩目的一年。2013 年我国移动互联网流量已达 132138.1 万 GB，同比增长 71.3%。其中，手机上网构成了主要拉动因素，在移动互联网总接入流量中的比重已达 71.7%。[①] 市场方面，2013 年中国移动互联网市场规模达约 1059.8 亿元，同比增长 81.2%。移动购物、移动增值、移动游戏、移动营销占比分别达 38.9%、32.5%、14.6% 与 14%。[②] 其中，手游、移动社交、移动视频等领域的强势发展尤其值得关注。

1. 手游全面爆发 渠道竞争升级

手游市场全面爆发，无疑是 2013 年移动媒体发展的最大看点之一。主要表现为：第一，移动游戏市场实际销售收入翻倍增长，增长速度超过往年。行业数据显示，2013 年中国游戏整体用户规模达 4.9 亿人，同比增长 20.6%，全国游戏市场销售收入达 831.7 亿元。其中，手机游戏玩家总数突破 3 亿，手机游戏市场总值达到 112 亿元[③]，实际销售增长的绝对值已接近网页游戏市场。第二，手游产品营收能力显著提升，盈利产品数量增加，峰值收入（月流水）创历史新高，越来越多的国产游戏进入 iOS 应用商店畅销榜，甚至问鼎首位。据行业统计，2013 年月收入过千万元的国产手游产品已达 60 余款。第三，手游企业规模大增，领先企业大获发展。低研发成本、低进入门槛以及跨平台、跨终端等特性，推动移动游戏成为国内游戏产业的新蓝海。2013 年以来，大量“轻资本”启动的创业团队瞄准手游市场，同时，原本从事客户端游戏或网页游戏的企业也纷纷加入，共同掘金移动游戏市场。目前，国内中国手游集团、掌趣、触控科技、顽石互动、广州银汉、凯罗天下等手游企业已跻身行业第一阵营。

同时，移动游戏产品分发渠道竞争随之升级，年内发生多桩游戏渠道公司并购事件，多元竞争格局蔚然成型。年中，百度以 19 亿美元的“天价”全资收购网龙控股子公司 91 无线，以弥补其在移动互联网方面的短板。另据《21 世纪经济报道》统计，仅 2013 年 A 股市场就有 6 家公司涉及游戏渠道公司并

① 数据来源：国家工业和信息化部运行监测协调局《2013 年通信运营业统计公报》。

② 数据来源：艾瑞咨询《2013 年网络经济核心数据》。

③ 数据来源：中国版协游戏工委（GPC）、CNG 中新游戏研究（伽马数据）、国际数据公司（IDC）联合发布的《2013 年中国游戏产业报告》。

购，总金额高达128亿元。截至目前，360手机助手、百度多酷、中国移动、UC应用商店、百度91手机助手、安卓市场、当乐网、小米应用商店、腾讯应用宝等游戏分发渠道均已形成一定的用户资源和渠道品牌基础，而渠道资源在未来手游竞争中将扮演更加重要的角色。

2. 移动社交势猛 微信潜力凸显

2013年国内移动社交市场可谓巨头酣战、热点不断。这首先依托于国内移动社交用户的快速规模覆盖化。截至2013年12月末，我国手机即时通信网民已达4.31亿，年增长率达22.3%，其中，手机即时通信业务使用率高达86.1%，位居中国手机网民网络应用排行的首位。[①] 而根据艾瑞咨询对移动应用日均覆盖人数的最新监测数据，微信、QQ等社交类应用位列前两位，二者合计约占据所有移动终端应用总时间的20.8%。

底层刚需支撑移动社交成为排名首位的超级应用，其在移动互联网时代的入口效应也愈发凸显。为了抢占入口优势，年内互联网巨头频频出手，通过并购、推新等方式大打出手。5月，阿里巴巴集团战略投资新浪微博公司，以5.86亿美元购入新浪微博18%的股份，微博商业化进程经历重大调整。

年内微信布局与即时通信大战自然是焦点所在。与政府重拳打击网络大V、微博活跃度降低等形成鲜明对比的是，微信上线至今一直顺风顺水，功能不断完备，用户规模加速上升。2013年，微信用户规模强势突破6亿。据"艾瑞咨询"监测，微信目前已占据移动互联网总浏览时间的11.3%，而这一比例一年前仅为5%。2013年8月微信5.0上线，微信商业化进程开启，各个细分领域的商业化措施稳步推进。更重要的是，微信对移动互联网入口地位的持续强化触动了多方利益，其中蕴藏的商业价值更为人觊觎，吸引了众多重量级玩家踏入移动社交市场。中国电信联合网易共同推出"易信"，后阿里巴巴高调发布"来往"。"易信"主打跨平台、跨运营商的免费信息和语音发送，而"来往"则通过免流量费、淘女郎入驻、双十一发红包等措施拓展市场。但由于微信沉淀了大量真实的社交关系，且即时通信应用排他性较强，后来者虽初期获得较快的用户扩张，但长期发展则略显后劲不足。从中长期来看，微

① 数据来源：中国互联网络信息中心（CNNIC）发布的第33次《中国互联网络发展状况统计报告》。

信所面临的关键问题已转向商业化落地，而其他竞争者仍在用户积累的路上。

3. 移动视频暴涨　商业化元年开启

2013 年移动视频用户规模、视频流量、装机量及营收等均呈现加速增长态势，移动视频广告在整体广告收入中的占比持续上升。移动视频猛涨依托于网络视频行业 2013 年内的强势增长，据艾瑞 MUT 2013 年 11 月监测数据，优酷土豆、搜狐、腾讯、爱奇艺 PPS 月度覆盖人数分别达至 3.01 亿人、2.42 亿人、2.32 亿人及 2.31 亿人，排名首位的优酷土豆月度总有效浏览时间达 89256 万小时。据 CNNIC 最新数据，2013 年手机网络视频使用率达 49.3%，位列手机应用使用率排行的第五位，而一年前这一数据仅为 32%。年内，多家在线网络视频企业对外宣布其移动端流量大幅增长，甚至超越 PC 端。按照 App Annie 统计，百度视频、优酷、爱奇艺视频、PPS 等移动视频在 2013 年中国市场非游戏类应用下载量前十位排名中已占去四席，涨势非常可观。

事实上，中国网络视频市场移动端流量强势增长势头初现于 2011 年。经过两年多的发展，移动视频流量价值在 2013 年内有了实质性体现，来自移动端的广告收入占比大增，本年也成为“移动视频商业化元年”。年内，优酷土豆、爱奇艺等开始移动视频流量商业化，广告营收取得较大增长。随着移动视频市场用户群体的持续增长，其在线活跃度预计将在 2015 年超越 PC 端，届时视频广告或将成为仅次于关键词广告的第二大在线广告入口，移动视频广告未来可期。

4. 移动音乐缓增　运营商仍强势

国内移动音乐 2013 年整体发展依然延续了运营商独大的格局，电信运营商主导地位稳固，无线音乐相关收入占据相当大的比重。从营收增长来看，2013 年第 3 季度中国无线音乐市场规模达 99.8 亿元，环比增长 1.2%①，移动音乐市场增幅趋缓。而随着智能手机普及、手机音乐客户端性能提高，移动音乐客户端在整体市场中的比重将不断增大。艾媒咨询数据显示，国内 2013 年第 3 季度手机音乐第三方客户端用户规模达 2.91 亿，环比增长 7.0%，年末用户规模预期将超过 3 亿。移动音乐第三方客户端的发展进一步加剧了市场竞

---

① 数据来源：艾媒咨询《2013Q3 中国无线音乐市场季度监测报告》。

争，年内推出的网易云音乐等产品也在结合音乐、社交、音乐指纹等方面有所推进，促使各方不断探索新的移动音乐业务与营收增长方式，以拉动移动音乐的持续成长。

5. 移动阅读续涨　基地创新转型

国内移动阅读服务提供商持续加大投入、移动阅读用户规模高速增长，基于用户付费的前向商业模式更加成熟，共同推动 2013 年移动阅读市场的大幅增长。2013 年移动阅读市场收入规模预计达到 61.9 亿元（不含手机报），增幅高达 78.3%。① 移动阅读厂商竞争方面，除传统领先者 iReader 外，QQ 阅读、塔读文学、91 熊猫看书等年内进步显著，合计占去约半壁江山。特别是腾讯年内举措不断，后起之势明显。相对而言，运营商则更加务实，依托阅读基地，利用集团用户资源、支付通道优势强化运营，在产业链中仍具有绝对话语权。2013 年起，以中国移动阅读基地为代表的运营商阵营开始实施转型，逐步向专业阅读市场、行业市场、全球市场等新领域拓展，逐步建立开放合作生态并取得较大突破。

三　多方利好持续酝酿　移动创新后市可期

回顾 2013 年移动媒体发展，可总结年度特征如下：首先是基本面整体向好，人口红利日渐凸显。从移动媒体用户规模来看，截至 2013 年年末，国内网民规模达 6.18 亿，其中手机网民规模达 5 亿，一年内增长 8009 万，手机网民增长依旧具备成长空间。从浏览时长占比看，移动端贡献持续上升，自 2013 年 8 月起其占比已超四成，移动端强势增长之势难挡。用户规模与注意力资源消耗高速增长，意味着移动媒体仍可借助人口红利保持升势。

其次是重大政策频出台，后市突破酝酿其中。2013 年影响行业未来中长期发展的重大政策出台频繁，无论是 4G 正式商用、虚拟运营商牌照颁发，还是政府对互联网、社交媒体等的管理，无不显示移动互联网正在经历着深刻的行业变革与进化。而从产业政策出台到对市场形成实质影响还存在一定的时

① 数据来源：易观智库《2013－2016 年中国移动阅读市场预测》。

延，这些年内出台的政策将从宏观上影响移动媒体中长期的走向。

再次，是巨头移动战升级，行业资本并购活跃。一方面是百度、阿里巴巴、腾讯这些互联网超级巨头高调参与年内的移动互联网入口大战，给业界释放出移动互联战略竞赛升级的信号：入口大战告一段落，消费闭环建设才刚刚开始。另一方面是移动互联网融资并购在资本市场寒冬中逆市回暖，2013 年国内移动互联网 VC/PE 融资达 115 起，融资金额达 5.46 亿美元，并购达 28 起，披露交易规模达 12.24 亿美元①，为下一阶段移动互联网的深化调整提供了充分的资本供血准备。

最后，移动创新重点突破，由点及面增势可期。2013 年许多移动互联网领域细分市场都有重大突破，如移动社交、手游、移动视频等。更不容忽视的是，年内移动支付、移动安全、移动互联网金融等重点领域实现了颠覆性创新，更为移动媒体的未来发展提供了商业化落地的基础保障。

---

① 数据来源：投中集团旗下金融数据产品 CVSource 统计结果。

B.33

移动互联网时代传统媒体的新生存逻辑

陆小华*

摘　要：

移动互联网时代的到来，迫使传统媒体的生存逻辑发生变化。传统媒体的生存逻辑至少包括：必须有效利用数据资源财产化的发展机遇，必须寻求产品、服务与受众需求的高匹配度，必须进行再组织化与再专业化，必须选择虚实结合化发展战略。

关键词：

移动互联网　媒体　生存逻辑

移动互联网时代的到来，推动传媒格局发生重大调整，同时促使传媒生存逻辑发生重要调整。传统媒体必须遵循什么样的新生存逻辑？

一　有效利用数据资源财产化的历史机遇

人们热议大数据，并由此推论对诸多领域的影响。实际上，所谓大数据，只是相对概念，一种概念性、技术性描述。数据资源也有一个量级级别。量级越大的数据资源，可据以发现的东西就更多，可以更为精确地接近核心，帮助我们发现更多的东西。更值得人们关注的历史机遇，是数据资源财产化。

2013 年 10 月 28 日，苏宁云商宣布联合弘毅投资投资 4.2 亿美元，收购

* 陆小华，新华社传媒专家，中国政法大学新闻与传播学院院长，享受国务院政府特殊津贴。

76% PPTV 聚力的股份。其中，苏宁占 PPTV44% 的股份，投资 2.5 亿美元，成为 PPTV 的第一大股东。按此估算，PPTV 的市值约 5.5 亿美元。电子商务的发展，必须运用视频这种极具感染力的传播途径，必须利用视频终端在客厅中的特殊位置和影响，推进多屏共享和协同。而苏宁云商要实现其“线上线下融合、软件硬件融合”的发展策略，在专业人士看来，“借力 PPTV 的移动及客厅多屏业务，公司将或实现对用户入口的长远布局”。

实际上，视频播放平台为何值钱，已经有另一种答案，那就是所拥有的用户行为的大量数据资源。这些数据资源，已经间接或直接成为其创造财富的核心资源。数据资源财产化在内的一系列变革，是获得传媒竞争力的新渠道。

数据资源财产化的发展是多元而有力的。它首先是个重新认知过程，为此，人们重新认识数据的作用，要积累数据、提取数据产品、利用数据产品拓展；它同时是个重新发掘的过程，人们会逐渐理解到，数据资源利用有两个基本原则，即：相比收集技术，分析模型更重要，相比传统分析，跨界利用更有价值；它更是数据财产法律化的进程，法律上没有保护数据库内容资源的具体条文，而在数据财产法律化进程中，人们将达成共识并有所约定，认识到数据资源是信息财产的一部分，并且逐步厘清其界面，并从规则上确定数据财产如何保护。在数据资源财产化进程中，大数据会经历这样的过程，从一种描述，逐步产品化、资源化、资产化，甚至资本化。法律保护，是大数据开发利用的重要根基，是前提保障。在这个过程中，数据才真正从一种积累变成资源，逐步资源化直至财产化。在人们重新发现所拥有数据资源的价值和新拓展的数据资源，与数据资源的法律化进程中，人们会更积极地创造和做大数据财产。传统媒体与新媒体所占有的内容资源与数据资源都可能创造更大价值。

二　寻求产品、服务与受众需求的高匹配度

1. 与人的习性相匹配

移动互联网时代对于传统媒体最大的冲击，并不仅是在于增加了几个新的

信息传播渠道，而且是改变了人们的信息消费行为和与信息相关的心理习惯。有了电视直播与互联网的即时提供，人们改变了对时效的期待与体验标准，因而，报纸失去了曾经的快速信息源的地位。微信的兴起，人与人的关系重新进行了构建，使得几乎每一个人都可以在微信平台上构建虚拟组织，都可以一对一或一对多地传播思想、表达观点，从而使每一个人都有着更便利、更高效、更强大的社会活动能力。这迫使传统媒体进入这样新的社会活动体系发挥自己的影响。

人的习性发生的最重要的变化，是人们的信息消费行为和与信息相关的心理习惯变化，它意味着农耕时代形成、工业化时代已经改变了的生活习性，在移动互联网时代产生了更为重要的变革。

在移动互联网时代，全时在线、随时在网、即时消费引发人的习性变化，强烈冲击着传统产业。引人注目的变化，是互联网金融对传统金融业的冲击。从淘宝理财发布的《2013 年基金互联网理财趋势报告》就可以看出人的习性变化的结果。相对于传统基金 5 万元的门槛，余额宝一元钱的门槛使无数年轻人产生了理财习惯。这一习性给互联网金融带来了爆发性的增长机会。截至 2013 年 12 月 31 日，余额宝的用户人数已达 4303 万人、规模超过 1853 亿元。更引人关注的是，网上理财行为不仅发生在传统的上班时间，而且更大量地发生在下班后的休闲时间。这使网上理财有了比传统基金业长出一倍以上的营业时间，并且产生更具亲和力的市场渗透。

习性的变化，既改变了传统格局，又创造了新的需求空间。互联网金融已经证明，在传媒领域，也得到了证明。所以产品和服务与人的习性相匹配是发展的必然前提。

2. 产品设计与人的本能需求相匹配

微信为何能如此吸引人？一是用趣味吸引人，用功能满足人；二是给人提供的东西最简单；三是人性化打动人性的直觉；四是根据人性的本能设计产品。如今的产品设计不再是简单的在外形、结构设计，还包括了理念、服务、功能优化等设计，注重与人本能的需求相契合，直击人的本能的产品设计是其中最核心的规则。

人们习性的改变，最明显的标志，是对原有产品和服务的体验发生变化。

新的产品与服务带来的体验可以更迅速地激起人们的消费欲望，与人们的习性有更高匹配度的产品和服务可以聚集的用户规模远远超过发明者与使用者的想象。

移动互联网创业主流指向“便利性替代”，就是一种激活和再造，传统产业的某种服务转移到移动互联网上，成为某种服务性产品。而这种“便利性替代”之所以屡试不爽，恰恰是因为其体现出和人的习性与需求的高度匹配。

一定程度上说，传统媒体基于与需求行为高匹配度的重新定位，是其必须要走的一步。

提供优质产品早已不是传统企业的生存依据，海尔当年的成功恰恰归功于其售后服务的优质。虽然，不同行业对应当提供的服务内容有不同定义，但在移动互联网时代逻辑就是用尽可能简单的外在形态为人们提供尽可能丰富的服务，是 ALL - IN - ONE 式的整合，是尽可能在后台完成所有人需要的服务。

三　适应并实现再组织化与再专业化

2013 年春节，微信平台上有两个东西洪水般传播：一个是微信朋友圈中的抢红包，让无数体面的人因为抢到了几块甚至几毛钱而欣喜，并把自己的银行卡绑到了微信上；一个是不断被分享的黎瑞刚回归 SMG 后的第一次内部讲话，说的是如何以互联网思维重新整合大小上海文广，引发了关注。其中包括黎瑞刚带着不同以往的市场意识王者归来，终于补上了上海报业集团成立后人们瞄向 SMG 疑问，更包括这篇讲话中流露出颇具冲击力的整合思路。

这两个新闻告诉人们，2014 年，更多的东西正在被移动互联网颠覆，一系列新的尝试传达着新的生存逻辑。适应如此颠覆，适应如此新生存路径，也许就是从企业到媒体到职业人的新生存逻辑。

在移动互联网时代，颠覆性创新往往来自某个行业的新进入者，不管其背后是大公司还是小企业。一旦颠覆性创新出现，提供出更为便宜、方便的替代品，或催生新的消费模式和新消费群体，传统企业就会被颠覆性所埋葬。

传统媒体正在做的是只关注现有顾客与被证明了的市场，但要想发展，颠覆性创新才是正道，只有再组织化、再专业化，才能适应新时代。

1. 再组织化

再组织化并不仅仅体现在大小文广这两个组织的合并，而且更可能体现在按照新的生存规则进行的组织变革。这种组织变革并不是简单地扁平化，而是对移动互联网时代的本能适应。

对于移动新媒体的冲击，本能适应往往是两端展现，即：感觉清晰，就会选择集中资源突击某个方向；感觉不清晰，就会划小组织单元，下沉压力，以多元试错寻求适应。黎瑞刚说的“大改”与“战略性整合”，显然是前者。新SMG势必会大力度整合原有独立板块和资源，走集团公司整合集权之路，以期产生体现核心竞争力的产品。而中国经营报在报社内产生多个竞争主体的行为，显然是划小组织单元、以多元试错寻求适应。

如此再组织化，一定会与产品战略表里依存，否则再组织化就成为伤身之举。上海《新闻晚报》停刊，表面上看是当原有的市场竞争变为内部竞争而消减过剩的生产能力，实质是上海报业集团通过关停报纸而显示再组织化的态势，从而动员人力、物力资源投向新产品。一旦实施报纸停刊的举措，在集团其他报社内大幅调整人力物力资源投向、大规模再组织化，认同度就会增大，就可以服务于产品战略。而新上海SMG也许会把娱乐节目制作资源整合，形成10到20个制作团队，在酝酿、创作、生产、反思间交替，同样也不是止步于整合，而是要创造一种更具适应性的组织方式。多团队交替式机制，同样是划小组织单元、以多元试错寻求适应。

2. 再专业化

作为颠覆性力量的移动互联网，它对媒体行业的冲击不仅改写了传媒行业生存的基本规则，更重要的是改变了人，改变了价值判断标准。

移动互联网产品与传统PC产品、传统媒体产品相比的最大特征，就是超细分、超便利的全新满足逻辑，这也许就是移动互联网提出的新规则。对传统媒体而言，再专业化是比再组织化更为重要的变革。

再专业化，就要重新感受移动需求是什么，重新感受人对自由与社群关系的新要求，重新理解人性中那些曾经不为人知的部分，重新感受人群的行为方式。再专业化，就要求对所要满足的需求与方式再细分，即使这个产品是呈现在传统屏幕上、传统舞台上，传统的内容产品的细分化程度远远不够。智能手机上的各种APP，你愿意使用或保留的，往往满足的是一个很具体的需求。开口越小，反而使用者越众多，呈现出更大价值。再专业化，前提是满足更便利。

四　虚实结合的战略选择

所谓虚实，更多地体现为用互联网思维再造传统产业，激活传统产业中蕴藏的能量与价值。

以阿里和海尔的合作为例，双方商业策略上的互补，也是生存战略层面的选择。这从双方在2013年12月6日在海尔总部会面时的表述可以清晰地梳理出来。

马云这样说："没有海尔这样的企业所打下的基础，今天中国的电子商务不可能发展得那么快。海尔在电子商务、互联网时代能够这么快地改变自己，为其他企业作出了榜样。"[①] 在新时代海尔不断地变革和调整，真正围绕用户按需定制C2B。而海尔张瑞敏这样说："我们始终把阿里作为互联网时代的先锋，我们现在正在不断自我颠覆。" 马云说："互联网不是核心，核心是在于有真正优秀的实体经济存在。"[②] 这些声音所代表的不仅是双方合作的利益基础，更是认识基础，是企业家中的思想者在战略层面上阐述企业的生存规则，是虚实结合的典范。

在虚实结合的战略格局中，传统媒体是处在信息提供者这种"虚"的位置，从事传播这种相对"虚"的工作。以新的眼光重新定位，传媒业的某些竞争主体，至少可以成为大产业链条的连接者，以新理念做相关要素的整合者，以新模式做相关企业的运作者。这种连接，远远超出传统电视购物这样的简单延伸。此整合，可以发挥传媒业的特定优势去激活某些要素。此运作，可以比传媒从事会展等业务走得更远。虚实结合不仅是新型企业的成功尝试，同样是传统媒体适应新形势与新竞争的战略选择。

---

① 新浪网，http：//tech. sina. com. cn/i/2013－12－09/10518988384. shtml，2013年12月9日。

② 新浪网，http：//tech. sina. com. cn/i/2013－12－09/10518988384. shtml，2013年12月9日。

移动互联网元年的“入口”之争

彭　兰*

摘　要：

2013年被称为中国移动互联网元年，移动终端的入口之争也日益加剧。对于用户来说，内容、社交、生活服务，是移动互联网的三个核心诉求，在这三个方面的入口之争，也就显得更为激烈。新闻客户端是移动终端上内容“入口”之争的焦点，目前呈现诸侯割据的局面。社交入口之争方面，微博与微信是两个主要的竞争对手。生活服务的入口争夺，也是移动互联网开发的焦点。2013年末开始的微信支付与支付宝的竞争，代表着这样一个领域的竞争的深化。

关键词：

移动互联网　新闻客户端　微博　微信　移动支付　互联网金融

2012年6月，以手机上网的中国网民数量首次超过用电脑上网的网民，达到3.88亿[①]，这是一个转折的开始。从基础网络建设，到相关应用开发，再到用户规模，移动互联网在2013年显现出全面增长的态势，2013年也被称为中国移动互联网元年。移动互联网时代必然伴随着市场的重新洗牌。这在那些可以称之为移动互联网的“入口”产品的竞争中，显得尤为突出。对于用户来说，内容、社交、生活服务，是移动互联网的三个核心诉求，在这三个方面的入口之争，也就显得更为激烈。

---

* 彭兰，中国人民大学新闻学院教授、博导，中国人民大学新闻与社会发展研究中心研究员，新媒体研究所所长。

① CNNIC：第30次《中国互联网络发展状况统计报告》，http：//www.cnnic.cn/hlwfzyj/hlwxzbg/hlwtjbg/201207/P020120723477451202474.pdf。

一　移动互联网内容入口之争：新闻客户端大战

用户对新闻内容的永恒需求，决定了新闻客户端是移动终端上“入口”之争的焦点之一。

（一）新闻客户端领域的“诸侯割据”

对于门户网站来说，新闻客户端是对门户网站的结构与内容的一次优化与重组。

据易观智库发布的《2013 年 3 月中国新闻客户端下载量监测报告》显示，截至 2013 年 3 月 31 日，中国新闻客户端市场排名前三的客户端及下载量份额分别为：搜狐新闻 31.8%，网易新闻 18.0%，腾讯新闻 10.2%。[①] 日均覆盖人数方面，网易新闻客户端、搜狐新闻客户端、腾讯新闻客户端位居前三，分别占比 30%、28% 和 22%。[②]

四大门户网站中，新浪的新闻客户端的影响力与其他三家相比，有一定的距离。而传统媒体开发的新闻客户端，除了凤凰新闻外，其他的还难以与门户网站的客户端相抗衡。

武汉大学沈阳教授从另一个思路研究了新闻客户端的影响力，那就是对不同的新闻客户端发布的内容在新浪微博中的分享量（见表 1）。

表 1　不同新闻客户端内容在新浪微博中的分享量

单位：次

新闻客户端	最近一个月		最近的某天	
	普通用户	V 用户	普通用户	V 用户
今日头条	1078690	36710	21736	728
网易新闻客户端	461908	17086	8586	268
搜狐新闻客户端	257732	27099	2664	296

① 《新闻客户端的江湖》，《人民日报》（海外版）2013 年 5 月 3 日。

② 《艾瑞：新闻客户端覆盖用户数网易列首位占比 30%》，http：//news. ccidnet. com/art/1032/20130918/5186873_ 1. html。

续表

新闻客户端	最近一个月		最近的某天	
	普通用户	V 用户	普通用户	V 用户
凤凰新闻客户端	160258	10316	2314	180
百度新闻客户端	83839	5151	1411	85
ZAKER	59312	1072	3024	147
腾讯新闻客户端	34366	23588	4466	235
鲜果	30995	766	590	29
网易云阅读	21498	879	692	22
新浪新闻客户端	13605	402	105	13
人民新闻客户端	183	38	9	2

数据来源：沈阳：《狮王争霸：新闻客户端在新浪微博中的分享状况分析》，http：//e. weibo. com/mediaprofile/article/detail？ uid = 1652867473&aid = 17731688。

从下载量和社会化媒体分享方面的数据来看，主流媒体的客户端的影响力十分有限，特别是在社会化媒体的再传播方面。就像互联网发展的第一个阶段一样，传统媒体在移动互联网时代的发展，仍然面临着巨大的挑战。

（二）新闻客户端如何“争霸春秋”？

纵观各新闻客户端，特别是门户网站的新闻客户端，虽然都有各自的追求与定位，但是，它们更多的是门户时代内容策略的延续或发展，未必代表客户端这个产品的思路。对于新闻客户端的发展，需要在更广的思路下进行思考。

1. 专卖店还是店中店道路?

今天很多媒体把自主开发客户端作为移动互联网时代产品转型的主要手段，搜狐新闻客户端给了传统媒体这样的内容提供商一种新的可能，那就是以店中店的模式，与 APP 平台及其他媒体一起来进行内容的集成服务。

在搜狐新闻客户端，传统媒体提供的内容既可以被拆分到搜狐新闻的各个频道，也可以以独立的品牌形象出现，由用户独立订阅，进而可以独立地开展广告业务。2013 年 8 月，在搜狐新闻客户端拥有 1200 多万订阅量的《参考消息》，拿下 300 万元的广告大单，让很多媒体受到鼓舞。

移动互联网的用户经常打开的 APP 只有三五个，而独立开发并维护 APP

的成本却又不低。因而通过店中店的方式，将自己的内容嵌入到一个人们常用的 APP 中，也许是传统媒体一个更为明智的选择。当然店中店模式中，利益各方如何协调，如何实现各方共赢，仍然是一个需要继续探讨的问题。

2. “社交”与“内容”如何相互激发?

“社交”与“内容”的相互激发，意味着新闻客户端的“社交化”，这需要在两个方面体现：一是分享与交流，如果新闻或其他公共信息，不能通畅地进入人们的社交平台，成为人们社交的话题，那么就难以实现影响力的不断放大。在客户端置入更便捷的分享、讨论功能，将客户端与主要的社交平台打通，应是新闻客户端的“标配”。二是参与，互联网的核心特质之一是用户参与。移动终端使用户的参与更为便捷，更为广泛，参与也会提高人们社交的活跃度。专业媒体的新闻生产传播与网民参与互动更深层的结合，需要在新闻客户端的产品设计中得到更好的体现。

3. 信息“小灶”如何开?

今天的互联网技术以及大数据应用的发展，已经使得“个性化”成为深化信息服务的一个基本目标。“今日头条”的走红，正体现了用户对个性化信息服务的认同。将搜索、挖掘、推荐技术，与新闻客户端进行嫁接，这是“今日头条”给其他新闻客户端的启发。当然，公共性新闻与个性化信息需求将永远并存。让人们在享受信息小灶的同时，还能获得信息大锅饭的营养，也是新闻客户端需要追求的一种平衡。

4. “移动”与“空间”如何体现?

从网络信息的组织模式来看，门户时代已经锤炼出一套成熟“话题信息流”组织模式，即围绕话题的关系来进行内容组织。SNS、微博等社会化媒体兴起后，以关系为纽带产生的“关系信息流”和以时间为线索组织的“时间信息流”模式也日渐普及。但是，对于移动互联网来说，另一种信息流正在出现，那就是“空间信息流”，即在特定的地理位置上产生，或者与某一特定空间有关的信息。

空间信息流应该如何组织，空间信息流如何与其他三种信息流更好地整合，仍是一个新的课题。理解信息流的新模式，特别是空间信息流的影响，是寻找移动互联网时代新的内容架构方向的起点。这方面的一个新入口将是地图。新闻客户端如何与地图更好结合，也成为未来产品设计与内容组织时需要思考的一个新的方向。

二　移动互联网社交入口之争——微博与微信

就像互联网第一个阶段的发展一样，移动互联网时代，社交仍是一切网络产品的基础。在某种意义上，社交入口之争比内容入口之争更为重要。在这个领域，目前最重要的两个竞争对手，一是微博，一是微信。

尽管在2010年的微博大战中，四家商业门户网站都投入巨大，但从影响力角度看，最终的结果是新浪微博一家独大。因此，今天的新浪微博几乎成为中国微博的代名词。截至2013年3月31日，新浪微博注册用户数达5.36亿。2013年，新浪微博在盈利方面也有所突破：2013年第一季度新浪的非广告营收同比增长180%，达1110万美元，增长主要来自包括网络游戏分享营收和微博会员收费在内的微博增值服务；第二季度微博增值业务营收为770万美元；第三季度微博增值业务营收为970万美元。[①] 尽管媒体、政府机构、企业的微博账号仍呈增长态势，但普通用户对微博热情的下降，是不争的事实。根据第33次《中国互联网络发展状况统计报告》，2013年12月，中国微博用户的整体规模为2.8亿，较2012年年底减少2783万。新浪在2013年5月后，也没再对外公布用户数量，也许表明其用户数量没有再出现令人乐观的增长。

与此同时，腾讯公司的微信则出现了井喷式的发展。微信于2011年1月上线，截至2013年1月注册用户数已达到3亿。其积累1亿用户花了14个月，从1亿用户增长至2亿用户，花了6个月时间，而从2亿用户增长到3亿用户，仅用了4个月时间。[②] 2013年7月，据国务院新闻办新闻发布会透露的信息，微信用户超过4亿，微信用户拉动移动互联网流量收入同比增长

① 数据来源：新浪2013年的季度财报，http：//corp. sina. com. cn/chn/sina_ index. html。

② 《微信用户增长进入爆发期　增速超新浪微博》，http：//it. sohu. com/20121214/n360460984. shtml，2012年12月14日。

56.8%。[①]

微信公众账号的迅速增长，是2013年微信发展的主要亮点之一。大批已经开通了微博的名人、媒体、企业以及政府机构，也开始试水用微信公众账号的方式开辟一个新的沟通平台。与微博账号相比，微信公众账号的功能更为多样，探索空间也更为丰富。

2014年1月2日，微信公布了春节期间的用户使用数据，2014年除夕夜微信消息发送量是2013年除夕夜的2倍，信息收取量是2013年除夕夜的3倍。其中除夕当天达到高峰时段，平均一分钟就有1000万条信息发出，平均每人发布3条朋友圈各种晒年夜饭、晒全家福、晒红包。[②]

微信用户的激增与微博用户活跃度的下降，引发一种判断，那就是微信将替代微博。但这是两个并行的现象，并非是简单的因果关系。尽管都是社会化媒体的代表，尽管都是社交平台，但是微博与微信的重心是不相同的，其传播特质也有所不同，它们更多应是互补关系而不是替代关系。

1. 微博的“大圈子”与微信的“小圈子”

从社交的角度看，微博用户更多地是在进行着大圈子的社交，与现实生活圈子之外的人的交流与互动占了上风，而微信用户更多地进行着小圈子的社交，也就是侧重于熟人圈子的交流。

2. 微博的“求异”与微信的“求同”

由于微信的一个重要作用是维系小圈子中的关系，所以在微信中，人们更倾向于求同，差异往往会被人们有意忽略或掩盖。人们对公众账号的选择，也是基于对其某一价值方向的认同，所以公众账号也有将各种用户“同化”起来的趋向。而微博这样的大圈子里，用户要凸显自己的价值时，更需要的是表现个性与差异，差异会被人们强化、放大，并且成为博弈的重要手段。

3. 微博系统的开放与微信系统的封闭

虽然都是由人与人的关系构成的社会网络，但微博是一个开放的系统，人的关系圈子不是固化的，而是流动的。这样一个系统给信息的真伪鉴别、价值

---

① 《微信用户已超4亿》，《北京晨报》2013年7月25日。

② 《微信公布春节数据：除夕每分钟发出1千万条信息》，http://media.sohu.com/20140204/n394489378.shtml，2014年2月4日。

判断、筛选过滤以及自我纠正带来了可能。微博本身的功能设置，也使得信息的讨论更为公开、开放。而微信是一个相对封闭的系统，朋友圈和微信群更多地强调了同质性，它也会形成对异质信息与意见的排斥或抑制，信息在微信平台的单一化流动，也增加了信息优化的难度。

4. 微博的公共信息诉求与微信的私人关系诉求

对微博，人们获取公共信息的诉求更为突出，而对微信，人们维系私人关系的诉求会更为明显。因此，微博的活跃度往往需要一些公共事件或话题的驱动。微信中的私人关系，对用户能产生更持续的黏性，即使活跃度不高，微信的基础通信功能，也足以维系大多数用户。这是它作为入口的最大优势。

5. 微博的媒体取向与微信的社交取向

新浪将其在“媒体”运作方面的一贯经验，在微博平台发扬光大。众多大 V 的凸显，便是其强化微博的媒体特色的重要手段。而从社交产品 QQ 起家的腾讯内部明确强调了微信的“脱媒化”。平台对微信公众账号的各种限制，也使得媒体、企业、机构等在微信平台进行的“点对面”的信息传播的效果受到影响。微信的特点，更适合做服务，特别是点对点的个性化服务。当然，微信并不只是一个社交入口，它与人们的生活与服务的关联十分紧密，甚至是一个核心的辐射点，这带给它的营利空间比微博的营利空间更大。

尽管微博的发展在一定程度上趋向平淡，甚至有所衰落，但这不是微信的兴起这一个原因造成的，政府对微博管理的加强，特别是 2013 年夏天打击个别大 V 的行动，也抑制了微博的发展。微信更多地是使用户的分化变得明显，热衷私人化社交的用户被微信所吸引，但热衷公共信息与事务的用户仍然在微博平台更活跃。这两个平台并存的现象将持续相当长一段时间，两个入口也成为两种不同偏好的用户的不同选择。

三　移动互联网服务入口之争——微信支付与支付宝

移动互联网时代，生活服务与内容、社交一样，成为人们对互联网的基本诉求，电子商务、在线支付、在线教育等在线服务，将在很大程度上重塑互联网。生活服务的入口争夺，也成为移动互联网开发的焦点。

2014年年初“嘀嘀”与“快的”两个打车软件的一场竞争，意味着2013年开始的微信与支付宝在移动支付领域的入口之争再次升级。2014年春节期间，微信推出的“抢红包”活动，使微信支付侵入到更多人的生活。腾讯数据显示，从除夕到正月初八，有超过800万用户参与了抢红包活动，超过4000万个红包被领取。①

2014年年初微信支付与支付宝的激烈较量，是2013年这两家公司在移动互联网服务领域不断扩张的结果。微信支付与支付宝的正面交锋，并不只是支付入口的争夺，支付实际上是互联网生活服务的核心，几乎所有服务都与支付有关，因此，抓住了支付这个命脉，也就占领了服务的入口。

2014年2月10日，阿里巴巴宣布斥资11亿美元，全资收购高德地图。而在移动互联网时代，地图也将是服务的一个重要入口。

当互联网日益成为全方位的生活平台时，“BAT”（百度、阿里巴巴、腾讯）成为这个平台上最引人注目的三个中国巨头。它们都并没有停留在自己最早的优势产品上，而是以此为切入点，向各个领域进行着全面的渗透。

在移动互联网时代，内容、社交与服务，这三者将更紧密地结合，因此，三个方向的入口都有可能通向人们移动生活的全部领域。无论选择哪一个入口作为发展的契机，都需要眼观六路、耳听八方，在自己的优势领地之外，寻找新的发展空间。可以预见的是，这三个方向的入口，在未来，也会逐渐融合。

---

① 《800万用户春节抢微信红包　马云称是珍珠港偷袭》，载2014年2月10日《京华时报》。

B.35

移动互联网的媒介化变革与影响

陈鹏　许双六*

摘　要：

2013年中国移动互联网全面爆发，迎来拐点，人们的日常生活开始正式嵌入移动互联网身影。本文通过对2013年中国移动互联网的发展介绍，解析移动互联网的布局与变革。

关键词：

移动互联网　布局　媒介化变革

一　全面崛起：中国移动互联网的发展拐点

根据DCCI数据显示，我国移动互联网用户将以超过10%的速度增加，到2015年预计规模可达8.6亿。移动互联网将成为我国未来几年内真正实现“全面互联网化”的最大动力，也是重新整合互联网产业，并全面辐射生产、消费、金融、服务等各行业的最有利平台。

（一）移动互联网实现了时间碎片的升华，大幅拉高了在线时间

就移动互联网用户而言，2013年的日平均媒体使用时间达到了5.8小时，占到了人们闲暇时间的最大比例（见图1）。移动互联网的伴随效应激活了碎片化时间的使用，使人们的上网行为不再以单次性、大时段性为主，转而演变为多元结构，既有单次、大时段的使用，更有多次、小时段的伴随性使用。长

* 陈鹏，南开大学副教授、博士，传播学系副主任、研究生导师；许双六，DCCI互联网数据中心高级分析师。

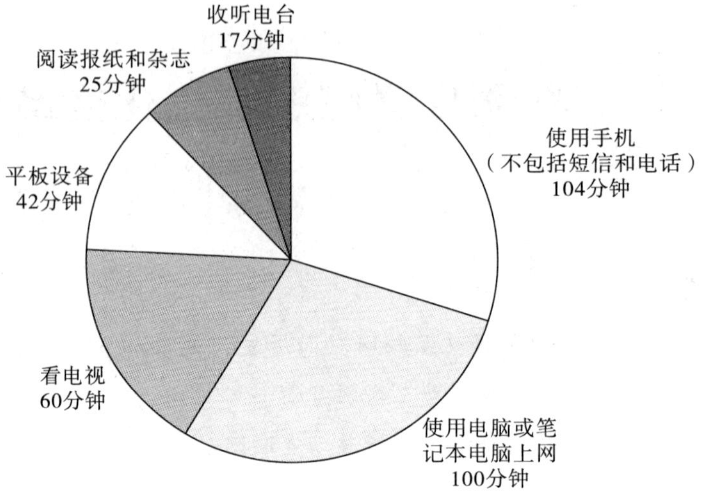

图1　中国移动互联网用户媒体使用时间结构

数据来源：InMobi 公司：《2014 中国移动互联网用户行为洞察报告："新浪潮" 来袭》。

时间的"重"使用模式（如视频、游戏）等使用已经开始在移动互联网设备上显现，这一趋势给传统媒体敲响了警钟，后者的传统优势在逐渐被移动互联网终端蚕食。

从时间分布来看，移动互联网用户的移动设备上网时间整体都处于较高的状态，但午间和夜晚睡前则呈现出两个峰值，分别达到61%和75%，说明人们的闲暇时间和碎片化时间分配给移动互联网的程度已经非常深，移动互联网全面嵌入并改变人们的生活成为现实。

（二）终端与应用成为商家竞争的着力点

市场研究公司高德纳（Gartner）对 2013 年所做的最终分析显示，去年全球智能手机的销量首次超过功能手机①，在我国，智能手机、平板电脑出货量

① 中国日报网：《2013 年全球智能手机年度销售量首度超越功能型手机》，http：//caijing.chinadaily. com. cn/xfly/2014－02－14/content_ 11215926. html。

也保持了高速增长，进一步拉高了智能终端的使用率。2013 年年初尼尔森发布的《2013 移动消费者报告》显示，中国智能手机普及率达 66%[①]，仅次于韩国，位居调查地区第二位。从 InMobi 公司公布的 2013 年第 3、4 季度中国智能手机用户情况看，智能手机在网民中的普及率达到了 78.3%。智能终端的迅速普及极大带动了移动互联网行业的发展，不仅传统的智能手机和平板电脑参与竞争，穿戴设备也在极力寻找着市场空间。

2013 年不仅是移动设备竞争之年，更是操作系统和 APP 应用软件竞争之年。2013 年我国智能手机操作系统中，安卓系统占据了最大比例，获得了 78.9% 的关注，比 2012 年提升了 3 个百分点，iOS 和 Windows Phone 分别获得 10.3% 和 7.6% 的关注度，分别比 2012 年提升了 1.7 和 3.5 个百分点。[②] 在 DCCI 对中国手机游戏移动客户的调研中，安卓使用比例达到 76.16%，iOS 为 29.63%，其他系统的使用率均不足 10%。由此可见，在用户端安卓保持了绝对的优势，但由于市场接近饱和，安卓平台的用户量增速也在放缓，相反 iOS 和 Windows Phone 的增长开始加快。这一点在移动开发者开发平台使用情况上也有所体现。2013 年移动开发平台安卓的使用比例为 83.3%，同比下降了 0.3 个百分点；iOS 和 Windows Phone 的比例为 44.6% 和 21.5%，较上年均有大幅提升，且开发者对后两者在未来也有较高的预期。多元化的操作平台将成为未来的操作系统竞争格局，各平台之间的对接和应用软件的多平台版本将成为未来 APP 竞争的“标准配置”。

在各种 APP 使用中，安卓手机安装 APP 数量为人均 99 个，人均使用量有 37 个；而苹果系统安装数量为 72 个，人均使用量只有13 个。[③] 而在用户最常用（使用频度较高、使用时间较长）的 APP 中，常用3 ~5 个 APP 应用的用户占到了 32.1%，常用6 ~10 个 APP 应用的用户数量为 26.9%[④]，也就是近 60% 的用户在各种 APP 应用中常用的仅为 3 ~10 个。对于众多希望通过

---

① 尼尔森：《The Mobile Consumer：A Global Snapshot（February 2013）》。

② 中关村在线互联网消费调研中心：《2013 –2014 年中国智能手机市场研究年度报告》，http：//zdc. zol. com. cn/430/4304868_ all. html#p4304995。

③ 艾瑞咨询集团：《终端 · 用户 · 应用：2013 年移动互联网年度数据洞察》，http：//news. iresearch. cn/zt/223850. shtml。

④ DCCI 互联网数据中心：《2013 年中国移动互联网用户研究报告》。

APP 来占据终端、激活消费者使用欲求的机构而言，如何找到入口、如何激活用户的使用触点并保持经常使用就成为关键问题。

（三）流量成为限制网民使用体验的最大瓶颈

2013 年，中国智能手机用户上网方式中，选择 WiFi 方式的占 72%，使用 3G 的比例为64%。[①] 在家上网的比例为 82%，在公共场所和交通工具上上网的比例也分别高达 58.5% 和 67.3%，移动互联网用户有大量时间要在非 WiFi 环境下用移动流量上网，这时，流量往往成为限制用户使用的重要因素。

2013 年，移动互联网流量达到 132138.1 万 GB，同比增长 71.3%，比上年提高 31.3 个百分点。月户均移动互联网接入流量达到 139.4MB，同比增长 42%。从 DCCI 的统计可以看出，三年来手机用户流量套餐呈现增长态势，套餐流量为 50～500MB 的用户占全部用户的 63.4%。在地区特征上，二、三线城市和五、六线的小城镇移动互联网流量套餐呈现出较高水平。

2014 年将成为 4G 大范围推广普及之年，2G、3G、4G 的格局也会发生根本性改变。但随着移动上网环境的变化，速度越快的网络消耗流量速度越快，流量瓶颈会越发凸显出来。但对于电信运营商而言，2013 年已经遭遇了移动电话 MOU 值和 ARPU 值双双下降的局面，同时移动点对点短信业务量也大幅下降，OTT 的冲击、各种社交软件“繁衍”出的功能对传统移动电信业务的替代性体现得越来越明显，因此，短期内在其他创新业务难以提振的条件下，电信运营商很难放弃流量这个“吸金”工具的作用。移动互联网的发展势必带来数据流量的大幅增加，移动环境下处理数据业务的频度和时长都会提高，这些都给用户数据流量的进一步消耗带来了可能。因此，2014～2015 年，流量与移动互联网深度发展的博弈将会继续上演。

---

① 邑智（mJoule）：《2013 年中国智能手机用户行为调研报告》，http://roll.sohu.com/20131227/n392503315.shtml。

二　深刻触动：伴随式生活体验、碎片化时间消费带来的市场与受众变革

（一）第一媒体：中国移动互联网的媒介化转型

2013年移动互联网正式走入了第一媒体的序列，全面抢夺了传统互联网的风光。移动互联网的媒介化转型更增加了其自身的黏合力。

2013年移动互联网用户更习惯于使用新闻客户端来阅读新闻，96.71%的用户会用新闻客户端看新闻，且表示最近一年使用移动设备浏览新闻的时长有增加的用户数量达到了73.9%，凸显了增长的趋势。在使用新闻客户端的用户中，有近90%的用户是主动下载使用的，被动下载者比例非常少。众多新闻移动客户端产品中，网易、腾讯、新浪、搜狐新闻客户端都得到了用户的广泛使用（见图2），这一产品也成为未来门户新闻竞争一个重要节点，也是蚕食传统新闻报刊业的一个巨大威胁。

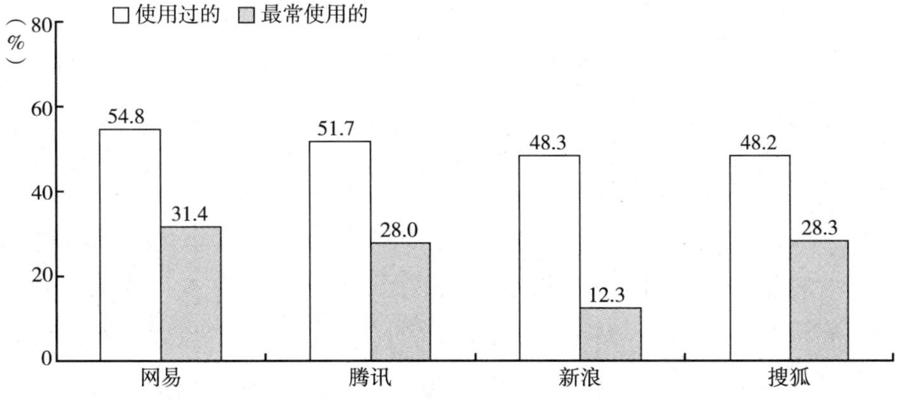

图2　门户新闻客户端产品使用状况分布

数据来源：DCCI互联网数据中心：《移动新闻客户端用户渗透率已达96.7%，时长显著提升》，http://www.dcci.com.cn/dynamic/view/cid/2/id/1270.html。

屏幕伴随的移动互联网媒介生态中，使移动互联网从轻度使用、零星使用媒介向重度媒介使用转型的重要推手之一便是网络视频。2013年移动互联网

的媒介化转型全面蔓延到了视频，智能手机视频用户比例一路高歌猛进，已经达到了75%的比例；电视用户的比例在2013年下半年明显跳空，降到了83%；而一直强劲的PC网络视频用户比例也在2013年下半年出现拐点，形成了自2006年以来的第一次下滑，显现疲态（见图3）。多屏竞争格局在2013年

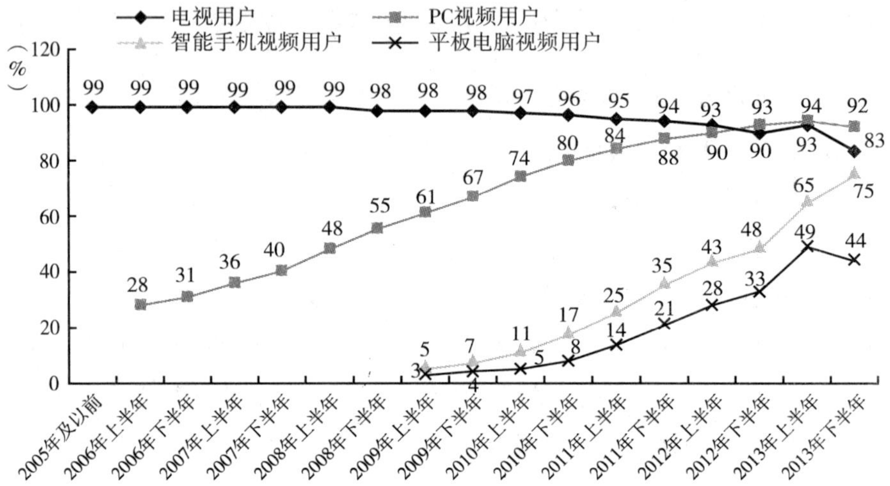

图3　互联网用户中不同终端视频用户占比变化趋势

数据来源：DCCI互联网数据中心：《2013－2014网络视频－跨年微观－数据发布》。

迎来压倒性变化，同时使用三屏及以上的用户比例超过半数，达到了75.7%（见图4），使得传统电视的地位进一步被撼动。移动网络视频用户的增长，加上多屏使用模式以及各种“电视盒子”的夹击，把传统电视拉向了更大的危机。移动互联网在媒介化的同时，电视却在变得屏幕化和去媒介化，电视在各种盒子和手机产品的配合使用下，似乎只成为一个手机扩展了的屏幕，成为移动互联网的附属品，大大削弱了传统电视过去一统江山的局面。

2013年，微信的全面普及继续巩固了手机的移动互联网即时通信与社交功能，移动设备的社交新媒体特征越发明显。CNNIC的统计显示，2013年手机即时通信功能在原有基础上仍增加了2.2个百分点，达到了86.1%，而手机微博的使用率则降低了近9个百分点，降到了39.3%的比例。社交新媒体

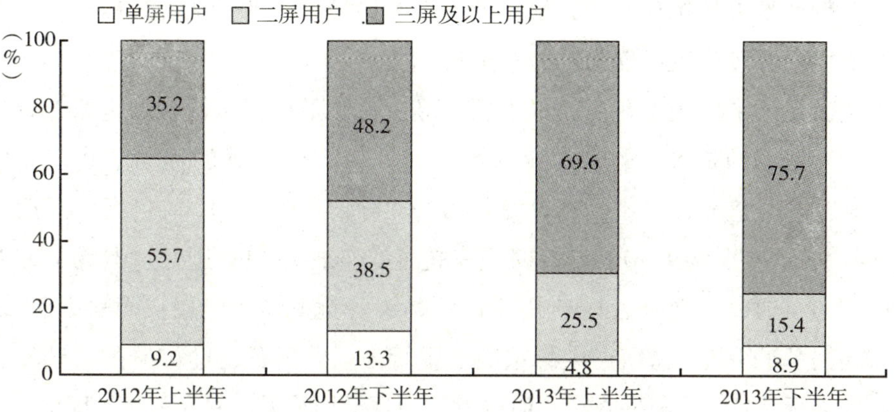

图 4 网络视频中多屏占比统计

数据来源：DCCI 互联网数据中心：《2013－2014 网络视频－跨年微观－数据发布》。

被新的产品整合的力度在增加。社交新媒体是受众规模效益最为明显的网络产品之一，其整合效应能够作为互联网其他功能的“入口”，其挤出效应也会对其替代性产品形成较大威胁。微信正是在这样的维度上走出了 2013 年的辉煌。

（二）深度渗透：中国移动互联网的市场变革

中国移动互联网的市场因用户的广度和深度而发生了重大变化，也使得这一市场出现了持续高速增长的状态。艾瑞的数据显示，2013 年中国互联网市场规模突破千亿元大关，达到了 1059. 8 亿元，增长率达 81. 2%，未来还将保持高速增长。

从移动互联网广告上看，InMobi 公司的调查给出了振奋人心的结果：在被问及“与其他形式的广告（如电视或网络）相比，您能够坦然接受移动互联网和移动 APP 的广告（不包括短信）吗?”这个问题时，第一项和第二项共计 55% 的手机用户更欢迎移动广告电商，而且 45% 的 APP 用户、40% 的搜索引擎用户、34% 的视频网站用户注意到了移动互联网广告。① 这一现象说明移动互联网广告在未来有较大的发展潜力和更加灵活的植入方式，能够在一定程

① InMobi 公司：《2014 中国移动互联网用户行为洞察报告：“新浪潮” 来袭》。

度上降低消费者的拒斥心理，触点的增多和接触方式的灵活、人性化也能提升广告对用户心理的说服能力和行为的影响力。

网游是增加网民在网时间的重要产品，也是衍生巨额收益的重要工具。移动互联网触动的是人们的碎片化游戏时间。2013 年全球的移动游戏市场规模已经达到 120 亿美元；中国移动游戏市场实际销售收入 112.4 亿元，同比增长了 246.9%。[①] 在购买 APP 游戏时，有超过 63% 的用户会进行付费购买；在付费购买道具时，也会有近 60% 用户付费购买。就整体手机用户而言，DCCI 的调查还揭示了手机网游所产生的重度使用行为。去年有超过 62% 的移动互联网用户每天玩手机游戏时间在 1 小时以上，而且平均每天玩一次游戏的用户比例达到了 64.58%，每天玩 4 次以上游戏的用户比例也高达 30.54%。这部分受众与网络视频、网络购物受众一道加重了移动互联网的使用程度。

移动商务在 2013 年大举释放了影响力，手机网络购物在移动端商务市场的用户规模达到 1.44 亿人，手机的随时随地扫描比价功能、电商对手机客户端的附加优惠力度等方面都促成了移动电商用户的发展。2013 年手机在线支付快速增长，用户规模达到 1.25 亿人，使用率为 25.1%，较上年年底提升了 11.9 个百分点。[②] 支付宝、微信等工具强化了手机支付应用，并借此力图巩固互联网入口地位，二者借此演化出了互联网理财的余额宝、理财通大战，以及带动众多出租车司机和乘客竞相进入移动互联网的打车软件大战。

（三）门户之战：中国移动互联网的整合竞争

移动互联网入口一直是近来讨论的热点议题，传统的浏览器加门户网站的入口方式在移动互联网时代有了根本性变化，浏览器与 APP 之争也已经全面展开。2013 年手机浏览器和 APP 的使用时间均出现了大幅度上涨，但浏览器的使用时间整体还远低于 APP 的使用时间总和。

分解浏览器的访问目的地可以发现，新闻、微博、娱乐、搜索等目的地网站的访问频次较高，而游戏、书城、购物、财经等目的地网站则保持了较高的增

---

① 360 手游发布的《2013 年手游年度盘点报告》，http://www.chinairn.com/news/20140220/135838310.html。

② 中国互联网络信息中心（CNNIC）：《中国互联网络发展状况统计报告》（2014 年 1 月）。

长。在各种APP应用中，由于浏览器也是一种APP，因此，浏览器与其他APP相比，保持了较高的常用程度，但其他众多类型的APP也保持了较高的常用程度，特别是影音播放、手机微博、即时通信与微信、游戏软件等都保持40%左右的常用水平，而这些应用也都在通过各种整合策略力图建构互联网入口。

三　趋势之变：中国移动互联网的未来变革

（一）伴随化、生活化、嵌入化进行到底

未来，移动互联网将在全面普及的同时，在进一步整合人们碎片化时间的道路上继续前进，而且发生嵌入化的转变。过去，移动互联网只是消磨了人们的闲暇时间，未来移动互联网将创造人们的时间使用方式，激发人们随着它的节奏利用时间、消费时间。可穿戴设备涌入市场也会在硬件上加大这一趋势的到来，带来更多的行为、心理触点，从而激发人们更多移动互联网刺激、催生下的行为和时间使用模式。这其中双刃剑的成分也需要消费社会中的每个个体警惕并保持觉醒。

（二）电子商务以实体经济为支撑的互动效应会展现

在体验经济时代，电子商务需要消费场所的现实环境进行互动和支撑，移动互联网也需要在移动中彰显价值，如果不需要在各种场所间移动、定位，不需要在看到、体验到的商品间扫码、搜索、比价，那么移动互联网的功能就大打折扣了。此外，当人们过多与移动互联网设备接触，或者通过设备与人的间接接触太多，就会生发出大量的人际间的直接接触诉求，那么实体店和各种商业、公共场所（餐厅、商场、电影院等）就成为人们诉求实现的场所。因此，更有效的线上线下互动，更合理的功能匹配，更符合市场逻辑的份额重置会成为未来的方向。

（三）释放出的影响力纵横交错

在短期内，移动互联网对其他行业的影响将在横向上进一步扩张，在包括

金融领域、地产服务领域、生活消费领域、生产流通领域等各个领域间迅速拓展，将其影响波及各个行业，出租车打车被移动互联网化只是个开始，还远未结束。这一轮移动互联网化与物联网化的结合将深刻影响各个产业以及我们的生产生活方式。但在每一个领域内的纵向拓展上，却因行业差异、专业水准等因素只能够有限度发展，深度创新所需要的复合型人才和环境条件都需要一个培育过程。

B.36

2013年中国移动互联网广告发展现状及趋势研究

徐　琦*

摘　要：

2013年国内移动互联网行业发展迅猛，用户注意力资源向移动端强势转移，推动了移动互联网广告的加速成长。年内百度、阿里巴巴、腾讯等互联网巨头频频出手，竞相部署移动互联网营销平台战略，直接推动了移动应用广告平台、移动视频广告、移动社交广告、移动电商平台广告等细分领域的调整与增长。未来，巨头主导格局之下，原生广告、实时竞价等领先广告理念与技术将助推移动互联网广告进入规模化盈利时代。

关键词：

移动互联网　移动互联网广告　移动营销　移动广告

一　基本面：流量加速移动化、价值转移难同步

2013年，移动应用在移动互联网的各个细分行业都表现得非常突出，移动购物、移动视频、移动游戏、移动增值、移动营销等均呈现上涨态势，网民注意力由PC端转向移动端的态势难以逆转。

然而，相对于移动互联网整体的强势成长而言，依附其上的移动互联网广告市场在当下却并未获得与之匹配的价值体现。据艾瑞咨询测算，2013年移

* 徐琦，博士，中国传媒大学协同创新中心新媒体研究院讲师，从事新媒体商业运营及政府规制研究。

动互联网营销市场规模约为154.73亿元，这个体量约对应互联网广告市场规模的14%①，几乎等量的日均覆盖却难以产生等量广告价值。年内，在用户注意力资源向移动端强势转移的背景之下，企业移动端的广告预算却未同步增长，移动端流量的广告价值尚未完全得以体现。这是目前国内移动互联网广告发展的基本现实。

二 大事件：巨头竞赴跨界战、移动广告两极化

1. 移动应用广告平台频变，巨头发力优势初显

2007年至今，全球移动应用生态获得了爆发式增长，依托其上的移动应用广告平台随之成为移动互联网营销中最具成长力的创新领域之一。艾瑞数据显示，2010年国内移动应用广告市场规模仅为1.1亿元，而2013年这一规模将增至25.7亿元，高成长性由此可见一斑。

经过前几年的市场培育，国内移动应用广告规模虽已大幅提升，但市场格局仍未落定。2013年，移动应用广告平台持续洗牌，中小玩家不断遭淘汰出局。"芒果移动广告数据中心"数据显示，目前国内移动广告平台综合评分排名前七位的分别为：百度移动联盟、AdMob、艾德思奇（mobiSage）、多盟、易传媒（AdChina）、安沃（adwo）、InMobi，这一格局较上年同期已出现较大变化。而据不完全统计，年内艾德尔、架势无线、威朋、随踪等平台均遭遇不同程度的危机。

与此同时，2013年腾讯、百度、阿里巴巴等互联网巨头们开始发力移动广告市场，市场格局日趋复杂，进一步加剧了市场两极分化的态势。2013年11月起，腾讯将原移动广告平台"聚赢（MobWIN）"并入"广点通"②，并于2014年年初正式上线"广点通移动联盟"。该联盟是腾讯当前主推的移动广告

① 根据艾瑞咨询所发布的2013年度中国网络广告核心数据及2013年中国移动互联网市场规模数据测算而得。艾瑞咨询所发布的数据来源为综合企业财报及专家访谈，根据艾瑞统计模型核算而得。此处所指移动营销主要包括移动搜索、应用广告、移动视频广告等，其他类型的移动广告业务并不包含在统计范围内。

② "广点通"是腾讯旗下可提供给广告商多种广告投放，并利用专业数据处理算法实现成本可控、效益可观、精准定位的效果广告系统。

平台，2013 年 6 月内测上线，同年 9 月流量过亿，2014 年年初流量突破 2 亿，系统已覆盖 Android、iOS，提供 Banner、插屏、开屏、应用墙等广告形式。目前，墨迹天气、糗事百科、多米音乐、天天动听、快手看片、PPTV、开讯视频、书旗小说、懒人听书等近千款应用已经接入该联盟，并取得了较好的收益。百度方面，自 2013 年中起，百度移动广告平台开始发力，势头超过很多第三方平台。百度移动联盟目前发展态势良好，覆盖读书、应用、游戏、视频等多类媒体资源，支持横幅、插屏、开屏、积分墙、轮盘等广告形态，大有后来居上之势。而据业内人士称，这一增长主要得益于百度对移动端广告投放的捆绑策略。

总之，互联网巨头凭借其在 PC 端长期积累的流量合作与广告主资源，辅之以智能广告推荐算法、实时透明的数据统计、优化计费方式等技术因素，可为移动媒体与广告主提供更加专业、稳定、高质的流量变现与整合营销服务，这将直接冲击与挤压中小移动应用广告平台的生存空间，进一步改变市场格局。

2. 移动视频商业化元年开启，广告变现初见成效

2013 年，国内各大网络视频企业的移动端流量迅猛增长，移动视频流量加速变现，来自移动端的广告收入在整体广告收入中的占比持续上升。

以国内率先公布互联网视频行业移动端官方数据的优酷土豆集团为例，2013 年 1 月其宣布移动端日视频播放量（VV）过亿，3 月达到 1.5 亿，流量季度环比增长 50%，日独立访问用户（UV）高达 2000 万，人均日访问时长 70 分钟，月度覆盖用户达到 1 亿。艾瑞 MUT 监测数据显示，目前优酷是唯一跻身 TOP10 移动应用的在线视频类 APP，2013 年 9 月优酷移动端日均播放量已超过 3 亿，同时，优酷在移动端的增长也非常迅猛，日覆盖用户数和日播放量分别较同年 1 月增长了 3 倍和 7 倍。移动端流量的迅猛发展，推动优酷土豆自 2013 年第一季度起开展移动端商业化尝试。目前集团虽未公布移动视频广告收入，但移动端成长已被正式归为推动集团在 2013 年第四季度实现整体盈利的重要因素。

总体看来，当前中国网络视频业移动端商业化尚未全面铺开，预期主流企业来年均将深挖移动视频市场，移动视频广告营收占比将会持续上升。同时，移动端流量爆发更意味着网络视频业已步入多屏竞争时代：优酷土豆、搜狐等通过移动应用广获流量；腾讯高举“移动为先”战略大旗，整合新闻客户端、微信、微博、微视等资源来合推视频流量；爱奇艺等倾向与手机、电视等硬件厂商合作来布局。这一竞争主题切换将为移动视频广告发展带来更多变数与机遇。

3. 移动社交成就超级入口，微博微信广告提升

2013 年移动社交领域热点事件不断，推动基于移动社交平台在广告业务方向有所突破。年内，阿里巴巴集团战略投资新浪微博公司，微博广告发展经历重大调整，第四季度有望首次实现盈利；微信平台用户强势突破 6 亿，5.0 版本推出后其商业化布局初现，公众平台广告模式创新不断；网易和中国电信联合推出“易信”，阿里推出“来往”，IM 战火不断。

其中，新浪微博广告在 2013 年获得了较大提升。从 2012 年第四季度起，新浪微博移动端广告增长率开始超过 PC 端，移动端广告的收入贡献率超过了 30%。进入 2013 年后，新浪微博第一季度移动端广告营收贡献率微涨至约 34%，达约 639 万美元。而这一涨势在阿里战略投资新浪微博以后更加显著①，微博的商业化布局也随之出现了重大调整。面向中小电商企业的推广链接式广告“粉丝通”② 面世，阿里电商客户资源在一定程度上带动了微博广告营收，使其第二、三季度广告营收增至 3000 万美元、4370 万美元，并有望推动新浪微博于第四季度首次实现整体盈利。但新浪微博未来仍需要面对用户规模下滑、活跃度降低、微信等外部竞争，电商营销对用户体验的伤害等问题，微博广告后市仍待观察。

微信方面，至 2013 年年底，其全球月活跃用户达 2.7 亿，已跻身全球超级移动应用之列。年内，微信公众平台迅猛成长，微信公众账号规模已超过

① 事件背景为 2013 年 4 月 29 日，新浪子公司微博公司与阿里巴巴集团的子公司签署战略合作协议。阿里巴巴通过其全资子公司，以 5.86 亿美元购入新浪微博公司发行的优先股和普通股，占微博公司全稀释摊薄后总股份的约 18%。另，新浪授予了阿里巴巴一项期权，允许阿里巴巴在未来按事先约定的定价方式，将其在微博公司的全稀释摊薄后的股份比例提高至 30%。

② 微博“粉丝通”是基于微博海量用户，把企业信息广泛传递给粉丝和潜在粉丝的营销产品。它会根据用户属性和社交关系精准投放广告，同时具有普通微博的全部功能，如转发、评论、收藏、点赞等。

200 万，信息交互次数高达亿万次[①]，已跃升成为国内移动营销的新阵地。众多公众号不乏创新尝试，如“孕峰”“罗辑思维”“Z_ talk”等自媒体已迈开步子，踊跃尝试广告经营并广获关注。2014 年年初，微信公众平台订阅号与“广点通”系统对接也进入实质阶段，帮助订阅号从腾讯精准广告系统中获得更高收益。随着微信新版本对支付、扫码等功能的强化，微信平台交易闭环成型，这使其表现出其他平台尚难匹敌的潜力，也给基于微信平台的广告营销创新赋予了更多想象空间。

4. 移动电商增势迅猛，“智无线”欲分营销羹

近年来，电子商务网站逐渐成为网络广告投放的重要平台，企业投放在电商平台上的广告在网络营销整体的渗透率预计将增至 33%，电商平台广告主的发言权与影响力也与日俱增。从交易规模来看，移动网购当前已列移动互联网细分行业排名首位，2013 年其交易规模已达 1676.4 亿元，同比增幅高达 165.4%，而同期 PC 端网购同比增速仅为 35.7%[②]，移动网购在网络购物市场总额及社会消费品零售总额中所占比重呈逐年攀升之势。随着网购趋势朝移动端转移，依托电商广告主开展移动营销创新将是未来重要方向之一。

在此背景下，阿里旗下网络营销平台阿里妈妈于 2013 年 10 月启动“智无线”平台，推出淘宝直通车无线端推广、钻石展位无线端推广、无线电商墙、无线应用墙等创新性广告产品，目前已吸引近 20 万广告主开展营销活动。“智无线”平台的推出，不仅将为淘宝系拓展移动端广告市场，也将对部分移动应用广告平台产生较大影响。与移动应用广告平台主推的横幅、插屏、Banner 等展示类广告所不同的是，“智无线”主推非打断式信息推荐方式，将重点放在基于无线应用场景的内容化原生营销方面，通过整合开发者场景、大淘宝数据等将广告信息融入开发者 APP 场景中，展现方式更加个性化，广告内容更加原生化，更代表了未来移动营销的创新方向。

---

① 来源为 2013 年 11 月 18 日微信公众合作伙伴沟通会上官方对外公布的数据。

② 来源为艾瑞咨询 2014 年 1 月 14 日发布的 2013 年中国网络购物市场数据。

三　观趋势：巨头深耕新营销、计算广告领风潮

综观2013年移动互联网广告市场，百度、阿里、腾讯等互联网巨头集中发力，各以擅长领域跨界切入移动广告界，既成年度行业焦点所在，同时也是未来几年移动广告创新驱动所在。至此，各大互联网巨头基本已经完成移动营销平台部署，未来几年都将围绕该方向深耕细作，大力投入生态圈建设，跑马圈地并争取规模化盈利。这是短期内移动互联网广告发展格局所趋，也意味着移动搜索、移动电商平台广告、移动应用广告等细分领域或将出现重大提振。

巨头参与不仅仅意味着玩家筹码翻倍，更意味着移动互联网广告技术战争残酷升级，技术创新在移动互联网广告竞争中将扮演关键角色。而在当前，原生广告①、实时竞价②等正在对网络广告产生深远影响的计算广告理念与技术，尤其值得关注。目前，领先的国际移动互联网公司正致力于上述领域的探索，如全球知名社交媒体Twitter基于实时竞价平台MoPub开展广告交易，2013年年末发布了原生广告系统而大获关注；苹果公司一直在秘密研发实时竞价的应用类广告交易系统，以帮助广告主实现自助采购，并借此扭转iAd低迷状态等。而在这股潮流之下，百度、淘宝等势必将其先发之势移至移动端，以此为战略方向加以跟进，从而推动国内移动互联网广告加速朝计算广告时代进发。

从整体上观察，国内移动互联网广告行业当前仍处在初级阶段，至今仍难以有效解决广告形式创新不足、广告监测支撑有限、广告主预算转移迟缓、管理机制缺位等难题。而上述问题的解决不能单靠几个互联网公司，更需要广大开发者、第三方数据提供商、企业、政府管理部门等机构的通力协作。围绕上述领域完善产业链建设，也将是移动互联网广告发展的长期课题。

---

① 原生广告，对应英文Native Advertising，目前业界及学界对其尚无统一界定。简单理解，原生广告是将广告与内容进行有机结合的方式。但它并非特指某种具体的广告形式，更像是一种新的营销理念。

② 实时竞价，对应英文Real Time Bidding，即由需求方平台（DSP）从广告交易平台（ADX）通过实时竞价的方式，帮助广告商获得其广告曝光的机会，直接将广告推送给正在访问这个广告位的具体用户，并对每个曝光机会进行单独购买。实时竞价广告是未来展示广告的发展趋势。

中国传媒生态研究报告

China's Media Ecology Study Report

B.37

2013 年中国传媒生态发展概要

蓝皮书课题组

"传媒蓝皮书"对传媒产业的研究分为传媒产业形态、业态和生态三个层次，其中传媒生态研究包括对产业关联者、资源和技术环境等内容的研究。2013 年"传媒蓝皮书"主要从广告及受众、传媒资本市场、通信业几个方面对传媒产业生态进行描述。

广告：2013 年，中国国内生产总值比上年增长 7.7%，经济发展呈减速态势。广告是中国经济的晴雨表，经济增长的内在隐忧也为广告市场增长带来巨大压力。同时，媒体广告市场内部分化加剧，电视广告市场一枝独秀，互联网广告市场持续增长，平面媒体广告收入跌幅放缓，广播媒体广告增长减速。广告公司经营状况持续回暖。2013 年，中国社会进入改革转型的攻坚阶段，广告市场虽然历经阵痛与挑战，但同时也蕴藏着巨大的机遇与积极的市场信号。

受众：2013 年，传统媒体与新兴媒体之间的交融竞合仍在继续。电视年轻受众流失严重，电视与网络视频重叠受众激增；报纸大众人群阅读率下降，读者群逐步精英化；广播收听率逐渐回温，移动收听市场不断拓展；杂志阅读终端不断电子化，时尚杂志最能吸引受众；移动互联网全面渗透至各线城市，不同地域受众之间的数字鸿沟进一步缩小；户外媒体飞速发展，达到率高达90%。

传媒资本市场：2013年，传媒资本市场持续大热态势。根据Wind数据统计，2013年共有11家上市公司市值增额超过百亿元，其中市值增幅最大的前四家公司均属于文化传媒行业。此外，A股市场的并购热潮中，文化传媒股的并购尤为火热，涉及电影、电视剧、出版、广告、游戏等子行业，游戏行业和影视传媒成为资本市场的年度热门概念。

电信业：2013年，中国电信业发展势头良好，电信业市场结构逐步优化，电信业务收入达11689.1亿元，同比增长8.7%，连续三年高于同期GDP增速。3G成为移动用户的主要增长来源，移动电话普及率不断上升，固定宽带用户接入速率加快提升，手机网民渗透率大幅提升。此外，4G牌照与虚拟运营商牌照发放，以及云计算、大数据逐渐成为电信业新的增长点。

B.38

2013年中国广告市场发展报告*

《现代广告》杂志社

摘 要：

2013年，中国广告营业总额达5019.75亿元，较上年增长6.84%，增幅有所回落。从品类投放上来看，汽车、化妆品及卫生用品、房地产位列前三位。从媒体渠道上来看，移动终端广告投放日渐成熟。从地区分布上来看，广告经营收入位居前三的依次为北京、江苏、上海。

关键词：

广告营业额　广告投放　市场分析

一　2013年中国广告市场总体状况

2013年中国经济稳步发展，广告市场持续增长，但随着互联网稳定发展、移动互联网高速前行和传统媒体转型，广告市场格局和经营模式亦呈现新面貌。国家工商行政管理总局数据显示，2013年中国广告经营额突破5000亿元大关，达5019.75亿元，较上年增长6.84%，但与2012年50.32%的增长相比，增长幅度有较大回落，广告经营额在GDP中占比微降到0.88%。另外，广告经营单位数量和从业人员数量均保持两位数增长，但增长幅度较2012年也都有所下降（见表1）。

中国广告行业整体呈现“小而散”的特征，特别是私营企业，国有和集体企业规模则相对较大。2013年，国有广告经营单位数量减少约1000家，整合趋势明显；而私营企业、个体工商户以及内资公司的数量均有所增加，尤

---

* 注：本文数据如没有特殊注明均来自于国家工商行政管理总局。

表1 2013 年全国广告经营情况

项目	2012 年	增长率(%)	2013 年	增长率(%)
经营单位(户)	377778	27.41	445365	17.89
从业人员(人)	2177840	30.14	2622053	20.4
营业额(万元)	46982791	50.32	50197459.48	6.84

其是内资公司，从 2012 年的 512 家大幅增加到 2013 年的 25057 家。从广告经营额来看，私营企业广告经营总额居首位，但人均及户均的营业额较低，外商投资企业的户均营业额位居第一（见表 2）。影响广告经营单位发展的另外一个重要因素是许多企业广告业务经营均为兼营模式，2013 年兼营广告企业达到 162709 家，增长 53.14%。这类企业的增长比较迅速，但营业额普遍低于平均水平（34 万元）（见表 3）。“小而散”的发展现状不利于未来广告业的发展以及品牌与国际的接轨。要扭转现状，需要多方面的支持，如产业政策、税收手段等。

表2 2013 年全国广告经营单位基本情况

项目	经营单位(户)			从业人员(人)			广告经营额(万元)		
	2012 年	2013 年	比较(%)	2012 年	2013 年	比较(%)	2012 年	2013 年	比较(%)
国有企业	9554	8697	-8.97	89687	114685	27.87	4077237	4083421.88	0.15
集体企业	2173	1891	-12.98	22740	27129	19.30	942228	870278.10	-7.64
私营企业	281509	310326	10.24	1631226	1703940	4.46	18048316	23063127.92	27.79
内资公司(非私营)	512	25057	4793.95	5077	146980	2795.02	90597	4357334.88	4709.59
外商投资企业	1112	1374	23.56	29075	33460	15.08	7601966	4428483.94	-41.75
个体工商户	53905	76031	41.05	185591	267121	43.93	583179	892634.05	53.06
事业单位	7354	5938	-19.25	100557	254081	152.67	14134871	11996350.61	-15.13
其他	21659	16051	-25.89	113887	74657	-34.45	1504399	505828.10	-66.38
合　计	377778	445365	17.89	2177840	2622053	20.40	46982791	50197459.48	6.84

表3 2013 年广告主兼营情况

项目	经营单位(户)	从业人员(人)					广告营业额(万元)
		小计	管理人员	创意设计人员	业务人员	其他人员	
主营广告业务企业	207575	1355766	286887	300998	502673	265208	29979853.15
兼营广告业务企业	162709	678547	159192	164942	239178	115235	5548405.40

二　2013 年中国广告细分市场状况

（一）品类投放：汽车领跑榜单，金融保险首次进入十强

2013 年广告投放品类分布状况较上年有微弱调整（见表 4）。其中汽车类广告表现优异，投放额达到 603.96 亿元，较上年增长 38.15%，一跃成为 2013 年度广告投放“状元”，这与汽车市场的整体表现有关，2013 全年国内汽车产销量分别增长 14.76% 和 13.87%。虽然北京、天津、杭州等城市先后推出了汽车限购令，但二、三线城市的购买力依旧旺盛。

化妆品类广告投放总额仅次于汽车，但由于国家对其产品类别的重新定位，导致其出现了负增长的状态，下降 10.45%。房地产广告增长 43.7%，位列榜单第三。另外值得重点关注的是，多年被排斥在前十名之外的金融保险类，今年首次入围，以 149.26 亿元排在第九位。随着金融行业的变革和发展，未来一段时间，其广告趋势可能会出现上扬。

表 4　2013 年投放前十大广告行业

排序	类别	2012 年(万元)	2013 年(万元)	增长率(%)
1	汽车	4371682	6039583.53	38.15
2	化妆品及卫生用品	/	5947866.51	/
	其中:化妆品	5095779	4563248.44	-10.45
3	房地产	4080313	5863287.42	43.70
4	食品	3797050	5375149.26	/
	其中:保健食品	1257524	1290638.40	/
5	药品	2660587	2344690.48	-11.87
6	家用电器及电子产品	2050889	2297279.53	12.01
7	酒类	1714081	2063544.65	20.39
8	信息传播软件及信息技术服务	1645559	1748597.12	6.26
9	金融保险	1521250	1492608.21	-1.88
10	服装服饰及珠宝首饰	1524023	1434716.48	-5.86

（二）媒体渠道：电视报纸呈现衰减，移动终端日渐成熟

经济结构调整与互联网的迅速发展，大大改变了今天的媒体广告市场格局。2013 年，经营广告业务的网站数量达到 10048 个，超过电视台、报社、期刊、广播四个传统媒体企业的总和。值得一提的是，互联网的增速非常快，进而引发广告产业结构的变化，广告企业需要在新形势下尽快做出应对反应。

2013 年，传统媒体广告经营额持续下滑，电视和报纸广告经营额分别下降 2.75% 和 9.17%，广播广告基本持平，期刊小幅增长 4.73%（见表 5）。与传统媒体相反的是，网络媒体保持了持续的快速增长趋势，根据中国广告协会互动网络分会的统计数据，中国互联网广告在 2013 年实现 638.8 亿元的营业额，较 2012 年（437.97 亿元）增长 45.85%。互联网广告增长空间巨大，视频和移动广告优势逐渐显露，企业开发利用数据能力的增强也使互联网整合营销能力更加强劲，同时给媒体产业结构带来更大的变化。

表 5　2013 年媒体广告基本情况

项目	经营单位(户)			从业人员(人)			营业额(万元)		
	2012 年	2013 年	增长率(%)	2012 年	2013 年	增长率(%)	2012 年	2013 年	增长率(%)
电视台	2859	2391	-16.37	49562	49603	0.08	11322728	11011042.13	-2.75
广播电台	786	798	1.53	11749	15204	29.41	1410556	1411868.79	0.09
报社	1721	1420	-17.49	41848	39062	-6.66	5556310	5047018.14	-9.17
期刊社	3504	3577	2.08	27229	34326	26.06	832723	872077.31	4.73

（三）区域状况：地区发展仍不平衡，西部区域需要加大扶持

综观 2013 年全国广告经营收入，北京地区广告经营额仍稳居全国首位，占全国广告经营总额的 35.8%。排在前五的省份（直辖市）广告经营收入总和为 3456.39 亿元，占全国广告经营总额的三分之二强，达到 68.86%，广告市场重心仍然停留在北上广和沿海一线。

对比 2012 年的数据会发现，2013 年国内广告经营收入第一阵营的成员没有变化，不同的只是相互之间的座次更迭。增长最慢的三个省份是：甘肃

（下降 70.90%）、贵州（下降 65.12%）、海南（下降 15.73%），甘肃和贵州的下降幅度均超过 50%（见表 6）。对于广告发展落后地区，国家加强政策扶植的同时，这些地区自身也应该积极加大人才培养力度、优化市场结构。

表 6　2013 年广告区域状况

地　区	经营单位(户)	从业人员(人)	广告经营额(万元)
北　京	24803	106764	17947004
天　津	46045	80489	1859919
河　北	7237	31720	130966
山　西	5188	28047	357366
内蒙古	7891	50690	305058
辽　宁	8386	62383	971860
吉　林	5580	35961	348793
黑龙江	4441	25388	453027
上　海	84451	262979	4495594
江　苏	26599	253360	5008744
浙　江	27981	179573	3105853
安　徽	9730	63578	921441
福　建	15430	102695	1407180
江　西	7643	66088	378665
山　东	37634	216045	2182205
河　南	12621	81481	1043717
湖　北	12565	71736	887799
湖　南	14839	98389	1443225
广　东	32666	222086	4006717
广　西	10928	45836	237464
海　南	3975	17403	113240
重　庆	25637	146197	535289
四　川	13640	44375	1107613
贵　州	1723	7810	47595
云　南	11215	260547	338878
西　藏	683	1661	27357
陕　西	2859	14741	164167
甘　肃	3987	9742	26341
青　海	730	4724	45358
宁　夏	1458	5896	33064
新　疆	6800	24269	235958
合　计	445365	2622053	50197459

B.39

2013～2014年中国广告市场现状与趋势*

黄升民　邵华冬**

摘　要：

2013年，中国广告市场整体增长，稳中有进，但仍承受了较大压力，内部分化明显。电视广告一枝独秀，互联网广告进一步增长，传统广告模式面临下滑局面。展望2014年，未来广告市场仍将面临转型升级的挑战。

关键词：

广告市场　媒体选择　内部分化　转型升级

一　经济稳中有进，广告市场盘整加剧

聚焦2013年年度经济数据，全年整体宏观经济实现了稳中有进。国家统计局发布数据显示，2013年全年，我国国内生产总值568845亿元，按可比价格计算，比上年增长7.7%，高于预期目标0.2个百分点。① 但稳进增长背后也暗藏转型压力。当前中国经济发展的主要推动器，仍在由备受争议的固定资产投资和房地产开发投资担当，从传统的以投资为驱动到以消费为驱动，经济

* 本文数据未经说明均源自《2013－2014中国广告生态调研》报告。该项目组长为陈永、丁俊杰、黄升民，执行总负责人为杜国清，执行组长为邵华冬、陈怡、杨懿。

** 黄升民，中国传媒大学广告学院院长、教授、博导；邵华冬，中国传媒大学广告学院广告主研究所副所长、副教授。

① 陈莹莹：《尼尔森：2013年第三季度中国消费者信心指数同比上涨》，2013年11月19日，http://stock.sohu.com/20131119/n390406292.shtml。

结构转型之艰难可见一斑。①

2013 年，广告市场虽然整体保持了增长态势，但内部盘整、分化的态势却更加明显。CTR 调研数据显示，2013 年前三季度传统媒体的广告刊例收入同比增长 6.5%，全年预期增幅为 7%，高于 2012 年仅 4.5% 的增幅，低于 GDP 7.7% 的增幅。其中，电视媒体可谓一枝独秀，收入增幅为 10%，而除电台增幅为 2% 外，平面媒体和传统户外则呈现了全面缩减，均为负增长。② 广告市场内部的分化态势更加明显。

二　2013 年广告市场三大主体的年度特征

（一）广告主：转型大考下的市场突围、品牌回归与营销传播精益化探索

1. 把脉城镇化律动，开拓低线市场，拓展市场空间

据尼尔森调查报告显示，2013 年第三季度中国居民消费意愿较上季度增长两个百分点至 43%，是 2010 年第二季度以来的历史新高，而中国消费者消费意愿的上涨主要表现在低线城市和农村地区。③ Kantar Worldpanel 中国区总经理虞坚表示，以食品、饮料为代表的快速消费品在中国的高速增长很大程度是因为县级市和县城等低线市场的快速扩大。除快速消费品外，汽车、家电等行业企业也都为低线市场的巨大消费潜力所吸引。

2. 回归品牌，强势品牌及良好企业形象为企业竞争加剧保驾护航

从中国传媒大学广告主研究所开展的中国广告市场生态调研数据来看，广告主在检验广告传播效果有效性的标准中，选择“销售数量的增加”作为判断广告活动有效性标准的被访广告主比例在连续下降，而选择“品牌知名度

① 中研普华：《2013 年国民经济增长“稳进好”转型升级功在不舍》，2014 年 1 月 21 日，http://www.chinairn.com/news/20140121/112043190.html。

② CTR：《2013 年前三季度传统广告市场呈小幅震荡》，2013 年 11 月 15 日，http://www.cnad.com/html/Article/2013/1115/20131115143137305.shtml。

③ 陈莹莹：《尼尔森：2013 年第三季度中国消费者信心指数同比上涨》，2013 年 11 月 19 日，http://stock.sohu.com/20131119/n390406292.shtml。

的提高”的比例则较2012年提升了2个百分点；选择“品牌好感度的提高”的较2012年也提升了3个百分点；“提升企业形象”选择的比重上升至16.9%，达到历史最高点。由此可见，在竞争日益激烈、企业运营风险提升的大环境下，品牌形象的价值愈发凸显。

3. 营销传播精益化探索持续，电视媒体造牌能力依旧为广告主看好

媒体选择更贴合消费者。越来越多的广告主在进行媒体选择时候更青睐那些贴合消费者使用习惯的媒介组合。2013年中国广告市场生态调研数据显示，“媒介受众与企业目标消费者的吻合程度”这一因素一跃成为广告主进行媒介选择时最为看重的因素，占比73.3%，远高于排名第二的媒体性价比（58.3%）和排名第三的媒体覆盖范围（52.5%）①。

电视媒体以其强大的形象背书和造牌能力为广告主所看好。2013年中国传媒大学广告主研究所调研数据显示，2013年电视媒体依旧以33.4%的比例高居广告主媒体广告费用分配榜首，远高于互联网媒体20.4%、传统户外12.6%、报纸8.9%、杂志7.4%的比例。

（二）媒体：改革攻坚下媒体广告市场分化加剧

1. 媒体广告市场回温但分化加剧

2013年，媒体广告市场增幅高于2012年同期，呈现出回暖态势，但与此同时，媒体市场内部分化加剧。分媒体来看，2013年中国广告市场生态调查媒体专项调研数据显示，2013年有45.5%的被访电视媒体实现了收入增长，且平均增幅达到26.2%；但只有31.4%的报纸媒体和27.8%的杂志媒体实现了收入增长；而互联网媒体中实现收入增长的比例最多，达到了66.7%，虽然比例最多，但却连续三年呈现下降态势，收入下降的互联网媒体比例增加到11.1%。这从媒体广告价格增幅上也可以得到印证。相较于2012年，2013年71.9%的被访电视媒体广告刊例价呈现增长态势，平均增幅为14.5%；互联网广告市场进入平缓增长期，增幅为14.0%；广播媒体增速继续减慢，仅为2.7%；平面媒体全面缩减，报纸和杂志同比减幅分别达6.1%和8.2%，低于

① 《2013－2014年中国广告生态调研》，《现代广告》2014年第2期。

整体市场增幅。①

2. 分媒体广告经营年度特点

（1）电视媒体广告市场一枝独秀，行业内竞争加剧。在发展态势不甚明朗的传统广告市场中，电视媒体可谓一枝独秀。2013 年中国广告市场生态调查数据显示，被访电视媒体的广告收入平均增长幅度为 26.2%，达 10 年最高，且高于 2012 年同期 7.2 个百分点；对“未来一年（2014 年）广告市场预期良好”这一观点持同意态度的占 36.3%，相较 2012 年，上升了 14%。②

但与此同时，电视媒体行业内的竞争也在加剧。2013 年中国广告市场生态调查数据显示，被访电视媒体广告经营竞争压力排名第一的是电视媒体，占比 74.2%，相较于 2012 年有小幅增长。

（2）互联网广告持续增长，大数据分析助推搜索、视频广告稳健成长。2013 年互联网媒体从广告收入规模来看，仅前三季度就已达到 713.1 亿元③。2013 年第三季度国内互联网广告中，搜索引擎广告占据的份额为 35.9%，而以淘宝为代表的垂直搜索广告占据的份额更上升到了 24.1%，两者总共占据了整个国内互联网广告份额的一半。

在搜索引擎广告的开发利用方面，行业领军百度积极展开移动端布局，丰富移动端广告产品，提升其流量价值，同时百度发布的 Moments 也给广告主充分利用数据源和消费者行为与偏好提供了基础。另一方面，以淘宝天猫为代表的电商垂直搜索，成为继搜索引擎广告的第二大互联网广告类型。电商平台的聚拢效应、信息的即时传递、用户口碑传播的特征，都让其获得了较高的营销价值。无论是搜索引擎还是垂直引擎，2013 年的快速成长背后都离不开消费大数据的深入挖掘和应用开发。

2013 年，视频网站同样把数据分析作为引进内容和创新广告产品的重要武器。在内容资源的购买方中，爱奇艺将实时发生的用户点击数据、用户行为数据，作为引进资源、为客户提供精准营销方案的重要基础。数据分析能够为视频网站带来更高的商业价值。

① 《2013－2014 年中国广告生态调研》，《现代广告》2014 年第 2 期。

② 《2013－2014 年中国广告生态调研》，《现代广告》2014 年第 2 期。

③ 数据来源：iResearch Inc。

（3）平面媒体中报纸媒体跌幅放缓，杂志媒体寒流加剧，多元经营重开源。2013年上半年，国内报刊广告市场整体延续了2012年以来的下滑趋势，同比下降8.7%，广告量下降18.5%，但是跌幅较2012年上半年有所放缓。[①] 根据2013年中国广告市场生态调查数据[②]，31.4%的被访报纸媒体2013年的广告收入相较2012年有所增长，较2012年30.2%的增长率有所提升。总的来说，2013年报纸媒体广告收入相较于2012年有所回暖。2013年以来，传统杂志接连停刊，杂志广告市场跌入寒冬。2013年中国广告市场生态调查数据[③]，38.9%的被访杂志媒体2013年广告收入相较2012年有所下滑，只有27.8%的被访杂志媒体广告收入有所增加，而在2012年，68.8%的被访杂志媒体广告收入相较2011年呈现上涨态势。CTR前三季度中国广告市场数据显示，杂志广告收入减少几成定局，2013年前三个季度杂志广告刊例收入下降6.8个百分点，相比2012年同期下降了15.8个百分点，同时相较于上年同期在杂志上投放最多的五个重点行业中，只有个人用品实现了增长，化妆品、交通、衣着以及娱乐休闲都有明显幅度的下降。

（4）广播媒体增幅持续放缓，跨媒体整合中突破重围。从2012年起，广播广告收入增长开始放缓，广告刊例增幅从2011年的50.5%降至2012年的13.5%。[④] 到2013年，广播广告收入的放缓态势更加明显。根据CTR的数据，广播2013年上半年同期广告刊例收入增幅从2012年的11.4%降至2013年的2.7%。金融业、商业及服务型行业的广播广告投放近年来首次出现下滑，广播广告收入相较2012年大幅回落。在此背景下，广播媒体从以下三个方面来突出重围。首先，对接其他媒体优质内容，跨媒体互动提升收听率；其次，发挥地域媒体特性，凸显服务功能实现增值；最后，与新媒体跨界整合，一方面开发丰富的广告产品，另一方面，广播媒体通过互联网实现广播媒体的跨区域传播。

---

① 数据来源：CTR媒介智讯。

② 《2013－2014年中国广告生态调研》，《现代广告》2014年第2期。

③ 《2013－2014年中国广告生态调研》，《现代广告》2014年第2期。

④ 数据来源：昌荣传播。

（三）广告公司：经营状况持续回暖，马太效应

1. 营业额及税后利润增长，对未来一年信心增加

广告市场的企稳回升使得广告公司经营相较2012年更为好转，营业额及税后利润增长面扩大。2013年中国广告市场生态调查广告公司专项调研数据显示，2013年与2012年相比，上半年营业额下降的被访广告公司比例相比于2012年的22.1%，下降5.6个百分点。2013年上半年税后纯利润增长的被访广告公司占比54.8%，与2012年同期相比增加了7.1个百分点；被访广告公司税后纯利润下降的比例为19.0%，比2012年降低了5.2个百分点。①

广告公司对中国未来广告市场的信心相较2012年也有了小幅增加。2013年中国广告市场生态调查的数据显示，有39.9%的被访广告公司认为“未来一年广告市场的预期良好”，相较于2012年的34.2%增长了5.7个百分点。

2. 两极分化加剧，小公司以精细化定位谋生存

中国广告公司数量庞大，但大多数规模小、实力弱，即便是上市公司在规模和业务上也有极大的提升空间。以广东省为例，其年报披露2012年营业额为46亿元，但是与国外的传媒大鳄相比，仍显体量单薄。WPP2012年营业额接近200亿美元，阳狮也超过了100亿美元大关，相比之下国内广告公司显然仍具有巨大提升空间。2013年，广告巨头阳狮集团与宏盟合并，更加剧了广告市场的两极分化。资金不足、规模相对弱小的广告公司不断裂变成更加专业的细分型公司，力图在某细分专业领域走在行业的前端，形成独特的优势。他们或精于内容创意，或精于互动传播，力图在不断变化并且竞争愈发复杂的行业环境之中占得一席之地。

3. 对媒介代理业务依赖度降低，延伸业务链条

媒介广告资源开发、代理及销售业务一直是广告公司利润贡献最大的业务，但是由于媒体控制稀缺资源，广告公司仅依靠媒介代理业务无疑加大了其生存风险。2013年中国广告市场生态调查广告公司专项调研数据显示，连续三年被访广告公司利润贡献第一的业务始终都是媒介广告资源开发、代理及销售业

① 《2013－2014年中国广告生态调研》，《现代广告》2014年第2期。

务，但是近三年该业务占比呈现下降趋势，2011 年该业务占比 50.4%，2012 年降至 34.3%，2013 年更是降至 27.5%，三年间下降了 22.9 个百分点。①

三　展望：广告市场遭遇“转型”阵痛，广告主投入持续增长释放积极信号

2013 年，中国社会进入改革攻坚阶段，从广告主到媒体、广告公司亦皆面临重大转型挑战。在课题组采访众多广告主、媒体经营主管、广告公司经营者时，被访者使用最频繁的词也是“突破”“转型”。现有市场饱和，空间拓展乏力，如何突破？有广告主困惑于优质广告资源的不断提价，市场下沉的营销辅助不力。有媒体感叹广告经营突围遭遇制度困境，即使有制度支持亦面临资源、人才等相关投入的桎梏。亦有广告公司慨叹自身角色、价值的模糊与边缘化。

这些疑问与困惑无不映射了整体市场转型过程中各经营主体的艰辛与痛苦。但需要看到，在艰辛与痛苦背后同样也孕育着巨大的机遇。《2013－2014 年中国广告市场生态调研》数据显示，2013 年被访广告主的营销推广费用占销售额的比例为 8.7%，比 2012 年提升了 0.2 个百分点，而 2014 年预期的比例提升至 9.3%，更比 2013 年提升了 0.6 个百分点。广告主营销推广运作是整个广告市场运转的源头，其投入的持续增长恰恰反映出当下整体广告市场阵痛背后的巨大机遇，也向转型中倍感困惑的媒体、广告公司经营者释放了积极的市场信号。

---

① 《2013－2014 年中国广告生态调研》，《现代广告》2014 年第 2 期。

B.40

2013年受众媒介接触习惯调查报告*

沈　颖**

摘　要：

2013年，新旧媒体之间的交融竞合仍在继续。一方面，新媒体经过多年的发展，逐渐呈现领先态势，网民规模持续扩大，另一方面，传统媒体的竞争压力进一步增强，到达率持续下滑的现状也迫使传统媒体通过不断的变革创新来突破困局，从而寻找和定位自身在移动数字时代的生长点。

关键词：

媒介接触　移动互联网　新旧媒体

一　媒体大变局：新媒体在稳步攀升中渐呈领先态势传统媒体在自身变革中寻求突破

1. 移动互联网增速明显，户外媒体稳步攀升

2008～2013年，新媒体和传统媒体在竞争和融合中逐渐显现出清晰的发展脉络。以互联网以及移动互联网为代表的新媒体发展势头迅猛。2008年，互联网的日到达率为34.4%，而到2013年上半年时，已经增长到63.9%，与此同时，移动互联网的日到达率也从2012年的33.7%上升到了41.9%。尤其值得一提的是，随着人们移动性的增强，户外媒体2008～2013年一路高歌挺进，五年间周到达率增长了25%，并已领先电视，成为在城市居民中到达率最高的媒体。（见图1）

* 本文数据均来自CTR央视市场研究CNRS数据库（中国城市居民调查）。

** 沈颖，CTR媒介与消费行为研究总经理。

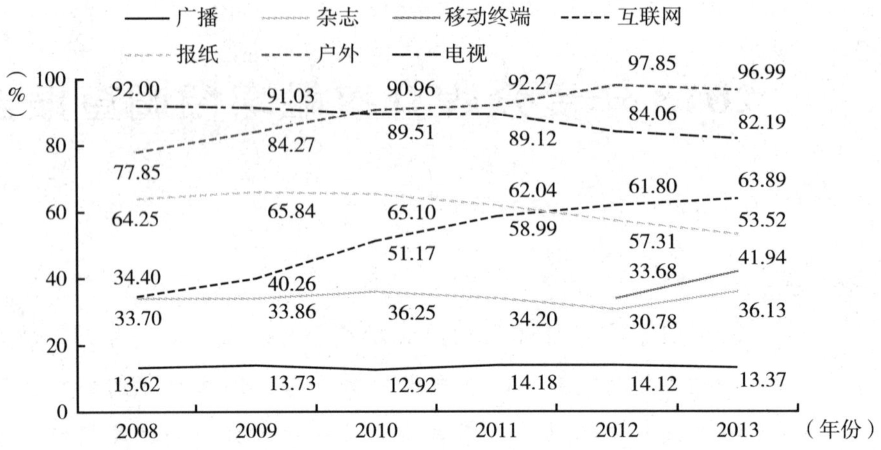

图1　2008～2013年七大媒体的日到达率

注：杂志数据为月到达率，户外数据为周到达率，其他数据均为日到达率。

2. 传统媒体在适应和融合中，探索自身变革和生长突破

在新媒体的冲击下，传统媒体在整体城市居民中的到达情况出现不同程度的下滑。以电视媒体为例，日到达率从2008年的92%下降至2013年的82.2%，与之类似，报纸在这五年间的到达率也呈现出滑落，从64.3%下降至53.5%。杂志的到达率整体呈现较平稳态势，月到达率一直维持在30%左右。与此同时，近些年来私家车拥有率的增长，带来车载广播收听率的提高，广播也因之迎来了发展的“第二春”。

面对新媒体时代的到来，传统媒体从最初的竞争排斥到之后的借鉴融合，从被动接受到主动改革，无论是报纸、电视、杂志还是广播，近些年来都在数字浪潮中不断接受适应的过程中尝试新的探索和突破。

二　电视收看：多屏环境下挖掘自身优势，节目创新是关键

1. 电视收视：年轻受众流失严重，一、二、三线城市均呈下降

近五年，电视的年轻受众在不断流失，其中15～24岁、25～34岁两个年龄段下降明显。2008年，电视在15～24岁年龄段观众中的日到达率为84%，

2013 年时，跌至67%，降幅达20%。与此同时，电视在25～34 岁观众中的日到达率也从90%下降为76%，降幅为16%。分城市层级来看，电视的日到达率在一线城市滑落明显，从2008 年的94%下降为2013 年的85%，降幅为10%，二线城市和三线城市也呈现出不同的下降幅度。

2. 电视与网络视频重叠受众激增，两年间翻了一倍

2011 年，在“前一日收看过电视/网络视频”的城市居民中，电视的独占受众为84.1%（达8110 万人），网络视频的独占受众为2.3%（达222 万人），两者的重叠受众为13.6%（达1310 万人）。而到了2013 年，电视的独占受众为73.3%（达9684 万人），网络视频的独占受众为6.5%（达855 万人），两者的重叠受众为20.2%（达2664 万人）。尽管电视的日到达率在总体人群中有所下滑，但电视的独占受众人数仍在保持上升状态，电视与网络视频的重叠受众也在迅猛增长。

3. 寻求与网络视频的差异化，节目创新、内容为王是关键

多屏收看环境下，电视和网络视频在节目类型上存在优势互补。电视与网络视频的受众在收看电视节目时，位列前四位的分别是新闻节目、电视剧、综艺娱乐、电影；与之形成鲜明对比的是，重叠受众通常收看的网络视频类型依次为电影、电视剧、综艺娱乐、新闻资讯。可见，在节目收看类型上，重叠受众有不同的青睐和喜好。而且近年来，电视媒体在内容上不断精耕细作，打造了一系列诸如《我是歌手》《中国好声音》《爸爸去哪儿》等深受观众喜爱的节目，在一定程度上挽回了部分流失的年轻观众。

三　报纸阅读：稳定高端人群，发展多元载体

1. 大众人群阅读率下降，高端商务人士读报较为稳定

受新媒体的冲击，城市居民读报的热情在逐年下降。尽管报纸的大众读者在不断流失，但却有一批高端商务人士在坚持读报，无论是报纸的日到达率，还是报纸的日接触时间，商务人士都高于普通城市居民，并且两者之间的差距在不断加大（见图2）。

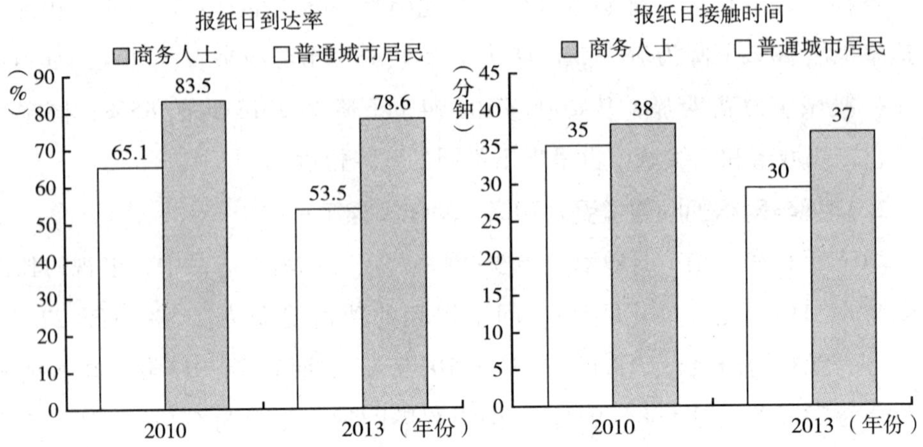

图2　2010与2013年报纸日到达率与接触时间

2. 稳固自身优势，探索多元化发展

尽管报纸在城市居民中的日到达率处于下滑态势，但在长期的发展中，报纸积累起了其他媒体所不拥有的独特优势，如报纸的公信力、报纸对内容的深度解读挖掘、报媒所拥有的一大批优秀的记者编辑以及其他深厚的社会资源等。报纸可以对这些资源进行充分整合和优势拓展，从而在新媒体时代寻找增长点。

借助新媒体，报纸可以延伸拓宽阅读终端。CNRS 数据显示，80后、90后通过台式电脑及其他移动终端阅读电子报的比例达18%，70后紧追其后，为11%。同时，一线城市和二线城市通过台式电脑及其他移动终端阅读电子报的比例也都在10%以上。此外，报纸可以整合资源，延伸产业链，成立文化传播公司，运作文化产业。报纸还可以将读者与社会资源有效整合，从而实现读者、报纸、社会三者之间的良性互动。

四　广播收听：积极开拓移动收听市场努力打造栏目内容特色

1. 广播周到达率稳步上升，私家车高渗透率进一步拓展广播户外受众

随着私家车移动收听的增长，广播的收听率也在逐渐回温。2009～2013

年，广播的周到达率都高于 20%，并且保持逐年上升的良好趋势。2013 年上半年，广播周到达率为 23.4%，受众规模为 3482 万人。

分地区来看，2013 年，广播在华北地区的周到达率为 29.3%，在华南地区为 16.2%，在华东地区为 16%，在东北地区为 13.6%，在华中地区为 12.4%，在西南地区为 7.8%，在西北地区为 4.6%。华北地区受众周到达率领先全国整体水平，西部地区广播触达提升空间大。

同时，汽车拥有率的提升，也让更多人成为广播的户外移动受众。2013 年，户外受众占广播总体受众的 61%。在户外受众中，在私家车上收听广播的受众比例为 62%，在公共汽车上收听广播的受众比例为 24%，在出租车上收听广播的受众比例为 21%。

2. 加强本地化信息服务意识　打造有针对性的特色栏目

在受众最经常收听的广播节目中，新闻类节目依然占据最高比例，其后依次为音乐节目、路况信息、娱乐节目。各类交通路况信息的高收听率，说明了受众对广播节目本地化服务有着较高的收听需求。广播内容的本地化实效性便显得至关重要，而针对受众的收听喜爱，打造有特色的栏目也是留住听众尤其年轻听众的有效途径。

五　杂志阅读：电子化阅读逐步上升　时尚类杂志最受青睐

1. 拓宽阅读终端：电子杂志的到达率和阅读频率均呈上升态势

2008～2013 年，杂志的阅读率总体保持平稳发展，五年间，杂志在整体城市居民中的月到达率在 30% 和 36% 之间上下浮动。

2012～2013 年上半年，电子杂志在总体城市居民中的日到达率在上升，从 6.7% 增长至 7.9%，除此之外，电子杂志在一、二、三线城市中的日到达率也都呈现上升态势。同时，总体城市居民中，每天至少阅读一次杂志的比例也在不断上涨，从 33.2% 增长至 47.5%。

2. 杂志阅读类型：文摘类、情感类、时尚类仍为阅读主流

在最受读者喜爱的杂志阅读类型中，文摘类杂志、情感家庭类杂志、时尚类杂志仍然稳稳地位列前三名。值得注意的是，虽然文摘类杂志一直以来位居阅读类型首位，但 2013 年，时尚类杂志后来者居上，已经超过文摘类杂志而位列第一。尽管文摘类、情感类、时尚类杂志在各线城市居民之中都深受喜爱，但细微的差异仍然存在，相比而言，一线、二线城市居民更加喜爱阅读家居类、汽车类杂志，而三线城市居民则更钟情新闻时政类杂志。

六　移动互联网：全面渗透至各线城市 社交与娱乐是最重要用途

1. 移动互联网渗透至各线城市，地域数字鸿沟进一步缩小

2012 ~ 2013 年，移动互联网在总体城市居民中的日到达率从 30.8% 增长为 41.9%，与此同时，移动互联网的日到达率在各线城市也都有不同程度的增长，一线城市从 36.4% 上升为 47.1%，二线城市从 29% 上升为 39.8%，三线城市从 26.6% 上升为 39.5%。移动互联网的快速发展，明显缩小了一线城市与三线城市居民之间的上网差距，从而有效促进了区域间的平衡发展。

2. 移动互联网使用：社交与娱乐成主流

社交是网民使用移动互联网时最喜欢做的事情。在“前一日使用过移动互联网”的人群中，73% 的人喜欢在手机上网时文字聊天（如 MSN、QQ），44% 的人喜欢在手机上网时语音聊天（如微信、米聊），37% 的人浏览微博和撰写微博。此外，访问社交网站、BBS 论坛/社区等在内的社交活动也是移动互联网网民喜欢做的事情。

除了社交外，娱乐也是移动互联网的重要应用，29% 的人喜欢在手机上网时观看/上传网络视频、24% 的人喜欢在手机上网时玩网络游戏。

3. 社交媒体发展：QQ 空间、微信、微博位列前三，华南地区用户最多

2013 年，社交媒体用户在网民中占比 43.8%，总体来看，相较于普通城市居民，社交媒体用户更加年轻、学历也更高。其中，43.3% 的社交媒体用户拥有本科以上学历，44.8% 的社交媒体用户为 80 后，90 后占比为 28.8%。分地域来看，社交媒体用户在华南地区最多，达 37.8%，其次为华东地区，为 32.1%，紧接其后的是华中地区（24.3%）和华北地区（24.2%）。

不同级别城市中，社交媒体用户上网行为存在细微差异。一线城市中，社交媒体用户通常在外出途中上网，二线城市中，网络购物是社交媒体用户最经常的网络行为，三线城市中，看视频是社交媒体用户上网时最主要的行为，而在四线城市中，文字/语音聊天是社交媒体用户的主要网络行为。

七　户外媒体："在路上"已成生活常态助力户外飞速发展

1. "在路上"已成生活常态，户外媒体成"多屏"中重要"一屏"

随着经济的发展和生活节奏的加快，"在路上"已经成为人们日常生活中的一种常态，并带动了户外媒体的迅速发展。2008 年，户外媒体的周到达率为 78%，2013 年为 97%。分城市来看，户外媒体在一线、二线和三线城市的发展趋势与总体保持一致。户外媒体在一线城市的周到达率略高于总体，三线城市的则略低于总体。高达 90% 的到达率使得户外媒体几乎成了人们随处可见的风景，由此可知，在多屏竞争的时代，户外媒体显然是争夺受众眼球的重要"一屏"。

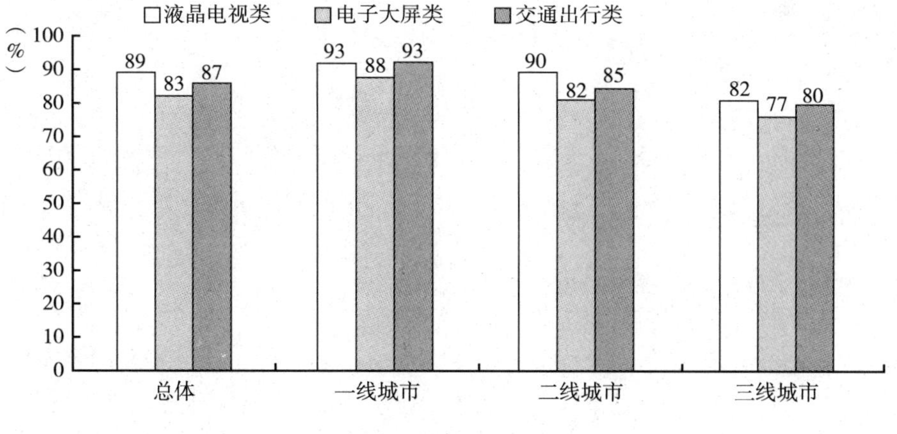

图 3　户外媒体分类别到达率

2. 户外媒体种类日趋细分，液晶电视类到达率领先

随着户外媒体到达率的提升，户外媒体种类也在不断细分和完善。除传统

户外广告形式外，主要的户外广告形式还有液晶电视类、电子大屏类、交通出行类三个大类，覆盖公交、地铁、机场、火车站、写字楼、商场等各个生活角落。从到达情况来看，除了传统户外广告外，液晶电视类广告的周到达率领先于其他两大类。而在液晶电视类户外广告①中，到达率前五位的分别是超市卖场液晶电视广告、公交车内液晶电视广告、写字楼/住宅楼液晶电视广告、银行液晶电视广告以及地铁液晶电视广告。

① 公交车内液晶电视、地铁/轻轨站台液晶电视、地铁/轻轨通道液晶电视、地铁/轻轨站厅液晶电视、地铁/轻轨车内液晶电视、出租车内液晶电视包含在液晶电视类户外中。

B.41

2013 年中国传媒业并购报告

郭全中*

摘　要：

2013 年，中国传媒业的并购交易集中活跃。在移动互联网高速发展的背景下，以百度、阿里巴巴和腾讯为代表的互联网公司，从战略布局出发，主导了多起并购活动，数量多、金额大、涉及业务广。传统媒体则关注并购行为带来的短期内增长。游戏行业、电影行业自身的快速发展也推动了相关并购活动的频繁。结合产业与政策的趋势，未来传媒业的并购行为仍将继续，并形成新的热点。

关键词：

BAT　并购　移动互联网

2013 年是我国传媒业发展的重要一年，十八届三中全会的《中共中央关于全面深化改革若干重大问题的决定》提出“推动文化企业跨地区、跨行业、跨所有制兼并重组，提高文化产业规模化、集约化、专业化水平”。在相关利好政策的推动下，2013 年无疑是中国传媒业市场并购交易最活跃的一年，是当之无愧的“并购年”。

在互联网媒体领域，先是阿里巴巴入股新浪微博，又是百度收购 PPS，再是腾讯入股搜狗，BAT 悉数加入战团；在传统媒体领域，浙报传媒、华闻控股、粤传媒、凤凰传媒等也纷纷出手，上演一场又一场的并购大戏。尤其是随着移动互联时代和大数据时代的到来，2013 年我国传媒业并购出现了诸多新的特点和趋势。

---

* 郭全中，国家行政学院社会和文化教研部高级经济师，管理学博士。

一　互联网企业实施的并购

（一）背景：移动互联的发展前景良好

2013年是我国的“移动互联元年”。“移动互联”时代的到来，把互联网企业又拉回到同一起跑线，互联网巨头开始借助雄厚的资金实力，通过并购来实现在移动互联领域的先发制人。

我国互联网仍处于高速发展期，艾瑞发布的《2012中国互联网年度数据报告》显示，2012年，互联网广告收入高达753.1亿元，同比增长46.8%。可以预计的是，2013年，互联网广告收入仍会保持40%左右的高速增长，这也为并购提供了坚实的基础。

（二）主要事件及特点

2013年，我国互联网企业作为买方企业的主要并购事件高达21起（见表1）。

表1　2013年互联网企业的主要并购事件

项目 序号	买方企业	标的企业	交易金额(亿元)	交易宣布时间	交易股权(%)
1	阿里巴巴	新浪微博	35.48	2013-4-29	18
2	阿里巴巴	日日流物流	22.04	2013-12-9	34
3	阿里巴巴	高德地图	17.80	2013-5-10	28
4	阿里巴巴	天弘基金	11.8	2013-10-10	51
5	阿里巴巴	友　盟	4.84	2013-3-22	—
6	阿里巴巴	墨迹天气	—	2013-3-23	—
7	阿里巴巴	虾米网	—	2013-1-10	100
8	百　度	去哪儿网	18.53	2012-12-11	—
9	百　度	91无线	115.05	2013-7-16	100
10	百度爱奇艺	PPS视频	22.40	2013-5-7	100

续表

序号 \ 项目	买方企业	标的企业	交易金额(亿元)	交易宣布时间	交易股权(%)
11	百　度	糯米网	9.69	2013-8-23	59
12	百　度	爱帮网	6.06	2013-3-19	—
13	百　度	纵横中文网	1.915	2013-12-27	100
14	腾　讯	刷机精灵	0.58	2012-8-28	100
15	腾　讯	搜　狗	27.13	2013-9-16	36.5
16	腾　讯	决胜教育	—	2013-1-30	—
17	苏宁易购网	新蛋中国	—	2013-3-11	—
18	维络城	嘀嗒网	—	2013-2-1	100
19	优酷网	土豆网	—	2013-3-12	100
20	人人网	唯品会	—	2012-3-1	—
21	裂　帛	天使之城	0.79	2013-1-17	80

注：①此处美元兑人民币汇率按1美元=6.0553元计算；

②此处港币兑人民币汇率按1港币=0.7809元计算。

资料来源：数据源自相关上市公司的财报，根据相关资料整理。

1. 数量多、金额巨大、较为集中

2013年，共有21起主要并购事件，每月平均将近2起，我国互联网企业的并购活动呈现出极为活跃的态势。交易总金额高达294.105亿元，将近300亿元。其中，百度并购91无线的交易金额就达115.05亿元。21起并购中，有16起是由BAT发起的，阿里巴巴占7起，百度占6起，腾讯占3起。

2. 并购目的战略性强

当前，互联网公司已经具备了很强的规模和实力，腾讯和阿里巴巴的市值已经超过一千亿美元，跻身于千亿美元俱乐部。但随着具有颠覆性的移动互联时代的到来，竞争又重新回到原点。因此，实力强大的互联网巨头通过并购来达到占领移动互联网领域的制高点、打击竞争对手、提高用户体验和流量变现等战略性目的。

（1）争夺移动互联时代的“船票”，并打造属于自身的“生态系统”。2013年，腾讯微信用户已经过6亿，其中海外用户也已经过亿，业务涵盖即时通信、社交网络、线下支付。阿里巴巴一方面以5.86亿美元购入新浪微博18%的股份，另一方面以2.94亿美元购入高德28%的股份，实现主要领域涵盖移动和社交网络。百度则以19亿美元的巨资全资收购网龙旗下的91无线业务，主要领域涵盖网络视频、团购和在线应用商店。

（2）为了遏制竞争对手而争夺稀缺资源。围绕着搜狗，奇虎360、搜狐、腾讯上演了一场“三国大战”，最后腾讯以4.5亿美元持股搜狗的36.5%股权而大获全胜。

（3）进一步提升用户体验和导流量。百度以3.7亿美元收购PPS，巩固其旗下的视频业务爱奇艺，使其成为仅次于优酷土豆的第二大视频网站。

二　传统媒体和传统企业实施的并购

当前，我国传统媒体正陷入收入下滑的困境，传统媒体上市公司亟待寻找新的业务增长点，而并购网络游戏等高利润率和高成长性的业务成为其最佳选择。2013年，传统媒体和传统公司发起的并购有9起，其中浙报传媒以32亿元收购杭州边锋和上海浩方为最大并购事件（见表2）。

表2　2013年传统媒体和企业的主要并购事件

序号	买方企业	标的企业	交易金额（亿元）	交易宣布时间	交易股权（%）
1	浙报传媒	杭州边锋　上海浩方	32	2013-5-10	100
2	苏宁和弘毅资本	PPTV	25.43	2013-10-29	44
3	中国电信	天翼视讯	11.44	2013-4-26	80
4	博瑞传播	吉比特	9.20	2012-7-25	79
5	博瑞传播	漫游谷	10.36	2013-7-10	70
6	苏　宁	红孩子	4.00	2012-8-30	—
7	粤传媒	香榭丽	4.5	2013-10-28	100
8	蓝色光标	西藏博杰	16	2013-7-9	89
9	凤凰传媒	幕和网络	3.104	2013-8-21	64

注：此处美元兑人民币汇率按1美元=6.0553元计算。

资料来源：数据源自相关上市公司的财报，根据相关资料整理。

在传统媒体市场快速衰落的大背景下，与互联网公司的并购不同的是，传统媒体并购主要出于短期目的，即通过并购高成长性和高利润的业务来解决自身的成长性和利润承诺难题。

三　游戏行业的并购

2013 年，游戏行业并购极为活跃，共有 22 起主要并购事件，涉及 16 家上市公司，其中 12 起为手游收购（见表 3）。

表 3　2013 年游戏企业主要并购事件

序号	买方企业	标的企业	交易金额（亿元）	交易宣布时间	交易股权（%）
1	梅花伞	游族	38.67	2013-10-2	100
2	奥飞动漫	方寸	3.25	2013-10-2	100
3	奥飞动漫	爱乐游	3.67	2013-10-2	100
4	星辉车模	天拓	8.12	2013-10-17	100
5	掌趣科技	玩蟹科技	17.39	2013-10-15	100
6	掌趣科技	上游信息	8.14	2013-10-15	70
7	顺荣股份	三七玩	19.2	2013-10-9	60
8	神州泰岳	中清龙图	2	2013-9-26	20
9	天舟文化	神奇时代	12.54	2013-8-26	100
10	神州泰岳	壳木	12.15	2013-8-22	100
11	凤凰传媒	幕和网络	3.104	2013-8-21	64
12	中青宝	美峰数码	3.57	2013-8-14	51
13	中青宝	苏摩	0.87	2013-8-13	51
14	朗玛信息	梦城互动	0.03	2013-8-7	51
15	华谊兄弟	广州银汉	6.72	2013-7-24	50.88
16	旋极信息	索乐软件	0.567	2013-7-16	18
17	博瑞传播	漫游谷	10.36	2013-7-10	70
18	大唐电信	要玩	16.8	2013-6-26	100
19	华策影视	幻游互动	0.048	2013-5-22	19.50
20	朗玛信息	网阳娱乐	0.02	2013-4-25	35
21	掌趣科技	动网先锋	8.1	2013-2-1	100
22	浙报传媒	边锋、浩方	32	2013-5-10	100

资料来源：数据源自相关上市公司的财报，根据相关资料整理。

游戏行业大规模并购的背景是游戏行业的高速增长。根据游戏工委、CNG中新游戏研究联合发布的《2013年中国游戏产业报告》，2013年，中国游戏市场实际销售收入达到831.7亿元人民币①，同比增长38%；中国游戏市场用户规模约达4.95亿人，同比增长20.7%；客户端网络游戏市场占有率达到64.5%，网页游戏市场占有率达到15.4%，移动游戏市场为13.5%，社交游戏市场为6.5%，单机游戏市场为0.1%。

游戏行业发生的并购行为金额大，交易总金额高达207.32亿元，单笔交易金额过30亿元的就有两笔，其中梅花伞以38.67亿元收购游族居首。同时收购企业的来源多元化，既有互联网企业，也有传统媒体企业。

四 影视领域的并购

伴随着我国电影业的蓬勃发展，影视行业的并购快速进入活跃期。2013年，影视领域发生了5起并购，交易总金额为46.568亿元，其中华策影视以16.52亿元并购克顿传媒居首（见表4）。

2007～2013年，我国电影票房从33.27亿元增长到217.69亿元②，短短

表4 2013年影视领域主要并购事件

	买方企业	标的企业	交易金额（亿元）	交易宣布时间	交易股权(%)
1	华策影视	克顿传媒	16.52	2013-7-30	100%
2	华策影视	最世文化	1.8	2013-11-12	26%
3	乐视网	花儿影视、乐视新媒体	15.98	2013-9	花儿影视100% 乐视新媒体99.5%
4	光线传媒	新丽传媒	8.29	2013-10-28	27.64%
5	华谊兄弟	永乐影视	3.978	2013-12-24	51%

数据来源：数据源自相关票房统计，根据资料整理。

① 张贺：《我国2013年游戏市场销售收入超830亿元》，人民网，http://kfq.people.com.cn/BIG5/n/2013/1230/c54918-23972733.html。

② 白瀛：《2013年全国电影总票房217.69亿元》，新华网，http://news.xinhuanet.com/newmedia/2014-01/04/c_133017572.htm。

的6年时间内，增长了6.54倍。我国电影业进入了整体创新和产业链创新的新时期，未来该领域的并购将会更加活跃。

五　我国传媒业市场并购的特点及未来发展

（一）我国传媒业市场并购的特点

2013年，我国传媒业的主要并购事件将近50起，交易总金额超过500亿元，各个领域都极其活跃。同时，新旧媒体并购行为偏重不同。在并购目的方面，互联网并购更多地是出于战略目的及移动互联的布局需要，或是为了补齐自身的短板，或是为了遏制竞争对手。传统媒体并购则更多地是处于改善业绩的短期目的。互联网并购金额明显高于传统媒体。

（二）并购的新目标与热点

展望未来，结合产业与政策将出现的趋势，未来并购的热点将集中于以下领域。

移动互联和大数据领域。百度、腾讯和阿里巴巴为了进一步完善自身的生态系统和提升用户体验，以及为了实现基于大数据的精准营销，必将开展更多的收购。

互联网金融业。目前，随着国家对互联网金融业相关政策的进一步规范和完善，互联网金融业将高速发展，而相关领域必将成为互联网巨头和金融巨头并购的重要战场。

传统媒体领域。目前，由于我国传媒业的区域化分割和行业化分割的制约，传媒业市场被高度碎片化，也导致我国的传统媒体企业和单位呈现小、散、弱的局面。随着我国传媒业改革的进一步深化，全国统一性的传媒业大市场将逐步形成。

文化旅游业领域。目前，我国的文化旅游业正进入井喷期，文化旅游业必将成为上万亿元的巨型市场，文化旅游业将对传媒业的产业链完善和产业转型起重要作用。

国际文化市场领域。随着我国文化企业实力的增强，抢占国际市场就是必然选择，而并购无疑是最省时、成本最低的手段。

此外，为了补足各自的短板，互联网和传统媒体的双向进入将是新的热点，在线教育行业也将是新的市场。

B.42

2013年中国传媒业资本运作报告

张锐*

摘 要：

本文在分析中国传媒业政策环境的基础上，分析了2013年我国传媒资本运作特点，归纳了我国传媒业资本运作的趋势，对目前传媒行业企业发展、规划具有指导意义。

关键词：

资本运作　传媒业　并购

一 政策环境

2013年，与传媒业相关的政策：一是国务院下发《关于促进信息消费扩大内需的若干意见》（简称《意见》）；二是十八届三中全会提出的《中共中央关于全面深化改革若干重大问题的决定》（简称《决定》）；三是广播影视作品的制作、播映、发行等纳入“营改增”试点。

《意见》提出实施“宽带中国”战略，加快网络、通信基础设施建设和升级；提出要大力发展数字出版、互动新媒体、移动多媒体等新兴文化产业，促进数字文化内容消费。到2015年，信息消费规模要超过3.2万亿元，其中基于互联网的新型信息消费规模达2.4万亿元，年均增长30%以上。《意见》将实质性推动三网融合，促进包括IPTV、手机电视、互联网电视等大视频业务的发展。

《决定》在第十一部分“推进文化体制机制创新”提出“建立党委和政府

---

* 张锐，北京电影学院中国电影产业研究院副教授、管理学博士、高级工程师。

监管国有文化资产的管理机构”和“对按规定转制的重要国有传媒企业探索实行特殊管理股制度”是两大亮点。“推动政府部门由办文化向管文化转变，推动党政部门与其所属的文化企事业单位进一步理顺关系。建立党委和政府监管国有文化资产的管理机构，实行管人管事管资产管导向相统一。”文资委的成立有望推动传媒行业跨地域、跨行业资产的整合，推进体制改革。《决定》明确提出实行特殊管理股制度，转制后的国有传媒企业中国家持股比例可以降低，但国有股权在投票、决定权上将具有更高话语权，这在保证国家对国有传媒企业的足够控制力基础上，将有利于吸引外来资本。

二 资本运作的特点

1. 传媒行业市值实现历史性突破

按照“十二五”规划，我国2015年文化产业总值比2010年至少翻一番，文化传媒行业发展空间巨大。目前国内传媒企业融资上市的渠道包括在国内A股上市（含创业板）以及美国、日本、新加坡等海外上市渠道。按照主营业务划分，传媒类上市公司分为影视动漫、有线网络（含IPTV）、报业经营、图书出版、营销服务、互联网以及综合类等7个板块。

2013年，由于国内IPO的大门收紧，整个传媒板块没有增加一家IPO上市公司。IPO开闸后的2014年，仅有一家广告营销类的思美传媒（002712. SZ）于1月23日上市。截至2014年2月28日，在国内上市的传媒类上市公司达到46家（见表1）。

2013年，传媒行业在海外资本市场表现突出。2013年共有10家文化企业实现海外上市，其中4家在我国香港上市，6家在美国上市。2013年12月18日，大连万达全资控股的AMC在纽交所上市，AMC的发行股价是18美元，开盘价为19.18美元，较发行价上涨7%。相较于1年前万达集团对AMC收购时7亿美元的股权价值投入，AMC的股权价值已增一倍。2014年3月，另外一家含有影视题材的公司保利文化将在香港联交所挂牌上市。

尽管国内市场没有新增IPO，但从市值来看，2013年传媒类45家上市公司总市值实现了历史性的突破。截至2013年年底，传媒板块总市值达到5876亿

表 1　传媒行业上市公司（截至 2014 年 2 月 28 日）

序号	行业分类	公司名称
1	营销服务	1 省广股份　2 蓝色光标　3 华谊嘉信　4 思美传媒
2	影视动漫	5 华策影视　6 华谊兄弟　7 光线传媒　8 华录百纳 9 奥飞动漫　10 新文化
3	互 联 网	11 人民网　12 乐视网　13 顺网科技　14 中青宝　15 掌趣科技 16 东方财富　17 三六五网　18 焦点科技　19 生意宝　20 上海钢联
4	有线网络（含 IPTV）	21 天威视讯　22 歌华有线　23 湖北广电　24 广电网络　25 华数传媒 26 吉视传媒　27 电广传媒　28 百视通
5	报业经营	29 博瑞传播　30 浙报传媒　31 新华传媒　32 华闻传媒 33 粤传媒　34 ST 传媒
6	图书出版	35 中南传媒　36 凤凰传媒　37 天舟文化　38 中文传媒　39 时代出版 40 出版传媒　41 皖新传媒　42 大地传媒　43 长江传媒
7	综　　合	44 电广传媒　45 中视传媒　46 北巴传媒

数据来源：广发证券研发中心。

元，相较 2012 年年底总市值 2871 亿元，增长 105%。

从细分板块来看，营销服务、影视动漫和互联网等三个板块的市值均实现了高速增长，有线电视、图书出版板块增长相对较低，但也实现了没有负增长的好成绩。营销服务类的省广股份和华谊嘉信，影视动漫类的华谊兄弟，互联网类的乐视网、中青宝、掌趣科技、东方财富、上海钢联，以及报业类的浙报传媒均实现 200% 以上的增长。

2. 影视制作领域井喷，内容继续为王

2013 年，影视制作领域呈现井喷状态。2013 年全国电影总票房达到 220 亿元，继续保持 30% 的高增长率。国产影片力压进口大片成为票房的主力，并出现了《致我们终将逝去的青春》《中国合伙人》等小成本高票房的市场黑马；电视剧市场 2013 年则相对表现平平。与此相对的是影业公司在资本市场的表现。2013 年，影视制作板块 6 家公司归属母公司股东净利润增长率均有不同程度的增长，其中最高的华谊兄弟实现增幅 175%，真正体现了内容为王。但也可以看出，该板块开始出现业绩分化，光线传媒和华录百纳的净利润增长率仅为个位数，全年营业收入同比出现下降。

3. 平面出版加速衰退，面临数字化转型

2013 年，平面媒体的衰落成为业界和学界的主要话题。在传媒板块中，净利润同比下滑最多的仍然是平面媒体，尤其是报业经营板块。报业经营板块的 6 家公司中，除了 ST 传媒，其他 5 家都已经披露年报。新华传媒、华闻传媒和粤传媒均出现了营业总收入下降。报业主业的下跌和夕阳化已经是大势所趋。图书出版板块的营业总收入实现了增长。面对移动互联网等新兴媒体的冲击，平面媒体的转型升级已经是大势所趋。

2013 年 10 月，上海两大报业集团在政府的主导下合并。这次合并是传统报纸业务应对市场萎缩的抱团取暖和战略收缩，集中资源，发力数字媒体进行战略转型。以业内标杆浙报传媒为例，由于收购游戏公司杭州边锋和上海浩方，在资本市场表现突出。年报显示，2013 年市值达 180 亿元，增长 211%；营业收入增长 51.6%；净利润增长 125.8%。除了游戏，浙报传媒积极布局全媒体业务，培育新的增长点。

4. 传媒并购火热，开启大传媒时代

2013 年开始，传媒资本市场最热的现象就是并购，2013 年成为并购年。2013 年沪深两市共发生 56 起文化类并购事件，涉及电影、电视剧、出版、广告、游戏等子行业，涉及金额近 400 亿元。① 这种现象的原因：一是 2013 年资本市场的 IPO 难度增大，许多期待上市的公司只能通过被并购的方式实现资本价值；二是传媒行业内部通过同业并购实现规模经济，提高竞争力，主要体现在市场化比较充分的影视制作领域；三是传媒行业融合的趋势加快，前后向一体化成为趋势；四是行业的跨界，传媒行业之外的地产、电子等开始逐步进入这个行业，分享传媒行业大发展的成果。综合性的文化娱乐集团将日益增多，文化产业的横向和纵向的整合也会日益多样化。

同业并购主要表现在影视制作领域和游戏领域。影视制作领域方面，华谊兄弟以 2.52 亿元收购浙江常升影视 70% 的股权，3.98 亿元收购永乐影视 51% 股权，这两次并购加强了华谊兄弟电视剧业务的实力；另外一家上市公司华策影视，几经周折以 16.52 亿元成功并购克顿传媒，奠定了在电视剧制作领域的龙头

① 数据来源：证券日报《2013 年文化传媒白皮书》。

地位，年产达到近千集（华策600集左右＋克顿约400集）；中视传媒以10.2亿元收购金英马；光线传媒收购电视剧制作公司新丽传媒27.64%股权。游戏领域方面，掌趣科技收购动网先锋、玩蟹科技和上游互动，中青宝收购美峰数码和苏摩科技。

前后向一体化并购中，最热门的是游戏行业与传媒的联姻。传媒上市公司借助资本市场收购游戏公司，一方面在资本市场有了更好的表现，另一方面实现了业务转型，开创了“传媒＋游戏”的一体化商业模式。最典型的并购是华谊兄弟收购银汉科技50.88%股权，实现了“电影＋游戏”；凤凰传媒收购慕和网络64%股权，天舟文化以12亿元收购神奇时代，博瑞传播以10亿元收购腾讯旗下的游戏平台漫游谷，实现了“平面出版＋游戏”；奥飞动漫收购方寸科技和爱乐游，实现了“动漫＋游戏”。此外，视频网站乐视网分别用9亿元收购花儿影视、2.99亿元收购乐视新媒体，实现了视频网站进军上游影视制作的布局。

跨行业并购中，最经典的案例就是大连万达。通过并购，万达实现了从商业地产、自建院线、美国院线AMC到好莱坞的跨界路线图。2013年10月，苏宁联合联想控股旗下弘毅资本以4.2亿美元战略投资PPTV，从电商成功进军互联网，成为最跨界的并购。

四　未来趋势

1. 股权激励改革继续推进

《中共中央关于全面深化改革若干重大问题的决定》提出对按规定转制的重要国有传媒企业探索实行特殊管理股制度，有望带来对国有企业管理团队和核心人员的有效激励，释放企业市场活力和增强竞争力。

2014年年初，百视通公司作为广电系的吃螃蟹者，推出了股权激励计划，成为国有媒体企业股权激励的“第一单”。百视通的激励计划与公司业绩成长、长期战略紧密挂钩，强化了人才竞争优势。未来，这种改革必将在传媒板块扩大实施范围。

2. 三网融合重启，传输渠道重构

2013年，以天威视讯、歌华有线为代表的有线网络板块在资本市场动静不大，但暗流涌动。有线网络面临IPTV和OTT TV等传输渠道的竞争，视频传输渠道面临重构。2013年年底，国家有线悄然挂牌，三网融合背景下的资源整合和行业重组也将拉开帷幕。未来，全国的有线网络面临转企改制、省网整合、跨区域整合、拓展新业务等发展机遇。百视通、华数传媒等的发展模式成为板块内企业的学习标杆，也将揭开有线板块新一轮并购重组的大幕。

3. 文化 + 科技 + 资本，新的传媒业态将成为热点

随着移动互联网、云计算等技术的快速发展，传媒所依赖的技术环境出现了巨大的变革，从云、管、端的角度，即内容生产和存储的云化、传输渠道的互联网化、终端的智能化和多屏化。大数据、可穿戴设备、跨屏、4G成为技术热点。在上述技术变革的驱动下，IPTV、OTT TV、微信自媒体等新的传媒业态不断出现，也将成为传媒资本追逐的热点，“文化 + 科技 + 资本”模式将成为传媒大变革时代的主流模式。

4. 跨界并购加剧，期待综合性传媒集团诞生

移动互联时代，互联网将对传统媒体产生颠覆性的影响，并将重构整个传媒行业。在资本市场，国内A股传媒板块主要是以影视制作和平面出版为代表的传统媒体，并具有较高的估值；以腾讯、百度为代表的互联网和新媒体公司大多在海外上市。传统媒体面临着转型和资本市场压力，会产生并购新媒体和互联网业务的冲动，如2013年的游戏热；与此同时，以优酷、腾讯为代表的新媒体和互联网企业也有走向上游内容生产业务的需要。以互联网领域的三巨头BAT为例，电商巨头阿里巴巴在跃跃欲试进入传媒行业，2013年1月全资收购数字音乐平台虾米网，4月以5.86亿美元收购新浪微博18%股权。

2013年的并购仅仅是开始。未来的5年内，国内传媒行业的并购潮只会愈演愈烈，新老媒体的跨界并购无论是规模还是频次都会逐步升级。作为内容生产的传统媒体和作为渠道的互联网公司的结合将产生综合性的大传媒集团，这也是中国传媒行业真正做大做强的开始。

这是个大传媒时代。传媒业是具有高回报率的朝阳产业，也是资本密集型行业，我国传媒企业唯有借助资本市场，才能实现大发展大繁荣。进入21世纪的第二个十年，移动互联时代已经来临，跨界和融合成为行业的关键词，在三网融合重启、国家政策红利以及用户需求的多重驱动下，中国的传媒资本市场必将迎来黄金时期。

B.43

2013 年中国传媒资本市场发展报告*

雷崔捷　宋一苇**

摘　要：

2013 年，中国 A 股市场 IPO 停摆，仅有智美集团在香港上市，资本市场整体发展速度放缓，但传媒上市企业的业务优化升级，涉及新媒体、影视领域的公司表现抢眼，出版、文教等传统领域也有所发展。本文对中国传媒资本市场进行了系统盘点，分析了传媒资本市场在 2013 年的发展状况及所面临的市场环境。

关键词：

传媒资本市场　传媒上市企业　文化产业　IPO 停摆

2013 年，整体国民经济呈现稳中有进、稳中向好的发展态势。据初步核算，全年国内生产总值 568845 亿元，较上年增长 7.7%，增速有所放缓。其中文化传媒产业隶属的第三产业增加值 262204 亿元，增长 8.3%①，其增加值比重为 46.1%，第三产业增加值占比首次超过第二产业。文化、体育、娱乐业的固定资产投资为 5251 亿元，同比增长 23.0%。

据已有的文化传媒类公司 2013 年第三季度财报，文化传媒行业业绩良好，总体市值稳定增长，各项财务指标均较为健康。其中业务结构优化、产品升级

---

* 文中数据均来自第三方数据库以及上市企业公开季报、半年报，极少数的数据采取历史数据与比率计算的估值，可能存在因具体算法有所不同而导致数据的细微差别，但对整体趋势不会产生决定性影响。

** 雷崔捷、宋一苇，清华大学新闻与传播学院硕士研究生。

① 数据来源：国家统计局，《中华人民共和国 2013 年国民经济和社会发展统计公报》2014 年 2 月 24 日。

的企业有明显的发展，集中体现在新媒体、移动互联网方面。

尽管金融危机和欧债危机影响下的全球经济缓慢复苏，增长乏力，波动频繁，国内的文化传媒企业仍在积极寻求上市。2013 年 1 月，中国证监会公布 800 余家申报 IPO 的企业名单[①]，继上一年度人民网成功上市，新华网、中国电影、上海电影、南方出版传媒、新丽传媒、江苏广电、知音传媒、保利文化等文化传媒类公司均榜上有名。但中国 A 股市场由于经济表现较差，同时证监会开展了严格的 IPO 公司财务检查，因此自 2012 年年底至今，IPO 处于实际上的暂停状态，2013 年并无新的文化传媒类企业在国内上市，也迫使一些企业寻求海外 IPO。

一　2013 年传媒资本市场总体状况

（一）2013 年传媒市场概况

2013 年，由于 A 股市场 IPO 暂停，中国传媒产业资本市场仍保持由 47 家[②]上市企业组成的板块，业务包括以传统媒体为代表的公关、广告、出版、影视、广电等，还涉及以新媒体崛起为契机而发展的网络、信息、动漫等领域（见表 1）。其中，移动互联网方面的表现突出，大量建设在互联网上的信息服务转移到了以手机、平板电脑为代表的移动终端上。

表 1　2013 年传媒上市企业资本概况

单位：百万股

证券代码	证券名称	上市日期	总股本	流通股本	上市股数	主营业务
000504	ST 传媒	1992－12－08	311.6	158.0	310.0	媒体管理、网络、信息
600633	浙报传媒	1993－03－04	429.7	84.5	152.1	广告、实业投资、新媒体技术
600681	ST 万鸿	1993－10－18	251.5	169.9	195.6	出版、印刷、广告
600832	东方明珠	1994－02－24	3186.3	1219.3	3186.3	广电、广告、影视设备

① 中国证监会 2013 年 1 月 4 日公布的申请 IPO 企业名单。

② 本文所涉及的 47 家传媒上市企业依据中国证监会 CSRC、BICS、ICB 行业分类，结合上市企业主营业务种类整合而成。

续表

证券代码	证券名称	上市日期	总股本	流通股本	上市股数	主营业务
600825	新华传媒	1994－02－24	1044.9	395.4	1044.9	图书发行、销售、广告
600637	百视通	1994－03－16	1113.7	478.1	835.5	网络、网络视频、新媒体
600880	博瑞传播	1995－11－15	628.0	397.2	414.1	信息、图书发行
000062	深圳华强	1997－01－30	667.0	155.5	666.9	电子专业市场
000719	大地传媒	1997－03－31	439.7	66.1	87.9	信息、广告、印刷、发行
600088	中视传媒	1997－06－16	331.4	140.9	331.4	广电、影视、广告、演艺
000793	华闻传媒	1997－07－29	1360.1	772.7	1359.0	媒体管理、影视
600831	广电网络	1999－03－25	563.4	346.7	563.4	有线运营、广电
000917	电广传媒	1999－03－25	1016.0	815.7	701.3	广电、影视、广告、有线运营
600757	长江传媒	1999－10－03	1039.7	274.4	358.5	出版、印刷
000156	华数传媒	2000－09－06	1097.0	1059.2	63.9	广电、影视、新媒体
600037	歌华有线	2001－02－08	1060.4	545.6	1060.4	有线运营、广告
600386	北巴传媒	2001－02－16	403.2	175.2	403.2	广告、媒体代理
600373	中文传媒	2002－03－04	567.2	134.4	187.5	图书出版、发行、网络
600551	时代出版	2002－09－05	505.8	132.7	217.1	出版、印刷
601999	出版传媒	2007－12－21	550.9	158.8	550.9	图书印刷、出版、发行、广告
002238	天威视讯	2008－05－26	320.4	90.0	320.4	广电、有线运营、影视
002261	拓维信息	2008－07－23	283.4	132.4	181.8	新媒体、动漫
002292	奥飞动漫	2009－09－10	409.6	100.9	148.5	玩具、动漫、影视
300027	华谊兄弟	2009－10－30	604.8	294.9	348.9	影视、动画、电影发行、广告
601801	皖新传媒	2010－01－18	910.0	116.7	151.6	图书出版、发行、广告
300058	蓝色光标	2010－02－26	396.7	136.3	188.2	公关、网络、新媒体
300071	华谊嘉信	2010－04－21	155.3	28.2	50.4	营销策划
300079	数码视讯	2010－04－30	336.0	95.6	182.1	有线运营、广电
002400	省广股份	2010－05－06	192.8	105.2	106.1	媒体代理、公关
300104	乐视网	2010－08－12	418.0	104.5	162.4	网络、网络视频、广告
300113	顺网科技	2010－08－27	132.0	47.9	56.3	网络、广告、信息、软件
300133	华策影视	2010－10－26	384.1	90.0	144.8	影视、动漫、广告
601098	中南传媒	2010－10－28	1796.0	398.0	1398.0	图书出版、印刷、广告
002502	骅威股份	2010－11－17	140.8	60.6	48.7	玩具、动漫
300148	天舟文化	2010－12－15	126.8	38.1	43.1	图书发行
300226	上海钢联	2011－06－08	80.0	22.8	31.3	网络、信息、广告
300235	方直科技	2011－06－20	88.0	19.8	38.9	教育软件
300251	光线传媒	2011－08－03	241.1	60.3	65.1	广电、广告、影视、演艺
601928	凤凰传媒	2011－11－30	2544.9	494.0	659.0	图书发行、出版

续表

证券代码	证券名称	上市日期	总股本	流通股本	上市股数	主营业务
300291	华录百纳	2012－02－09	60.0	15.0	15.0	影视
601929	吉视传媒	2012－02－10	1398.0	280.0	280.0	广电、有线运营
300288	朗玛信息	2012－02－16	53.4	13.4	13.4	新媒体、广告
603000	人民网	2012－04－27	276.4	69.1	69.1	广告、信息、移动增值
002181	粤传媒	2012－06－19	692.0	547.3	218.0	广告、出版、印刷
300336	新文化	2012－07－10	96.0	23.2	24.0	影视
002699	美盛文化	2012－09－11	93.5	23.5	23.5	动漫服饰
000665	湖北广电	2012－11－21	388.8	333.2	137.2	广电、有线运营

数据来源：中国证监会。

（二）2012年传媒业上市公司经营情况

1. 市值

根据各上市公司第三季度的财报，2013年第三季度中国传媒资本市场中的47家企业总市值为6070.45亿元人民币，较上年同期增长3323.03亿元。从总体情况看，传媒上市企业总市值较2012年有高达113.19%的明显增幅，发展速度非常快。在这47家企业中，除了华谊嘉信、华录百纳两家处于停牌状态（2013年9月30日），只有两家企业存在负增长，而2012年负增长的企业高达26家。这两家企业分别是深圳华强（－59.40%）、长江传媒（－39.04%）（见表2）。前者主要因为受经济形势影响制造销售方面的低迷，与其文化产业部分相关性不大，后者受文化产业政策影响，同时公司正处于开发新的在线教育业务阶段，存在波动。ST万鸿的市值没有明显变化，其余42家企业均有超过10%的增长。在增长率排名前5的企业中，上海钢联（622.87%）的增长主要来自其物流业务的成熟与快速发展，文化产业部分的业务对其增长促进有限，乐视网（402.22%）、浙报传媒（257.46%）因其在网络视频、新媒体等业务方面的迅速发展取得了较高增长率，而属于传统业务的天舟文化（322.10%）、骅威股份（243.00%），其快速增长主要因为2012年受经济影响过大，市值偏低，因此2013年在有所发展的基础上反弹明显。

表 2　2012～2013 年传媒上市企业市值

单位：亿元，%

证券名称	2013 年第三季度市值	2012 年第三季度市值	增长率
乐视网	394.44	78.54	402.22
百视通	394.15	176.74	123.01
东方明珠	367.07	117.16	213.31
华谊兄弟	294.54	86.18	241.77
华数传媒	292.86	114.42	155.95
中南传媒	251.44	160.56	56.60
蓝色光标	249.78	91.25	173.73
凤凰传媒	248.38	172.54	43.96
华闻传媒	239.09	90.18	165.13
电广传媒	209.32	101.29	106.65
人民网	208.75	104.42	99.91
浙报传媒	207.36	58.01	257.46
光线传媒	206.09	84.37	144.27
奥飞动漫	203.31	77.37	162.78
华策影视	197.47	64.52	206.06
博瑞传播	183.37	60.53	202.94
中文传媒	146.23	80.89	80.78
省广股份	140.71	44.54	215.92
吉视传媒	130.64	101.77	28.37
粤传媒	128.02	59.44	115.38
皖新传媒	119.12	94.46	26.11
新华传媒	99.99	50.89	96.48
歌华有线	89.81	71.04	26.42
时代出版	89.73	48.00	86.94
拓维信息	77.55	22.68	241.93
上海钢联	75.54	10.45	622.87
顺网科技	74.86	34.10	119.53
数码视讯	74.74	55.31	35.13
天舟文化	63.61	15.07	322.10
朗玛信息	57.14	35.09	62.84

续表

证券名称	2013年第三季度市值	2012年第三季度市值	增长率
大地传媒	56.11	41.25	36.02
中视传媒	50.31	31.02	62.19
湖北广电	49.26	37.09	32.81
新文化	48.08	25.27	90.27
广电网络	46.66	37.02	26.04
骅威股份	44.11	12.86	243.00
天威视讯	43.99	34.35	28.06
长江传媒	38.98	63.94	-39.04
出版传媒	38.89	34.43	12.95
北巴传媒	34.43	27.86	23.58
美盛文化	34.39	18.02	90.84
方直科技	22.70	8.39	170.56
ST传媒	20.56	16.33	25.90
深圳华强	16.33	40.22	-59.40
ST万鸿	10.54	10.54	0.00
华谊嘉信	—	11.02	—
华录百纳	—	36.00	—

数据来源：中国证监会、和讯网。

2. 财务指标

截至2013年9月30日，中国传媒上市企业的营业总收入为722.29亿元，较上一年的632.90亿元同比增长了14.12%，增速较2012年（30.5%）有所放缓。纵观47家企业共有8家企业出现营业收入负增长（见表3），分别为ST传媒、数码视讯、华录百纳、天舟文化、华闻传媒、中文传媒、粤传媒、骅威股份；乐视网（64.74%）、浙报传媒（56.43%）、华谊兄弟（44.53%）、人民网（43.99%）、华策影视（42.50%）表现抢眼，收入增长迅速。中南传媒、凤凰传媒、中文传媒、百视通、皖新传媒成为净利润最高的5家传媒企业。ST传媒继2012年以来，依然呈现总资产低于总负债的局面，其他企业的总资产均高于总负债，资本运营基本正常。在每股收益（EPS）方面，ST传媒、ST万鸿的EPS为负，而中文传媒的EPS最高，为0.83。

表 3　2013 年传媒上市企业主要财务指标

证券名称	2013 年前三季度收入（百万元）	2012 年前三季度收入（百万元）	同比增长（%）	净利润（百万元）	总资产（百万元）	总负债（百万元）	EPS（元/股）
中文传媒	7655. 71	8032. 89	-4. 70	520. 91	10585. 27	4766. 62	0. 83
凤凰传媒	5005. 54	4895. 20	2. 25	631. 07	14386. 33	4491. 46	0. 25
中南传媒	4983. 48	4412. 66	12. 94	715. 95	12825. 24	3753. 98	0. 40
电广传媒	3763. 60	3155. 93	28. 01	402. 11	13728. 22	9020. 21	0. 40
省广股份	3615. 26	2940. 16	14. 55	168. 75	3233. 54	1692. 81	0. 44
皖新传媒	3218. 10	2780. 55	22. 54	476. 78	6542. 01	1968. 42	0. 52
时代出版	2808. 29	2626. 14	33. 12	255. 11	5097. 49	1687. 40	0. 50
长江传媒	2752. 14	2315. 04	18. 88	292. 44	6407. 29	1930. 78	0. 28
华闻传媒	2628. 87	2307. 85	-5. 46	436. 87	6096. 02	2294. 29	0. 32
东方明珠	2416. 05	2221. 10	4. 69	380. 57	13612. 24	5283. 60	0. 12
北巴传媒	2242. 30	2109. 54	0. 95	134. 68	2397. 77	779. 81	0. 33
大地传媒	2132. 71	1522. 34	41. 76	236. 50	2877. 01	891. 10	0. 54
蓝色光标	2128. 81	1504. 48	39. 84	264. 75	5636. 08	1960. 05	0. 65
百视通	1742. 06	1477. 74	20. 47	498. 17	4871. 81	1238. 71	0. 45
浙报传媒	1609. 86	1446. 06	56. 43	322. 76	6262. 89	2201. 20	0. 62
歌华有线	1570. 76	1290. 62	6. 30	288. 95	10341. 32	4646. 49	0. 27
广电网络	1532. 66	1229. 02	18. 75	125. 46	4427. 93	2719. 81	0. 22
乐视网	1365. 27	1221. 79	64. 74	184. 31	4309. 71	2320. 58	0. 23
吉视传媒	1293. 13	1082. 97	19. 41	153. 18	5973. 90	1921. 52	0. 10
华谊嘉信	1281. 33	1057. 28	43. 83	35. 82	964. 20	423. 12	0. 21
华数传媒	1270. 32	1029. 12	20. 15	187. 12	3897. 07	2859. 71	0. 17
新华传媒	1252. 27	1014. 37	2. 49	83. 40	6444. 73	3918. 20	0. 08
粤传媒	1194. 83	1014. 26	-2. 78	232. 20	4082. 55	308. 78	0. 34
博瑞传播	1079. 54	890. 84	6. 44	255. 88	3240. 70	541. 86	0. 41
奥飞动漫	1053. 74	828. 74	30. 88	145. 86	2639. 64	935. 16	0. 24
出版传媒	1024. 95	811. 99	1. 04	50. 85	2688. 99	954. 22	0. 09
华谊兄弟	1022. 97	805. 14	44. 53	411. 98	6164. 90	2811. 85	0. 68
深圳华强	959. 43	733. 70	30. 77	114. 59	5028. 94	3377. 11	0. 17
上海钢联	924. 01	717. 78	49. 13	16. 82	745. 20	315. 70	0. 14
湖北广电	827. 94	707. 80	1. 96	121. 79	3241. 79	983. 03	0. 31
中视传媒	789. 94	660. 73	10. 05	47. 17	1618. 14	494. 88	0. 14
华策影视	691. 34	619. 58	42. 50	209. 09	2152. 47	390. 81	0. 36
光线传媒	690. 12	535. 62	28. 84	238. 58	2325. 98	195. 67	0. 47

续表

证券名称	2013年前三季度收入（百万元）	2012年前三季度收入（百万元）	同比增长（%）	净利润（百万元）	总资产（百万元）	总负债（百万元）	EPS（元/股）
天威视讯	683.52	485.15	3.45	109.55	2032.50	436.53	0.34
人民网	656.86	456.18	43.99	169.21	2460.12	246.68	0.61
拓维信息	347.32	362.90	19.21	28.64	986.77	95.47	0.10
骅威股份	342.10	347.80	-1.64	30.01	926.58	31.20	0.21
新文化	294.17	291.35	13.62	64.28	1101.17	218.17	0.67
数码视讯	285.54	258.91	-21.32	127.61	2829.34	136.88	0.38
顺网科技	233.91	254.85	22.15	76.42	940.05	382.40	0.58
华录百纳	222.37	200.77	-12.75	87.02	1134.26	123.44	0.66
美盛文化	198.23	191.49	6.23	42.04	725.98	65.66	0.45
天舟文化	179.54	186.60	-10.58	8.00	644.84	112.43	0.05
朗玛信息	118.38	108.75	8.85	44.39	543.73	7.32	0.42
方直科技	62.67	60.13	4.22	23.57	341.71	22.45	0.27
ST 万鸿	60.22	54.32	88.14	-7.84	176.58	153.75	-0.03
ST 传媒	17.21	32.01	-68.31	-15.45	60.68	97.33	-0.05

数据来源：中国证监会、和讯网。

二　2013年未上市传媒企业投融资概况

（一）积极准备 IPO

A股市场IPO暂停已超过一年，2013年上半年的数据显示，超过700家企业排队，面对严格的财务监察政策，有200余家退出申请。而文化传媒行业的相关企业因文化产业政策利好的预期，准备IPO的活动依然十分积极。

根据中国证监会2014年1月的统计，2013年国内文化传媒行业IPO排队企业共有30家。按照其所属行业与主营业务分，最多的是传播与文化产业及电视电影制作方面的企业，而传统出版业也显现了良好的发展势头，有5家企业进入排队名单。

（二）VC/PE 投资情况

从反映未上市企业投融资状况的 VC/PE 投资情况看，2013 年度的投资活跃度有所降低。2013 年，文化传媒行业 VC/PE 融资规模为 33.79 亿美元①，环比上升 372%，共有 32 起融资案例，环比下降 54%，融资规模达到近六年最高值（见图 1）。其中，分众传媒私有化案例规模达到 30 亿美元，占到整体规模的 89%。

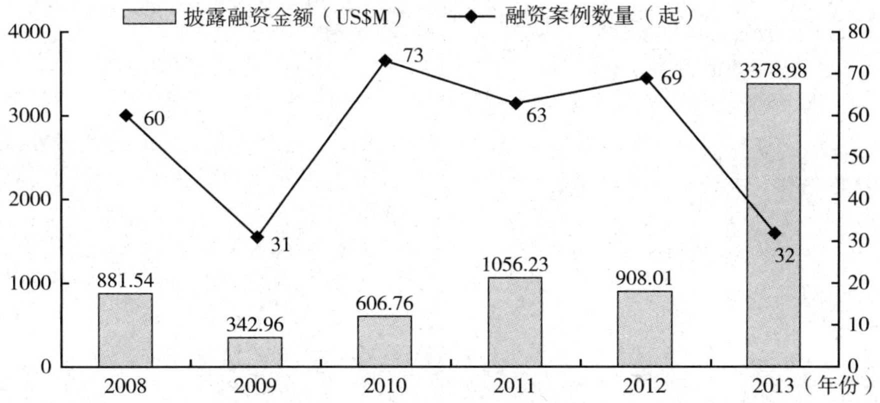

图 1　2008～2013 年国内文化传媒行业企业 VC/PE 融资趋势图

数据来源：投中集团金融数据产品 CVSource，2014 年 1 月。

在 30 家待上市文化传媒企业中，有 12 家企业曾获得 VC/PE 或战略投资者注资，占比达到 40%。

（三）境外上市

由于国内 A 股 IPO 停摆，2013 年严格意义上的文化传媒企业只有智美集团一家在港交所完成 IPO。

智美集团的业务涵盖赛事运营、节目运营、品牌服务，是中国第一家将这三者集于一体的文化产业集团。2013 年 7 月 1 日，该公司登录港交所主板，

① 信息来源：格上理财，凤凰财经，2014 年 2 月 25 日。

由中银国际担任保荐机构，承销商为中信建投、麦格理、中银国际、招商证券、新鸿基和上海证券共计五家，会所为普华永道，融资规模为11.68亿元人民币（1.90亿美元）。

而与文化传媒产业颇为相关的互联网信息提供商，58同城、去哪儿、3G门户、汽车之家四家企业则先后在美国上市。

B.44

2013年中国电信业发展报告

王雨琦*

摘　要：

2013年，新一轮"五年计划"实施继续推进，中国电信业发展的良好势头得以保持，市场结构进一步优化。国家全面实施推动"宽带中国"战略，为电信的快速稳定发展营造了更加良好的长期政策环境。社会生产和消费方式的加速转变也加快了电信业发展方式的深刻变革。

关键词：

电信业　宽带中国　发展报告

2013年我国电信业全面发展，政策环境、技术环境均促使电信业平稳健康发展。在"宽带中国"战略下，3G移动网络、有线宽带基础设施建设力度加强，使得新业务的发展更为顺畅。

2013年电信业继续保持增长态势，但增长速度出现了回落。2013年，电信业务收入达到11689.1亿元，同比增长8.7%，比上年增长幅度回落0.2个百分点，保持三年高于同期GDP增速的高速发展。电信业务总量达到13954亿元，较上一年同比增长7.5%，比上年增长幅度回落3.2%（见图1）。尽管增速放缓，但在我国GDP增长目标下调的大背景下，电信业依然保持了高于GDP的增长速度，发挥了在国民经济中的重要基础作用，实现了通过信息化带动城镇化、工业化的三化合一的战略作用。

2013年，电信行业对传统话音业务的依赖性继续降低，由于各种即时通

* 王雨琦，清华大学新闻与传播学院硕士研究生。

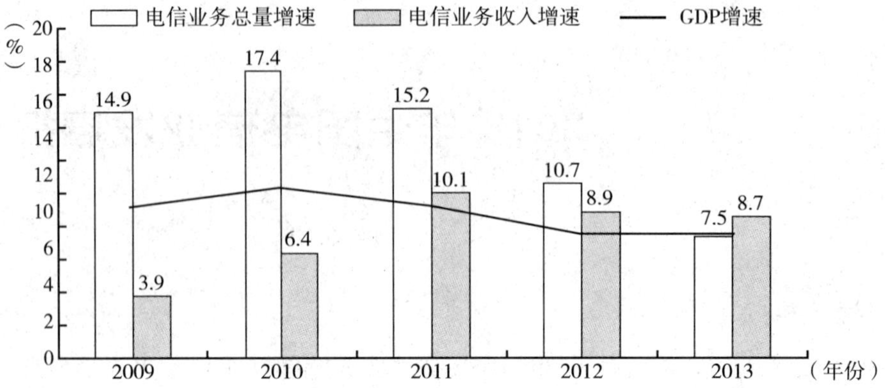

图1　电信业务总量与业务收入增长情况（2009～2013）

数据来源：工业和信息化部：《2013 年通信运营业统计公报》，2014 年 1 月 23 日。

信工具的出现，非话音业务的收入已经超过 50%，移动数据及互联网业务收入对电信业收入的贡献逐渐增加。电信用户结构进一步调整和优化，3G 移动电话用户在移动用户中的渗透率达到 32.7%，比 2012 年提高 11.8%。融合业务逐渐发展起来并形成一定规模，截至 2013 年年底，IPTV 用户达 2842.5 万户，物联网终端用户达 3200.4 万户。①语音业务占比的下降代表通信服务业也从语音通信的单一服务模式，逐步向基于数据的多元化综合通信服务提供商的角色转变。

2013 年，我国电信用户规模保持增长趋势。电话普及率不断上升，其中固定电话普及率不断下降，移动电话普及率不断上升，突破 90 部/百人。2G 移动用户加速向 3G 移动服务迁移，3G 成为移动用户的主要增长来源。固定宽带用户数量继续增长，同时固定宽带接入速率也继续增长。互联网用户数量继续攀升，互联网普及率达到 45.8%，移动互联网发展迅猛，网民中使用手机上网达到 81%。移动互联网的应用也在此基础上得到了长足的发展，手机游戏、移动支付等应用得到了广泛的使用。3G 的发展伴随着移动互联网的繁荣，两者相辅相成，丰富的移动互联网需求，也将促进移动网络数据服务的不断提升，也为已经开始的 4G 时代做好准备。

① 工业和信息化部：《2013 年通信运营业统计公报》，2014 年 1 月 23 日。

2013年，全国电话用户总数达14.96亿户，同比增长7.6%，电话普及率达到110部/百人。而为这个增长贡献最多的是移动电话用户，2013年总数达12.29亿户，净增11695.8万户。移动电话用户普及率达90.8部/百人，而很多省市的普及率甚至已经超过100部/百人，可以说是“人手必备”，如北京、辽宁、上海、江苏、浙江、福建等。相比移动电话的如火如荼，固定电话发展显得略有落寞，2013年其用户较2012年减少1116.8万户，普及率降低至19.7部/百人。[①] 3G移动电话用户新增1.69亿户，总规模超过4亿户。3G用户中TD-SCDMA用户达1.03亿户。[②] 同之前所述趋势类似，固定电话所代表的单一的通话服务逐渐被个人和家庭淘汰，取而代之的是固定宽带和综合服务的移动3G服务。

2013年，基础电信企业固定互联网宽带接入用户增加了1905.6万户，基础电信企业固定互联网宽带接入用户总数达1.89亿户。宽带接入用户的数量继续增长，接入速率不断提升。但是随着宽带速度的不断提升，诸多如地区间宽带发展不平衡、高峰时下载速度过慢、宽带运营商不正规等问题也值得改革。

随着技术、产品的普及，2013年我国使用手机上网的用户占网民用户总量的81%（见图2）。诸多手机应用，如即时通信、搜索、视频、游戏等服务的规模也不断扩大。其中，值得一提的是，手机端电子商务应用发展亦非常迅速，加之商家的各种手机端支付促销活动，更是推动了手机端电子商务的发展。手机在线支付用户在手机网民总用户中占比为25.1%，与2012年相比将近翻了一倍。[③]

2013年我国电信业结构性变化明显。固定电话、移动电话的通话、短信等传统业务所占比重不断下滑，而移动互联网成为稳定的高速增长点。2013年，全国固定本地电话通话时长为3023.1亿分钟，同比下降15.2%。固定电话无论在总量还是在平均用户价值上都出现了明显的下滑。固定电话的总通话时长的下滑说明了固定电话无论在电信业务比重上，还是在业务总量上的明显

① 工业和信息化部：《2013年通信运营业统计公报》，2014年1月23日。

② 工业和信息化部：《2013年通信运营业统计公报》，2014年1月23日。

③ 工业和信息化部：《2013年通信运营业统计公报》，2014年1月23日。

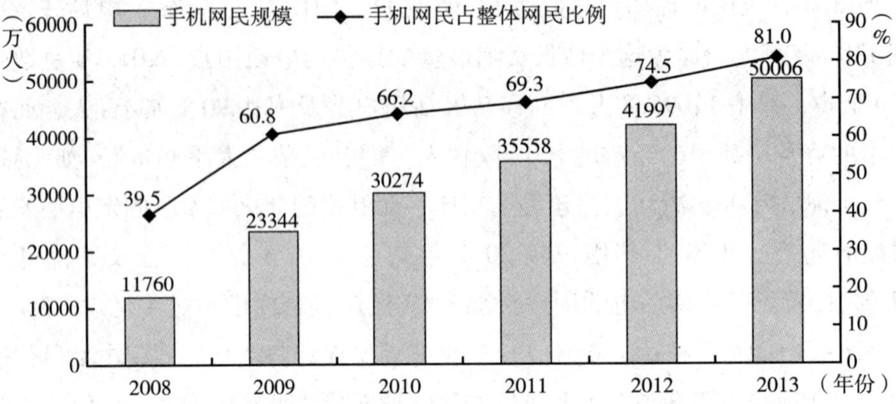

图 2　中国手机网民规模及其占网民比例（2009～2013）

数据来源：工业和信息化部：《2013 年通信运营业统计公报》，2014 年 1 月 23 日。

下滑趋势。固定电话受到可拓展性的局限，在移动网络覆盖完全、信号收发正常的区域，可以被移动电话所直接替代。而固定电话受到电话线路架设成本影响等因素，无法满足高速城镇化的要求。所以固定电话的下滑，也成为必然的趋势。

2013 年，全国移动电话通话时长 28987.7 亿分钟，同比增长 5.0%，增长率下降7.4%。其中，移动本地和长途通话时长分别增长4.8%和5.8%。移动电话通话总量还在稳步上升，体现了对固定通话总时长的基本替代作用。另外，移动用户短信业务量下滑明显，同比下降 13.7%，降幅同比增加 6.8 个百分点。短信业务更大程度地被微信等基于数据服务的移动互联网服务所替代，出现加速下降的情况。在这些业务下降的情况下，面对与日俱增的手机上网用户，流量成了电信业未来一段时间内的重要收入组成部分。

另外，我国网络基础设施也在不断完善，宽带发展迅速。

2013 年 8 月 17 日，国务院发布了“宽带中国”战略实施方案，部署了未来 8 年宽带发展目标和方法。这一部署为宽带未来发展提供了良好的政策支持，而宽带也首次成为国家战略性的公共基础设施。同年 12 月底，清华大学验收通过“中国教育和科研计算机网（CERNET）主干网和重点学科信息服务体系升级扩容工程”，此项目的验收意味着中国第一个、规模最大、容量达

100G 的学术网络建成。该高速光传输网全部采用了国产的设备，为两千所高等院校提供了高速的接入能力，并且覆盖了大部分省市地区。而与此同时，中国三大电信运营商的 100G 主干网络也已经开始规划建设。这些都意味着中国宽带建设已经进入了全面发展提速阶段。

互联网宽带的发展为基于互联网的各种服务提供了广阔的可能性，高速网络的数据传输已经可以部分替代本地计算机的计算，随之而来基于互联网传输的“云技术”等应用也成为新一代互联网的发展热点。

海外及港台地区传媒产业发展报告

Media Industries Development Report of Overseas, Hong Kong and Taiwan

B.45

2013年海外及港台地区传媒产业发展概要

蓝皮书课题组

随着全球经济从危机的阴影中逐步走出，全球传媒及娱乐产业也逐渐从经济衰退的寒冬中走出，实现稳步增长的态势。普华永道预测：全球传媒及娱乐产业的收益将在2013～2017年以5.6%的年复合增长率增长，到2017年将达到2.2万亿美元。数字化革命使任何形式的内容都能够以数字化的形式制作、储存和传播。互联网成为沟通制作、储存和传播环节的渠道和平台。宽带网络和互联设备持续普及将推动传媒及娱乐产品消费需求的扩大和广告需求的增加。

美国经济虽然有复苏趋势，但新技术冲击、金融危机影响、受众细分化都给传媒及娱乐业带来了更大的竞争压力。美国报业经历了连续的衰退，但是在

2013 年，却展现了少有的乐观形势，大型新闻出版公司开始大刀阔斧地进行新的尝试。美国期刊业并未展现出相同的好转迹象。电视行业相对稳定，但逐渐放缓。新媒体和传统媒体，彼此之间在受众市场和广告市场中交错竞争。

英国在受到全球经济不景气以及新媒体冲击之后已逐渐复苏，推动传媒产业发展，电影电视及互联网业都有稳步提升，在年轻观影人数减少时，中老年人成为待开发的新市场。电视业 2012 年收入虽有小幅上涨，但增幅已连续四年下降。数字广播有所成长，图书业销量微幅衰减，期刊销量衰退明显。报业虽然也受到新媒体的冲击，但英国民众长久以来形成的读报习惯使报业在艰难中前进。英国通信市场收入持续下滑，移动及数据虽有增长，但被固话和批发业务等下降所抵消。

法国传媒业，2013 年比往年形势更加严峻。法国报业长期萧条，读者愈发加速远离纸媒。电视业民营电视台巨头 TFI 以及主力付费电视台 Canal + 通过收购免费数字频道，重组行业格局。近 40% 的家庭能够通过网络接收电视信号。法国本土电影份额下降，广告市场整体下滑，印刷业仍然有着积极的表现。在移动通信上，Twitter、Facebook 等社交媒体上出现了一种观众通过浏览社交媒体上的评论来选择性地收看电视节目的倾向，被认为是电视的社交化现象。但媒体分裂继续深化，网络视频仍然盛行，法国广告商则继续投资在线广告。

澳大利亚传媒业，默多克的新闻集团（News Corp）以及费尔法克斯集团（Fairfax Media Limited）两大集团几乎掌握了全国报业，但报纸广告收入和世界传媒业总体趋势一样呈长年衰退态势，此态势 2013 年持续加剧。澳大利亚的数字经济持续强劲发展，互联网普及率、使用率均有所提高，而电信业的发展更是令人欣喜。截至 2013 年 6 月，其 4G 覆盖率已达全国人口的 66%。

随着韩国经济复苏和国民收入的增加，民间消费被激活，在大环境的带动下，韩国传媒产业整体上延续了 2012 年的增长趋势。除了纸媒销售量连续两年下滑以外，电子出版业、广播电视业、电影业、广告业、无线网络业等各行业都有了不同程度的增长。新媒体的影响越来越大，有更多的消费者选择了使用新媒体。可以说韩国传媒产品的消费方式正处于从已有的离线传统媒体到在线新媒体的转变过程当中。

日本传媒产业喜忧参半，2012 年上半年的经济复苏给多个传媒行业带来利好，下半年的日元汇率走高及海外经济危机则狠狠地拖了后腿。报业、图书出版、广播电视等行业的数字化转型成为今后行业发展的关键。有待进一步普及的智能手机则为整个传媒产业的市场发展预留出了更多空间。

在东南亚地区，东盟投资环境的乐观，带动传媒产业发展。东南亚各国电视产业都居主导地位，到达率和市场占有率占 50% 左右；互联网市场份额虽仍小，但 6 亿东盟人口中，有 1.9 亿人使用互联网，渗透率达 31%，手机渗透率超过 100%。而印度尼西亚更是全球娱乐与媒体产业发展最快的国家。东盟多国娱乐与传媒产业呈两位数增长，东盟新兴国家如印度尼西亚、菲律宾、越南、泰国等因数字媒体的后发优势，近年来持续高速成长。

中国香港传媒产业随着互联网的普及和新媒体的崛起发生了深刻变化，收费报纸、免费报纸、数码产品客户端和网络新闻呈三足鼎立之势，报业竞争日益激烈。而近几年衰落的香港广播电视业，在政府发放免费商营牌照的举措下，也开始酝酿新的格局。互联网普及、新媒体兴起，使新闻阅读进入新时代。整体而言，香港地区地小人稠，正因着新机而产生剧烈变化。

在中国台湾地区，2013 年由于国际经济未见明显好转，前景展望不如预期，整体经济复苏步履蹒跚，2013 年媒体广告量微量衰退。传媒产业市场规模尚平稳，传统传媒产业虽经历寒冬与困境，但仍以创新能力与市场竞争努力支撑。影视产业渐现曙光，跨媒体经营与垄断左右产业与环境平衡，流行音乐与其他媒体产业一样在于如何深入大陆市场。出版产业维持平稳，互联网及移动互联网产业将进入高速增长期，4G 与第三方支付则攸关产业的突破发展。

B. 46

2013 年全球传媒及娱乐产业回顾及未来展望

杭 敏 张伟杰*

摘 要:

2013 年，全球传媒及娱乐产业逐渐从经济衰退的寒冬中走出，实现稳步增长的态势。普华永道预测：全球传媒及娱乐产业的收益将在 2013 ~2017 年以 5.6% 的年复合增长率增长，到 2017 年将达到 2.2 万亿美元。宽带网络和互联设备持续普及将推动传媒及娱乐产品消费需求的扩大和广告需求的增加。数字化革命使任何形式的内容都能够以数字化的形式制作、储存和传播。互联网成为沟通制作、储存和传播环节的渠道和平台。

关键词:

全球 传媒产业 数字化

一 全球传媒及娱乐产业发展概述

随着全球经济从危机的阴影中逐步走出，全球传媒及娱乐产业也逐渐从经济衰退的寒冬中走出，实现稳步增长的态势。根据研究机构普华永道发布的《2013 ~2017 年全球传媒及娱乐产业报告》，2012 年全球传媒及娱乐产业的总收益达 1.6 万亿美元①。而根据国际货币基金组织公布的数据，2012 年，全球

---

* 杭敏，清华大学新闻与传播学院副教授；张伟杰，清华大学新闻与传播学院硕士研究生。

① 来源于 http://www.pwc.com/gx/en/global-entertainment-media-outlook/data-insights.jhtml，这里所指的全球，并非全球所有国家，而是包括了 50 多个主要国家。

各国的 GDP 总量约为 72.22 万亿美元[①]。2012 年全球传媒及娱乐产业的总收益约占当年 GDP 总量的 2.21%。

普华永道预测：全球传媒及娱乐产业的收益将在 2013～2017 年以 5.6% 的年复合增长率增长，到 2017 年将达到 2.2 万亿美元[②]。普华永道认为宽带网络和互联设备持续普及将推动传媒及娱乐产品消费需求的扩大和广告需求的增加。

正如在 2013 年的报告中所提到的，全球传媒及娱乐产业将在数字化为常态的轨道上继续运行。2013～2017 年，全球数字化传媒及娱乐业收益的年复合增长率接近 12%，而这部分收益（包括对数字化内容的消费、数字化广告和互联网接入）在总体中的占比将由 2012 年的 35% 提升至 2017 年的 47%[③]。

按照普华永道对于传媒及娱乐产业收益来源划分（内容消费收益、广告收益和接入费用收益）的变化情况来看，广告收益在总体中的占比将保持相对稳定的状态，而内容消费所产生的收益在总体中的占比将有所下降。与此同时，接入费用（包括互联网接入费用、电视网络订阅费、执照费等）在总体中的占比将有所提高。一方面，纸质报纸、消费类杂志、书籍出版等传统的内容消费收益在互联网的冲击下逐步衰退，导致以上媒介类型的内容消费和广告需求有所下降；另一方面，互联网将过去由专业机构（如电视台、制片公司和报社等）把持的内容生产和传播权利也赋予了普通公众（用户生产内容的兴起），公众有了更多的选择，客观地降低了内容消费的需求量。

而未来互联网的接入费用产生的收益在总体中的比重将会上升，其中移动互联接入收益增幅明显。根据普华永道的预测，全球移动互联网接入所产生的收益 2014 年预计达到 2590 亿美元，将超过固定宽带，占到互联网收益的一半以上[④]。

国别方面，部分发展中国家将会是 2013～2017 年间全球传媒和娱乐产业收益增长最快的地区。印度尼西亚以 17% 左右的年复合增长率领跑全球；西

① 来源于 http://www.imf.org/external/pubs/ft/weo/2013/02/weodata/download.aspx。

② 来源于 http://www.pwc.com/gx/en/global-entertainment-media-outlook/data-insights.jhtml。

③ 来源于 http://www.pwc.com/gx/en/global-entertainment-media-outlook/data-insights.jhtml。

④ 来源于 http://www.pwc.com/gx/en/global-entertainment-media-outlook/data-insights.jhtml。

亚北非地区的年增速也超过 15%；印度以接近 14% 的增速领跑金砖五国；而位居全球传媒及娱乐产业收益第二位的中国也将保持接近 12% 的增速，远高于位居榜首的美国，两者间的差距将不断缩小；俄罗斯和巴西也将保持 10% 左右的增速[①]。

二　传媒及娱乐行业分析

（一）报纸

2012 年全球报纸出版业产生的收益（包括报纸发行收入和广告收入）为 1640 亿美元。在 2008 年，这一数字是 1870 美元[②]。未来几年，报纸出版业的收入将稳定在 2012 年的水平。尽管部分报纸出版业发达的国家收益已呈现下降的态势，但是部分发展中国家报纸出版业仍然较快增长，两者相互抵消，使得全球总产值持平。

尽管报纸出版业的总收益在过去几年中有所下降，但从报纸的发行量上看，还是呈现增长的态势。2012 年年底，全球报纸发行量为 5.47 亿份，在 2008 年，这一数据为 5.16 亿份，而由于亚太地区的报纸发行量的推动，这一数字在 2017 年将达到 5.94 亿份。

报纸广告在能够实现针对目标受众精确营销的互联网广告快速发展的背景下，已经逐渐失去广告主的青睐，广告收入在报纸出版业整体收益中的占比下降；由于全球报纸发行量依旧维持小幅增长，发行收入在整体收益中的占比相对上升。

受众媒介接触习惯发生改变，迫使报纸从传统的纸质出版逐步向数字化出版转变。预计到 2017 年，数字化报纸出版收益将占到报纸出版总收益的 11%，而在 2012 年这一数字仅为 5%[③]。

---

① 来源于 http://www.pwc.com/gx/en/global－entertainment－media－outlook/data－insights.jhtml。

② 来源于 http://www.pwc.com/gx/en/global－entertainment－media－outlook/segment－insights/newspaper－publishing.jhtml。

③ 来源于 http://www.pwc.com/gx/en/global－entertainment－media－outlook/segment－insights/newspaper－publishing.jhtml。

（二）消费类杂志

2012 年，全球消费类杂志出版总收益为 819 亿美元，到 2017 年，这一数字预计将微升至 833 亿美元[①]。若预测准确，五年间的年复合增长率将不到 1%。从收入构成类型上来看，广告和发行收入各占半壁江山。与报纸不同，消费类杂志由于自身的定位和成本决定了它更有可能采取通过广告来补贴发行的经营模式，因此广告和发行收入将维持这一稳定的状态。

2012 年，全球数字化杂志出版收入占消费类杂志出版总收入的 9%，而到 2017 年这一数字预计将变成 16%。2012 年，数字化杂志发行收入仅占杂志发行收入的 2%，而到 2017 年，这一数字预计将随着智能手机和平板电脑的普及而达到 17%。制定有效的数字化内容、定价策略将会是出版商未来在市场竞争中制胜的关键。数字杂志广告收入预计在未来几年将快速增长，从 2012 年的 45 亿美元增长到 2017 年的 81 亿美元，年复合增长率为 12%[②]。

（三）广播

随着全球经济逐步复苏，广告业的发展帮助广播产业实现了稳步增长。在未来的五年间，全球广播业预计将实现 3% 的年复合增长，到 2017 年，产值将达到 510 亿美元[③]。

北美和欧洲是全球广播产业最为发达的地区，2012 年，两地区广播产业产值占全球的 78%，而到了 2017 年，这一占比为 74%，拉美、亚太和非洲地区的发展速度将远超北美和欧洲。

（四）电视

1. 订阅费和执照费

2012 年全球电视内容付费订阅及执照费收入为 1720 亿美元，而受到亚太

---

① 来源于 http://www.pwc.com/gx/en/global-entertainment-media-outlook/segment-insights/consumer-magazine-publishing.jhtml。

② 来源于 http://www.pwc.com/gx/en/global-entertainment-media-outlook/segment-insights/consumer-magazine-publishing.jhtml。

③ 来源于 http://www.pwc.com/gx/en/global-entertainment-media-outlook/segment-insights/radio.jhtml。

和拉美地区市场快速增长的推动，2017 年这一数字预计将达到 2120 亿美元，达到 4.3% 的年复合增长率①。

尽管面临 OTT 业务的威胁，付费电视在全球范围内仍表现出相当的活力，新兴市场国家对于增值电视内容的需求仍然很大，这将推动全球付费电视产业的发展。预测数据表明，OTT 业务在整个付费电视产业中的占比仍然相对较小（6%）。

未来五年，中国付费电视订阅收入的增加最为显著，预计在 2017 年将达到 175 亿美元；巴西也将达到 120 亿美元左右；而以公共广播电视体制为代表的英国未来电视订阅费和执照费将略微增长，在 2017 年将接近 80 亿美元。

2. 广告

未来 5 年，电视广告的收入预计将从 2012 年的 1620 亿美元增至 2017 年的 2094 亿美元，年复合增长率为 5.3%②，电视广告仍将是全球最大的广告市场，但是它与互联网广告的份额已经相当接近。

（五）互联网

1. 互联网接入

2012 年，全球互联网接入的总收益达到 3930 亿美元，而这一数字在未来仍然有很大的增长空间。目前，全球仅 40% 左右的家庭接入了固定宽带，不到 1/4 的人接入移动互联网。全球的互联网接入服务业的产值预计将在未来五年保持年复合增长率 11% 的高速增长，到 2017 年，这一数字预计将到达 6650 亿美元③。

而移动互联网接入将在未来几年中成为主导，在 2014 年，移动互联网接入服务业产值预计将达到 2590 美元，将超过固定宽带。到 2017 年，这一数据

---

① 来源于 http：//www.pwc.com/gx/en/global – entertainment – media – outlook/segment – insights/tv – subs – license – fees.jhtml。

② 来源于 http：//www.pwc.com/gx/en/global – entertainment – media – outlook/segment – insights/tv – advertising.jhtml。

③ 来源于 http：//www.pwc.com/gx/en/global – entertainment – media – outlook/segment – insights/internet – access.jhtml。

预计将超过3850亿美元，占到整个互联网接入业收益的58%①。

互联网接入增长主要由新兴市场国家推动。继2012年超过日本之后，中国的互联网接入业的收益将进一步缩小与美国的差距，预计到2017年，美国的互联网接入收益约为600亿美元，而中国将达到430亿美元左右。届时，金砖国家将占据全球固定宽带收入的45%和移动互联网收入的50%②。

2. 互联网普及率

根据一项由国际电信联盟发布的报告，预计到2013年年底，全球有约27亿人使用互联网，约占全球人口的39%。在发展中国家，互联网的普及率为31%，而在发达国家这一数字高达77%③。

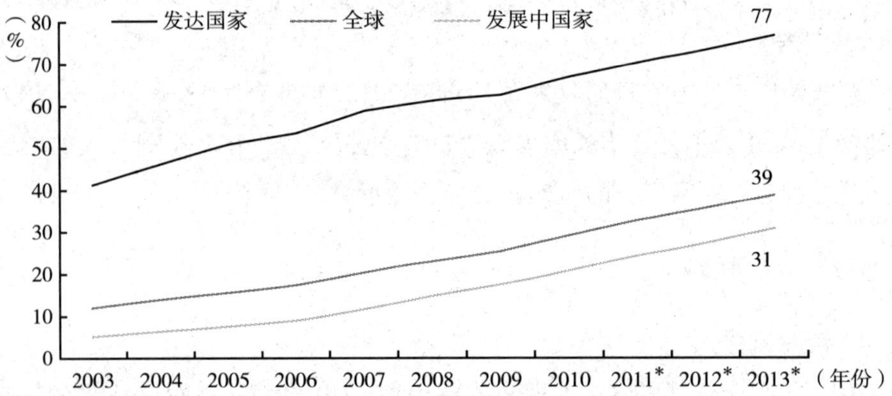

图1　2003～2013年全球/发展中国家/发达国家互联网普及率

注：*为估计值。

数据来源：ITU Word Tele Communication/ICT Indicator's douabase。

2009～2013年，互联网的普及在非洲最为迅速，年增长率为27%，亚太地区的增速为15%④。

---

① 来源于 http://www.pwc.com/gx/en/global-entertainment-media-outlook/segment-insights/internet-access.jhtml。

② 来源于 http://www.pwc.com/gx/en/global-entertainment-media-outlook/segment-insights/internet-access.jhtml。

③ 来源于 http://www.itu.int/en/ITU-D/Statistics/Documents/facts/ICTFactsFigures2013-e.pdf。

④ 来源于 http://www.itu.int/en/ITU-D/Statistics/Documents/facts/ICTFactsFigures2013-e.pdf。

宽带网络也随着宽带接入费用的大幅下调而逐步普及。到 2013 年，全球宽带用户的数量约为 7 亿户，普及率达到 9.8%，在发达国家，宽带的普及率为 27.2%，而在发展中国家，这一数字为 6.1%①。

由于智能手机在全球范围内的普及，移动宽带业务的用户数量在 2013 年年底超过 21 亿户，而在 2007 年这一数字仅为 2.68 亿户。在这期间，年平均增长率为 40%。

发展中国家移动宽带的发展十分迅猛，在两年的时间内，移动宽带用户数量就从 2011 年的 4.72 亿户增加到 11.6 亿户，并在 2013 年超过了发达国家接入移动宽带的人数。2011 年，非洲的移动宽带渗透率仅为 2%，而到了 2013 年，这一数字达到了 11%②。

3. 互联网广告

在全球范围内，互联网广告呈现持续增长的态势，并在广告中的份额占比越来越大。在 2012 年，全球互联网广告总额达到 1002 亿美元，占全球广告市场的 20%③。

由于发展中国家广告市场的推动，这一数字在 2017 年预计将达到 1854 亿美元，预计在五年的预测期内将实现 13% 的年复合增长率。届时，互联网广告将占到全球广告市场份额的 29%，使之稳居全球第二大广告媒介。

在互联网广告中，搜索引擎类广告仍占据最大份额，随着移动互联网广告（未来五年预计增速 27%）和网络视频广告（未来五年预计增速 26%）的快速发展，搜索类广告在互联网广告总体中的份额预计将会由现在的 43% 下降到 2017 年的 41%。

与此同时，另外两种互联网广告类型，即分类广告和展示类广告的未来增长速度则相对低得多，互联网展示广告预计将以 10% 的年增速在 2017 年达到 490 亿美元，而分类广告的增速为 7%，预计在 2017 年达到 202 亿美元。在未来五年，在线分类广告将超过传统的报纸分类广告，但由于增速相对较慢，在线分类广告在互联网广告中的占比预计在 2017 年将会低于 2012 年的水平。

① 来源于 http://www.itu.int/en/ITU-D/Statistics/Documents/facts/ICTFactsFigures2013-e.pdf。

② 来源于 http://www.itu.int/en/ITU-D/Statistics/Documents/facts/ICTFactsFigures2013-e.pdf。

③ 来源于 http://www.pwc.com/gx/en/global-entertainment-media-outlook/segment-insights/internet-advertising.jhtml。

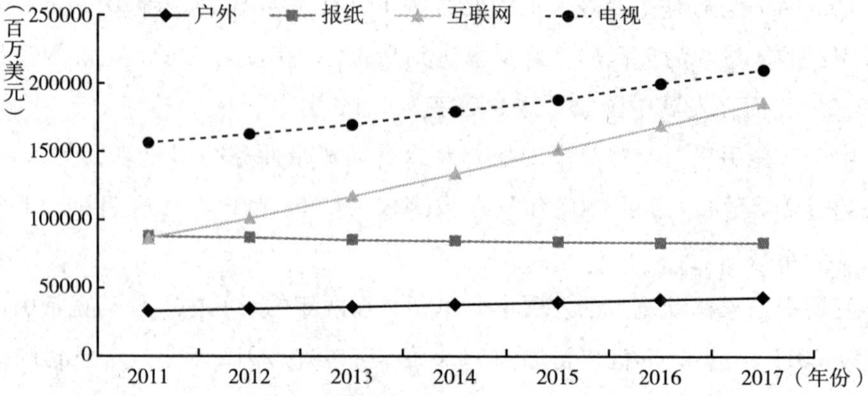

图 2　2011～2017 年全球广告市场发展趋势图（电视、户外、报纸、互联网）

（六）视频游戏

2012 年，全球视频游戏产业的总收益为 634 亿美元。预计在未来五年，这一行业将保持 6.5% 的增速，在 2017 年达到 869 亿美元①。

值得注意的是，中国在整个传媒及娱乐产业中的相当多部门都超过了日本，位居全球第二。而在视频游戏领域，日本仍将居于全球第二的位置。

尽管全球 PC 的出货量呈现接近于停滞的状态，但是 PC 游戏并未就此走入末路，2017 年全球在线 PC 游戏的产值将达到 300 亿美元，将与传统的电视游戏的份额并驾齐驱。

随着移动互联网的发展和便携式设备出货量的大增，移动游戏在视频游戏中的份额将会逐步上升，2017 年将达到 17% 左右。根据 Newzoo 的一项研究，2012～2016 年，全球移动游戏市场将会整体增长 162.6%。Frost&Sullivan 最新的数据显示，2013～2018 年全球移动游戏的市场份额将会增长 140.8%。Newzoo 的研究表明，未来几年全球平板游戏市场的收入将会增长 376.2%②，智能手机和平板电脑在移动游戏领域的份额差距将会缩小。

---

① 来源于 http://www.pwc.com/gx/en/global-entertainment-media-outlook/segment-insights/video-games.jhtml。

② 来源于 http://www.199it.com/archives/179028.html。

（七）音乐

随着现场音乐表演和数字音乐的推动，消费者在音乐产业上的消费预计将会从2012 年的499 亿美元增长到2017 年的538 亿美元，即年复合增长率为2%。欧洲、中东和非洲将成为全球音乐产业收益最高的地区①。尽管如此，音乐产业仍将面对随处可见的盗版行为和层出不穷的互联网侵权。

未来，音乐产业的增长在一些并非传统意义上的大的音乐市场上最为明显，包括俄罗斯、瑞典和中国等。而印度的增长速度最快，为14%②。智能手机的普及将会推动在线音乐服务。

数字化音乐的收益将在2016 年超过实体的唱片，而现场音乐表演由于其不可复制和不可替代性，也将会继续增长。2017 年，来自门票销售和赞助的总收益将达到309 亿美元，在2012 年这一数字是265 亿美元，年复合增长率为3%③，快于音乐产业整体的增长速度。

（八）电影

2012 年全球电影产业的总收益为886 亿美元，预计未来五年的增速仍将为3.6%，在2017 年，全球电影产业的产值将超过1000 亿美元大关，达到1060 亿美元④，而电影内容的数字化将帮助电影内容提供商通过数字化的传播渠道向消费者提供电影内容。中国将成为全球电影产业发展最为快速的地区，2012 ~2017 年预计可能实现14.7%的增速。

通过互联网等数字化手段进行电影内容的分发在未来五年将迅速发展，在2017 年将接近300 亿美元，而传统的通过物理介质进行电影内容分发的手段

① 来源于 http：//www.pwc.com/gx/en/global – entertainment – media – outlook/segment – insights/music.jhtml。

② 来源于 http：//www.pwc.com/gx/en/global – entertainment – media – outlook/segment – insights/music.jhtml。

③ 来源于 http：//www.pwc.com/gx/en/global – entertainment – media – outlook/segment – insights/music.jhtml。

④ 来源于 http：//www.pwc.com/gx/en/global – entertainment – media – outlook/segment – insights/filmed – entertainment.jhtml。

将逐渐萎缩，在2013年，它已经被票房收入所超越。

与电视产业相似的是，OTT业务也将在电影内容的发行中产生重要的影响。2012年，全球电影OTT部分的收益约为50亿美元，占全球电影产业总产值的6%，而到2017年，OTT业务的增长将达到2.5倍，达到175亿美元，在整个产业中的占比超过15%。

1. 票房

全球电影票房未来五年将呈现稳步增长的态势。根据美国电影协会公布的数据，2012年全球电影票房为347亿美元，相比2011年的326亿元增加了6%[①]，而普华永道的预测认为，到2017年这一数字将达到约450亿美元[②]。

全球电影票房的增长主要依靠以下因素驱动：一是诸如中国、俄罗斯和巴西等新兴市场国家电影市场规模的快速扩大，中国2012年全年的电影票房达到了27亿美元，年增长幅度达到36%，超过了日本的24亿美元，位居全球第二[③]；二是3D电影和数字化电影的发展，全球目前已经拥有超过13万块电影荧幕，其中数字化荧幕占全球荧幕总数的2/3以上，尽管北美电影市场2012年3D电影上映的数量与2011年相差不大，但是全球范围内3D电影的普及对于提高电影平均票价进而促进总票房收入的贡献不可小视。

2. 荧幕数量

2012年，全球的荧幕数量实现了5%的增长，总量已接近13万块。数字荧幕的数量实现了高速增长（41%），达到了89743块，占据全球荧幕总量的2/3，并在票房收入上首次超过模拟荧幕。经历2009～2010年的那一轮爆发式增长后，全球3D荧幕的数量占比从2011年末的29%增长了6%，达到35%[④]。

---

① 来源于 http：//www. mpaa. org/Resources/3037b7a4 – 58a2 – 4109 – 8012 – 58fca3abdf1b. pdf。

② 来源于 http：//www. pwc. com/gx/en/global – entertainment – media – outlook/segment – insights/filmed – entertainment. jhtml。

③ 在MPAA公布的数据中，美国和加拿大的票房数据是合并公布的。

④ 来源于 http：//www. mpaa. org/Resources/3037b7a4 – 58a2 – 4109 – 8012 – 58fca3abdf1b. pdf。

三　变革中的媒介形态、使用习惯与商业模式

1. 媒介形态的变革：数字化与移动终端

数字化革命使内容的生产制造、传输和储存不再依赖于某种具体的物理介质或载体，任何形式的内容都能够以数字化的形式制作、储存和传播。互联网成为沟通制作、储存和传播环节的渠道和平台。

所有的媒介形态最终都将走向数字化形态，数字化的设备将取代传统的物理介质，并在未来将会高度整合，成为人们接受信息的主要工具，超脱于特定的使用场景。而各种传统的媒介，并不会马上消失，但是其使用会被固定在特定的时间和空间，被赋予特定的意义。电视会成为家庭客厅中的伴随性媒介，观看电视已经超越了内容本身，成为家庭生活的一部分。电影作为特定时空中的“奇观”媒介，也成了一种特定的生活方式。

数字化和互联网的传播，也深刻地改变了某些产业部门的图景。OTT业务的兴起便是明证。OTT业务通过利用网络运营商提供的基础网络，假设了内容传播的平台，相比起传统的内容分发网络（有线电视网、报纸杂志发行网络），用户的自主权更大。

OTT业务更是改变了以网络为核心商业模式的行业，如电信行业。通信类OTT服务提供商利用网络运营商提供的基础网络，假设了一个位于其之上的通信网络，凭借品牌优势和网络效应，迅速积聚大量用户，甚至能与网络运营商提供的通信网络相抗衡，运营商彻底沦为管道。如果说电影、电视行业中，内容提供商尚能通过自身的制作能力为受众提供价值，那么在通信行业中，网络运营商面对服务提供商则毫无招架之力，因为后者提供的服务与前者高度相似，而成本更低。

可以预见的是未来以渠道或网络为唯一内核的商业模式都将受到严峻的挑战，网络的接入将变得更加低成本和无门槛，必须要在其他环节为用户提供价值增值。

2. 使用习惯的变迁：社交网络成为传媒及娱乐消费的入口

2013年，全球主要的社交网站新增了1.35亿用户[①]，而更加重要的是，

---

① 来源于 http：//www.199it.com/archives/194540.html。

移动设备与社交网站相互结合，媒介形态的变化和用户使用习惯发生的迁移相互作用，产生了深远的影响。Facebook 在一份报告中称，在它的 12 亿全球月活跃用户中，有近三分之二的用户使用移动设备访问这一平台。同时，在任何特定的一天，都会有近一半的用户完全使用移动设备登录其平台。

对某些社交网络来说，移动设备是它们存在的唯一平台。Twitter 明显成为被移动设备所主宰的平台，而微信、Instagram 和 WhatsApp 由于自身的功能和定位，本就带有明显的移动社交属性。

未来移动社交领域的竞争中将会由硬件制造商、系统提供商和服务提供商共同参与，他们在竞争中各有各的优势。竞争将集中在平台和入口两个节点，移动社交领域的竞争才刚刚开始，未来仍将进一步深化。

3. 商业模式：大数据、微支付、基础平台成为未来商业模式的关键

当前正在发生的一系列变化也深刻地影响着传媒和娱乐行业已经形成的商业模式。当前主要的商业模式有广告、内容付费和接入付费。

通过利用对受众（用户）的吸引力售卖受众（用户）注意力给广告主的商业模式，广告并不会在短期内发生重大变化。作为和内容付费相对应的一种商业模式，广告通过交叉补贴的方式使得消费者免费获取内容，消费者以付出时间和注意力观看广告为代价。

未来随着对用户数据挖掘的深入、各类用户数据平台的互联，广告投放的精准度会不断提高，广告投放的效果和受众（用户）的体验会更加好。

内容的付费，这也是传媒和娱乐产业中十分常见的赢利模式。

由于内容制作和分发的数字化，内容变得更加可分，针对内容的付费变得更加灵活。而网络化的支付方式也使得针对更小内容单位的小额支付更方便。付费预览机制、内容评分机制则为更加灵活的内容付费提供了便利。

付费墙使得用户能够预览一篇报道的一小段或是影片的片花，用户还可以通过第三方的评分机制（IMDB 等）来辅助决策，以确定自己是否有必要为某一内容付费。通过这种方式，用户可以针对能够为自身提供最大效用的内容产品进行付费，花最少的钱买更多、更好、更有用的内容。同时，这样一种微支付由于付出的金额较小，即使内容未能达到用户的预期，用户所遭受的损失也更小，这就在更大程度上加快了用户决策的速度。

网络接入付费，这主要是由于使用某种网络以获得基础服务而付出的费用，例如接入有线电视网络及互联网。在未来，互联网将会是最为重要的用户网络，互联网的接入收益会随着互联网的普及、光纤和 LTE 等通信技术的进步、互联网使用频率的提升而不断增长。

美国娱乐与传媒产业发展报告

杭 敏 白皓元*

摘 要：

虽然美国经济有复苏趋势，但受金融危机和新媒体发展的影响，大型传媒集团自身财务都遇到了严峻考验。新技术冲击、金融危机、受众细分化，这些都给传媒娱乐业带来了更大的竞争压力。本文从报业、杂志业、有线电视业、新媒体业几方面对美国娱乐及传媒产业发展状况进行概述。

关键词：

美国 传媒产业 娱乐产业 数字化

一 报业

自2007年以来，随着新媒体对传统媒体的冲击，美国报业经历了连续的衰退，但是在2013年，报业却展现了少有的乐观。大型新闻出版公司开始大刀阔斧地进行新的尝试，以增加新的收入渠道，并同期进行组织结构的调整与变化。其中最为显著的变化就是为区域性市场提供社会化营销服务。这些尝试还比较新颖，很难在整个行业的范围内进行规模估量，但这些新的社会化营销服务已经开始产生稳定的收入流。

在2013年，美国境内1380家日报中的450家已经开通数字订阅支付，这其中不乏《纽约时报》这样的大型报，但也包含一定数量的中小型报纸。随着订阅量的提高以及单份报纸价格的上涨，数字支付带来了稳定的，甚至是呈

* 杭敏，清华大学新闻与传播学院副教授；白皓元，人民日报社记者。

现增长趋势的发行量。伴随如数字支付等的新兴收入，新增的发行收益正在弥补广告收益下降造成的损失。

值得关注的是，投资家巴菲特旗下的 Berkshire Hathaway 公司在2013 年初收购了奥马哈地区的63 份日报和周报。巴菲特认为中小型的地区性报纸通过提供社区内信息获得价值，即使在传统媒体遭受冲击的当下，依然能够保持盈利。

美国经济的复苏对于报业也有很大的积极影响。随着新媒体的出现和发展，在2007～2010 年美国传统报业经历了最为艰难的一段时期。进入2013 年后，伴随经济形势转好，汽车广告开始重返报纸版面，此外，房地产行业的复苏以及失业率的下降都开始对报纸订阅量及广告收入带来积极效应（见图1）。

尽管一系列的趋势表明报业环境转好，但数据显示，从整体趋势上看，美国报业的萎缩不可逆转，报业危机依然存在。

在2013 年，报纸印刷广告收入连续第六年下降，整体萎缩了8.5%；其中全国性的广告更是成了软肋，这也表明报业公司正在将广告移向其他类型的平台。

数字广告目前占报业整体广告15%的份额，并呈现出连续3 年的缓慢增长，但这些增长并不足以弥补报业在印刷广告上的亏损。

尽管新闻集团已经开始提供基于移动设备的新闻数字阅读，但移动设备端的广告还没有吸引用户。目前，移动端广告与在线广告一样呈现疲软的态势，线上盈利点主要集中在网络购物和搜索引擎两个领域，而非在线新闻与广告。

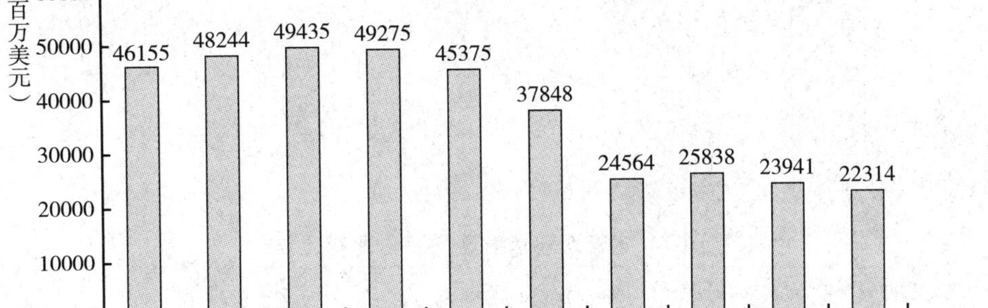

图1　2003～2012 年美国报纸广告收入

数据来源：Newspaper Association of America。

服务于报业的人力总数在下降，一些报纸甚至通过降低出版频率来维持生计。作为一个显著的衰退信号，报业公司开始放弃豪华体面的总部大楼，转移到中小办公地点以节约成本。

二　期刊业

近年来，杂志行业出现了大幅度的下滑，其中新闻类杂志成了重灾区，如《时代》《新闻周刊》《经济学人》《大西洋月刊》《纽约客》5 本杂志均呈现下滑趋势。与订阅期刊相比，报刊亭零售杂志的销售量下降幅度更为明显，同比下降 16% 。2012 年，美国杂志业衰退的一大标志是出版 80 年、全球影响力极为显著的《新闻周刊》停止出版。

与订阅期刊相比，报刊亭零售期刊遭受的冲击更大，新闻期刊零售额在 2012 年下降了 16% ，其中《时代》下降幅度最大，为 27% ，《经济学人》《纽约客》《新闻周刊》分别为 17% 、18% 和 5% 。与订阅期刊相比，报刊零售额只占有全部收入很有限的比例，但一直以来，期刊零售销量被视为是估量期刊吸引力的最为客观的指标，因为零售期刊直接与大众市场对接，而订阅期刊存在一定的延迟效应。

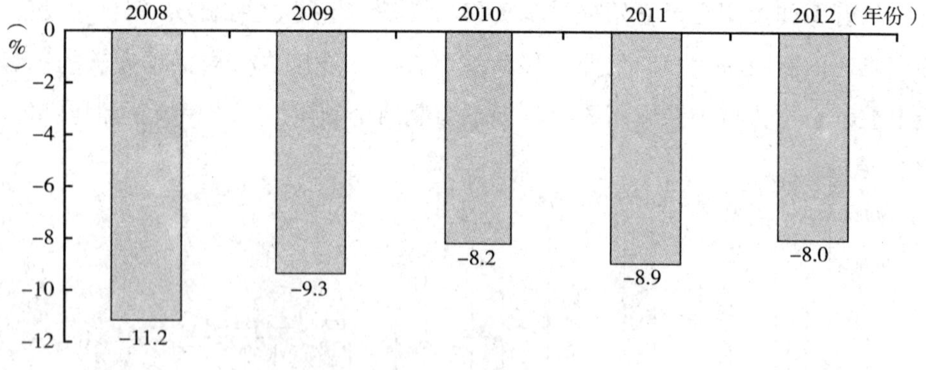

图 2　零售期刊销售量（百分比变化）

数据来源：Snapshot reports for consumer magazines。

期刊的订阅量依然是期刊整体发行量的主要组成部分，尽管期刊的总发行量较之前年份保持了基本平稳，但其中很多是以打折和优惠的形式售出。在

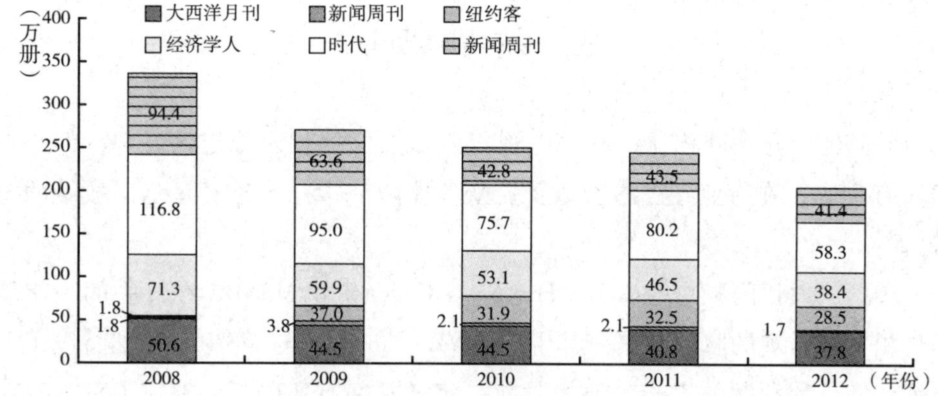

图 3　期刊零售量继续走低

数据来源：Alliance For Audited Media。

2012 年，《时代》发行量下降 1%，而《新闻周刊》在连续 4 年下滑后出现了订阅量的持平。自 2007 年以来，期刊的订阅总量下滑了近 50%。《纽约客》和《经济学人》逆势发展，订阅量均有 1% 左右的涨幅。

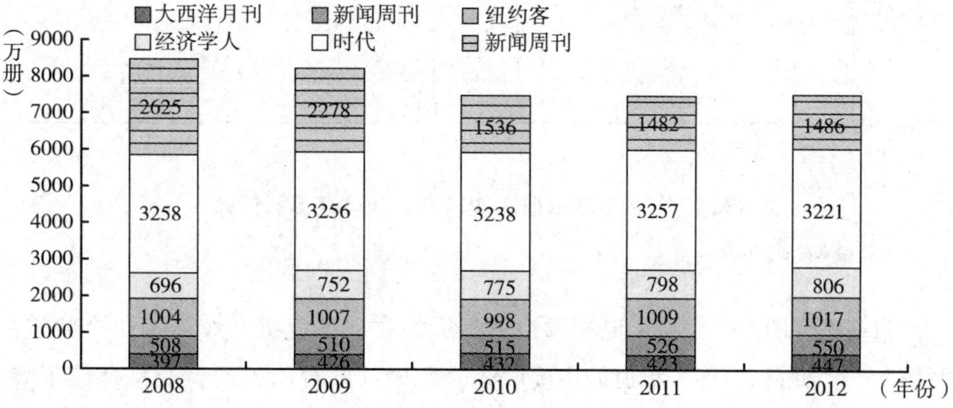

图 4　2012 年杂志订阅量稍有上涨

数据来源：Alliance For Audited Media。

虽然美国经济有复苏趋势，但杂志的广告环境并未展现出相同的转好迹象。在整个 2012 年，新闻杂志的整体广告页面呈现了进一步的缩水，并与杂志行业整体保持相同的态势。

三 有线电视业

与其他媒介领域相比，有线电视行业依然保持相对稳定的态势，但是自2012年以来，在行业经济增长以及受众群体两个指标上已经显示出放缓的态势。

美国三大新闻频道：CNN、Fox News Channel 和 MSNBC 在过去的一年均呈现出不太乐观的收入状态。其中 Fox News Channel 与 MSNBC 依然持续了总收入的增长和利润的增长，但相对前一年增长率有所降低。对于 CNN 而言，总收入已经是3年内的第二次持平，而现金流则有所减少。

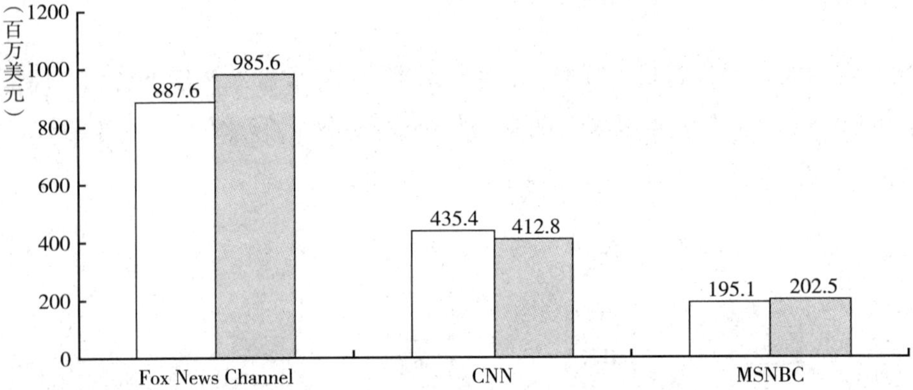

图5 三大有线电视台2012年、2013年赢利情况

数据来源：SNL Kagan。

自2012年以来，CNN 电视频道所经历的收视率危机继续影响整个频道的财务状况。此外，CNN 频道的主要收入来源中，电视广告的营业额持续下降，订阅付费收入也只呈现了十分缓慢的增长。CNN 在近年来积极开拓新媒体业务，CNN 在线已经成为一个极具规模的在线新闻品牌，但在线业务至今仍未给公司带来现金流的增长。目前，数字销售和在线广告占 CNN 全球总营业额的10%左右。CNN 重金聘用曾在 NBC 担任负责人的 Jeff Zucker 接管 CNN 全球业务，但从一个以24小时滚动报道新闻著称的新闻频道转变为一个成功的有线电视频道，依然任重而道远。

与 CNN 相比，MSNBC 的收视率在过去两年里持续增长，并带来总收入的增幅。福克斯新闻台依然领跑全美有线电视收视率，但是从收视人数上看，经历的却是受众总数相对保持平稳的一年，没有显著的增幅。从 MSNBC 与 Fox News Channel 的比较中不难发现，前者的增长态势可能会在未来几年吸引更多的广告商加入，而后者缓慢的增长态势会为长期的财务表现增加不确定性。目前，从绝对数据上看来，Fox News Channel 依然占据绝对优势，并无迹象表明它将改变其联盟策略或者电视台的发展战略。

对于美国三大有线电视频道而言，新媒体的潜在威胁依然存在。就目前而言，在报纸行业出现的受众大规模由传统媒体转向新媒体的情况并没有在有线电视行业上演。但有数据显示，在 2011 年时美国有线电视达到的 1 亿用户订阅量很可能是一个不可跨越的顶峰，此后数年将持平或缓慢减少。

对于视频新闻而言，原有的受众需求在增长的新媒体平台上得到了逐步满足。视频新闻受众从《华尔街日报》《赫芬顿邮报》等媒体转移到了 YouTube 上，自然也带来了对于传统有线新闻品牌的激烈竞争。

四 新媒体业

在过去的十余年里，随着家庭电脑和手提电脑的发展，新闻机构遭受了严重的竞争压力。而近几年，在新媒体领域，基于移动设备的移动互联网发展更是将这种威胁上升到了一个新的高度。

在新闻机构遭遇的所有困难中，最大的挑战归根结底都与一家公司有关：谷歌公司。长期以来，谷歌都保持着在搜索引擎领域很高的广告收入，如今谷歌的广告业务又拓展到了搜索以外的其他在线市场。此外，谷歌还在移动互联网上展现了它的野心。截止到 2013 年 6 月，全球平板电脑中，有 41% 安装的是谷歌的安卓系统。2011 年中期的统计中，安卓系统占全球平板电脑比例仅为 10%。

就美国目前的情况而言，全国的受众仍没有放弃传统媒体中的佼佼者，那些耳熟能详的报纸、杂志和有线电视台仍能在惨烈的竞争中存活。媒体背后的强大品牌效应起了关键作用。

在过去两年里，在线新闻消费迅猛增长，伴随而来的是移动平台数量的扩增。美国 Pew 研究中心的报告显示，在线领域是 2012 年新闻业持续增长的唯一分支。

2010～2013 年，美国使用移动端进行新闻阅读的受众群体从 34% 增长至 39%。美国用户中使用数字平台阅读新闻的人数占全部阅读人数的 50%，该数据仅低于使用电视观看新闻的人数，远远超过了听广播、看纸质版报纸的人数。在新媒体用户中，19% 的人员使用社交媒体接收新闻，16% 的受众通过电子邮件订阅新闻，另外有 8% 的受众订阅数字广播电台（podcast）。

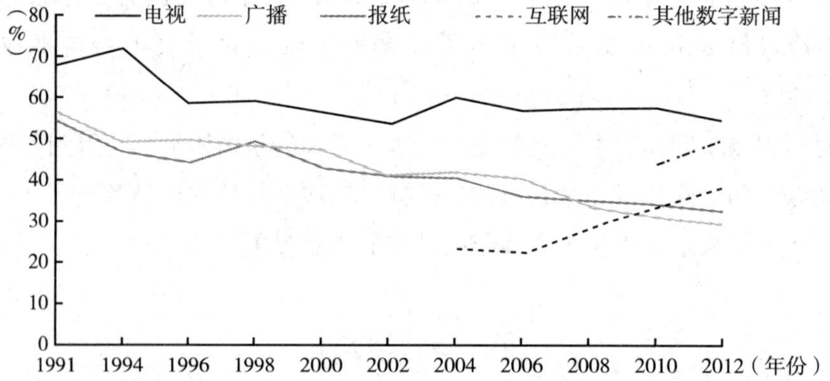

图 6　美国用户获取新闻的渠道

数据来源：Pew Research Center。

50 岁以上的美国人依然倾向于使用传统媒体进行新闻阅读与消费。在 50～64 岁人群中，只有 43% 的受众通过数字媒体收看、收听新闻，而在年轻人群中，使用数字媒体的人员比例高达 60%。30 岁以下的人群则几乎只使用数字网络媒体进行新闻消费，这个年龄段彻底放弃了传统的新闻、信息接收系统。

截止到 2013 年 6 月，美国 31% 的成年人拥有平板电脑，这个比例是 2011 年同期的 3 倍。能够上网的智能手机也在广泛使用，至 2013 年 6 月，美国 45% 的成年人拥有智能手机。

据《经济学人》杂志的调查，64% 的平板电脑使用者通过移动互联网接收新闻，其中有37%的人每天都使用移动互联网阅读新闻。智能手机用户也给出了类似的答案：62%的智能手机用户使用移动互联网看新闻，其中每天通过手机阅读新闻的人数占36%。

对于大部分新闻出版物而言，一个显著的趋势就是读者正在由传统媒介向移动端转移。而对于移动端的阅读用户而言，他们阅读消费的新闻总量要超过过去阅读的传统媒体。54%的平板电脑新闻消费者同时使用智能手机接收新闻，而其中50%的人同时阅读纸质报纸。

B. 48

英国传媒产业报告

何丹嵋*

摘　要：

英国经济的复苏推动了传媒产业的发展，电影电视及互联网业都有稳步提升，报业虽然也受到新媒体的冲击，但英国民众长久以来形成的读报习惯使报业在艰难中前进，最大的挑战或许来自于报业自律和政府监管。

关键词：

英国　传媒产业

2013 年下半年起，英国经济出现较快增长的势头。英国工业联合会（CBI）和英国商会（BBC）先后公开表示对未来英国经济持乐观态度，BBC 更声称 2014 年英国经济将以 7 年来最快的速度增长。国际信用评级机构惠誉也上调了 2013 及 2014 两年英国经济的增长预期。经济复苏也带动了广告行业的增长，全球知名市场研究机构 eMarketer 的调查数据显示，2012 年英国媒体广告支出总额为 134.72 亿英镑，较上年增长 3.67%，该数字在未来 5 年还将持续增长，预计到 2017 年，英国媒体广告支出将超过 161 亿英镑（见图 1）。然而，整体广告市场的增长无法掩盖传统媒体的颓势。随着数字广告的快速成长，报刊等印刷媒体广告收入将会继续下降。

一　电视产业

尽管受到新媒体的剧烈冲击，从全球范围看，电视目前仍稳居传媒产业首

---

* 何丹嵋，清华—日经传媒研究所研究员、所长助理。清华大学新闻与传播学院硕士研究生郑哲对本文亦有贡献。

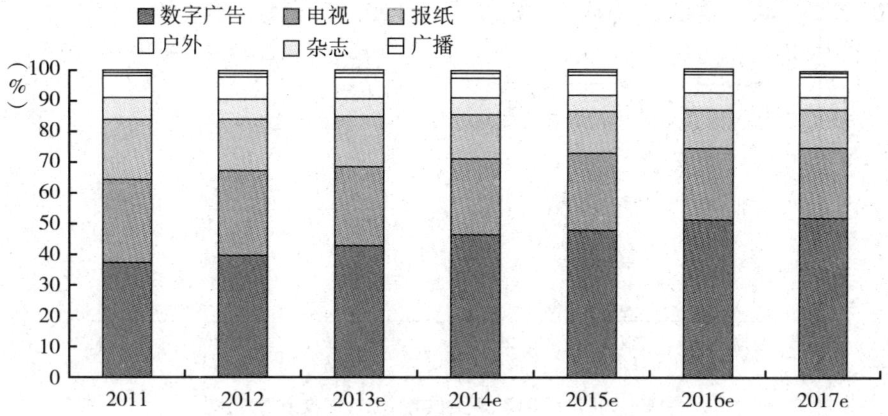

图1　2011～2017年英国媒体广告支出比例

数据来源：eMarketer，2013年6月。

位，英国亦是如此。英国是世界上广播电视事业发展最早的国家。据统计，97%以上的英国家庭拥有一台以上的电视机，人们收看电视的频率平均每周25小时以上，占据近1/3的休闲时间。

Ofcom统计数据显示，2012年英国电视业总收入为123亿英镑。由于政府资助金额变化甚微，且订阅收入增长率也较为固定，电视业总收入与广告收入的变化几乎同步。近年来，全球经济不景气以及新媒体的冲击等综合因素导致电视广告收入萎缩，进而影响整体收入，因此，2012年总收入虽有小幅上涨，但增长幅度已连续四年下降。

从电视产业收入结构看，英国电视产业相对更加强调公共属性。英国广播公司（British Broadcasting Corporation，简称BBC）作为全球第一家公共广播机构，也是世界一流的国际化广播电视机构，是非营利性的，不播出广告，经费来源于政府向民众征收的收视牌照费，每年由议会审核数额并拨付给BBC。英国的商业广播电视公司则和其他国家一样，主要依赖于广告收入。2012年英国电视业总收入中，广告收入仅占29%，订阅收入占比最高，达43%，政府公共资助收入占比为22%。

英国电视产业的模式和特点决定其公益性和社会教化功能较强，节目制作专业化和程式化程度高，制作精良且生命力强。特别是在节目创新方面的资金

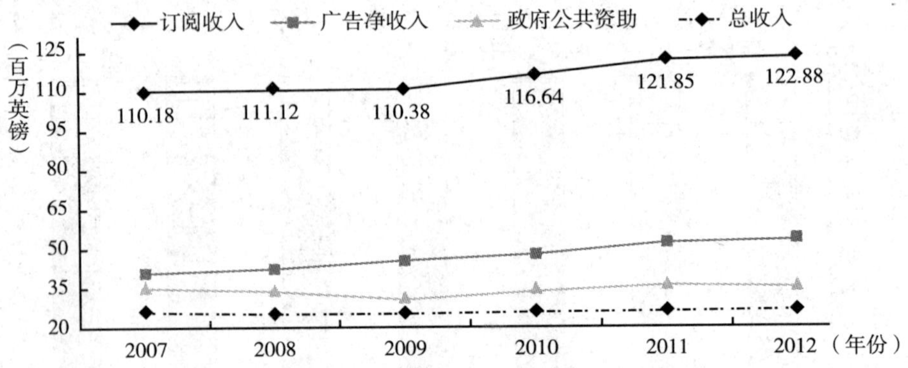

图 2　2007～2012 年英国电视产业收入变化图

数据来源：英国信息通信管理局（Ofcom），2013 年 6 月。

和人力投入大，使英国的电视节目创新能力居于世界前列，在全世界所有原创电视节目中，来自英国的占到 45%①。

二　广播业

2012 年，英国广播产业收入达 12 亿英镑，较上年增长 2.8%，而且已经连续三年保持增长态势。其中商业广播的收入为 4.72 亿英镑，年增 3.7%，商业广播的增长主要得益于本地广播广告收入（年增长率 7.2%）。

英国民众收听广播的形式非常多元化，从受众调查数据看，不同地域的收听习惯相差甚大。譬如，英国收听率最高的 BBC 广播 2 台在北爱尔兰首府贝尔法斯特的收听率低于平均值；而在伦敦，尽管商业广播电台具有绝对的市场优势，最受欢迎的却是 BBC 广播 4 台。

在数字时代的今天，人们可以通过各种终端设备收听广播，这也客观带动了广播业的发展，然而广播业仍面对来自新媒体的巨大挑战。通过电脑或移动终端等设备收听广播的人群规模和收听时长都有所增加，据一项 2012 年的调查结果显示，成年观众中有 29% 的人通过电脑、14% 通过智能

① 华颖：《受众为上，模式为先，内容为王——英国电视节目创新与开发有感》，《中国广播电视学刊》2012 年第 6 期。

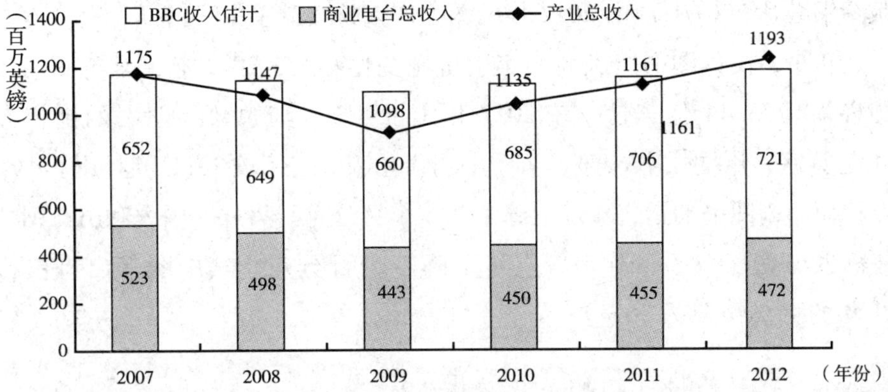

图3　2007 年～2012 年英国广播产业收入构成

数据来源：英国信息通信管理局（Ofcom），2013 年 6 月。

手机收听广播内容，一年中通过手机收听的人群比例上涨了 7 个百分点。2009 到 2013 年的 4 年间，通过互联网收听广播的人群比例从 15% 上升至 22% 。总体来看，2012 年的数字广播收听率占 34. 3% ，较上年增长 5. 1 个百分点。

三　出版业

英国出版业从产业形态上可分为图书、报纸杂志和学术期刊三大类，其特点是注重信息的收集、编辑和传播。

1. 图书出版

英国人口只有 6200 多万，但出版业却居于世界领先地位。全英国注册的出版社有 2 万余家，活跃的出版社（公司）约 2400 家，每年出版新书超过 12 万种，若加上再版的书籍，英国每年印刷的书籍种类超过 100 万种①。特别是图书出版数量保持稳定增长态势，世界出版协会（IPA）统计数字显示，2012 年，英国人均新书出版数量位列全球第一。但是，英国近年来的印刷图书市场呈现萎缩态势，据英国竞争委员会统计，2005 年英国出版新书约 18 万种，总

① 商务部驻英国使馆经商处：《英国出版业调研》，2012 年 2 月。

出版图书数达200万册①。2012年的图书产量持续跌至15万种以下。

近年来，英国图书出版商的年销售额变化不大，2012年，全英图书出版商销售总额33.44亿英镑，较2011年上涨4%。其中数字图书的销售额为4.11亿英镑，年增长率66%，占图书销售总额的比例较2011年上升了4个百分点，而印刷图书的销售额却下降了2.6个百分点。另外，国内和出口图书的销售额也出现了双跌，分别较上年下降1个百分点。其中图书出口占比从2011年的41%下降为36%。

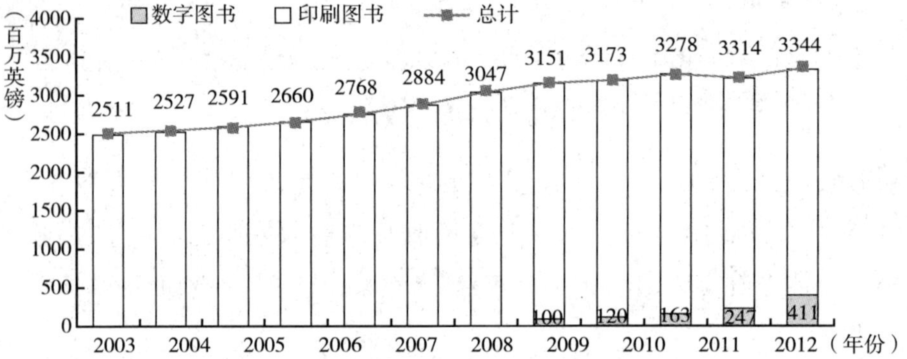

图4　2001～2012年英国图书出版商销售额

数据来源：*PA Statistics Yearbook 2012*，The Publishers Association（PA）。

20世纪90年代初，英国图书出版商和零售商通过协议（*Net Book Agreement*）固定图书定价，图书市场较为分散。90年代后期多家大型图书出版商和图书协会先后退出协议，出版市场集中度提高，形成了多家大型出版商寡头的格局。而数字图书的蓬勃发展催生了众多中小型出版商，目前英国数字图书无论是出版市场还是分销市场，都形成了大型出版商与众多中小出版商共存的市场结构。英国年度出书100种以上的大型出版公司有40多家，年度出书50～100种的中型出版公司有340多家。4家大型跨国出版集团（法国阿歇特、德国贝塔斯曼、英国培生、美国新闻集团）出版的图书占英国总图书消

① 商务部驻英国使馆经商处：《英国创意产业概览：图书报纸期刊出版》，http：//www.mofcom.gov.cn/aarticle/i/dxfw/jlyd/200612/20061204040489.html。

费市场的50%以上，培生集团、励德·爱思唯尔集团以及牛津、剑桥两所大学出版社则在教育和学术出版市场占据绝对优势。①

2. 报纸杂志

英国是世界报业大国，且英国的报纸大多数是全国性的。伦敦是英国报业的发源地，除了《卫报》，几乎所有报纸都诞生于伦敦。据英国报纸协会统计，英国约有1300种报纸，15岁以上人口中有超过2/3的人至少阅读一种全国性报纸。英国报纸的零售发行量很大，而且大多数报纸都是通过报摊销售，报摊零售要求报纸的头版具有相当的视觉冲击力，这也使英国报纸的视觉设计领先于世界其他国家。同时，为了抓人眼球，很多英国小报非常擅长通过刺激性的大标题和图片吸引读者，这种对视觉吸引力的追求也使英国小报成为英国报业独特的一支。在所有地区性报纸（日报、免费周报、付费周报、星期日周报等）中，日报发行量约为3390万份，周报发行量约为2480万份，超过600万读者日常购买周报。英国地区性报纸经营主要依靠广告收入和赞助收入，比例高达74%，整个行业约为31.65亿英镑。发行收入约占地区性报纸收入的14%，约为5.97亿英镑。

近年来新媒体的强烈冲击和英国小报的窃听丑闻让这个昔日的报业大国也不得不面临报业寒冬带来的挑战。2000年起，英国全国性报纸的广告收入就出现了急剧下滑，高峰期，全国性报纸的广告收入曾经达22.5亿英镑，到2003年则下降到19亿英镑，目前维持在20亿英镑左右。2012年的伦敦奥运会和英国威廉王子大婚等重大活动在一定程度上支持了报纸广告和销售的增长，但有数据显示，2013年英国多家大报的广告业务都出现了急剧下降，新闻集团也将旗下报纸业务与娱乐业务进行拆分以谋出路。杂志市场也前景黯淡，发行审计局的数据分析显示，过去10年里，英国前100位杂志的销量从3100万降至2100万英镑，下降了32%。

学术期刊是学术界交流学术成果的重要阵地和媒体。据英国出版商协会估计，英国学术期刊的营业额约为20亿英镑，占世界学术期刊市场的25%左右，多数学术期刊出口占销售总额的60%～75%，有的期刊甚至达到85%。

① http://app.dajianet.com/print.php?contentid=90758&validated=true.

近年来，电子学术期刊的兴起迫使英国的学术期刊业改变其既有经营模式。大多数学校的纸质学术期刊订阅量出现小幅下降，而电子学术期刊的订阅量却在逐年上升。

四 电影产业①

英国一直非常重视也擅长通过电影塑造英国的国家形象和文化。007 系列电影是英国电影的经典之作，特工邦德的形象也成为英国电影最著名、最持久的标志。2012 年是 007 系列电影诞生 50 周年，为了纪念这部见证英国电影发展历程的作品，英国女王甚至“客串”了一回“邦女郎”，和 007 的扮演者丹尼尔·克雷格一起乘直升机进入伦敦奥运会开幕式现场。2012 年，英国观影人次达 1.725 亿，这是在过去的 40 年中第三高的数字。英国全年共有 647 部电影上映，较 2001 年（352 部）上涨了 84%，平均每周都有 12 部以上的电影与观众见面。电影总票房再创新高，达 11 亿英镑，较上年增长 6%，占全球电影总票房的 15%。2012 年上映的第 23 部 007 电影《大破天幕杀机》（*Skyfall*）以超过 1 亿英镑的票房成为英国电影史上票房最高的电影，全球票房超过 10 亿美元。

英国电影产业收入一直保持上涨趋势，但观影人次近 10 年来一直稳定在 1.7 亿上下，因此如何保证投资收益是整个产业最大的挑战。值得一提的是，2012 年的一项调查结果显示，英国 15 岁以上的首次观影人群中，45 岁以上的观众占比最高，达到 36%，而 15 ~ 24 岁的电影观众比例则出现大幅下降，从 2011 年的 31% 下降为 25% 的历史最低点。电影观众老龄化也催生更多针对中老年观众的电影，如《到也门钓鲑鱼》（*Salmon Fishing in the Yemen*）和《涉外大饭店》（*The Best Exotic Marigold Hotel*）等。

渠道和观众需求的多元化并没有带动电影内容的多元化。2012 年英国票房排名前 100 电影的收入占总收入的 92%，相当于 547 部电影的收入仅有 9300 万英镑，还不及一部《大破天幕杀机》，独立和小成本电影的生存压力越

① 如无特别注明，本章节数据来源于英国电影协会 2013 年年报（BFI：*Statistical Yearbook 2013*）。

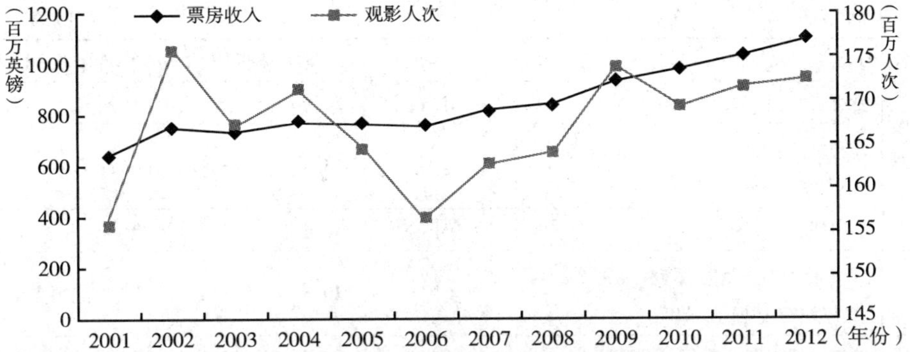

图5　2001～2012年英国电影票房总收入及观影人次

数据来源：英国电影协会（BFI）。

来越大。这种现象也体现在进口影片市场。2012年有230部外语片在英国影院上映，总数较上年增长35%，但票房收入只占英国电影总票房的2%。其中票房冠军《无法触碰》（*Untouchable*）在150家影院上映，收入200万英镑，其余外语片的放映影院平均仅为17家。

英国电影市场整体维持稳定还主要仰仗于海外市场。2012年，不少独立制作的小成本英国电影在海外获得肯定，如《黑衣女人》（*The Woman in Black*）、《铁娘子》（*The Iron Lady*）和《涉外大饭店》（*The Best Exotic Marigold Hotel*）等。欧美国家是英国电影的主要市场，但亚太和拉美市场的重要性在快速提升。人才是英国电影成功的关键。截至2012年，全球票房前200名的电影中，2/3的电影的主角或重要配角为英国演员，31部电影的故事或人物由英国作家创作。仅007系列电影就已创造了60亿美元的全球票房。

表1　2012年英国票房TOP10

单位：百万英镑，家

排名	片　　名	国家	票房	放映影院数	制作公司
1	大破天幕杀机（*Skyfall*）	英国/美国	102.8	587	索尼
2	蝙蝠侠：黑暗骑士崛起（*The Dark Knight Rises*）	英国/美国	56.3	594	华纳兄弟
3	霍比特人：意外之旅（*The Hobbit：An Unexpected Journey*）	美国/新西兰	52.2	598	华纳兄弟

续表

排名	片　　名	国家	票房	放映影院数	制作公司
4	复仇者联盟(*Avengers Assemble*)	美国	51.9	521	迪斯尼
5	暮光之城:破晓 2(*The Twilight Saga*: *Breaking Dawn - Part* 2)	美国	35.8	558	eOne Films
6	泰迪熊(Ted)	美国	30.4	509	环球
7	冰河世纪 4:大陆漂移(*Ice Age* 4: *Continental Drift*)	美国	30.3	134	20 世纪福克斯
8	少年派的奇幻漂流(Life of Pi)	美国/加拿大	28.7	525	20 世纪福克斯
9	超凡蜘蛛侠(*The Amazing Spider-Man*)	美国	26	552	索尼
10	普罗米修斯(*Prometheus*)	英国/美国	24.8	514	20 世纪福克斯

资料来源：英国电影协会（BFI）。

五　互联网与移动通信

互联网已逐渐成为人们沟通、娱乐和获取信息的中心，由于人们可以通过相同的设备获得不同类型的信息，所以越来越难以区分互联网和传统的电视、广播的差别。其中移动互联网的增长尤为突出，Ofcom 的调查数据显示，目前在英国有超过一半的成年人拥有一部以上的智能手机，使用手机上网的比例自 2010 年起持续增长，2013 年第一季度达到 49%，较上年同期增加 10%。

移动互联网广告的增长成为数字广告增长的重要推动力。2012 年全年数字广告支出达 54 亿英镑，较上年增长 13.3%，其中互联网广告支出为 48 亿英镑，较上年增长 13%。

2012 年，英国通信市场总收入仍然保持下滑的趋势，全年收入 595 亿英镑，较上年下降 1 亿英镑。电信业收入下降更为突出，2012 年，英国电信行业总收入为 388 亿英镑，总收入下降 7 亿英镑，其中，固定宽带零售收入增长了 3 亿英镑、移动语音及数据业务零售收入增长 2 亿英镑、企业数据业务收入增长不到1亿英镑；但是，以上增长被固定电话和固定接入零售收入以及批发业务收入等的下降额所抵消。

在移动互联网方面，Ofcom预计，到2013年6月，全英国99.6%的地方拥有至少一家运营商的2G网络，99.1%的地方拥有至少一家运营商的3G网络，3G覆盖最差的苏格兰到2013年6月其3G覆盖也达到96.6%。

B. 49

法国文化传媒产业概况

泽村互　张 伟　张泓瑶*

摘　要：

法国将传媒产业划归在文化经济当中。2012 年法国政府提出总数为 93 亿欧元预算对文化传媒经济产生了非常直接的影响，但电影电视与报纸等传统媒体仍然如同世界趋势一样，出现下滑。法国对于文化产业与经济仍有保护作为，同时朝数字移动与创业产业转移。

关键词：

法国文化经济　传媒产业　文化保护

法国将传媒产业划归在文化经济当中，法国财政监察总署（IGF）和法国文化监察总署（IGAC）的报告将“文化经济”定义为所有与文化有关的经济行为。

法国统计及经济研究所（Insee）2014 年 2 月 14 日发布的最新数据显示，法国 2013 年国内生产总值为 18130 亿欧元。2013 年年底发布的文化经济年度发展报告显示，2011 年度法国文化与传媒产业为法国国民财富带来 3.2% 的增加值，并提供了 67 万个工作岗位。①

---

* 泽村互，日本朝日新闻论说委员，2004 ~ 2007 年任朝日新闻巴黎支局长，2011 ~ 2013 年任欧洲总局长，2013 年 9 月至 2014 年 2 月任清华大学新闻与传播学院客座教授；张伟，清华大学与巴黎第八大学联合培养博士研究生，清华大学未来媒体研究中心助理研究员；张泓瑶，清华—日经传媒研究所助理研究员。

① 据法国文化局和金融部 2013 年 6 月 17 日由经济财政大臣与文化和通信部长签署发布的《法国文化经济年度报告》。

报告统计指出，文化活动在2011年创造了578亿欧元的产值，为法国经济贡献了3.2%的增加值，可以称之为"文化的GDP"。文化产业67万个工作岗位中与文化传媒相关的就业人数占全法总就业人数的2.5%，其中包括演员（15万人）、广告（10万人）和新闻（8.7万人）。2008~2010年，这一数字已经整体上升了2%，相较于2005年，增长幅度略有下降。

文化经济活动提供了众多就业职位。2011年度，文化制作业与文化经济产值分别为1298亿欧元和1045亿欧元。除了67万个文化类工作岗位外，非文化类企业还提供了有87万个与文化相关的工作岗位。

从法国公共财政对文化各部门的投入来看，2012年法国国家财政在文化和传播领域总支出为139亿欧元，包括116亿欧元的财政预算、14亿欧元的税费支出、9亿欧元的分配与再分配等各种税项。2012年法国政府提出的总数为93亿欧元的预算对文化传媒经济产生了非常直接的影响，这等同于同年文化增加值的16.1%和总产值的7.2%，可以视为国家对文化部门进行投入和引导的方法之一。

其中有两个特别的文化支持项目，分别是对文化与文化场馆（图书馆、档案馆和文化教育设施）及音像（公共广播服务费、业务支持以及限制广告的黄金时间播出等）进行补偿，相当于总预算的30%。相比之下有4个行业受到的支持很小，不到总预算的1%，分别是视觉艺术（艺术市场、设计、摄影）、书籍与建筑、图像与声音行业。而电影、文物、媒体和演艺等4个部门则得到了相当于总预算5%~7%的补偿。

一　报刊业

2013年对于法国全国性日报来说是比往年形势更加严峻的一年。根据法国媒体发行监督机构OJD的统计，2013年法国七大全国性报纸的发行量比去年平均减少了6.16%，而2012年这一比率尚为3.6%。[①] 可以看出，整体上法国报业正处在加速衰退期。

2013年在法国发行量勉强有所增加的全国性大报只有罗马天主教会旗下的

① OJD：《2013年报纸发行量调查》，http：//www.ojd.com/dd/section/PPGP/1297。

《十字报》（*La Croix*）和财经类报纸《商业日报》（*Les Echos*），其发行量分别增加了0.8%和0.7%。而著名的综合性报纸中，代表右派的《费加罗报》（*Le Figaro*）和代表左派的《世界报》（*Le Monde*）日均发行量则分别为317209份和275310份，同比去年分别下降1.9%和4.4%。另一方面历来受到左派知识分子支持的《自由报》（*Libération*）的日均发行量相比去年减少了14.9%，仅为101616份。

销售量的大幅下跌不只局限于全国性报纸，也波及区域性报纸专业性报纸、杂志以及各种纸质媒体。在法国发行的360种杂志中有90%都出现了销售量下跌。① 尽管全国性报纸的数字版销售额平均增长了41%，但数字报纸的整体销售额还未达到报纸销售总额的3%②，数字版报纸的收入增幅还远不能填补报业整体收益下滑所带来的巨大空缺。

伴随着2009年欧元危机的爆发，法国经济增速持续放缓。受其影响，广告收入也连年下滑，使各纸质媒体的经营愈发困难。法国广告研究院（IREP）的调查显示，2013年第一季度到第三季度，全国性报纸的广告收入比去年减少了10.1%，区域性报纸的降幅为6%，杂志的降幅则为9.8%。③

由于经营状况不断恶化，2012年在法国，包括600名记者在内共有1158名报业从业人员被裁员。虽然2013年的统计数据还未出炉，但预计至少有300名记者会失业。并且裁员举措目前已经扩展到了以往受影响比较小的免费报纸、区域性报纸以及电视报的出版机构。陷入赤字的《自由报》为了生存不得不决定大幅减薪。为了防止收益继续下滑，从2014年开始各全国性报纸纷纷选择提高售价，但这样也可能导致使读者更加远离纸质报纸的反效果。

但需要注意的是法国报业的萧条并不是最近才开始的。根据法国文化及通信部的统计，全国性日报的销售额自1995年达到峰值以来就一直在下滑，广告收入也在2000年达到峰值后开始了连年递减的趋势。这两项收入相加后的总和在2000～2012年间共计减少了40%。④ 2011年12月，拥有67年历史的

① 法国财经类报纸 *La Tribune* 数字版2013年12月30日报道。

② 法国专业传媒报纸 *Le Correspondance de la Publicité* 2014年2月4日报道。

③ IREP:《2013年第三季度广告调查报告》，http://www.irep.asso.fr/actualites.php?id=154。

④ 法国文化及通信部：《法国纸质媒体主要数据（2012年）》，http://www.culturecommunication.gouv.fr/Disciplines-et-secteurs/Presse/Chiffres-statistiques。

《法兰西晚报》（*France Soir*）停止了纸质报纸的发行，全面转为网络报纸。2012年1月，财经类报纸《论坛报》（*La Tribune*）也停止了纸质报纸的发行，转向网络在线运营。

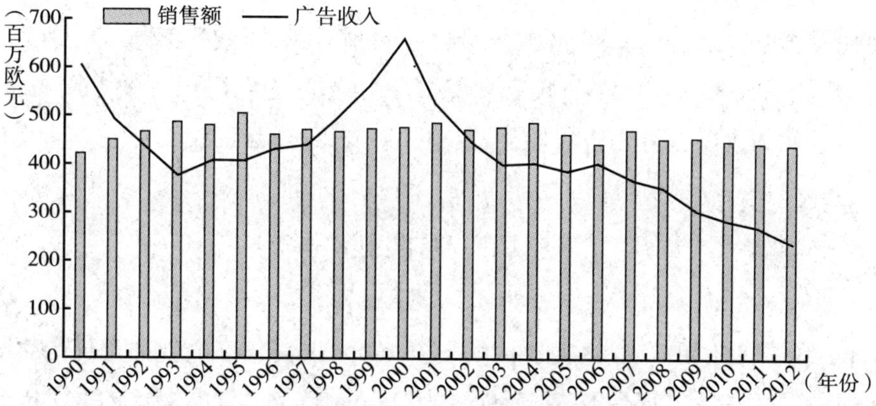

图1　法国全国性日报销售额和广告收入变化趋势

即使出现了发行量下降和财政困难的情况，作为支撑法国各大报纸的最大支柱，2000年以后法国的大型企业针对媒体的收购和投资却更加活跃。航空航天及出版巨头拉加代尔、航空国防巨头达索（Dassault）、罗斯柴尔德财团（Rothschild）分别成为《世界报》《费加罗报》《自由报》的大股东。而《商业日报》则被世界最大的高级奢侈品集团路易威登（LVMH Moët Hennessy Louis Vuitton）收购。虽然这些大型企业并不会直接介入报纸的新闻报道，但也有评论认为他们会给报纸的报道方针带来间接的影响。

另一个支撑法国报业的重要因素就是法国政府对于报社的财政支持。目前，每年法国政府对报业的补贴额度超过了15亿欧元。虽然法国政府并不直接介入报社的经营以及报道方针的制定，但其有着对抗英美等英语国家的文化垄断、保护法语及法国式价值观的战略目的。

作为法国媒体援助政策的一环，2009年萨科齐政府颁布了一项十分引人瞩目的新政，即所有满18岁的年轻人可享受免费订报服务一年。但近年来对于这种由于接受了大量来自于政府财政援助，导致报社自身不积极提高经营效率的情况也出现了很多批判的声音。而另一方面政府自身的财政状况也不甚乐观。2013年法国审计法院就向政府进言，要求其制定能够有效促进报业复苏并且透明的财政援助方案。

当前，在欧洲的新闻出版界，对于谷歌（Google）等搜索引擎巨头在其网页上使用报纸、杂志的新闻标题或部分稿件的情况属于侵犯著作权行为的呼声越来越高。2013年2月法国政府和美国谷歌公司达成协议，设立面向报刊、图书出版业的援助基金，由谷歌全资支付6000万欧元经费。

二　电视业

长期以来法国的有线电视业被由政府100%出资、以电视许可证为主要资金来源的国营法国电视台FT（France Télévisions）和民营电视台TFI、M6所垄断。但以2005年3月数字信号电视（TNT）在法国开始播出为契机，出现了越来越多的免费电视频道。截至2011年11月，原有模拟信号电视节目全部停止播出，转为数字信号。2012年新增了6个免费数字频道。除了电影、电视剧、体育等娱乐系频道外，还出现了科技、女性、多样性[①]等让人眼前一亮的特色频道。截至2013年，法国共拥有全国性免费电视频道25个，付费频道、地方性频道也有所增加，还拥有5个高清频道。

法国视听与数字媒体受众监测公司Médiamétrie调查显示，2013年每个法国人平均每天通过电视机收看电视节目（包括录像节目）的时间为3小时46分钟。[②] 这一数据比历年最高的2012年少了4分钟，是近5年来首次出现下滑。即使如此，这10年间，法国人日均收看电视的时间依然增加了近30分钟，比起纸质媒体可谓发展顺利。媒体广告投放率方面，电视达到了35%，相较于报纸的27%也有巨大优势。[③] 虽然法国经济持续低迷，但直到2012年电视广告的销售额一直在逐年递增。但同时也存在既有民营电视台由于免费电

① 播放以社会多样性、文化多样性为主题的节目。

② Médiamétrie 2014年1月30日发布的新闻稿 *L'année TV* 2013，http：//www.mediametrie.fr/television/communiques/l-annee-tv-2013.php? id=1004#.UwzCSuN_vbM。

③ 法国最高视听委员会（CSA）：《法国视听媒体主要数据（2013年）》。

视频道增加而导致广告收入缩水的问题。2010 年开始，民营电视台巨头 TFI 以及主力付费电视台 Canal + （Canal + 即 Canal Plus——提供更多内容的电视台，属于法国 Canal + 集团）通过收购免费数字频道，重组行业格局。

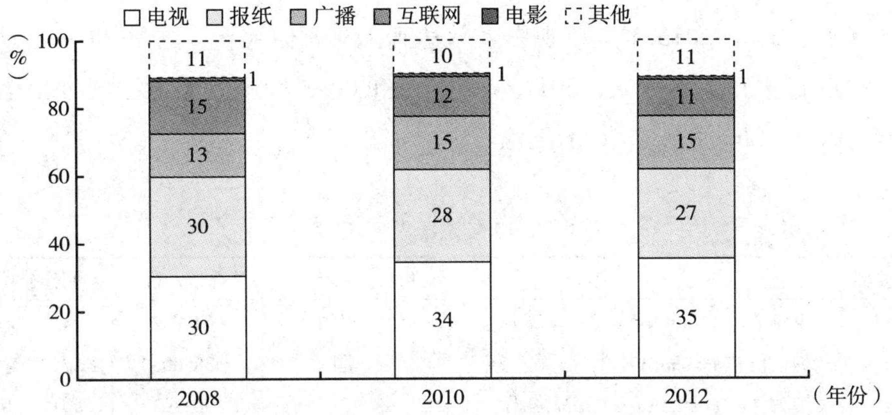

图 2　法国主要媒体广告费占比变化

另一方面，观众的“脱离电视机”运动也逐渐兴起。同样根据 Médiamétrie 的调查，通过电脑、智能手机、平板设备而非电视机收看电视节目的平均时间是每天 7 分钟。2013 年 1400 万户家庭订购了互联网和电视的一体服务，全法近 40% 的家庭能够通过网络接收电视信号，近两年这一比例上升了 10 个百分点。数字信号和高速网络的普及同时助力了电视受众的扩大化。Médiamétrie 数据显示，2013 年在 Twitter、Facebook 等社交媒体上关于电视节目的评论发布达到 9000 万条，比 2012 年增加了 3 倍。近期更是出现了一种通过社交媒体上的评论来选择电视节目的倾向，这也被认为是电视的社交化现象。

三　电影业①

根据国家电影与图像中心（Centre National de la Cinématographie）公布的数据，2013 年法国电影市场是较平淡的一年。但在该年电影票房中，还是有

① 国家电影与图像中心（Centre National de la Cinématographie）2013 年观影出席率报告。

一些影片成绩显著，其中法国观影人数冠军是由 Chris Renaud et Pierre Coffin 导演的《卑鄙的我 2》，达 4640852 人次；派拉蒙制作的《钢铁侠 3》也有不俗的成绩；纯法国本土冠军《教师们》观影人数达 3954334 人次。

国家电影与图像中心（简称 CNC）公布了“周五观影率”，法国电影院观众下降了 5.3%，2013 年全年观影人数达到 1.928 亿人次，这是 2009 年以来头一次没有达到 2 亿人次。2011 年 2.17 亿的好成绩则要感谢法国本土电影《无法触碰》（*Intoucheable*）的出色表现。

表 1　2013 年法国票房 TOP 5

排名	片　　名	国家	观影人数	制作公司
1	卑鄙的我 2(*Moi moche et mechant* 2)	美国	4640852	环　球
2	钢铁侠 3(*Ironman*3)	美国	4386008	派 拉 蒙
3	被解救的姜戈(*Django Unchained*)	美国	4303392	哥伦比亚
4	地心引力(*Gravity*)	美国	4025164	华纳兄弟
5	教师们(*Les Profs*)	法国	3954334	24 电影

数据来源：法国国家电影与图像中心（Centre National de la Cinématographie）。

法国国家电影中心（Centre National du Cinema）的报告显示，2013 年法国本土电影份额下降了 7 个百分点，保留了 33.3% 的市场占有率；而美国电影份额则比 2012 年上升了 11.2%，达到 53.9%，2013 年也是近 10 年以来第一次没有任何电影达到 500 万观影人数的一年。根据 CNC 数据显示，2013 年电影市场，无论哪个国籍的电影都缺乏震撼性的成功。

至 2013 年 12 月底，法国总屏幕数为 5909 块，已有 5472 块屏幕实现数字影院配备，占全国总数的 96.2%，相比 2012 年 12 月增长了 3 个百分点，较 2013 年 9 月，数字屏幕的数量上升了 9 个百分点。这些数字屏幕都集中在 1921 所影院或机构中，比同期增长了 16.8%。截止到 2013 年 12 月底，92.5% 的影院都至少配备了一个数字的投影屏幕（这个数字在 2012 年 12 月和 2013 年 9 月分别为 80.8% 和 90.7%）。1892 家影院实现了数字化，1187 家影院配备了 3D 投影。较 2013 年 9 月，数字屏幕的涨幅为 3%，在一些中、大型影院（多于 12 块屏幕）这个数字则是 3.4% 和 5.3%。

四　广播业

比起电视，法国民众对于广播的信赖度更高。Médiamétrie 数据显示，法国 13 岁以上的人平均每天听广播的时间达到 2 小时 54 分钟。[①] 包括电视、电话、电脑、音乐播放器在内的所有机械音源中，广播的收听时间占到 8.9%。[②]

除了传统的模拟信号广播外，从 2014 年开始，巴黎等大城市数字信号广播也开始播送。另外，和电视业的情况类似，收听广播的方式也逐渐从传统收音机开始转为通过互联网收听。法国媒体发行监督机构 OJD 从 2013 年开始调查、公布数字广播的收听频次。[③] 调查显示，在所有广播听众中有 11% 的人曾经通过互联网收听过广播节目。截止到 2013 年 12 月，法国的网络广播电台总计超过 8000 个，超越了传统商业广播电台。成为收听冠军的是在线广播电台平台 Radionomy。

法国政府致力于通过媒体进行公共外交是其传媒产业的一个重要特征。根据法国外交部的统计，France 24（电视台，使用法语和英语播出）、法国国际广播电台（Radio France Internationale，覆盖 13 个语种）、蒙特卡洛中东电台（Monte Carlo Doualiya，阿拉伯语电台）的听众从 2008 年的 4500 万人增加到 2011 年的 9000 万人。[④] 特别是在 CNN、BBC World、半岛电视台等国际化专业新闻电视台不断扩大其影响力的背景下，2006 年，以向世界传播法国独特的价值观和看法为目的，在时任法国总统希拉克的倡议下，政企合资的专业新闻电视台 France 24 成立并开始播出。后来其阿拉伯语部门和蒙特卡洛中东电台进行了合并。除此之外，还有旨在普及法语和法国文化的，播出附带法语字幕节目的 TV5 Monde 和法德联合电视台 ARTE。

---

① Médiamétrie 2013 年 11 月 19 日发布的新闻稿《2013 年 9 ~ 10 月收听广播的调查》。

② 法国《商业日报》2013 年 11 月 25 日报道。

③ 法国《费加罗报》2013 年 7 月 19 日报道。

④ 驻日本法国大使馆官网：http：//www. ambafrance - jp. org/article5475。

五 广告业[①]

2012 年广告媒体营收净收入达到 133 亿欧元，较上年同期下跌 3.5%。如果回顾 2007 年的广告市场（危机之前），5 年期间大众媒体的广告市场已经失去了大约 20 亿欧元的五大传统媒体收入（包括电视、媒体、户外广告、广播、电影，不包含互联网）。在严峻的经济形势之下，一方面法国国内生产总值和消费开支增长有限，另一方面失业率比 2011 年提升 0.7 个百分点，达到了 10.2%。新媒体方面十分强势，手机移动端增长了 29%，互联网增长了 6.2%，这两部分成为广告收入增长最快的媒体代表。

面对广告市场的整体下滑，印刷业仍然有着积极的表现，增长 0.6%（2011 年增长 4.1%），电影方面增长 0.4%（2011 年增长 16.5%），楼体广告增长 2.3%（2011 年增长 4.5%）。除了部分略有增长的媒体部门，大部分媒体呈现下滑的趋势，包括电视、杂志、免费杂志广告、免费报纸广告、户外广告、地区周刊、目录广告、电子邮件广告等。

表 5　2012 年法国广告媒体营收

	收入金额(亿欧元)	变化百分比(2012/2011)
电视	3.337	-4.5
电影	0.105	+0.4
广播	0.739	-1.2
在线视频[①]	0.646	+4.8
互联网搜索[②]	1.141	+7.0
手机[③]	0.043	+29.0
杂志	3.209	-8.2
户外广告[④]	1.171	-1.7
目录广告	0.946	-5.0
邮件广告[⑤]	1.352	-5.2
印刷品广告[⑤]	0.633	+0.6
总数	13.320	-3.5

注：①不包含购物；②数据来源：ePub SRI 观察，凯捷咨询（Capgemini Consulting）；③2011 年数据，此数据包含手机移动网络的视频播放以及手机或平板电脑应用软件的视频播放，不包含搜索；④由 JCDecaux 集团提供法国户外广告数据；⑤2011 年新数据只包含收入和分配，不包含制作和咨询服务。

① 法国 IREP 广告研究中心发布的 2012 年广告数据。

六　数字媒体与创意产业①

数字媒体方面，2012～2013年，法国数字化的变革正在发生着深刻的影响。旧的垄断被打破，新的竞争在新的领域已经开始。

拥有超过4800万互联网用户的法国依然是欧洲的主要市场。有数据显示，电子商务网站正在迅速地增长；媒体分裂继续深化，互联网流量中的7.5%来自手机或平板电脑的移动终端；新的技术与设备的出现，使原本“三国鼎立”的法国市场呈现“群雄争霸”的战国局面；网络视频仍然盛行，在法国，从用户数上看网络视频的增长有放缓的趋势，但在移动端却被观察到呈现110%爆炸式的增长。Youtube仍然是法国最大的网络视频网站，其次是Dailymotion。法国广告商继续投资在线广告。数据显示，法国广告商在2012年投入7840亿欧元的在线广告费用，比上一年增长了5%，在线广告市场的重要性待进一步的观察和研究。Facebook仍占据社交网络的主导地位，针对社交网络影响力评估的两个重要衡量标准，上网时间和活跃用户数，Facebook依然拔得头筹。但不论是Facebook、Twitter、Linkedin还是Viadeo，今天发展的重点都放在了手机移动端客户上。

据统计显示，2013年法国手机用户超过4750万人，其中使用智能手机的用户超过2520万人，其中25～34岁年龄阶段用户占21%，35～44岁年龄阶段用户占18%，45～54岁年龄阶段用户占15%。在此背景下，消费者的移动商务方面，已有超过80%的法国人采用在线购物，移动商务正在起飞。截止到2012年12月，9.2%的法国手机用户通过智能手机用户端购买过产品或服务。

创意产业的趋势变化巨大，在创意产业方面，如游戏、音像、电影和时装，不同的行业面临的挑战有所不同。以国际化的标准来看待创意产业经济，它们通过不断地更新和学习建立一个小型的实体公司，这些公司同时依赖某些“产业”或“平台”。出资创办原因是基于下游行业的需要，但对产品质量起

① 法国ComScore研究中心发布的《2013年法国数字文化趋势以及对未来的影响》报告。

决定性作用的却是对内容水准控制的“设计”，所以权限管理必不可少（如盗版、假冒、出版商之间的转让限制等）。通过近年来的整合，一些主要的法国公司都出现在最近几年全球产业价值链的不同环节上（如电影与动画制作）。在行业更新方面，重点则放在游戏、时尚类电影和音像制作等领域。与政府公共支持目标相同的是：加强建立在结构性合作和金融保障稳定下的竞争力，在产品保证质量和多样性下进行生产，同时吸引外部资源并维护本土的创作活动。在创意产业领域的数字化影响正在发生着深刻的变化，它的“破坏性”已经出现在工业文化产品的消费模式上。如果说受影响的首先是分销与传播渠道商的话，那么新的创意产业也将通过新的商业模式出现。

B.50

日本传媒产业发展概况

林 杨*

摘 要：

2012年的日本传媒产业喜忧参半，上半年的经济复苏给多个传媒行业带来利好，下半年的日元汇率走高及海外经济危机则狠狠地拖了后腿。报业、图书出版、广播电视等行业的数字化转型成为今后行业发展的关键，有待进一步普及的智能手机则为整个传媒产业的市场发展预留出了更多空间。

关键词：

日本传媒产业　数字化　广告收入

2012年，日本经济在灾后复兴及政策支持的影响下，上半年呈现出复苏势头，下半年受到日元汇率走高及海外经济危机的影响，国内经济状况再次陷入低迷。

对于2012年的日本传媒产业来说，各传统媒体与互联网的融合十分值得关注。报业的数字化转型虽然尚未摸索出成熟的商业模式，但在内容为王的原则下各大报社均积极开展付费数字化业务，培育着适应日本市场的付费墙。另外，各大主流电子书齐聚市场，参与内容制作的出版社越来越多，可以说书刊的数字化转型迎来了真正的逐鹿时代。电视的地面数字信号播放为观众提供了更多的交互空间，也为今后智能电视的普及打下了坚实的基础。广播的网上播出给更多年轻人提供了便于接触广播的环境，SNS功能及页面广告也为广播带来了新气象。音像制品行业则在2012年迎来了著作权法案

---

* 林杨，清华－日经传媒研究所助理研究员。

的部分修正案，违法下载将面临刑事处罚，以保护深受互联网违法下载影响的内容产业。

一　报纸与出版

根据日本报业协会的调查，2012 年日本全国报纸的总销售额为 19154 亿日元，同比减少 1.92%（见图 1）。其中报纸销售收入较 2011 年减少 1%，广告收入同比增加 1.1%。受到“3·11”地震灾后重建影响，2012 年日本广告市场出现了 5 年来首次增长，此外，2012 年的伦敦奥运会以及日本国内大选，都成为报纸广告收入小幅攀升的主要原因。

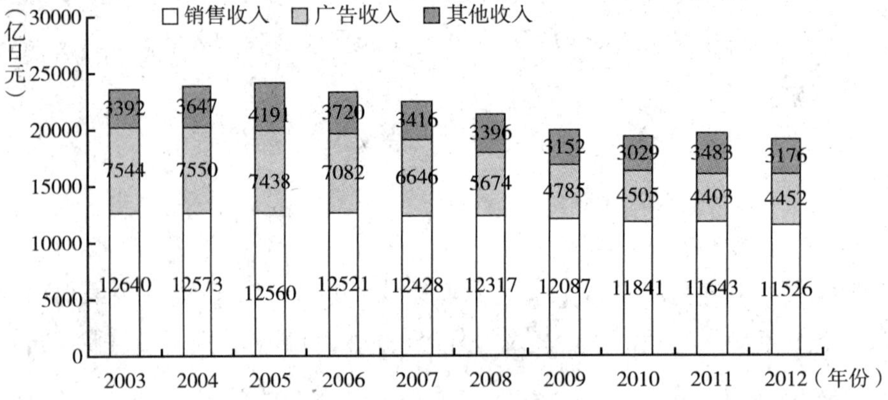

图 1　报纸总销售额细目

资料来源：日本报业协会。

2012 年日本报纸的总发行量为 4777.8 万份，同比减少 1.2%。每户订阅报纸份数 0.88 份，连年持续减少。从各报纸的发行量来看，发行量明显减少的报纸主要集中在娱乐性较强的“体育报纸”上，而包括《读卖新闻》《朝日新闻》等在内的大报，近年来发行量虽有小幅下滑，但基本保持了平稳。2012 年日本报纸发行的主要渠道依然是配送到户，占报纸销售比例的 94.94%，这也是大报发行量得以保持平稳的主要原因。

面对日趋严峻的经营环境，多家报社均采取了削减开支的政策以确保营收黑字。根据日本报业协会的行业统计，2012 年度，包括采访、编辑、制作印刷、数字化部门等在内的报业从业人员均有所减少。

在报业数字化方面，虽然日本数字化报纸的商业模式仍在摸索之中，但各家大报在 2012 年均表现出了积极的态度。2010 年 3 月开始发行的《日本经济新闻电子版》在 2013 年 1 月付费会员数超过 25 万人。2013 年 3 月起，日经电子版免费会员能够阅览的报道数从 20 篇减少至 10 篇。2011 年 5 月开始发行的《朝日新闻 DIGITAL》在 2013 年 3 月付费会员数超过 10 万人，每天可以免费阅读 3 篇付费报道的免费会员数达到 99 万人。读卖新闻社于 2012 年 5 月开始了数字业务“读卖 PREMIUM”。此外，地方报社也于 2012 年开始了付费数字化内容的业务。

据出版科学研究所的统计，2012 年日本书刊杂志出版行业的市场规模为 17398 亿日元，同比减少 3. 6%。其中书刊市场规模 8013 亿日元，同比减少 2. 3%；杂志市场规模 9385 亿日元，同比减少 4. 7%，总市场规模连续 8 年缩小。在书籍出版方面，全年畅销书排行榜中销量超过百万册的图书仅有一本，市场整体不景气。根据出版科学研究所的统计，2012 年日本书籍销售量为 6 亿 8790 万册，同比减少 1. 7%；杂志销售量为 18 亿 7339 万册，同比减少 5. 8%。

根据 Impress R&D 的统计，2012 年日本电子出版市场总规模为 768 亿日元，其中电子书市场规模约为 729 亿日元，同比增加 15. 9%，电子杂志市场规模 39 亿日元，同比增加 77. 3%（见图 2）。面向新平台的电子书市场规模从 2011 年的 112 亿日元增加至 368 亿日元，同比增加 228%。日本的电子书市场从 2002 年左右开始发展，初期主要面向 PC 和 PDA 提供内容，随后扩张至传统手机，行业得以迅速成长。随着智能手机、平板电脑和电子书专用设备的普及，2010 年开始，新平台的市场份额逐渐增加。2012 年 10 月，Amazon 正式发布日文版 Kindle 及其商店，这使得主流电子书阅读器齐聚日本电子书市场，竞争进一步加大。

2012 年，面向电脑和传统手机的电子书市场进一步缩小，面向新平台的电子书市场迅猛发展，新平台电子书市场已经取得超过一半的市场份额。根据 Impress R&D 的预测，日本电子书市场规模在 2017 年将会达到 2390 亿日元，

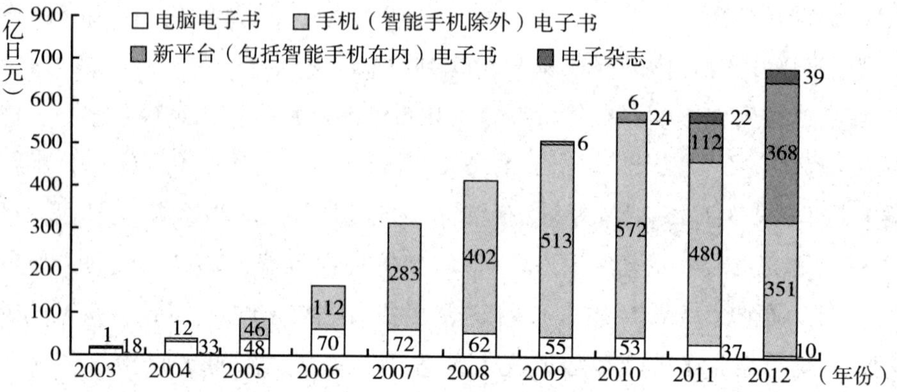

图 2　电子出版市场规模

资料来源：Impress R&D。

电子杂志市场规模也将达到 330 亿日元，整个电子出版市场规模将会达到 2720 亿日元。

从出版产业的整体情况来看，传统书籍出版市场连续 6 年出现负增长，基本与电子书市场规模的扩大相吻合。传统杂志出版市场则呈现出了连续 15 年的负增长，在 15 年的跌幅中，2012 年的跌幅仅次于 2011 年的 6.6%。而从电子杂志的市场规模来看，大型出版企业在电子杂志市场中还处于发展初期，随着内容的丰富和商业模式的成熟，尤其是大量漫画电子书进入市场，将可能会给传统杂志出版市场带来更大侵蚀。

二　广播电视

根据日本民间放送联盟的《日本民间放送年鉴》和公共电视台 NHK 的业务报告书公布的数据，2012 年日本民营电视台和 NHK 地面电视的总营业额为 27469 亿日元，同比下降 0.9%，其中 NHK 的总营业额为 6604 亿日元，同比减少 4.9%；民营电视台的总营业额为 20865 亿日元，同比增加 0.4%（见图 3）。

2012 年 4 月，5 家主要民营电视台与电通广告公司共同展开了通过互联网连接电视的点播服务“mottoTV”，随后 NHK 也加入这一服务系统。系统内的节目内容由各家电视台提供，运营系统则由电通广告公司提供。虽然该项服务

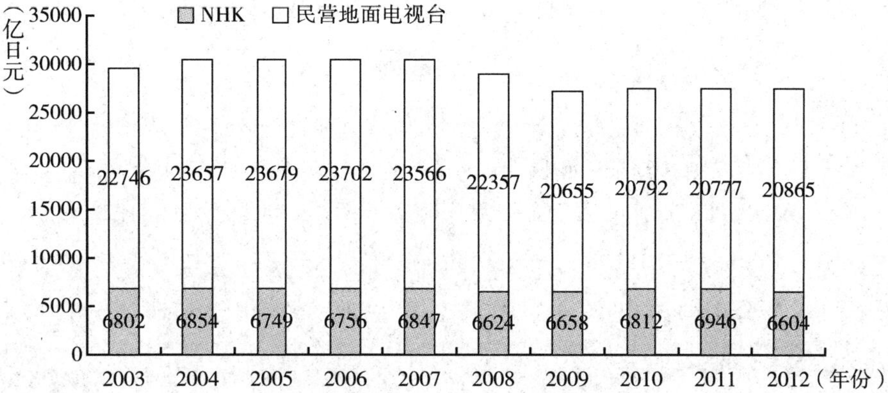

图3　地面电视单位市场规模

资料来源：日本民间放送联盟《日本民间放送年鉴》各年度版；NHK业务报告书。

目前仅面向松下公司的电视和一些安卓系统的手机及平板电脑，但对于极其重视著作权保护的日本来说，可谓电视媒体向互联网迈进的一大举动。

2012年，受“3·11”大地震影响的东北三县也完成了由模拟信号向数字地面信号转移的工作，这意味着日本全国都具备了进行高清双向数字播放的条件，也为各电视台进一步推进数字播放和互动播放提供了更好的条件。在硬件方面，相当于目前高清电视像素（2K）4倍和16倍的4K、8K高清电视也已开发完成，并将于2014年世界杯期间开始4K试播，于2016年奥运会期间开始8K试播。

广播方面，根据日本民间放送联盟的统计，2012年日本地面广播营业收入1450亿日元，同比减少1.2%。其中中短波846亿日元，同比减少2.6%；FM 604亿日元，同比增加0.9%。

于2010年年底开始试运行的互联网广播服务radiko.jp自2012年4月开始覆盖日本全国，听众可以通过电脑、智能手机或平板电脑等终端设备收听全国67个广播电台和放送大学播出的广播节目。2012年1月，radiko.jp的PC客户端下载次数达到290万，移动终端App下载次数达到390万。2012年7月，其月活跃用户超过1000万。广播的数字化转型为听众提供了更加优良的音质，针对电脑和移动终端的收听方式则为现代人提供了更多接触广播的机会。

三 电影

根据日本电影制作者联盟的统计，2012 年，日本电影全年观影人次达到 1 亿 5515 万人次，同比增长 7.2%；票房收入 1951.9 亿日元，同比增长 7.7%。其中，国产片票房 1281.81 亿日元，同比增长 28.8%；进口片票房 670.09 亿日元，同比下降 18%（见图 4）。在作品数方面，国产电影 554 部，进口电影 429 部，合计 983 部。

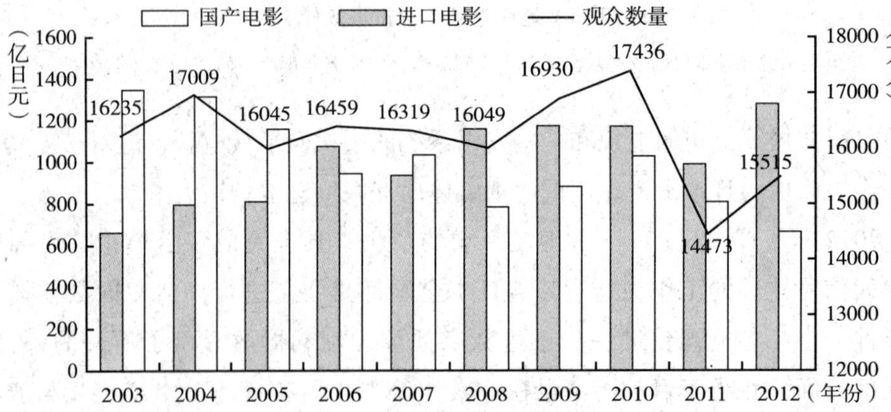

图 4 电影票房收入及观影人次

资料来源：日本电影制作者联盟。

2012 年的日本国产片取得了相当不错的成绩。《海猿 4：勇敢的心》（73.3 亿日元）、《罗马浴场》（59.8 亿日元）、《跳跃大搜查线 THE FINAL 新的希望》（59.7 亿日元）、《EVA：Q》（53 亿日元）、《狼孩子雨与雪》（42.2 亿日元）等国产片大热，哆啦 A 梦和柯南等动画剧场版也保持着以往的高票房成绩，使日本国产片票房的市场占有率从 2011 年的 54.9% 上升至 65.7%。在进口片方面，年内大热影片较少，仅有《碟中谍 4》（53.8 亿日元）的票房收入超过 50 亿日元，不但全年票房收入较上年减少 146.57 亿日元，市场占有率也降至 2000 年开始统计至今的最低点。

2012 年，日本全国影院屏幕数由 3339 块减少至 3290 块。其中数字化屏幕的比例从2011年的60%上升至85%，数字化拷贝大大降低了发行成本，但对于还未数字化的影院来说，伴随着柯达胶卷重组后的业务调整和富士胶卷的停产，如果今后仍然不进行转型改造，能够上映的电影将会变得越来越少。

四　音像

根据日本唱片协会的统计，2012年日本音像市场规模为3651亿日元，同比增长3.2%。其中非数字音像制品3108亿日元，同比增长10.3%；网络付费下载及增值服务543亿日元，同比下降24.6%（见图5）。

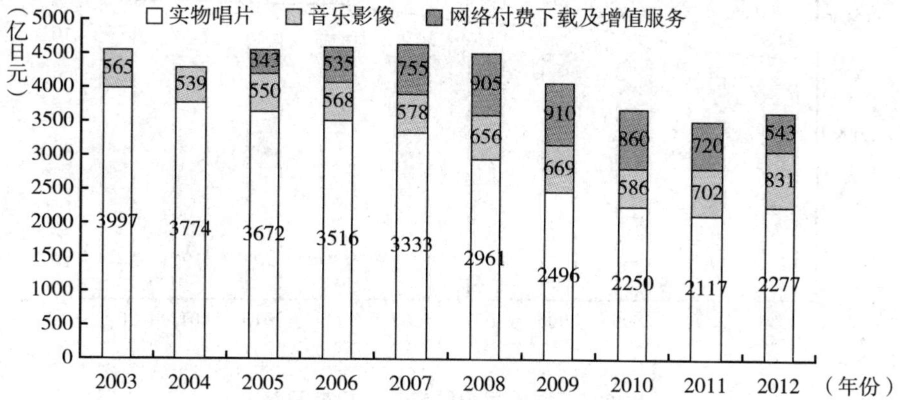

图5　音像制品销售规模（仅包括实物CD、DVD及网络付费下载）

资料来源：日本唱片协会。

2012年，日本音像制品市场出现了两大逆全球趋势的走向。一是在全球非数字化实物音像制品市场都呈不景气的今天，日本是全球唯一呈现上升趋势的实物音像制品市场。二是在全球网络付费下载及增值服务增长超过8%的环境中，日本的数字化音像制品销量大幅缩水。

造成网络付费下载及增值服务缩水的主要原因是面向传统手机的付费音乐市场的崩溃。在网络付费下载及增值服务市场最繁荣的2008年，其收入的9成来自于手机铃声、彩铃等面向传统手机的服务。随着智能手机在年轻人当中的迅速普及，面向传统手机增值服务的需求也越来越小。

五　互联网

根据日本总务省的统计，2012 年日本网民数量比上年度增加 42 万人，达到 9652 万人，同比增长 0.4%；人口普及率 79.5%，同比增长 0.4%（见图 6）。与上年度相比，13～49 岁的互联网用户依然占到全体的 9 成以上，但 60 岁以上的用户数量出现了明显的下降。

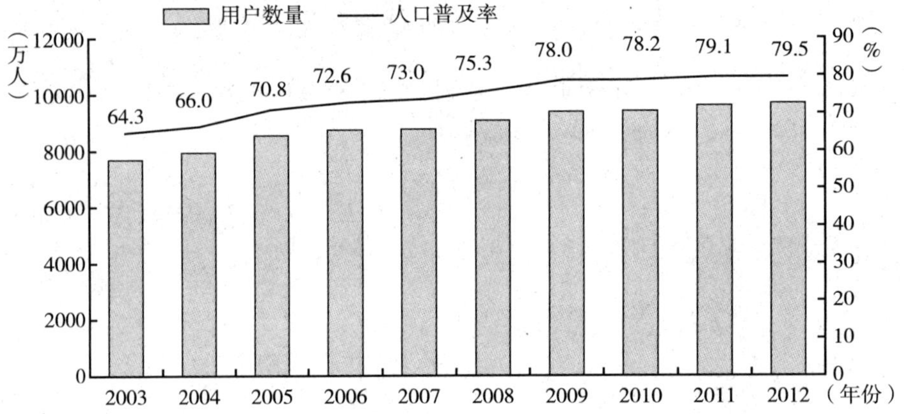

图 6　互联网用户数量及人口普及率

资料来源：日本总务省《通信利用动向调查》各年度版。

上网方式上，根据总务省调查，2012 年网民最经常采取的上网方式为“使用家中电脑”，占 59.5%。其他依次为“非智能手机”（42.8%），“使用家中以外的电脑”（34.1%），“智能手机”（31.4%），而在 2011 年，使用智能手机上网的网民仅为 16.2%。

日本智能手机和社会化媒体的普及程度与其他发达国家相比略有落后。Google 的统计显示，在 2013 年 GDP 排名前八的国家中，日本的智能手机普及率仅超过印度，为 25%。随着智能手机的普及和对大数据利用的增加，今后日本 ICT 的市场规模也将继续扩大。在未来一段时间内，ICT 依然会成为支撑日本经济成长、解决社会问题的基本战略。

六 广告

根据日本电通广告公司的统计，2012 年日本广告市场规模为 58913 亿日元，同比增长 3.2%，这是日本广告市场自 2008 年美国金融危机导致全球经济不景气以来首次出现同比增长（见表 1）。

表 1 2005～2012 年各媒体广告费

单位：亿日元

媒体类型＼年份	2005	2006	2007	2008	2009	2010	2011	2012
报纸	10377	9986	9462	8276	6739	6396	5990	6242
杂志	4842	4777	4585	4078	3034	2733	2542	2551
广播	1778	1744	1671	1549	1370	1299	1247	1246
电视	20411	20161	19981	19092	17139	17321	17237	17757
卫星媒体	487	544	603	676	709	784	891	1013
互联网	3777	4826	6003	6983	7069	7747	8062	8680
其他推销广告	26563	27361	27886	26272	23162	22147	21127	21424

资料来源：电通《日本的广告费》。

2012 年日本报业广告市场规模 6242 亿日元，同比增长 4.2%，受到上半年灾后重建需要及消费需求的增高，报业广告费出现近 10% 的高增长，但是受日元汇率走高及欧洲经济危机的影响，虽然有伦敦奥运会和日本大选作支撑，下半年报业广告收入表现平平，未能出现更大增长。

2012 年日本杂志广告市场规模 2551 亿日元，同比增长 0.4%。从投放广告的行业来看，21 个行业中 11 个行业的广告投放同比增加，其中“药品、医疗用品”“饮料、嗜好品”“精密仪器、事务用品”三大行业增长率超过 10%。从杂志的类别来看，时尚杂志、女性杂志、男性杂志的广告收入表现优秀。

2012 年日本广播广告市场规模 1246 亿日元，同比下降 0.1%。从投放广告的行业来看，21 个行业中 12 个行业的广告投放量同比增加。其中“精密仪器、事务用品”（同比增长 48.6%）等三行业出现两位数的同比增长。受到伦敦奥运会的影响，“食品”和“餐饮、各种服务”的广告投放量也有所增加。

2012 年日本电视广告市场规模 17757 亿日元，同比增长 3.0%。其中节目赞助收入为 7195 亿日元，同比增长 3.1%；广告时段收入 10562 亿日元，同比增长 3.0%。节目赞助广告费自 2006 年来首次出现增长，广告时段收入连续三年呈现增长。2012 年上半年，受到灾后重建需求影响，“食品”与“化妆品”的广告投放量增加，“金融、保险”的广告投放也十分积极，但 8 月后受到海外经济不景气影响，多个行业的广告投放均有所回落。

2012 年日本互联网广告市场规模 6629 亿日元，其中包括传统互联网和移动互联网，同比增长 7.1%。从整体来看，2011 年的互联网广告市场受地震影响后增长较为缓慢，2012 年则表现出较高的增长率。近年来非智能手机的广告市场规模一直在缩小，但受到社交媒体等新兴广告途径的影响，包括互动广告等在内的互联网广告类型逐步丰富，推进着市场整体的成长。

B.51

韩国传媒产业发展报告

金玟佑*

摘　要：

2013年随着韩国经济复苏和国民收入的增加，民间消费被激活，在大环境的带动下，韩国传媒产业整体上延续了2012年的增长趋势。除了纸媒销售量连续两年下滑以外，电子出版业、广播电视业、电影业、广告业、无线网络业等各行业都有了不同程度的增长。新媒体的影响越来越大，有更多的消费者选择了使用新媒体。可以说韩国传媒产品的消费方式正处于从已有的离线传统媒体到在线新媒体的转变过程当中。

关键词：

韩国　传媒产业　新媒体　韩国电影　无线网络

2013年2月，韩国总统朴槿惠上任，为了提高科学技术水平，促进各产业融合，设立了“未来创造科学部”，其前身是“教育科学技术部”，并将“放送通信委员会”有关广播和信息政策的工作归入其中，其地位仅次于“企划财经部”，排在第二位①。这意味着韩国政府把媒体产业当成以“科学”与“创作”为特征的产业，标志着政府对于传媒产业技术更新与新媒体重要性的高度重视。2013年韩国传媒产业除了传统纸媒外，每个产业销售量及出口量都有所提高。

---

* 金玟佑，清华大学新闻与传播学院博士研究生。

① 该部出现之前，排第二名的是教育部。

一　出版业①

传统出版市场持续停滞，电子出版市场却继续扩大。2012 年韩国出版产业总销售额达 21.1 万亿韩元（约合人民币 1192 亿元），2013 年出版产业总销售额预计为 20.34 万亿韩元，同比下降 3.6%。出版业销售额在 2011 年和 2012 年已连续两年出现下降，2013 年只有电子出版市场出现增长（见图 1）。

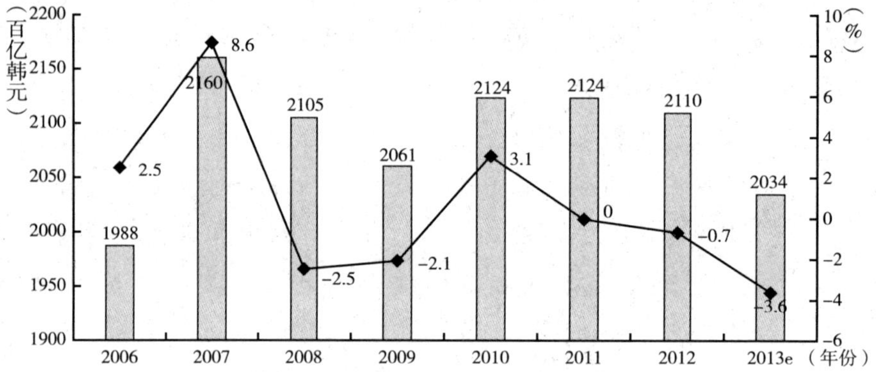

图 1　2006～2013 年韩国出版业销售额变化

说明：2013 年数据为预期值。

资料来源：韩国内容产业振兴院：《2014 年内容产业展望》，2014，第 41 页。

2013 年，韩国电子书的热销值得关注。韩国电子出版协会发布的统计显示，2013 年韩国电子书销售额同比增加 150% 以上，传统书籍和电子书同时发行以及电子书单独发行的两个渠道都出现了增长。2013 年韩国市场上约有 20 万本（单行本）以上的电子书流通。

流通渠道上，与 2012 年相比，2013 年的市场份额有了许多变化。“文化流通书”发布的统计显示，主要大型网络书店市场份额上升了 4.2%，达到 36.9%，而大型实体书店则出现了 1.4% 的份额下降，占 19.5%。首尔和京畿道书店市场份额由 7.7% 下降至 6.6%，网络公开市场②份额降至 1%。这说明

① 据韩国内容产业振兴院《2014 年内容产业展望》第 41～42 页翻译及整理。

② G-market、auction 等，相当于中国的淘宝网、当当网。

除了网络书店保持增长以外，其他渠道都在萎缩。然而，虽然网络书店市场份额上升，可实际销售额却在减少。2013 年韩国图书广告的吸引力下降，导致图书总体销售额的降低。

近年各大型图书公开市场所发布的“畅销书 TOP 100”总销售量持续减少，且榜单内的图书销售两极分化情况在逐渐加重。教保文库公布的“综合畅销书 TOP 100”上榜图书的销售量在全部图书销售量中的占比从 2011 年的 10.6% 持续下降至 2012 年的 10.2% 和 2013 年的 9.4%。网络公开市场中，Interpark 发布的“畅销书 TOP 100”上榜图书的市场份额从 2012 年的 14% 降至 2013 年的 10%。

伴随着韩流热潮，近期韩国图书对中国、欧洲和中东地区的出口量持续增长。2012 年出版业出口额比 2011 年的 2.83 亿美元下降了 13.4%，为 2.45 亿美元，2013 年预计比 2012 年上升 11.4%，为 2.73 亿美元（见图 2）。

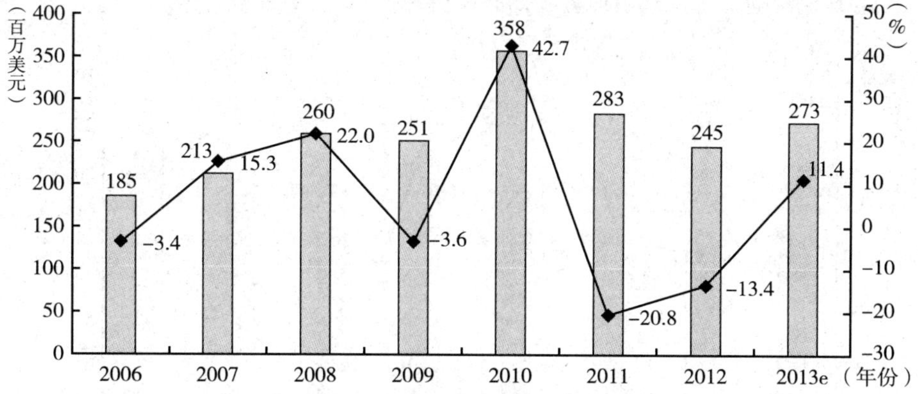

图 2　2006～2013 年韩国出版业出口额变化

说明：2013 年数据为预期值。

资料来源：韩国内容振兴院：《2014 年内容产业展望》，第 41 页。

二　广播电视业①

2013 年，韩国广播业销售额预计达到 14.78 万亿韩元，较 2012 年上升 4.2%（见图 3）。

① 据韩国内容产业振兴院《2014 年内容产业展望》第 56～57 页翻译及整理。

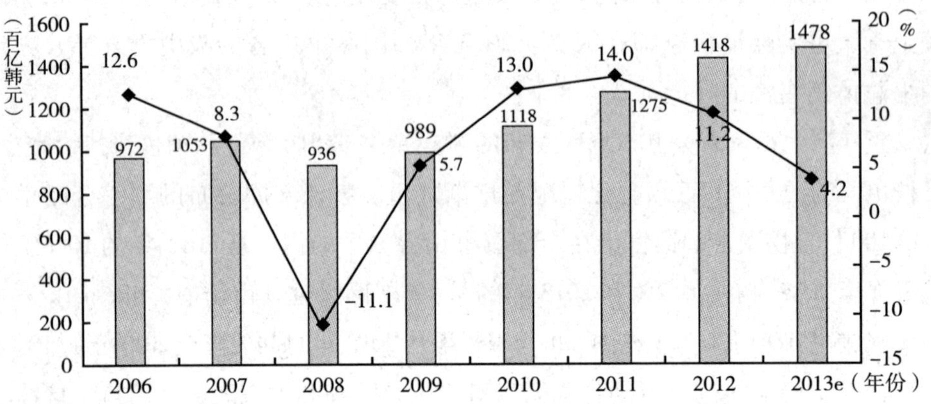

图 3　2006～2013 年广播电视产业销售额变化

说明：2013 年数据为预期值。

资料来源：韩国内容产业振兴院：《2014 年内容产业展望》，第 56 页。

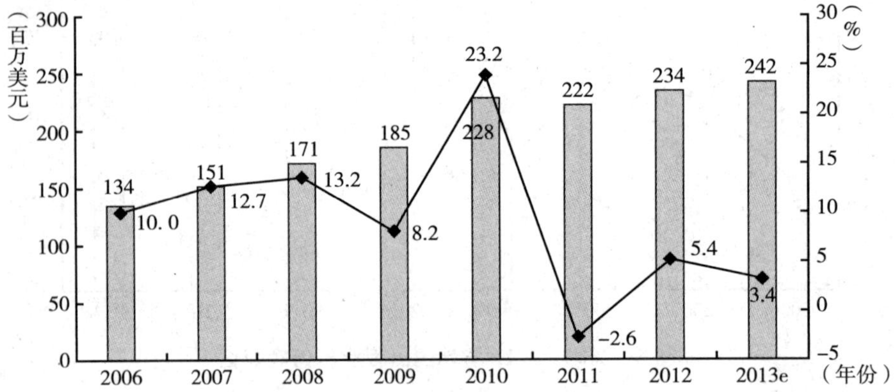

图 4　2006～2013 年广播电视产业出口额变化

说明：2013 年数据为预期值。

资料来源：韩国内容产业振兴院：《2014 年内容产业展望》，第 56 页。

随着三星电子 N 屏幕服务使用量的持续增加，地面电视、IPTV、有线电视的竞争越来越激烈。因地面平台的结构性问题，地面广播市场也开始恶化。韩国放送振兴公司和媒体创造（Mediacreate）之间的竞争非常激烈，当年没有奥运会或世界杯等大规模活动，加之受到经济不景气的影响，结果出现了下滑。为了尽量降低广告收益的减少引起的不利影响，引进了“合算收视率”，提出中间广告①许可的意见，然而能否实行要在2014年决定。

2013年韩国广播业出口额预计达到2.42亿美元，较2012年增长3.4%，主要原因是有竞争力的电视剧和娱乐节目版权的加速出口。

除成品节目外，韩国综艺节目对中国的版权出口也引导了“新韩流”。例如，地面电视台MBC的娱乐节目《아빠 어디가?》的版权卖给了湖南卫视，后者播出的《爸爸去哪儿》获得了很高的收视率，综合频道JTBC的*Hidden Singer*（《隐藏的歌手》）也将版权出售给了中国媒体，并即将播出。

三　电影业②

2013年韩国电影产业见证了史上最辉煌灿烂的时期。据韩国电影振兴委员会政策研究部发表的《2013年韩国电影产业结算》报告书显示，2013年韩国电影产业总销售额为1.88万亿韩元，刷新了历史纪录。值得关注的是影院票房收入、电影衍生产品以及海外出口这三个指标都出现了增长。

2013年韩国电影总票房收入为15512百亿韩元，同比增长6.6%，总观影人次为2.13亿人次，同比增长9%，均为历史最高。2013年，韩国年人均观影次数排在全球第一，为4.12次③。同韩国电影业最为惨淡的2008年相比，2013年总票房收入上升了58.4%，观影人次上升了41.4%。尤其值得关注的是，2013年韩国本土电影观影人次达到1.27亿人次，较2008年的6355万人次上升了99.84%（见图5）。

2013年，韩国国产电影主导了韩国电影市场。2013年票房收入前10名当中，韩国片一共有9部。进口片只有一部好莱坞电影《钢铁侠3》（708.06亿韩元）。2012年票房收入前10名当中，韩国片一共有7部。与2012年比起

① 在韩国只能在有线电视、卫视及广播中有中间广告。在地面电视台除了运动比赛、艺术文化活动等中间有休息的节目以外，禁止播放中间广告。

② 据韩国电影振兴委员会政策研究部《2013年韩国电影产业结算》第1~2页翻译及整理。

③ 根据英国文化内容产业调查公司Screen Digest发布的数据，2013年部分地区年人均观影次数为：新加坡4次、美国3.9次、澳大利亚3.7次和法国3.4次，韩国年人均观影次数为世界最高。

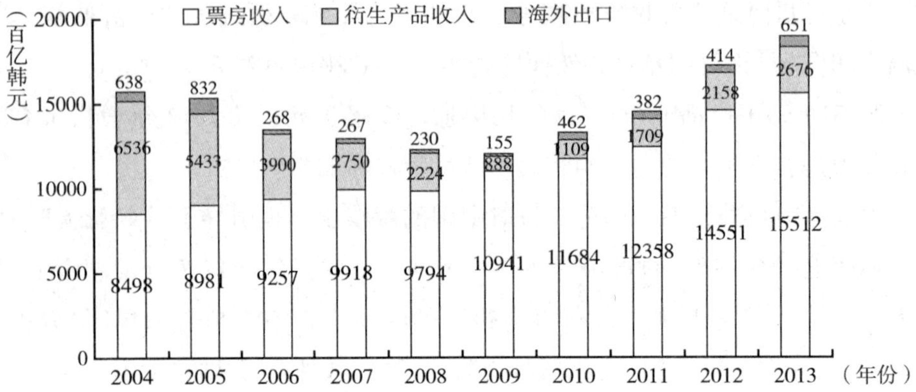

图5　2004～2013年韩国电影产业销售额变化

资料来源：韩国电影振兴委员会政策研究部：《2013年韩国电影结算》，2014。

来，韩国片的集中度有所提高。春节档《7号房的礼物》（914.30亿韩元）和《柏林》（523.55亿韩元），暑期档《伟大的隐藏者》（487.35亿韩元）、《监视者们》（393.71亿韩元）、《雪国列车》（669.51亿韩元）、《捉迷藏》（396.03亿韩元）和《恐怖直播》（398.35亿韩元），中秋档《观相》（660.05亿韩元），贺岁档《辩护人》（截至2013年底的票房为409.53亿韩元，至2014年2月票房合计828.63亿韩元）等韩国国产电影一直备受观众欢迎，国产片观影人次和总观影人次同比都出现了较大的增长。

出口海外的表现也十分出色。《雪国列车》等影片在海外获得了良好的口碑，同时韩国公司还承担了中国大片的特效技术制作，影片出口与技术服务出口同比分别增长了83.7%和26.8%，海外出口总额达5900万美元，同比增长57.2%。随着IPTV销售的增加，衍生产品市场销售额同比增长了24%，达到2676亿韩元。

四　广告业[①]

在媒体融合时代，最近ATL和BTL链接的“交叉广告活动”开始启动。

① 据韩国内容产业振兴院《2014年内容产业展望》第59～60页翻译及整理。

2013 年韩国广告产业销售额预计为 1287 百亿韩元，较 2012 年的 1248 百亿韩元同比上升 3.1%（见图 6）。

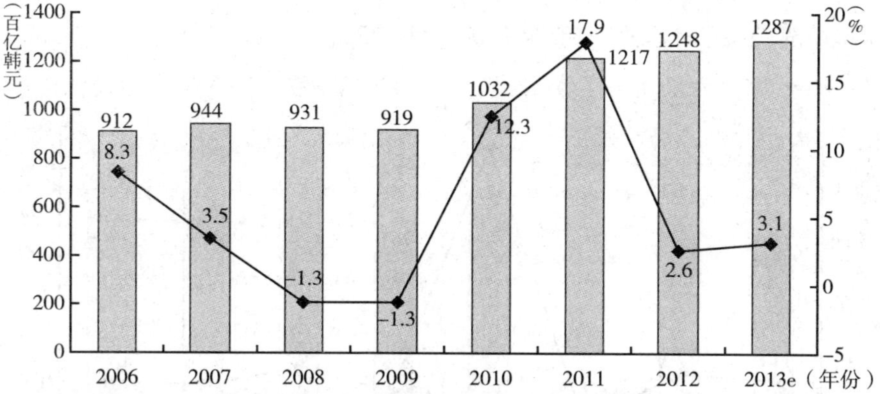

图 6　2006～2013 年广告产业销售额变化

说明：2013 年数据为预期值。

资料来源：韩国内容产业振兴院：《2014 年内容产业展望》，第 59 页。

广告产业销售额增速放缓，主要是因为经济不景气所导致的大部分企业对广告投放变得保守，而且以大企业为中心的大型广告公司在市场中所占的比重越来越高。新媒体广告和多平台营销越来越普遍。观看视频的渠道除电视以外，PC 或智能手机端也已经普及，由此引起了关于 VOD 或交叉媒体广告“结合销售”① 的讨论。

互联网新媒体的发展对广告业的影响也越来越大。预计新媒体广告制作的增长速度比总体广告制作市场的增速要快。据 2013 年媒体未来研究所发布的统计，到 2015 年，广告制作市场的增长率为 9.6%，总值达到 1.4 万亿韩元左右，其中新媒体广告占 4100 亿韩元（市场份额 29%）。2012 年韩国网络振兴院发表的《移动广告产业统计及用户行为调查》显示，智能手机用户接触最多的广告类型是移动网络显示广告（92.3%）、搜索广告（91.5%）、文本广告（89%）以及应用程序内的广告（78.6%）。

① 交叉媒体广告产品销售是通过多种媒体播出一样的广告和活动，是新的广告营销模式，例如有“同种媒体结合”“异种媒体结合”“活动和赞助商”等。

随着大企业进军国外市场，以大企业下属广告代理公司为主的海外产品销售额出现了增长。2013 年广告产业出口额预计为 9830 万美元，同比上升 0.3%。韩国广告产业出口额自 2010 年以来开始上涨，不过由于 2012 年和 2013 年世界经济的不景气，预期不高（见图 7）。

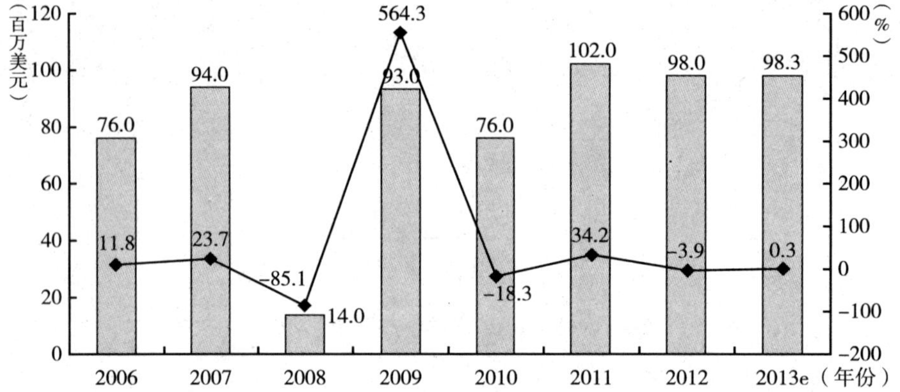

图 7　2006～2013 年广告产业出口额变化

说明：2013 年数据为预期值。

资料来源：韩国内容振兴院：《2014 年内容产业展望》，第 59 页。

五　无线网络业①（移动互联网）

2013 年韩国无线网络市场规模从 2012 年的 100.88 万亿韩元增长至 109.76 万亿韩元。随着智能手机的普及，2010 年以来无线网络产业迅速增长。2012 年第一次突破了 100 万亿韩元的规模。2013 年，网络、系统/终端、解决方案/平台、内容等国内无线网络产业各部门均衡发展，仅一年后便取得了近 110 万亿韩元的成果。2013 年在无线网络市场份额最高的是系统/终端（85%，93.35 万亿韩元），其次是网络（9.8%，10.72 万亿韩元），之后是解决方案/平台（3.0%，3.26 万亿韩元）和内容（2.2%，2.43 万亿韩元）（见图 8）。

---

① 据韩国无线网络产业联合会《大韩民国无线网络产业现状》第 59～60 页翻译及整理。

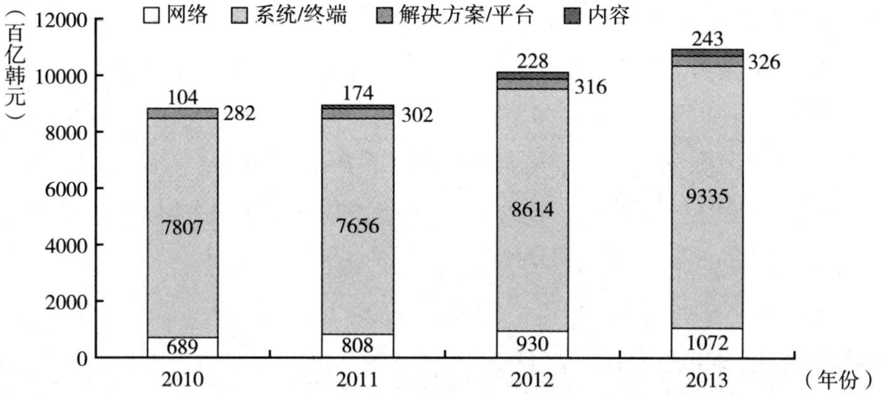

图 8 2010～2013 年无线网络产业各部门销售额趋势

资料来源：韩国无线网络产业联合会：《大韩民国无线网络产业现状》，2014 年，第 8 页。

在网络产业部门中，相比 3G 服务，随着 ARPU 值更高的 LTE（4G）服务的普及，网络市场中移动通信服务的市场份额最高，达 10.41 万亿韩元。系统/终端部门在 3G 智能手机的生产销售上保持稳定增长，2013 年初以后因智能手机更换需求的增加和 LTE（4G）智能手机销售量增加，终端销售额达 85.14 万亿韩元。在解决方案/平台上，移动 OS 尤其是装有 Android OS 的智能手机 OS 企业的销售量增加，云解决方案（cloud solution）自 2011 年以后持续增长，但由于运营人力及专业人才的缺乏，以及与全球化企业竞争激烈，市场相对还不成熟，产值只有 121 亿韩元。在内容产业部门，随着 *anipang*、*dragon flight*

表 1 2012 年和 2013 年无线网络产业各部门企业数现状

单位：家，%

	2012 年		2013 年		同比
	公司数	比重	公司数	比重	
网络	43	1.3	36	0.9	-16.3
系统/终端	75	2.3	153	3.8	104.0
解决方案/平台	331	10.1	498	12.4	50.0
内容	2838	86.3	3328	82.9	17.3
合　计	3287	100.0	4015	100	22.1

资料来源：韩国无线网络产业联合会：《大韩民国无线网络产业现状》，第 9 页。

等 Kakao Talk 游戏的快速成长，游戏部门在内容市场里的市场份额占到 27%，销售额达 6573 亿韩元，而娱乐和其他内容产业尽管在很多应用软件平台都有流通，但缺乏好的收益模式，最终销售额只有 800 亿韩元。

2013 年，韩国无线网络产业整体增长了 8.8%，网络产业部门随着 LTE 服务和流量套餐用户的增加，增长率达到 15.3%，但是在解决方案/平台产业部门，由于有很多企业停业或者向内容产业转换，只增长了 3.0%，自 2010 年以来，年均增长率约为 7.0%。内容产业部门平均增长率最高，为 23.6%，而解决方案/平台部门为最低，只有 4.7%。

2013 年，韩国运营无线网络产业的企业总数为 4015 家，同比增加 22.1%。细化至各部门的企业数，内容产业企业数有 3328 家，在整个无线网络企业中比例最高，为 82.9%。按区域来划分，无线网络产业企业最多的城市为首尔市（2249 家，占 56%），6 个广域市为 350 家（8.7%），9 个道为 1416 家（35.3%）。京畿道共有 1211 家。

B.52

东南亚主要国家传媒产业发展概况

石惠敏*

摘　要：

本文对印度尼西亚、泰国、菲律宾、越南的传媒产业2013年的发展进行综合回顾及分析，并对其发展趋势进行预测。

关键词：

东南亚媒体　传媒产业　投资热区

一　东盟多国传媒产业总体发展情况

1. 东盟多国娱乐与传媒产业呈两位数增长

东盟多国娱乐与传媒产业呈两位数增长，目前，印尼是全球娱乐与媒体年复合增长率最高国家。印尼从2011年起，其娱乐与传媒产值领先东盟诸国。预计2017年印尼娱乐传媒产值的复合增长率将达17.1%，成为全球娱乐与媒体年复合增长率最高的国家；马来西亚呈稳定缓慢发展；菲律宾与越南由于基数低，年复合增长率也保持两位数，具有较大的发展潜力；新加坡由于市场小，与东盟其他国家相比增长幅度不大，但5.1%的年复合增长率仍高于韩国（见表1）。如何扩大市场规模和积极争取海外市场，是新加坡娱乐与媒体发展的重要考量。

---

* 石惠敏，博士，曾任新加坡新传媒集团高级副总裁，《印度尼西亚商报》总裁。现任亚洲文化传媒公司董事经理。

表 1　东盟主要国家及东亚地区媒体和娱乐产值增长趋势比较（2010～2017 年）

单位：亿美元，%

国家＼年份	娱乐与媒体产值								
	2010	2011	2012	2013	2014	2015	2016	2017	2013～2017 年复合增长率
印　　尼	83.67	98.69	118.04	141.42	171.39	199.69	233.21	259.75	17.1
菲 律 宾	39.95	45.52	51.31	59.26	68.10	78.42	90.17	102.27	14.8
越　　南	13.93	16.53	18.70	21.42	24.32	27.58	31.17	35.28	13.5
泰　　国	72.14	79.31	86.68	96.93	108.60	120.88	134.22	147.85	11.3
马来西亚	61.84	67.88	73.70	80.7	87.48	95.03	103.28	112.39	8.8
新 加 坡	44.19	46.85	49.60	52.71	55.58	58.24	60.79	63.63	5.1
韩　　国	383.12	420.04	450.92	477.00	502.53	526.65	549.71	570.86	4.8

数据来源：普华永道：*Global entertainment and media outlook 2013－2017*。

2. 东盟互联网市场具有巨大开发潜力

东南亚 11 个国家（包括东帝汶）6 亿 2860 万人口中，有 1 亿 9040 万人使用互联网，渗透率达 34.7%，其中新加坡互联网渗透率高达 104.2%，马来西亚、文莱达 50% 以上，菲律宾、越南、印尼等国因市场大，互联网业务发展前景乐观。如果以实际人口数评估，印尼互联网使用者有 7460 万人，菲律宾 3480 万人，越南 3240 万人，马来西亚 2000 万人，泰国 1768 万人，这都是不容忽视的市场。

3. 东盟各国手机渗透率超过 100%

除缅甸以外的东盟九国，手机渗透率均超过 100%。根据国际电信联盟 ICT－Eye 数据库于 2013 年发布的数据：2008～2012 年，东盟各国手机用户翻倍增长：柬埔寨从 31% 增至 132%，一跃成为东盟第四大手机用户国；印尼从 60% 增至 115%；老挝从 34% 增至 102%。东盟热衷互联网与手机的庞大年轻消费者，不仅促进了内需，同时也形成极具吸引力的投资市场。

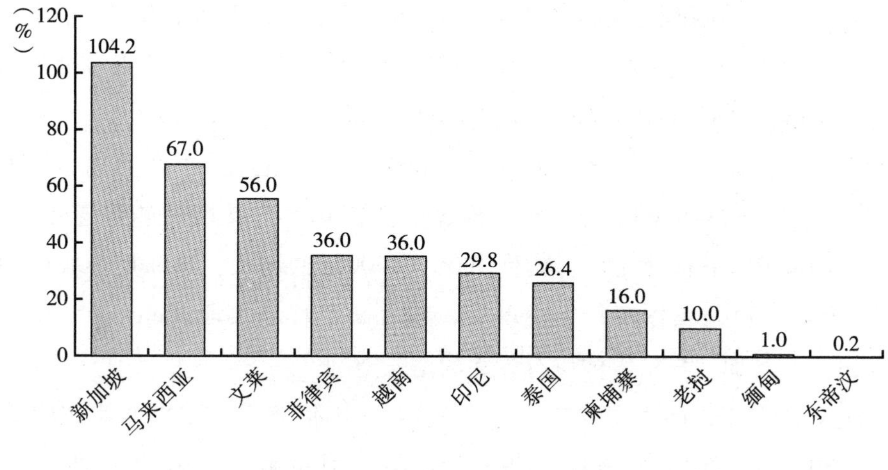

图 1　东南亚各国互联网渗透率比较

资料来源：TECHINASIA，http：//techinasia. com，internet world state。

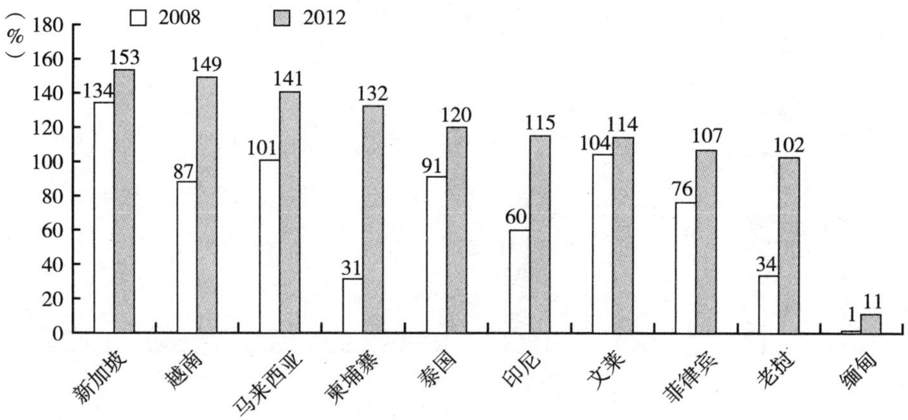

图 2　东盟各国每百人手机用户增长比较（2008 与 2012 年）

资料来源：ITU's ICT-Eye database。

二　东盟主要国家传媒产业概况

（一）印尼传媒产业现状与发展趋势

印尼人口 2 亿 3750 万，是世界排名第四的人口大国，平均年龄 27 岁，拥有庞大的人口红利和丰富的自然资源。低廉的劳工成本吸引了全球投资者。随着印尼年轻的中产阶层崛起，资讯通信消费激增，带动了传媒产业高速发展。

2013 年，印尼电视市场份额占 64.6%，报纸其次（占 19.9%），互联网排名第三（占 5.8%），杂志第四（占 3.6%），其他依次为户外、电台、电影（图 3）。电视虽然主宰印尼大半个传媒产业市场，但其增长趋势逐年放缓；2010～2013 年印尼移动互联网则呈 100%～200% 的增长，是印尼各媒体中最耀眼的产业。户外媒体逐年稳健增长，随着印尼移动人群（on the move，on the road）的增加，户外媒体应有更大的增长空间①。

截至 2013 年，印尼主要传媒总产值达 25.2 亿美元，传媒产业产值 2005 年增长 30.1%，2013 年增长 14.9%，而印尼国民生产总值增长 2005 年为 20.81%，2013 年为 14.1%，每年呈两位数增长，媒体产值平均高于国内生产总值增长，说明传媒产业在印尼的活跃程度很高。

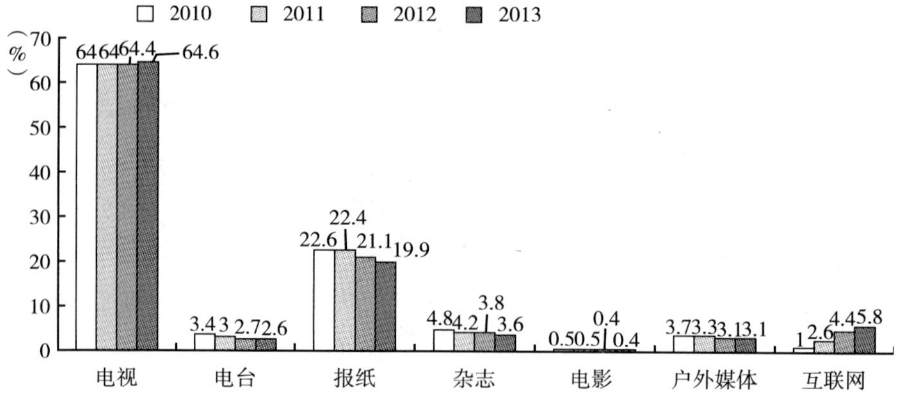

图 3　印尼主要媒体市场份额

资料来源：Groupm，*Worldwide Media & Marketing Forecast December* 2012。

（二）泰国传媒产业现状与发展趋势

泰国传媒产业总产值 2013 年达到 35.27 亿美元。其中电视产值达 19.88

① 根据普华永道《2013～2017 年娱乐与传媒产业报告》，印尼是全球娱乐与媒体产业发展最快的国家。印尼与南非同时也是全球使用移动互联网超过固定互联网最多的国家。

亿美元，遥遥领先于其他传媒产业。根据 Groupm 的统计数据，2005～2013 年，泰国电视产业占据整体传媒市场半壁江山，纸媒市场占有率自 2005 年的 21% 持续下降至 2013 的 15.3%，户外媒体近 10 年来持续增长，市场份额已达近 10%（见图 4）。

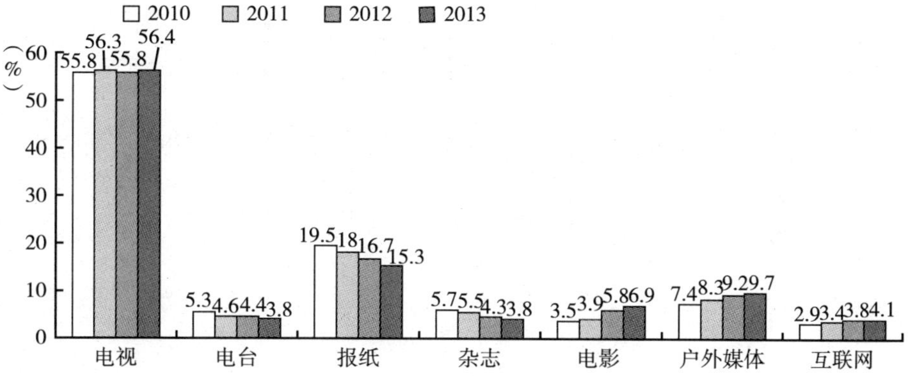

图 4　泰国主要媒体市场份额

资料来源：Groupm，*Worldwide Media & Marketing Forecast December* 2012。

值得一提的是，泰国电影产业近年发展迅速。2013 年，电影产业总市场占有率为 6.9%，在泰国各媒体产业排名第四，近 10 年间产业持续呈两位数的增长，除 2008 年的金融海啸导致电影产业下降 5.0% 外，总体增长趋势健康良好（见图 5）。根据普华永道估计，全球电影产业产值将从 2012 年的 886 亿美元增至 2017 年的 1060 亿美元。在 2012～2017 的 5 年间，中国电影产业产值年复合增长率将达 14.7%，预计将是全球电影产业增长最快的国家，其次是亚太地区的泰国，以 10.5% 的年复合增长领先各国，印度则以 9.9% 的增长排名第三。

（三）菲律宾传媒产业现状与发展趋势

截至 2013 年底，菲律宾传媒产业总值达 33.04 亿美元，电视产业是该国传媒产业重头，达 26.41 亿美元，由于 Groupm 将电缆电视也纳入电视产业中，电视产业总量占主要媒体总产值的 80%，是名副其实的强媒体。

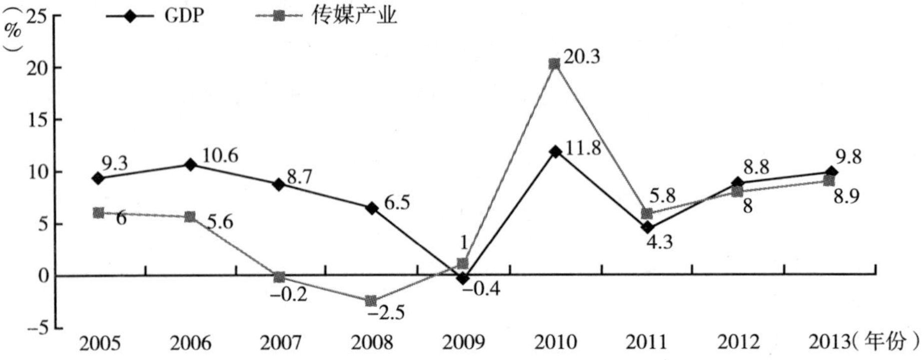

图5　泰国主要媒体产值增长与GDP增长比较

资料来源：Groupm，*Worldwide Media & Marketing Forecast December* 2012。

菲律宾广播产业的发达很大程度上来源于该国人民沿袭了拉美与北美殖民文化，以及马来族人热爱音乐的天性，加上7000多个岛屿分散的居住环境，使得广播尤其是调频广播的音乐放送成为重要的娱乐与资讯来源。菲律宾广播产业市场份额2013年高达15.8%，成为该国第二大传媒产业。纸媒市场占有率不高，2013年仅占4.3%，产业发展空间困窘（见图6）。

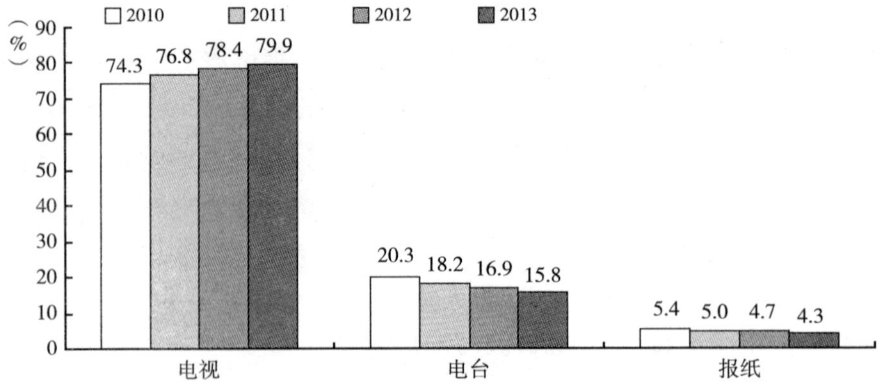

图6　菲律宾主要媒体市场份额

资料来源：Groupm，*Worldwide Media & Marketing Forecast December* 2012。

传媒产业增长幅度平均高于 GDP 的现象，同样出现在菲律宾。但不同的是，菲律宾没有遭受亚洲金融海啸的冲击，GDP 仍维持高于 4% 的增长而媒体产值更持续呈两位数增长（见图 7）。而菲律宾国内经济的稳健增长，刺激了消费需求与购买力增强，同时也提高了投资者的信心。

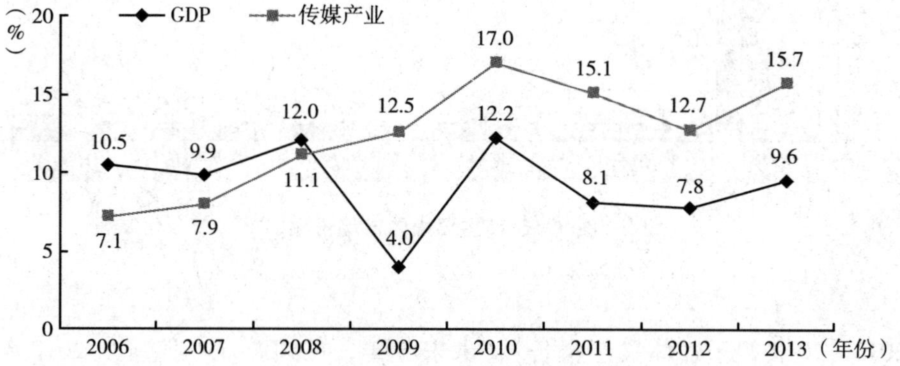

图 7　菲律宾主要媒体产值增长与 GDP 增长比较

资料来源：Groupm，*Worldwide Media & Marketing Forecast December* 2012。

（四）越南传媒产业现状与发展趋势

越南人口约 9247 万[①]，平均年龄 28 岁。在越南，90% 的家庭拥有电视，平均每人每天花将近 4 小时看电视，50 分钟上网，16 分钟看报纸[②]。以媒体到达率而言，免费电视到达率为 91%，付费电视为 60%，报纸为 44%，互联网为 31%，电台为 23%。[③] 付费电视到达率偏高的原因之一是费用低廉，每月只需 3.5 美元就能收看一般电视或花 5 美元收看数字电视。2013 年，越南媒体产值达 10.53 亿美元，其中电视产业占市场份额的 82.2%，报纸仅占 5.6%，而广播电台份额数年来一直没达到 1%（见图 8）。多年来，人们的主要交通工具是摩托车也是广播业务不振的原因之一。

与其他东盟新兴国家类似，越南数字媒体发展势头迅猛。根据普华永道

① CIA World Factbook 2013.

② 资料来源：坎塔尔 2013 年媒体调查。

③ 资料来源：Mindshare 2009，Cimigo 2011，General statistics office 2009。

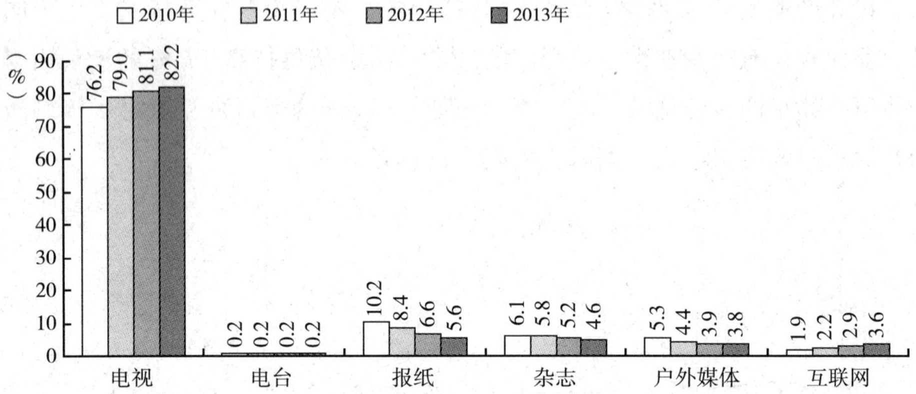

图 8　越南主要媒体市场份额

资料来源：Groupm，*Worldwide Media & Marketing Forecast December* 2012。

《2013～2017 娱乐媒体展望报告》，未来 5 年，视频游戏产值将从 2012 年的 634 亿美元增至 869 亿美元，年复合增长率达 6.5%。

由于越来越多的传媒内容由广告主提供，加上新闻工作者薪金低微，导致大量有偿新闻问题的出现，传统渠道新闻的可信度下降，再加上 0.2 美元/小时的互联网使用费，以及从 2009 年建成并开始运营的 3G 网络，促使越南成为手机使用者人数东盟排名第二、互联网渗透率东盟排名第五的国家。[①] 10 人中有 7 人最常访问的网站是谷歌本土化的 google.com.vn 网站，其他受欢迎的网站依次是 facebook.com、google.com 以及 youtube.com，这些网站也都以本土化内容来吸引当地网民。

尽管越南国内生产总值与传媒总产值基数不高，但发展势头良好。从 2005 年开始，平均每年均呈两位数增长。越南和菲律宾类似，并没有受到 2007～2009 年亚洲金融海啸的巨大冲击，持续增长的发展势头吸引了投资者的目光与兴趣（见图 9）。

总体来讲，东盟传统媒体居主导地位仍将持续至少 5 年，但也将向数字媒体循序转移。传媒业者挖掘能满足消费者需求的内容与创造生活便利性的技术，就能赢得受众与消费者。在付费获取内容的文化尚未形成前，广告花费从

① CIA Facebook September 2013.

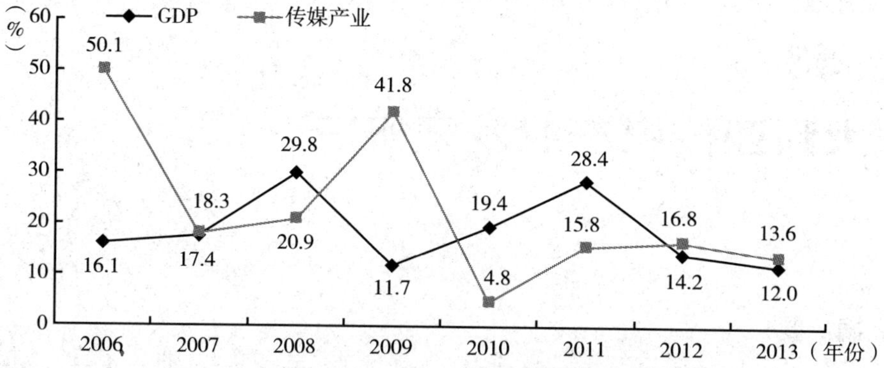

图 9　越南主要媒体产值与 GDP 比较

资料来源：Groupm，*Worldwide media & marketing forecast December* 2012。

内容向媒体接收器转移、从固定向移动转移等，都是显而易见的发展趋势。

2013 年 12 月 17 日，联合国教科文组织与东盟秘书长签署了合作框架协议，这是东盟自 2008 年宪章生效以来，与联合国签署的第一份合作协议。该协议框架包括教育、科学、技术、创新、降低灾害风险、环境的可持续发展、社会科学和人文科学、青年与公民参与、推动文化表现形式多样性、获取信息和知识的可行性等合作项目。协议的签署意味着东盟不但在经济上将持续增长，在文化创意产业的发展上也将因获联合国教科文组织的支持协助，拥有更值得期待的前景。

B.53

澳大利亚传媒产业发展概况

马云飞*

摘　要：

默多克的新闻集团（News Corp）以及费尔法克斯集团（Fairfax Media Limited）两大集团几乎掌握了澳大利亚全国报业，但报纸广告收入和世界趋势一样长年衰退，2013 年持续加剧。澳大利亚的数字经济持续强劲发展，互联网普及率、使用率均有所提高，而电信业的发展更是令人欣喜。

关键词：

澳大利亚　传媒产业　发展

一　澳大利亚传媒产业结构及规模

澳大利亚的传媒，不论是产业结构、运营方式还是政策法规，都同诸如美国、英国、加拿大等许多西方发达国家类似。① 绝大多数的澳大利亚传媒机构都隶属于私人企业或是上市的股份公司，而联邦政府属下的媒体中，最大的两家公共广播机构是 ABC（Australian Broadcasting Corporation，即澳大利亚广播公司，其前身是 1932 年成立的澳大利亚广播委员会），以及 SBS（Special Broadcasting Service，特别广播服务公司），主要为多元文化社区提供广播和电视服务，可选语言多达近 70 种。在澳大利亚，各类全国性、地方性及社区的日报、周报共有 3500 多种，国家级、地区级和付费电视台有数百个，此外，

---

* 马云飞，清华大学新闻与传播学院硕士研究生。

① 东尼·凯伊：《澳大利亚媒体产业概况》，《对外传播》2010 年第 3 期，第 60 页。

还有1400余种涉及上百个产业领域的期刊和全国性新闻通讯社——澳联社（Australian Associated Press，AAP）。此外，还有大量提供7×24服务的新闻网站。

2011~2012年，澳大利亚信息传媒与通信业总收入达755.7亿澳元，行业内大型企业收入占77.6%，总计达到586.6亿澳元。① 2012年澳大利亚传媒产业的总产值为309.08亿澳元，较上年增长0.7%，2013年增长率预期为2.3%，三年来首次突破1%，这与澳大利亚经济整体持续向好的大趋势不无关联。据统计，2012年澳大利亚国内生产总值达1.53万亿美元，年增长率为3.4%，② 虽然2013年增速预期有所下调，但走出金融危机所带来的负面影响已成为明显的趋势。据普华永道（澳大利亚）的预计，2014~2017年澳大利亚传媒产业的年增长率将维持在3%以上的高位，形势一片大好。

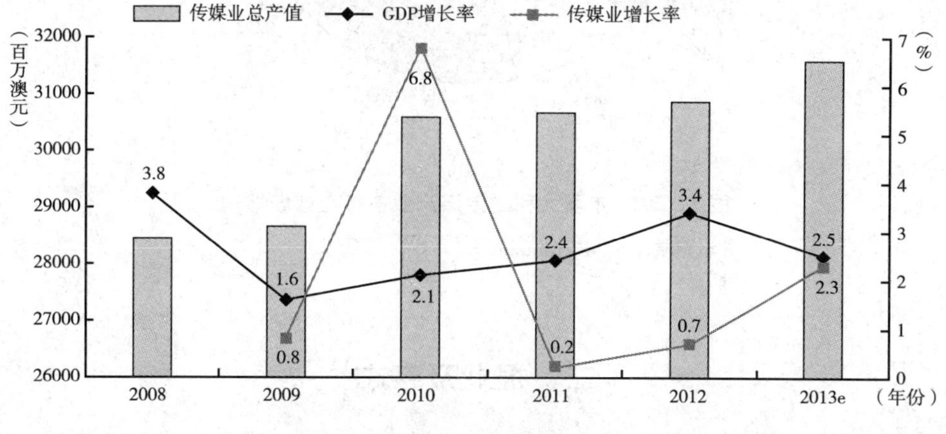

图1　2008~2013年澳大利亚传媒产业总产值及增长率

注：2013年数据为预期值。

数据来源：世界银行、PwC Australia。

澳大利亚的传媒产业主要分为11大类：报纸、杂志、图书、音像、广播、免费电视、付费电视、电影、互动游戏、网络以及户外媒体。其中只有付费电视、户外媒体、广播以及互联网行业在近几年来一直保持着增长，尤其是互联

---

① 数据来源：澳大利亚联邦统计局（ABS）。

② 数据来源：世界银行。

网，始终保持着两位数的年均增长率。而报纸、杂志、图书和游戏等行业则是下降最为严重的，2012 年，澳大利亚报业产值下跌了 10%，杂志业为 8.2%。

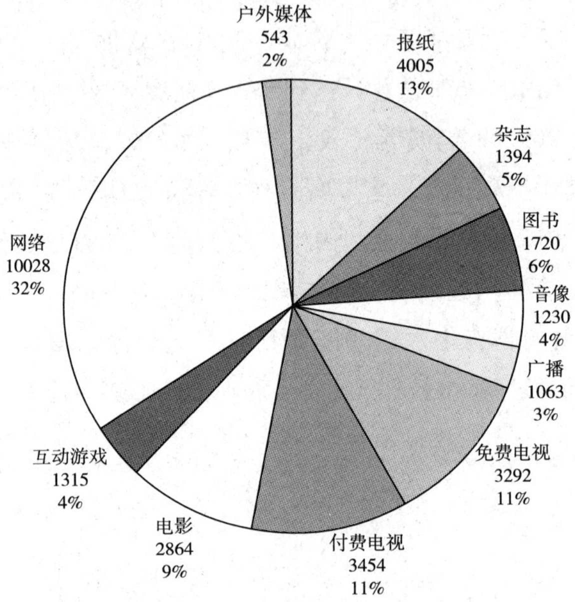

图 2　2012 年澳大利亚传媒产业各行业市场结构

数据来源：PwC Australia。

二　报业及杂志

澳大利亚报业的垄断和集中度极高，默多克的新闻集团和费尔法克斯集团这两大传媒巨头控制了全国 90% 以上的报纸。尽管两大传媒集团存在着竞争，但总体看，垄断的局面以及每种报纸在读者群、地域和内容的侧重上都有所差异，所以不同报纸之间的竞争相对较小。[①] 但从报业整体的情况来看，与 1980 年相比，澳大利亚每千人中的日报拥有量如今已减少了一半，下降的幅度远远

① 李国青、侯永锋：《两大传媒巨头垄断下的澳大利亚报纸》，《记者摇篮》2012 年第 2 期，第 73 ~74 页。

超过其他发达国家，最主要的原因便是报纸种类的减少。澳大利亚的报纸通常在星期一到星期五发行一个版本，而在周末发行周末版（通常分为星期六和星期日两份），周末版的销量普遍要高于工作日版，有的甚至翻一番。例如新闻集团在昆士兰州的日报 Courier-Mail，工作日版大约有 50 万读者，星期六版则增加至 60 余万，而星期日版读者却高达 90 万～100 万[①]。

世界报业和新闻出版协会在其 2013 年发布的 World Press Trends 报告中指出，2012 年，澳大利亚和新西兰的报纸广告收入同比下降了 8.3%，降幅超过了北美地区的 -7.6%，西欧的 -3.4% 以及东欧的 -5.6%，5 年来下降了 24.9%。新闻集团 2013 财年的广告收入较前一财年下降了 7%，而费尔法克斯集团的广告收入也持续下降，2013 年总收入下降了 8.2%。[②] 澳大利亚报纸的广告收入占其全部收入的 2/3，然而越来越多的广告主如今更愿意把钱花到互联网上去，报纸广告在全部广告中所占的份额逐渐减少，如今已不到三成。

澳大利亚的杂志，作为休闲类读物，始终是深受澳大利亚人喜爱的媒介之一。而近年来澳大利亚杂志行业的变化集中体现了一个特点，即不同内容类型的杂志，发展情况也不同。某些内容的杂志读者群数量在不断增加，而另一些则持续减少。

三　广播

澳大利亚人均每周收听广播的时间为 16 小时，全国共有约 3700 万部收音机。澳大利亚的广播服务大致可以分为六类。一是国有的公共广播，即 ABC 和 SBS；二是商业广播，免费收听的营利性广播，主要依靠广告收入；三是社区广播，免费收听，为社区提供服务的非营利性广播；此外，还有大范围的订阅广播和小范围播送的订阅窄播，收入主要来自用户订阅；最后，是开放的窄播服务，无须用户订阅，往往受内容或地区的限制，为一些目标兴趣群体提供特殊的播送节目，比如外语节目或赛马节目等。

---

① 数据来源：Roy Morgan Research（Australia）。

② 数据来源：News Corp、Fairfax 集团 2013 年公司年报。

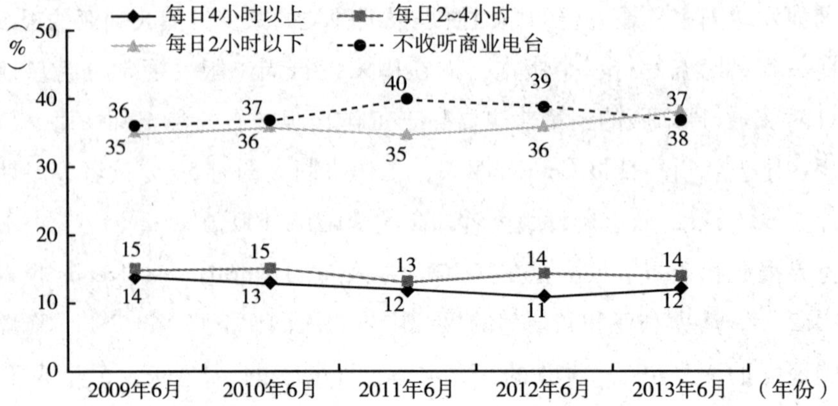

图 3　澳大利亚商业广播收听情况

资料来源：Roy Morgan Research。

注：此表统计的是 14 岁及以上人口收听广播的情况。

四　电信

2012～2013 年，澳大利亚的数字经济持续强劲发展，互联网普及率、使用率均有所提高，而电信业的发展更是令人欣喜。在联合国宽带数字发展委员会 2012 年针对 189 个国家的调查中，澳大利亚在移动宽带和固网宽带渗透率（每百位居民）上，分别排在第 6 和第 29 位。澳大利亚通信和媒体管理局（ACMA）2012～2013 年度报告显示，利用移动终端（手机、智能手机和平板电脑）获得互联网服务的人数不断增长，截至 2013 年 6 月，利用手机上网的用户数达到 750 万人，较 2012 年同期上涨了 33 个百分点。手机及移动宽带用户数量同比增长了 17%，达到 2580 万人，18 岁以上的人群中拥有智能手机的人数为 1119 万，较之 2012 年的数字，增幅为 29%。此外，在澳大利亚智能手机市场上，安卓平台终端的占有率高达 58%，而苹果的 iOS 平台终端占有率为 36%。①

2013 年，是澳大利亚三大电信运营商——澳大利亚电信公司（Telstra）、

① 数据来源：Kantar World Panel ComTech, 25 November 2012 data。

新电信澳都斯公司（Optus）和沃达丰公司（VHA）大举开展其各自的4G移动网络业务的一年。2011年9月，澳大利亚电信公司率先启动商用4G网络服务，从墨尔本、布里斯班、阿德莱德和珀斯的中央商业区开始，逐渐拓展至各大地区中心。2012年6月，Telstra的4G网络已覆盖全澳40%的人口，共37.5万个终端设备。[①] 截至2013年6月，其4G覆盖率已达全国人口的66%。Optus的4G网络主要集中在各州的首府城市，而起步最晚的沃达丰则于2013年6月开始其4G服务。

五 电视

尽管电视在家庭中的受关注程度已面临网络所带来的巨大挑战（尤其在年轻人中），但电视仍然是最受澳大利亚人欢迎的媒介。澳大利亚共有三类电视媒体——公共电视、商业电视和社区电视。在所有权、功能特点及运营方式上各不相同。三者互相补充、竞争合作，形成了三足鼎立的电视媒体格局。[②] 公共电视服务由澳大利亚广播公司和澳大利亚特别广播服务公司提供，两家公司均为联邦政府所有，资金大部分来自政府拨款。

商业电视服务由商业媒体组织提供，大多为私有公司。截至2013年7月，澳大利亚共有商业电视牌照73个，其中3家覆盖全国的免费商业电视台，还包括了许多付费电视频道，例如Foxtel。而社区电视服务主要由社区媒体组织所提供，通常是非营利性的，其主要资金来源为社会捐款、赞助、会员缴费以及广告收入，澳大利亚目前共有69个社区电视牌照。2012~2013年，公共及商业电视提供的数字电视服务已分别覆盖了100%和99%的城市地区，以及97%的偏远地区。在悉尼、墨尔本和布里斯班的社区电视已实现了全数字播出。

据尼尔森2013年第二季度的一份澳大利亚多屏报告（Australian Multi-Screen Report）显示，澳大利亚人每月平均看电视的时长为96小时37分钟

① AMCA Communications report 2011 - 2012, p. 41.

② 李国青：《近距离感受澳大利亚电视媒体》，《记者摇篮》2011年第1期，第17页。

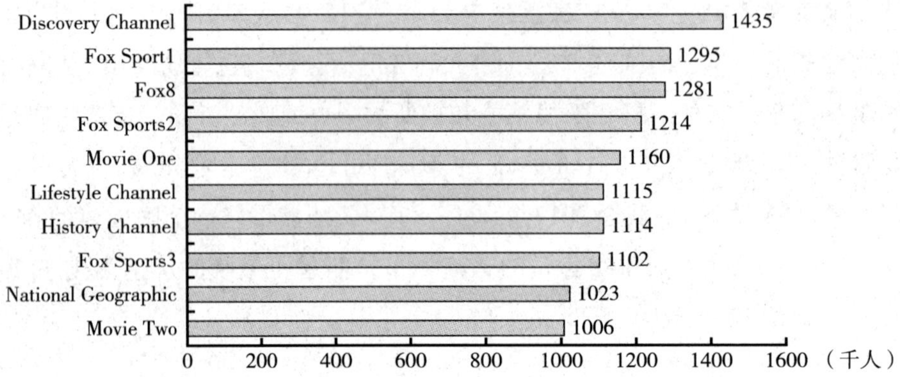

图 4　澳大利亚付费电视频道 TOP 10

资料来源：Roy Morgan Single Source（Australia），April 2012 – May 2013。

（传统电视机），而在计算机或笔记本电脑上看视频的时间为每月 6 小时 26 分，随后是手机（1 小时 20 分）和平板电脑（50 分）。不同种类屏幕终端的渗透率在不断提高，家中所有在用电视机均可接收数字地面电视信号（DTT）的家庭已占到九成，20% 以上的家庭拥有互联网电视机，半数以上拥有个人视频录像（PVR）。

六　互联网

截至 2013 年 6 月，澳大利亚互联网用户数量达到 1236 万，其中 82% 为家庭用户，企业及政府用户为 267 万个，占 18%，九成的家庭拥有计算机，80% 以上的家庭安装了互联网宽带。① 澳大利亚原住民的互联网接触程度十分低，在一些偏远的土著社区，互联网接入比例只有 10% 左右。

在社会化媒体方面，Facebook 和 Youtube 在澳大利亚拥有最多的用户，截至 2013 年底，Facebook 用户为 1280 万，Youtube 为 1220 万，排在第三位的是 WordPress. com，有 610 万用户。其他的社交媒体平台用户量基本都在 500 万

① 数据来源：澳大利亚联邦统计局（ABS）统计数据。

以下，相对较多的分别是 Tumblr、LinkedIn、Blogspot、Twitter 和 Instagram。① 如今澳大利亚的社会化媒体发展已渐渐趋于平稳，Facebook 用户少量增加，博客类的 WordPress 和 Tumblr 用户增长较快，而更加偏重于移动终端使用的 Twitter 和 Instagram 则基本保持平稳。社会化媒体的用户开始找到自己喜欢的平台，而小一些的社交网络渐渐开始流失其用户，一些新兴的社交网络往往只提供手机版，比如 Snapchat。

2012 年，澳大利亚电子商务销售总额为 330 亿美元，2013 年预计为 371 亿美元，发展速度相对平稳，近几年来基本保持在 10% 左右的年均增长。2006 年，澳大利亚人均在线消费金额为 1048 美元，到了 2012 年，这个数字差不多翻了一倍，达到 2108 美元。② 澳大利亚网购用户的一大特点是年龄分布十分广泛，35 ~44 岁的上网者是网购的主力军，该年龄段有大约 73% 的人进行网络购物。18 ~ 54 岁的网络用户，网购用户的比例也都在 60% 以上；55 ~64 岁的人中有超过半数进行过网购；65 岁以上的网购用户比例竟然也高达 40% 。然而，澳大利亚电子商务的发展也面临着一些问题和困难，比如，许多企业拥有互联网连接，却没有自己的网站或网络销售平台；再者，由于人口稀少，高昂的人力成本所带来的昂贵物流费用，也成为阻碍其发展的重要因素。

① 数据来源：Social Media Statistics Australia – December 2013, by David Cowling。

② 数据来源：《emarketer：澳大利亚电商规模将达 371 亿》，http：//www. ebrun. com/20120522/46273. shtml。

B.54

2013 年中国香港传媒业报告

陈昌凤　陈之琰*

摘　要：

2013 年，中国香港地区传媒产业随着互联网的普及和新媒体的崛起发生了深刻变化，收费报纸、免费报纸、数码产品客户端和网络新闻三足鼎立，报业竞争日益激烈。近几年衰落的香港广播电视业，在政府发放免费商营牌照的举措下，也开始酝酿新的格局。互联网普及、新媒体兴起，新闻阅读进入新时代，互联网的勃兴，促进寻找做媒体的新方式。

关键词：

中国香港　传媒产业　免费报纸

放眼亚洲的传媒业，香港的媒体以其影响力、公信力等因素占据相当重要的地位。2013 年，香港传媒产业随着互联网的普及和新媒体的崛起发生了深刻变化：原本收费报纸与免费报纸分庭抗礼的报业环境呈现出“收费报纸、免费报纸、数码产品客户端和网络新闻”三足鼎立之势。近几年衰落的香港广播电视业，在政府发放免费商营牌照的举措下，也开始酝酿新的格局。此外，2013 年，香港还发生多起媒体人遇袭事件，例如《阳光时务周刊》董事长陈平遇袭事件、壹传媒集团主席黎智英住宅被撞事件、《苹果日报》货车遭纵火事件等，为竞争激烈的传媒业蒙上一层阴影。

根据《香港统计年刊》（2013 年版）数据，香港共有 51 种报纸，其中

---

* 陈昌凤，清华大学新闻与传播学院副院长、教授、博导；陈之琰，清华大学新闻与传播学院硕士研究生。

中文报纸 25 份，英文报纸 12 份，其他为中英文双语及其他语言报纸；期刊 684 种，其中中文期刊 446 种，英文期刊 100 种。电台广播经营商 5 家，电台 28 家；本地免费电视节目服务经营商 2 家，电视台 15 家；本地收费电视节目服务经营商 3 家，电视台 372 家。[①] 在香港的媒体中，报纸公信力排名第一的是英文报纸《南华早报》，中文报纸《经济日报》《明报》次之；电子传媒公信力排名第一的是香港电台，无线电视和商业电台居第二、第三位[②]（见表 1）。

一　互联网普及、新媒体兴起，新闻阅读进入新时代

长期以来，香港人都有着深厚的读报传统。“喝早茶、看报纸”也被视作香港重要的文化标志之一。然而，随着互联网普及、新媒体的兴起，香港民众的新闻产品阅读习惯也悄然发生着改变。近 10 年，香港民众中使用互联网和智能手机的人数有了明显提升，香港特别行政区政府统计处于 2013 年 1 月至 4 月对个人电脑和互联网普及程度进行调查。调查结果显示，在全港所有住户中，约有 79.9% 的家庭拥有连接互联网的个人电脑，比 2003 年的 60% 增加了近 20%。在接受调查的 10 岁以上人士中，有 61.1% 的受访者拥有能够上网、看短片、拍摄短片、GPS 导航、收发电子邮件功能的智能手机。[③] 根据香港大学民意研究计划对“市民的主要新闻来源”的调查（见表 2），有 55.5% 的香港民众仍将报纸作为自己获取新闻的选择之一，但与 10 年前相比下降了近 20%。与之对比，将互联网选为主要新闻来源的民众则从 10 年前的 21.2% 上升到 47.2%，与阅读报纸的比例相差无几。而从民众对报纸和互联网的满意程度来看，也有趋同的趋势。[④]

虽然，从全球范围来看，香港报业的情况仍未到需要感叹“报纸将死”的地步，但新媒体对报业的冲击已经相当明显。

---

① 香港特别行政区政府统计处，《香港统计年刊》（2013 版），第 450～453 页。

② 香港中文大学传播与民意调查中心，香港传媒公信力调查，2014 年 1 月。

③ 香港特别行政区政府统计处：《主体性住户统计调查第 53 号报告书》，2013 年 11 月 8 日。

④ 详见 http：//hkupop.hku.hk/chinese/popexpress/press/comb_sat/year/combSat_yr_chart.html。

二 收费报涨价、免费报饱和，报业竞争日益激烈

2012 年下半年至 2013 年，香港收费报掀起了一股加价潮，这是继 2000 年香港收费报纸从 5 元加至 6 元之后一次普遍的涨价浪潮。2012 年 9 月，香港《信报》率先涨价 2 元至每份 8 元售价，此后 2013 年 1 月英文报纸《南华早报》涨价 1 元。4 月 10 日起，香港《星岛日报》《明报》《经济日报》涨价 1 元，新售价为每份 7 元。半年多的时间里，香港已有 8 家收费中英文报纸涨价。同时，被视为收费报纸强劲对手的免费报纸也同样面临危机。2013 年 10 月 21 日，免费报纸《爽报》停刊，壹传媒集团正式退出香港免费日报市场。自此，香港已有 4 家免费报纸退出报业竞争。目前，香港收费报纸总发行量约为 120 万份，而免费报纸的发行量约为 330 万份。也就是说，在大约 700 万人的香港，有着约 450 万份报纸。

香港的免费报纸是世界报业界的一大奇观。香港的第一份免费日报出现于 2002 年 6 月，是世界上最大的免费报纸集团瑞典《地铁报》的母公司“地铁国际”创办的全球首份中文版《都市日报》。① 该报在 2010 年发行量达 34 万份，香港 2004 年全年广告业收入 120 亿元，报纸占其中 30%，而仅《都市日报》就占了 3%，大致每月能净赚四五百万港元。2006 年以后它的涨势被另两份免费报纸超越。2005 年星岛新闻集团推出免费报纸《头条日报》，不久发行量就有 40 万份，现在更增加到 70 万份。同年，香港地产中介巨头“中原地产”也投资出版了免费报纸《am730》。同年 9 月，星岛新闻集团又创办免费报纸《快线周报》（至 2008 年 7 月停刊，《头条日报》则发行周六版）。2011 年香港壹传媒创办免费报纸《爽报》来抢占市场，刚创办时日发行量达 80 万份。香港的多份免费商业性日报竞争激烈，这些报纸严重挤压了传统收费报纸的空间。②

由于市场过于饱和，到 2013 年 11 月壹传媒的《爽报》因其所在传媒集团经

① 该集团首份免费《都市日报》于 1995 年创办于瑞典首都斯德哥尔摩，其后业务延伸到世界各地 19 个国家和地区，发行版本超过 40 种。

② 陈昌凤：《香港报业：永不衰落的“大众新闻学”》，2010。

营不佳而停刊。自第一份免费报纸《都市日报》在香港发行，免费报纸在港发行的历史至2013年已有近11年，而自《爽报》停刊后，香港的主要中文免费日报回到目前只有四家的局面。从某种程度上说，香港免费报纸的空间已经饱和。[①]

2013年香港报业危机与应对的背后，其实都暗含着互联网和新媒体的冲击，当年轻读者越来越倾向于选择“只看不买”“上网浏览”的时候，香港报业的冬天终有一天会到来。

三　电视业恶斗，酝酿新格局

2009年夏天，香港广播事务管理局举行“亚视及无线公听会”，会上要求政府增发免费电视广播牌照的声音愈来愈大。[②] 自2009年12月31日香港广播事务管理局正式收到第一份免费电视服务牌照申请文件起，历时4年的本地免费电视牌照增发事宜最终有了结果：2013年10月15日，香港特别行政区政府发布公告，三家牌照申请机构中，奇妙电视有限公司和香港娱乐有限公司获得批准，香港的商营免费电视台增加至4家，而香港电视网络有限公司（“香港电视”）的申请则被拒绝。由于香港特区政府并未解释“香港电视”出局的原因，从而引发了12万人的大游行，此争议也使香港特首梁振英面临上任以来的最大危机。至12月，“香港电视”主席王维基宣布，斥资1.57亿港元，向中国移动收购移动电视牌照，凭借其频谱进军流动电视市场。若一切顺利，预计将于2014年7月前后启播。王维基在申请免费牌照落空后，计划以OTT TV进入角斗场，承诺让观众可以通过宽频上网或者以手指式接收器在家中收看电视，“香港电视”计划提供3～5个频道，并绝大部分免费。网络电视是否能够从纷乱的香港电视业分一杯羹，甚至打破现在的格局，值得关注。

面对新加入者，“亚视”也表示将推出新的节目，吸引观众。尽管免费电视牌照引发了对政府在审批流程中存在程序瑕疵和不公正之处的争议，但对香

① 麦马高：《从〈爽报〉停刊探讨香港免费报纸的空间是否饱和》，香港独立媒体网，2013年12月12日。

② 香港特别行政区广播事务管理局：《本地免费电视节目服务牌照中期检讨公听会意见摘要》，2009年6月19日。

港民众而言，免费电视服务牌照的颁出和流动电视的新动态，可以说对未来电视节目的多样性终于能够多一份期待。

四 “主场新闻”“社区计划”等：寻找做媒体的新方式

面对互联网的勃兴，香港特区政府和传媒人也意识到，新媒体不仅是渠道占领，更是对传媒理念的更新，是利用新媒体的思维，寻求“做媒体的新兴方式”，以推动媒体在互联网环境中的发展。

特点一：突出态度与观点。2012 年夏，香港出现了一个新兴网络新闻媒体“主场新闻”（House News）。“主场新闻”仿效美国《赫芬顿邮报》（*Huffington Post*），以“我城 · 我观点 · 我主场”为口号，在“既有的传统新闻基础上，组织、策划，再送到读者眼前”。2013 年 6 月，“主场新闻”开始设立广告部。在 2013 年香港中文大学传播与民意调查中心的香港传媒公信力调查中，首次将“主场新闻”作为调查对象之一，阅读者占受访者的 40%。“主场新闻”的特点主要包括：（1）主要是新闻的汇集与编辑，而不是自己生产新闻。“主场新闻”没有正式的架构，不像传统媒体一样要开会定题目，若编采人员看到值得张贴的新闻，经两名总编辑同意后便可以放在网页首页；（2）有大量博客作者，强调突发观点，而不是突发新闻；[①]（3）注重鲜明的政治立场，关注社会运动。

特点二：让公众参与。2013 年，香港政府拨款港币 4500 万元成立的“社区参与广播服务试验计划”首批节目于 7 月中旬在香港电台播出。这项计划旨在让公众及社区参与广播及制作电台节目，期待提供平台容纳多元观点及文化。首批节目中，6 个富有教育意义，4 个与文化艺术有关，5 个为少数族裔而设，一共播放 182 小时，参加者大多是首次参与广播的市民和青年。[②]

又如，香港商业电台“雷霆 881”的栏目“口水多过浪花”，话题涉及民

---

① 张铁志：《香港的新媒体》，《苹果日报》2013 年 9 月 24 日。

② 梁丽娟：《7 月传媒记事簿》，《传媒透视》2013 年 8 月。

众日常生活中的亲情、友情、爱情，以及明星花边新闻、养生健康等内容。受众主要是有一定知识积累、热衷于参与社交网络、使用新媒体的年轻女性。在节目中的“大问答”环节，经常涉及社交网络上的热点话题，充分利用台网互动，加强对社会现象的讨论。

特点三：注重传媒美学。强调设计感和传媒美学是一种在纷繁的信息海洋中吸引受众，突出重要信息和观点，同时宣扬个性化的主要方式。2013 年，在香港诞生了一个新兴媒体——《100 毛》。它的成功体现了设计理念已经成为媒体竞争中的重要元素。青年文化杂志《100 毛》于 2013 年 3 月首度发行，逢周四出版，有人称之为“纸版的 Facebook”。《100 毛》的背后团队出自另一个难以归类、设计感与形式感极强的刊物《黑纸》①。《100 毛》列出 100 条每周最受瞩目的话题，而每篇文章约为 100 ~ 500 字（“超短易食”），目的是希望读者能够读完整本杂志（“看得完，刚刚好”）。借鉴社交媒体的优势，但又强调文化产品的设计感和“不朽”概念，创办人之一陈强曾以歌曲作比喻，指“《100 毛》最适合印在纸上，就如歌曲最理想出现的地方是舞台”②。可以说，像《黑纸》《100 毛》这样的媒体，按狭义的媒介形态分类都属于杂志，但它们都吸收了新兴媒体注重传媒美学的经验，并针对特定受众采用有针对性的叙事方式，从而发展成深受年轻人欢迎的新媒体。

表 1　近年市民对香港传媒公信力（可信度）的评估（1 ~ 10 分）

传媒机构	1997 年	2001 年	2006 年	2009 年	2010 年
（I）电子传媒					
香港电台	7.26(1)	7.52(1) ↑	7.27(1) ↓	7.31(1)	6.95(1) ↓
无线电视	7.04(2)	7.04(2)	7.17(2)	7.30(2)	6.65(2) ↓
商业电台	6.77(4)	7.01(3) ↑	6.69(5) ↓	6.98(3) ↑	6.45(3) ↓
有线电视	6.79(3)	7.01 (3) ↑	6.83(3)	6.87(4)	6.41(4) ↓
亚洲电视	6.68(5)	6.87(5)	6.78(4)	6.81(5)	6.34(5) ↓
now TV	（未开播）	（未开播）	（未询问）	6.78(6)	6.07(6) ↓

① 《黑纸》是一份香港文艺杂志，目前号称“伪时代杂志”，于每月 1 日、15 日出版，于香港 7 – Eleven便利店售卖。《黑纸》以 A5 纸对折形式出版，于 2010 年 1 月以“伪文学杂志《黑纸》”之名首度发行，目前《黑纸》内容由“黑访”（该期封面人物访问）及“黑句”（围绕该期主题而“借题发挥”、玩弄文字的幽默语句）为主。

② 唐希文：《80 后 2 笑女——100 毛 vs 传统杂志 vs 脸书》，《头条日报》2013 年 3 月 26 日。

续表

传媒机构	1997年	2001年	2006年	2009年	2010年
新城电台	5.83(6)	6.57(6)	6.16(6)↓	6.49(7)↑	5.98(7)↓
香港宽频	(未启播)	(未启播)	(未询问)	6.30(8)	5.48(8)↓
电子传媒平均	6.73	7.00↑	6.82	6.86	6.29↓
(Ⅱ)报纸					
南华早报	7.18(1)	7.24(3)	7.36(1)	7.57(1)↑	6.85(1)↓
明报	7.15(2)	7.54(1)↑	7.24(2)↓	7.35(2)↑	6.77(2)↓
经济日报	6.79(4)	6.96(5)	7.08(4)	7.12(4)	6.71(3)↓
信报	6.60(6)	7.34(2)↑	7.09(3)↓	7.04(6)	6.57(4)↓
星岛日报	6.73(5)	7.13(4)↑	6.74(6)↓	7.07(5)↑	6.53(5)↓
英文虎报	7.11(3)	7.77(6)↓	6.97(5)	7.19(3)	6.50(6)↓
头条日报	(未出版)	(未出版)	5.99(11)	6.48(8)↑	5.90(7)↓
成报	6.39(8)	6.48(7)	6.73(7)	6.34(10)	5.88(8)↓
东方日报	6.54(7)	5.76(11)↓	6.12(9)↑	6.24(11)	5.75(9)↓
am730	(未出版)	(未出版)	5.88(12)	6.36(9)↑	5.73(10)↓
都市日报	(未出版)	(未出版)	6.15(8)	6.58(7)↑	5.67(11)↓
香港商报	5.42(12)	5.87(10)↑	5.78(13)	5.90(13)	5.56(12)↓
新报	6.05(10)	5.92(9)	6.09(10)	5.95(12)	5.38(13)↓
文汇报	5.04(14)	5.93(8)↑	5.26(16)↓	5.71(15)↑	5.37(14)↓
苹果日报	6.24(9)	5.15(14)↓	5.51(14)↑	5.80(14)↑	5.27(15)↓
大公报	5.24(13)	5.64(12)↑	5.25(17)↓	5.58(16)↑	5.14(16)↓
太阳报	(未出版)	5.13(15)	5.42(15)↑	5.57(17)	4.99(17)↓
天天日报	5.95(11)	5.18(13)↓	(已停刊)	(已停刊)	(已停刊)
报纸平均	6.32	6.27	6.26	6.46	5.92↓
所有传媒平均	6.44	6.48	6.41	6.59	6.04↓
整体香港新闻界*	(未询问)	6.46	6.74↑	6.84	6.36↓

*“整体香港新闻界”是以一条问题由市民对所有传媒作整体评分。

说明：评分幅度为1－10分，表中所列的是平均值，括号内是排名，箭头所示的升降达统计学上P<.05的显著程度。

表2　哪一种渠道是你主要的新闻来源

单位：%

调查年份	电视	电台	报纸	杂志	朋友	家人	互联网	其他	难讲
2013	74.0	27.9	55.5	9.0	11.7	9.2	47.2	0.1	0.3
2012	74.3	23.8	64.7	7.4	7.9	8.0	40.1	0.2	0.3
2011	80.8	26.2	64.8	7.4	7.9	7.4	38.7	0.1	0.2
2010	84.4	29.9	69.3	11.1	12.9	10.2	39.3	0.3	0.2
2009	84.5	34.5	71.6	11.0	12.0	10.7	37.6	0.1	0.1
2008	84.0	35.1	73.8	10.6	11.3	10.0	30.8	0.1	0.2

续表

调查年份	电视	电台	报纸	杂志	朋友	家人	互联网	其他	难讲
2007	80.3	31.6	77.8	11.7	9.7	9.0	33.0	0.1	0.4
2006	84.1	33.0	73.8	9.0	8.9	6.9	23.0	0.4	0.3
2005	82.1	32.5	75.9	10.6	9.8	7.9	22.4	0.0	1.0
2004	79.6	32.6	71.5	11.3	8.7	7.9	21.6	0.1	1.3
2003	83.1	33.4	72.6	10.5	8.5	6.7	21.2	0.0	1.2
2002	81.5	29.0	76.2	9.9	9.6	6.7	16.8	0.1	1.5
2001	80.6	30.4	72.6	11.6	8.9	5.2	14.4	0.0	0.6
2000	81.1	26.2	70.9	7.4	7.3	5.8	12.3	0.4	2.6

数据来源：香港大学民意研究网站 HKU PUP SITE，http：//hkupop.hku.hk/chinese/popexpress/press/main/year/datatables.html。

B.55

2013年中国台湾地区传媒产业发展*

郑维雄　袁宏舟**

摘　要：

台湾传媒环境因新媒体科技的发展而发生急速变化。2013年互联网与移动互联网产值持续增长，阅听收视成了跨屏与多屏行为，互联网与移动互联网阅读首次超过了电视，传统媒体广告量递减，唯互联网与移动互联网广告增长。4G与第三方支付对产业具有关键影响，期待2014年政策与环境的新转变。传统媒体衰退已是世界趋势，台湾如何把握以自由创意内容发展，将是制胜之钥。

关键词：

中国台湾　传媒产业　两岸合作

一　政策与传媒环境变化

2013年中国台湾地区媒体环境焦点，仍在于政策的执行与公共媒体的正常运作，以及数字融合相关法案推进与跨媒体引发的垄断疑虑，而因传播科技发展而引发的通信牌照制度将带动另一波的市场变化。

于2012年成立的“文化部”，经过一年多运营，其政策较为突出的亮点在于7835村落文化扎根，以及全球文化布局，包括“文创产业化”“产业文创化”，首要面临解决的难题是两大媒体集团之一的公广集团第五届董事会的组成。该董事会于7月29日成立，而随之的媒体组织变化是原民台自2014年起脱离公广集团独立运作。

---

* 注：本文所涉及的货币金额，币种均为新台币。

** 郑维雄，清华大学新闻与传播学院博士研究生；袁宏舟，清华大学新闻与传播学院博士研究生。

2013 年由"立法院"审查媒体垄断方面规定，其间发生的整合定义与媒体、金融分离争议仍持续。而"台湾通讯传播委员会"（NCC）预定 2014 年 6 月完成电信规定经"立法院"审议通过，2013 年已渐趋完成，剩"最后一哩路"① 的业务归属等，仍待听取公众意见。

与产业相关的 4G 牌照于 10 月 30 日由"中华电信"、远传、台哥大、国碁、亚太、台湾之星 6 家得标，电信版图牵动移动支付市场，将重新洗牌。

二 广告衰退，传统媒体与网络此消彼长

据统计，至 2013 年年底，台湾地区土地面积为 36192 平方公里，2013 年年底总人口数 23373517，2013 年 11 月女性人口总数首次超过了男性人口总数，总家庭数 8286260 户，平均家庭人口数 2.82 人/户，2012 年年底平均每人每年收入 530029 元新台币。

（一）广告

台北市媒体服务代理商协会（Media Agency Association，简称 MAA）发布，台湾 2012 年整体的广告量为 576 亿新台币（见表 1、表 2），较 2011 年减少 4.64%。监测五大媒体有效广告量的《凯络媒体周报》指出：2013 年电视及户外媒体最受广告主青睐。2013 年由于整体经济形势尚不明朗，台湾景气不如预期，加上政治经济环境复杂多变，内需动能与出口张力不足，预估 2013 年广告量仍维持与 2012 年相当的水平。

表 1 台湾 GDP 与广告额

年 度	2007	2008	2009	2010	2011	2012
GDP(单位:百万元)	12910511	12620150	12481093	13552099	13674346	14036874
增长率(%)	5.45	-2.25	-1.10	8.58	0.90	2.65
GDP/per Captia(单位:元)	577869	562439	558751	604199	606321	622814

① "最后一哩路"为台湾地区用语，指到家门口的最后一段路。

续表

年　度	2007	2008	2009	2010	2011	2012
消费者物价年增率(%)	1.80	3.52	-0.86	0.96	1.42	1.93
广告额(不含网络)(单位:百万)	45377	42365	41853	50200	50247	46069
广告额增长率(%)	-5.03	-6.64	-1.21	19.94	0.09	-8.32
广告额(含网络)(单位:百万)	50327	48341	48842	58751	60462	57670
广告额增长率(%)	-2.23	-3.95	1.04	20.29	2.91	-4.62
广告额占GDP(%)	0.39	0.38	0.39	0.43	0.44	0.41

表2　整体广告额

单位：千元

	无线电视	有线电视	报纸	杂志	广播	户外	网络
2004	5690609	18190998	18097267	6395485	3462289	2740125	—
增长率(%)	-26.2	-14.1	37.0	10.9	8.9	—	—
2005	4352728	16677636	15547064	6545124	3076384	2844436	3048000
增长率(%)	-23.5	-8.3	-14.1	2.3	-11.1	3.8	—
2006	4125130	14906171	14771396	6359225	3965920	3650537	3698000
增长率(%)	-5.2	-10.6	-5.0	-2.8	28.9	28.3	21.3
2007	4094286	14047643	13667979	6444696	3770670	3351388	4950000
增长率(%)	-0.7	-5.8	-7.5	1.3	-4.9	-8.2	33.9
2008	4445461	13582111	11078926	6050076	3838620	3369590	5976000
增长率(%)	8.6	-3.3	-18.9	-6.1	1.8	0.5	20.7
2009	4343651	15819154	10008866	5058703	3761484	2861572	6989000
增长率(%)	-2.3	16.5	-9.7	-16.4	-2.0	-15.1	17.0
2010	5060629	19861782	11955662	5549827	4482972	3288964	8551000
增长率(%)	16.5	25.6	19.5	9.7	19.2	14.9	22.3
2011	4899729	21175082	10674408	5677641	4139539	3680282	10215000
增长率(%)	-3.2	6.6	-10.7	2.3	-7.7	11.9	19.5
2012	3999707	20059287	9522068	5340950	3555348	3591644	11601000
增长率(%)	-18.4	-5.3	-10.8	-5.9	-14.1	-2.4	13.6

数据来源：Nielsen广告监播服务。

网络广告量——台北市因特网广告暨媒体经营协会（IAMA），包含网站广告、关键词广告、社群/口碑营销。

三　电影革新展现新活力，电视汰弱留强格局待突破，广播期待升级

（一）电影

2013 年台湾地区放映华语片 77 部，外语片超过 400 部，台湾本地片上映 39 部，连续 3 年本地片上映数、电影产值、电影制作家数都增加；本地片观影人口达到 585 万人次，也较上年增加 200 多万人次。2013 年总计本地片总票房达 14.5 亿元（新台币，以下均同），高于 2012 年的 10.7 亿元与 2011 年 8.2 亿元，电影市场已渐具发展条件。2013 年《大尾鲈鳗》《总铺师》《看见台湾》票房破亿元，皆有不错表现。

表 3　电影产业重要观察指标

指标	项目	2008 年	2009 年	2010 年	2011
营业家数(家)	电影制作业	218	235	262	326
	电影后制业	59	73	79	75
	电影发行业	260	270	220	160
	电影映演业	115	111	99	97
产值(亿元)	电影制作业	14.58	14.30	16.25	24.07
	电影后制业	4.13	4.66	5.28	5.53
	电影发行业	33.41	33.28	36.76	40.71
	电影映演业	52.46	55.66	63.07	81.86
台湾片平均制作成本(万元)		—	1462	1377	2064
电影平均票价(元)		—	250	280	—

数据来源：据台湾经济研究院资料整理。

（二）电视

台湾地区地小人稠，拥有高密度的广播电视频道。自 2012 年 7 月起，无线电视全面停止模拟信号发送，仅提供数字 DVB－T 信号。目前台湾地区共有

5 家无线电视机构，合计播送 20 个无线数字频道。因新媒体兴起，跨屏与多屏的收视行为已改变了以往的收视习惯，随着多屏族群的崛起，2013 年网络影音阅听人口已超越“八点档”。

2012 年 3 月由华视购片播出的《后宫甄嬛传》在台湾地区掀起风潮，2013 年台湾地区首播大陆电视剧包括《楚汉传奇》《陆贞传奇》《妈祖》等约 53 部。

表 4　电视产业重要观察指标

指标	项目	2008 年	2009 年	2010 年	2011 年	2010 年至 2011 年变动率(%)
基本数据	卫星频道数(个)	193	233	268	263	-1.87
	有线电视订户数(户)	4885309	4980251	5084491	5061737	-0.45
	有线电视家户普及率(%)	63.81	63.80	64.06	62.82	-1.94
	有线电视数字机顶盒订户数(户)	—	256727	391462	570727	45.79
	有线电视数字机顶盒订户比例(%)	4.06	5.20	7.70	11.28	46.49
	有线电视数字付费频道订户数(个)	—	146586	276894	428448	54.73
	平均有线电视订户收视费(元)	548	541	535	532.6	-0.45
	Cable modem 宽带网络接入用户数(户)	648910	810034	927637	1013796	9.29
	多媒体内容传输平台家数(家)	—	2	2	2	0.00
	多媒体内容传输平台频道数(个)	—	120	158	181	14.56
	多媒体内容传输平台订户数(户)	—	668541	815579	1064138	30.48
	MOD ARPU (Average Revenue per User)(元/月)	—	—	110	135	22.72
	无线电视频道广告金额(亿元)	44.5	43.4	50.6	49	-3.16
	卫星电视频道广告金额(亿元)	135.8	158.2	194.1	211.75	9.09

数据来源：据台湾经济研究院资料整理。

（三）广播

台湾地区广播收听人口约在 600 万，无线广播台共 171 家。自 1993 年 2 月首次开放广播频道，由原有 29 家电台，陆续增加到 200 多家。2003 年开放无线数字广播，但市场规模并未扩大。2013 年 7 月 10 日“台湾通讯传播委员会”（NCC）为使广播产业升级、提升规模经济，规划放宽“牌照”，将发放 3 张大功率、9 张中功率以及 22 张小功率执照，业界认为广播产业广告收入从 2000 年的 59. 2 亿元逐年衰退到 2012 年的 36. 32 亿元，牌照制度将使广播产业面临更大经营困境，将造成激烈竞争。尽管管理与经营角度不同，面临新媒体的冲击，转型与升级是必然的趋势。

联播为广播电台的特殊营运模式，其联播形态又分两种，以分台方式管理经营之电台多为开放频谱申请前就设立的旧电台，目前有中广、警广、正声、汉声、复兴、教育、台广等 7 个系统。后来新申设电台已有 13 个联播网，以各种方式进行不同比例的联播或节目合作，包括飞碟、Hit FM、好事、KISS Radio、宝岛、亚洲广播、城市广播、快乐、阳光联播网苹果在线与青春在线、佳音 Love、微笑、爱心等。

四　传统出版经历寒冬，数字出版杀出新路

（一）报业

台湾地区报业整体广告营收已连续 10 年衰退，2013 年报纸广告量仍然下跌 10. 8%，近年来由于网络带来的冲击，纸媒阅读人群萎缩，不少报纸已关门歇业。2005 年之后停刊的报纸有《民生报》《星报》《台湾日报》《中时晚报》《大成报》等，其中《大成报》等目前仍有网络报。免费报市场上，自 2009 年后只剩联合报系的 *Upaper* 与苹果日报的《爽报》。

台湾报业也在转型，2010 年《联合报》成立大主播台在网站播放实时新闻；在《数字时代》杂志公布的“2012 年台湾网站 100 强”中，《苹果日报》是唯一挤入前 10 强的新闻网站。此外，还包括《旺 e 报》、《工商 e 报》、联

合报系的《全貌报》以及《爽报》的App版等。4G的未来，将带来更激烈的竞争与变化。

（二）杂志

台湾地区杂志出版产业自2004年后，企业数逐年增加，据2012年6月《商业营业登记》，台湾地区有9230家登记营业杂志出版企业。2012年台湾地区杂志市场萎缩，原因是纸张成本上扬，编印成本占三四成以上，不少企业借由举办活动来增加利润，力求在困境中寻找新机。

《2012台湾数字出版市场现况报告》综合了2011年杂志产业整体趋势，即仍以中小规模、本土化经营为主。《2011年出版年鉴》相关数据指出，虽然台湾的杂志出版产业有逐渐朝向大型出版集团化发展的趋势，发行类别、种数仍以流行时尚类居冠。2011年杂志出版市场回温，但长期而言仍有衰退危机，估计产值约为208.5亿元，在发行渠道上仍以零售居多（62.0%）。

（三）图书

2013年台湾地区总计5117家出版社/单位，出版42118种新书。与2012年比较，减少187种。2013年出版电子书达1183种，占全年所有新书出版总种数的2.8%。其中以“儿童读物”217种、“文学及小说”（含轻小说）175种、“休闲旅游”167种，以及“商业与管理”151种等类别的电子书最多。纸本图书的出版量微量下滑，销售排行榜总是轻小说占据前几名，生育率下降并未影响书市，还出现大量翻译出版日本书等现象。

面对数字出版的崛起，移动设备的普及，传统图书出版产业受到冲击。然而轻小说和漫画类的纸本出版成长幅度高，深受年轻读者的喜爱，在线上线下的销量占比极高。

（四）数字出版

《2011年出版年鉴》指出，台湾地区电子杂志已经超过200种，台湾数字出版主要有四种类型，分别是数字杂志、电子报/数据库、交互式数字杂志与新媒体。对于产业价值链大致可分为内容、软件与服务、阅读器等市场。

根据《天下》杂志的调查数据，台湾地区出版社中目前出版电子书的比例仅有 37%，Top 100 的畅销书中，也仅有 15 种电子书，电子书的数量占整体书市仍小于 1%。就市场而言仍有极大空间，但是未来仍需持续投入资源研发，并设法降低数字出版威胁与利用网络吸引读者，才能增加数字出版物之利润。

台湾数字出版面临网络与移动互联网等新媒体的影响，特别是社群化和互动化生活形态的兴起，也带动新媒体的发展。

五　网络与新媒体持续成长，移动、视频广告爆发

2012 年 12 月底止，台湾地区有线宽带网络用户数为 536 万户，其中 62% 连接速度大于 8M。资策会 FIND 2013 年公布最新调查结果，台湾民众移动上网普及率达 37.3%，较 2012 年提升 5.4 个百分比，年增长率达 17%。光纤、有线电视电缆调制解调器宽带上网（Cable Modem）用户数增加，前者为 273 万户，后者为 103 万户。2012 年第四季度台湾经常上网人口为 1107 万。而整体商用互联网账号总数为 2544 万，12 岁以上民众持有智能手机或平板计算机占比已高达 49.5%。

2012 年台湾地区家庭联网率为 83.2%，在基础设备部分，86.5% 的台湾家庭拥有计算机，推算家庭数为 703 万户，家庭均拥有计算机数量为约 2.4 台。2012 年台湾个人联网普及率为 74.5%，推算曾经上网的民众约为 1735 万人。2013 年 6 月 3G 用户 45% 有使用数据服务，平均每百居民无线宽带账号达 45.92 个。2013 年第二季度移动电话用户总数较前一季度增加 3.3 万户，达 2952 万户，平均每百居民拥有 126.44 个号码。2013 年第二季度 3G 用户占比持续提升至 79.7%。3G 用户数达 2353 万户，较前一季度增加 41.6 万户。2012 年整体行动广告市场规模达到新台币 33.2 亿元，增长率为 36.9%。

台湾社交媒体使用 Facebook 数量庞大，2013 年 9 月，台湾 Facebook 的月活跃用户多达 1400 万人。而实时通信如 LINE、WeChat 通信软件持续成长，

台湾 LINE 用户于 2013 年 9 月达到 1700 万人，其中活跃用户占 8 成；WeChat（微信）也在进入台湾一年后用户即数超过 700 万，仅次于 LINE 及 WhatsApp 使用量，显示移动通信时代来临。

2014 年台湾将推出 4G 上网，流量将翻倍成长，台湾 4G 竞标历经 393 回合的激战后，2013 年 10 月 30 日创下史上最高 1186.5 亿元总标及溢价率 231% 双纪录。由于年轻族群在线收视行为快速提升，影音、移动广告营运表现亮眼，2013 年都较前一年增长超过 70%，堪称移动、影音广告爆发的一年。

六 结语

台湾地区传媒产业，市场规模尚称平稳，传统传媒产业经历寒冬与困境，但仍以创新能力与市场竞争努力支撑，广告市场略有衰退。影视产业中，电影渐现曙光，但电视与广播仍待法律与政策支持，跨媒体经营与垄断应考虑产业与环境平衡，以及流行音乐如何深入大陆市场。出版产业维持平稳，但成本与市场问题仍是发展瓶颈，数字出版潜力无穷，仍有大幅增长空间。网络与移动产业将进入高增长趋势，但 4G 与第三方支付则攸关产业的突破发展。

台湾地区传媒产业从整体上看，开发新市场与拓宽两岸合作仍是未来方向，自由多元性与创新性仍是台湾地区传媒产业的关键价值，市场结构变革与政策引导也陆续在改变台湾传媒产业的体制。

中国皮书网

www.pishu.cn

发布皮书研创资讯，传播皮书精彩内容

引领皮书出版潮流，打造皮书服务平台

栏目设置：

- □ 资讯：皮书动态、皮书观点、皮书数据、 皮书报道、皮书新书发布会、电子期刊
- □ 标准：皮书评价、皮书研究、皮书规范、皮书专家、编撰团队
- □ 服务：最新皮书、皮书书目、重点推荐、在线购书
- □ 链接：皮书数据库、皮书博客、皮书微博、出版社首页、在线书城
- □ 搜索：资讯、图书、研究动态
- □ 互动：皮书论坛

中国皮书网依托皮书系列“权威、前沿、原创”的优质内容资源，通过文字、图片、音频、视频等多种元素，在皮书研创者、使用者之间搭建了一个成果展示、资源共享的互动平台。

自2005年12月正式上线以来，中国皮书网的IP访问量、PV浏览量与日俱增，受到海内外研究者、公务人员、商务人士以及专业读者的广泛关注。

2008年、2011年中国皮书网均在全国新闻出版业网站荣誉评选中获得“最具商业价值网站”称号。

2012年，中国皮书网在全国新闻出版业网站系列荣誉评选中获得“出版业网站百强”称号。

社会科学文献出版社

皮书系列

“皮书”起源于十七、十八世纪的英国，主要指官方或社会组织正式发表的重要文件或报告，多以“白皮书”命名。在中国，“皮书”这一概念被社会广泛接受，并被成功运作、发展成为一种全新的出版形态，则源于中国社会科学院社会科学文献出版社。

皮书是对中国与世界发展状况和热点问题进行年度监测，以专业的角度、专家的视野和实证研究方法，针对某一领域或区域现状与发展态势展开分析和预测，具备权威性、前沿性、原创性、实证性、时效性等特点的连续性公开出版物，由一系列权威研究报告组成。皮书系列是社会科学文献出版社编辑出版的蓝皮书、绿皮书、黄皮书等的统称。

皮书系列的作者以中国社会科学院、著名高校、地方社会科学院的研究人员为主，多为国内一流研究机构的权威专家学者，他们的看法和观点代表了学界对中国与世界的现实和未来最高水平的解读与分析。

自 20 世纪 90 年代末推出以《经济蓝皮书》为开端的皮书系列以来，社会科学文献出版社至今已累计出版皮书千余部，内容涵盖经济、社会、政法、文化传媒、行业、地方发展、国际形势等领域。皮书系列已成为社会科学文献出版社的著名图书品牌和中国社会科学院的知名学术品牌。

皮书系列在数字出版和国际出版方面成就斐然。皮书数据库被评为“2008~2009 年度数字出版知名品牌”;《经济蓝皮书》《社会蓝皮书》等十几种皮书每年还由国外知名学术出版机构出版英文版、俄文版、韩文版和日文版，面向全球发行。

2011 年，皮书系列正式列入“十二五”国家重点出版规划项目；2012 年，部分重点皮书列入中国社会科学院承担的国家哲学社会科学创新工程项目；2014 年，35 种院外皮书使用“中国社会科学院创新工程学术出版项目”标识。

法律声明